郭齐勇 主编

# 中国哲学通史

隋唐卷 下册

龚隽
李大华 等 著
夏志前

A
HISTORY
OF
CHINESE
PHILOSOPHY

江苏人民出版社

# 目 录

# 第十章　司马承祯的哲学思想

被奉为上清派第十二世宗师的司马承祯,其思想中最为显著的是道性论和道教修行炼养思想的阐发。在《太上升玄消灾护命妙经颂》中,司马承祯借鉴佛教天台宗的止观法门论证道性修持"虚心忘形""破疑悟道"的方法。在《坐忘论》《天隐子》中,司马承祯则详细阐述了坐忘得道思想和炼气成仙的修炼阶次。

## 第一节　司马承祯的生平与著述

### 一、司马承祯的生平

司马承祯(647—735 年),字子微,法号道隐,河内温县(今属河南)人。北周晋州刺史琅邪公司马权的玄孙。自幼好学,薄于仕途。年二十一时,出家为道士,师事当时著名的嵩山高道潘师正(586—684 年)。

潘师正,号体玄先生,初唐时高道。《海录碎事》卷八说:"唐高宗幸嵩山,至逍遥谷,见室中大瓠,问潘师正,字子真,答曰:'中有青䭀,昔西城王君以南烛草为之,服食得道。'上乃命道士叶法善往江东造青餖饭。"①司马承祯师事潘师正时,潘已年过八旬,特相赏异司马承祯,尽传其符箓及辟谷、导引和服饵之术,并告知司马承祯:"我自陶隐居[即陶弘景]传正一之法,至汝四叶矣。"由此可以看出,司马承祯得自潘师正之法,是自陶弘景以来经过三传的上清派正一之法。从陶弘景为上清派第九世宗师算起,经王远知、潘师正,司马承祯当为第十二世上清派宗师。

司马承祯师从潘师正而得正法之后,就告别师门,遍游各地名山,广寻真迹,博纳至道,传法救生,声名日显,最后止足于天台山,隐居于玉霄峰,自号白云子。司马承祯精于服饵之术,武则天闻其名,曾"累征之不起"②,后来终于召至京都,降手敕以赞美之。司马承祯辞都还山时,武则天特敕麟台监李峤在洛桥之东为其饯行。唐睿宗即位后,"深尚道教,屡加尊异"。景云二年(711年),睿宗派遣司马承祯的兄长司马承祎亲临天台山迎请承祯至京师。司马承祯入宫之后,睿宗问及阴阳术数之事。司马承祯虽谙熟阴阳术数,但避而不谈,只是以《易》《老》思想应对。他告之:"道经之旨:'为道日损,损之又损,以至于无为。'且心目所知见者,每损之尚未能已,岂复攻乎异端,而增其智虑哉!"睿宗既不能得悉阴阳术数之事,而得闻道家无为之旨,便问司马承祯:"理身无为则清高矣,理国无为如何?"司马承祯回答说:"国犹身也。《老子》曰:'游心于澹,合气于漠,顺物自然而无私焉,而天下理。'《易》曰:'圣人者,与天地合其德。'是知天不言而信,不为而成。无为之旨,理国之道也。"睿宗听后叹息道:"广成之言,即斯是也。"③由此可见,司马承祯的政治观点,是主张治国应像修身一样,顺物之自然而无私,无为而无不为,而不能像儒家所倡导的那样,"攻乎异端,而增其智虑",睿宗希望司马承祯能留居京师,以便随时请教。然而,司马承祯无意就俗,坚辞还山。睿宗乃赐其宝琴一张及

① 〔宋〕叶廷珪:《海录碎事》卷八下,《景印文渊阁四库全书》第921册,第45页,台北:台湾商务印书馆,1985。
② 〔唐〕刘肃撰,许德楠、李鼎霞点校:《大唐新语》卷一〇,第113页,北京:中华书局,1985。
③ 〔宋〕王钦若等辑:《册府元龟》卷八二二,《景印文渊阁四库全书》第902册,第18页。

霞文帔等物。朝中许多王公卿相、文人学士赋诗以赠,常侍徐彦伯遴其中三十余篇编成《白云记》,并制序见传于世。《太平广记》卷二一载:"时卢藏用早隐终南山,后登朝,居要官,见承祯将还天台,藏用指终南谓之曰:'此中大有佳处,何必在天台?'承祯徐对曰:'以仆所观,乃仕途之捷径耳。'藏用有惭色。"①

　　唐玄宗统治天下之后,深好道术,司马承祯也倍受敬重,累召到京。开元九年(721 年),玄宗遣使臣征诏司马承祯入京,"留于内殿,颇加礼敬"②,并亲受法箓。唐玄宗询问"以延年度世之事",司马承祯隐而微言,玄宗厚加赏赐。《太平广记》说,司马承祯对唐玄宗所进之微言,对于唐玄宗政权有重要意义:"由是玄宗理国四十余年,虽禄山犯关,銮舆幸蜀,及为上皇,回,又七年,方始晏驾。诚由天数,岂非道力之助延长耶?"③开元十年(722 年),司马承祯请求返回天台山,唐玄宗亲自赋诗送别。开元十五年(727 年),唐玄宗又召请司马承祯至京都,特赋诗于王屋山,"令承祯于王屋山自选形胜,置坛室以居焉"。司马承祯于是上言唐玄宗,说:"今五岳神祠,皆是山林之神,非正真之神也。五岳皆有洞府,各有上清真人降任其职,山川风雨、阴阳气序,是所理焉。冠冕章服,佐从神仙,皆有名数。请别立斋祠之所。"玄宗遵从他的建议,敕令在五岳各设置真君祠一所,其形象制度,皆令司马承祯按道经的创意而为之。④

　　另据《太平广记》:"初,玄宗登封太岳回,问承祯:'五岳何神主之?'对曰:'岳者,山之巨,能出云雨,潜储神仙,国之望者为之,然山林之神也,亦有仙官主之。'于是诏五岳于山顶列置仙官庙,自承祯始也。"⑤这样一来,五岳各处的真君祠就具有了国家正统神祠的地位,从而大大地扩大了道教在国家和各地方上的实际影响。

　　《尚书故实》谓:"司马天师,名承祯,字紫微。形状类陶隐居,玄宗谓

---

① ② 〔宋〕李昉等编:《太平广记》卷二一,《景印文渊阁四库全书》第 1043 册,第 117 页。
③ 〔宋〕李昉等编:《太平广记》卷二一,《景印文渊阁四库全书》第 1043 册,第 117—118 页。
④《旧唐书》卷一九二,"司马承祯传",第 5128 页。
⑤ 〔宋〕李昉等编:《太平广记》卷二一,《景印文渊阁四库全书》第 1043 册,第 118 页。

人曰:'承祯,弘景后身也。'天降车,上有字曰:'赐司马承祯。'尸解去日,白鹤满庭,异香郁烈。承祯号白云先生,故人谓车马为'白云车'。至文宗朝,并张骞海槎同取入内。"

司马承祯博学多能,尤擅篆隶之书,自号"金剪刀书"。唐玄宗颇看重其字,令司马承祯以三体写《老子》。司马承祯于是刊正文句,定著五千三百八十言为真本以上奏玄宗。此后不久,司马承祯请求隐居于王屋山,唐玄宗于是令其居于王屋山阳台观,亲自题写观名,并派特使送给司马承祯,另赐绢三百匹以充药饵之用。后来,唐玄宗又令玉真公主及光禄卿韦绍到司马承祯所居的阳台观修金箓斋,复加锡赉。开元二十三年(735 年),司马承祯卒于王屋山,时年八十九。唐玄宗赐赠徽章,用光丹篆,制赠银光禄大夫,谥号"贞一先生",并御制碑文。司马承祯门徒甚众,最著名的有李含光、焦静真等。

## 二、司马承祯著述考略

司马承祯著述等身。据《新唐书·艺文志》《通志略》《道藏》和杜光庭《天坛王屋山圣迹记》等文献所示,计有《修真秘旨》12 篇、《修真秘旨事目历》1 卷、《服气精义论》1 卷、《坐忘论》1 卷、《修生养生诀》1 卷、《采服松叶等法》1 卷、《洞玄灵宝五岳名山朝仪经》1 卷、《上清含象剑鉴图》1 卷、《天地宫府图》《天隐子》《太上升玄经注》《太上升玄消灾护命妙经颂》1 卷、《上清侍帝晨桐柏真人图赞》1 卷,等等。

关于司马承祯一些主要著述的成书时间问题,历来为研究者所轻视,因而在具体探讨司马承祯的道教思想时,人们往往摘其所需要的著述加以阐述,并未能真切地揭示司马承祯在长达 70 年的修道生涯中所展现的思想演进之迹,也不能真正弄清《服气精义论》《太上升玄消灾护命妙经颂》与《坐忘论》及《道枢·坐忘篇》之间的内在联系与区别,从而不能够真正地揭示司马承祯道教思想的特质。有鉴于此,笔者试图对司马承祯几部主要著作的成书时间之先后问题做些考订,以期展示其道教思想流变、演进的特征。

《服气精义论》《太上升玄消灾护命妙经颂》《坐忘论》和《天隐子》序跋及《道枢·坐忘篇上》《天宫地府图》等著述虽然是反映司马承祯道教思想的主要著述,但是,切不可将它们统合而观。事实上,它们是司马承祯不同时期的著述,反映出其不同时期道教思想的不同特征。《服气精义论》大致为司马承祯前期修道时的著作,《太上升玄消灾护命妙经颂》大致为司马承祯中期修道学佛的著述,《坐忘论》、《天隐子》序跋、《道枢·坐忘篇上》大致为其后期修道的著述,《天宫地府图》则大致是其晚年移居王屋山后所著。以上六种著述,大致可以反映司马承祯在不同时期修道炼真的思想特征。

历来研究者习惯于将司马承祯的著述区分为两类,一类是养气存形方面的,以《服气精义论》为代表;另一类是坐忘主静方面的,以《天隐子》《坐忘论》等为代表。我们认为,司马承祯的道教思想并不可以简单地一分为二,而是经历了一个从早期的上清服饵(气)论到中期的佛化道性论再到后期的坐忘成仙论的演进历程。

之所以将《服气精义论》看做司马承祯早期上清服饵论思想的代表作,理由有二:

其一,司马承祯早期学道师从上清派第十一代宗师潘师正。史载潘师正"传其符箓及辟谷、导引、服饵之术",并明言承祯"我自陶隐居传正一之法,至汝四叶矣"。[①] 这说明潘师正对司马承祯所传之法为陶弘景所传的正一之法,并未见史载潘师正另传给司马承祯其得自王远知的所谓重玄之学。而《服气精义论》全书只论及潘师正所传服饵、导引等术。

其二,上清正一之法多阴阳术数之事,而重玄学派几乎不谈此事。《云笈七签》载陶弘景"尤好五行阴阳风角祇候太一遁甲星历算数……"[②],《南史》卷七六亦称"弘景妙解术数"[③]。景云二年(711年),唐睿宗召司马承

---

① 《旧唐书》卷一九二"司马承祯传"、《王屋山贞一司马先生传》、《续仙传·司马承祯》等均有大致相同记载。

② 《华阳陶隐居先生本起录》,《云笈七签》卷一〇七,《道藏》第 22 册,第 732 页。

③ 《南史》卷七六,"陶弘景传",第 1900 页,北京:中华书局,1975。

祯入宫,即询问"阴阳术数之事"。其时,司马承祯已隐居天台山玉霄峰多年,思想旨趣已变,因而面对睿宗的提问显得答非所问,这说明司马承祯在隐居天台山之前是以"阴阳术数之事"而闻名。武则天、唐睿宗之所以召请他,亦因此而已。

之所以大致断定《太上升玄消灾护命妙经颂》为司马承祯隐居天台山之后因受天台佛学影响而作,是司马承祯中期修道思想的反映,理由有二:

其一,如上所述,唐睿宗召见司马承祯,问以"阴阳术数之事",承祯避"阴阳术数之事"而不谈,说明此时已隐居天台山多年的司马承祯思想旨趣已大变。

其二,《太上升玄消灾护命妙经颂》明显受佛教天台宗思想的影响,是用佛教天台宗的心性学说来重新阐释《太上升玄消灾护命妙经》,更确切地说,是试图以天台佛教心性之说来阐发其道性观念。这里看不到在《服气精义论》中所表述的服气养神全形思想的影子,说明司马承祯的思想旨趣已与《服气精义论》迥异。如果说《服气精义论》所体现的是纯道家思想的话,那么,《太上升玄消灾护命妙经颂》中则几乎都是佛教天台宗思想。史载司马承祯在早期修道实践中并没有从潘师正那里得到什么天台佛学,《太上升玄消灾护命妙经颂》中所体现出来的浓厚的天台心性论思想影响的痕迹表明,这只可能是他离开潘师正游历各地名山并在天台佛学胜地隐居学道多年后之作。

司马承祯之所以要游历各地名山,最后止足于天台山,与其在潘师正那里所受先师陶弘景思想与业绩的影响不无关系。史载陶弘景曾"博访远近以正"道家符图经法,"始往茅山便得杨许手书真迹","又启假东行浙越,处处寻求灵异,至会稽大洪山谒居士娄慧明,又到余姚太平山谒居士杜京产,又到始宁嵊山谒法师钟义山,又到始丰天台山谒诸僧标及诸处宿旧道士,并得真人遗迹十余卷"。[1] 司马承祯不仅从潘师正得陶弘

---

[1]《华阳陶隐居先生本起录》,《云笈七签》卷一〇七,《道藏》第22册,第732页。

景的上清正一之法,而且也仿效陶弘景遍游各地名山,寻迹访道。

　　《坐忘论》《道枢·坐忘篇上》和《天隐子》序跋大体可视为司马承祯后期著述,反映出了司马承祯在广寻真迹、遍访僧道、隐居天台、潜修密炼之后,试图对上清学、天台学和其他诸家学说进行融合创新。如果说,早期的《服气精义论》与中期的《太上升玄消灾护命妙经颂》多有异趣,那么,在这里,二者则熔为一炉了。"服气"论与"道性"论不再是互不相干的两种思想体系,而是同一思想体系("坐忘得道"论)的两个不同层面。早期的"服气"论讲长生只在服气、导引等,中期的"道性"论讲"空色宜双泯,不须举一隅,色空无滞碍,本性自如如",而后期的"坐忘得道"论则讲"修炼形气、养和心灵、长生久视"。因此,从早期的"服气"论到中期的"道性"论再到后期的"坐忘得道"论,是一个从分到合、从炼气到修性再到性命双修的逻辑与历史相统一的过程,表现出司马承祯的道教思想的历时性与共时性的统一。如果说,司马承祯的早期"服气"论是对师门所传正一之法的继承和发扬,其中期的"道性"论是宗仰天台佛学而对上清正一之法的偏离,其后期的"坐忘得道"论则仿佛是向早期承发上清正一修仙之法的复归。但是,这一复归并不是简单地继承和发扬上清正一之法,而是吸取了道教诸家修炼思想与方法,融合了佛教天台宗心性学说的一种创造性的回归。因此,司马承祯后期的"坐忘得道"论,不仅仅是对传统上清正一之法的自觉承继和弘扬,更是一种创造性的发展。

　　相比较而言,《天宫地府图》则可能是司马承祯晚年居王屋山前后所作。因为在唐玄宗令司马承祯"于王屋山自选形胜、置坛室以居之"以前,司马承祯一直隐居于远离王屋山的天台山玉霄峰,只是在唐玄宗满足了他所谓在五岳别立道教斋祠之所的愿望后才移居王屋山。此时的王屋山,无形中成为统领五岳之首,司马承祯也甘愿居此而统领全国道教,原来所隐居的天台山之地位明显地下降了。这一观念鲜明地反映在《天宫地府图》中。司马承祯在《天宫地府图》中说,太上老君所说的"十大洞天者,处大地名山之间,是上天遣群仙统治之所",而王屋山为第一大洞天,其多年隐居修炼的天台山居然被排除在十大洞天、三十六小洞天之外,只有天台山北的司马悔山被列为七十二福地中的第六十福地。如果司马承祯写作此书时仍隐居于天台山,肯定不至于如此。但是,从《天宫地府图》序言中不难看到,司马承祯的道教思想并没有在《坐忘论》和《天隐子》序跋基础上有所改变,因此,此书仍可视为其后期思想的反映。

## 第二节 《服气精义论》中的道性论

《服气精义论》大致可确定为司马承祯的早期著述,在这部书中,司马承祯比较集中地阐释了他早期的道教哲学和修炼思想。

### 一、"道气冲凝"的哲学本体论

司马承祯早期道教哲学的本体论特征,即道气论。老子曾谓:"道生一,一生二,二生三,三生万物,万物负阴而抱阳,冲气以为和。"(《老子》第42章)司马承祯则指出:

> 夫气者,道之几微也。几而动之,微而用之,乃生一焉。故混元全乎太易。夫一者,道之冲凝也,冲而化之,凝而造之,乃生二焉。故天地分乎极,是以形体立焉,万物与之同禀,精神著焉。[1]

可见,他把"道"的内核解释为"气",认为"道"之所以能产生"混元"之"一",就在于"太易"之"气"的"几"和"微"的作用结果。这个"一"是"道"中之"气"的冲凝混沌未分的状态。这个冲凝混沌未分的"道气"一旦化解,就会生成天与地之"二"。"冲"是表示分化,"凝"是表示结构。以天地为代表的有形有体之物,就是这样冲化、凝造而成,万物于是因天地而繁生,精神也随之而产生。

---

[1]《服气精义论》,《云笈七签》卷五七,《道藏》第22册,第392页。

　　这种万物生成论,显然简化了老子的道生观。对于老子的道生观,道家学者对"道"如何"生一"、"一"又如何"生二"、"二"所生之"三"是否同属有形体之物等问题,一直存在着分歧。司马承祯以"气"释"道"虽然并不是什么独创,但是他以"气"之"几""微"的动用来阐释"一"如何生"二",以有形体之物"天地"来阐释"三",比较妥帖地解决了上述问题,避开了以往一些学者将"三才"与万物相割裂的歧途。这不能不说是对老学的一个贡献。

　　正是以道气论为基础,司马承祯进一步阐述了他的炼质登仙观念。司马承祯认为,人固然属于道气所冲凝而形成的万物之列,但是,由于人有优越于其他物类的特性,"在物之形,唯人为正。在象之精,唯人为灵。并乾坤居三才之位,合阴阳当五行之秀,故能通玄降圣,炼质登仙"①。

## 二、"炼质登仙"的修炼思想

　　司马承祯的早期道教修炼思想,重在"炼质登仙"。此时,他尚未受佛教心性思想的熏染,而着眼于纳气、安神和全形。"形""质"是司马承祯早期神仙观念中的重要概念。在他看来,成仙并不意味着离形去质,而是安神全形,以延和享寿。由于他的道气论强调气冲凝而生成万物之形与神,因此他很自然地以纳气而安神全形作为其早期神仙修炼思想中的中心观念。

　　在修炼方法上,司马承祯并不是一位唯气论者。他曾明确地指出:"隐景入虚无之心,至妙得登仙之法。所学多途,至妙之至,其归一揆,或消飞丹液,药效升腾,或斋戒存修,功成羽化。然金石之药候资费而难求,习学之功弥岁年而易远,若乃为之速效,专之克成,与虚无合其道、与神灵合其德者,其唯气乎? 黄帝曰:食谷者知而夭,食气者神而寿,不食

---

①《服气精义论》,《云笈七签》卷五七,《道藏》第 22 册,第 392 页。

者不死。"①相比较而言,他更强调养气、纳气,认为养气则可以养志,以至合真登仙。所以他说:"真人曰:夫可久于其道者,养生也。常可与久游者,纳气也。气全则生存,然后能养志,养志则合真,然后能久登,生气之域可不勤之哉!"②

司马承祯所承上清宗师陶弘景的神仙学,既重金石之药,也重保气得道。史载陶弘景"既得神符秘诀,以为神丹可成,而苦无药物。帝给黄金、朱砂、曾青、雄黄等。后合飞丹,色如霜雪,服之体轻。及帝服飞丹有验,益敬重之"。并著有《集金丹黄白方》《太清诸丹集要》等多种外丹学著述。③ 同时,陶弘景又著有《养性延命录》等,主张:"形神合时,是人是物;形神若离,则是灵是鬼";"假令为仙者,以药石炼其形,以精灵莹其神,以和气濯其质"。④ 承继陶弘景上清正一之法的司马承祯,当然不会因为自己强调纳气全形而完全否定服食丹液也能登仙的传统。他不过是偏于继承和发扬陶弘景等上清派的服气学而已。这与隋唐以来外丹黄白术日渐显露出弊端,并遭到佛教和士大夫们的猛烈攻击有着不可分割的联系。

司马承祯以纳气养气保气作为安神全形的根本。他认为,人要长生成仙,必须修炼形、神,使形与神合一而不二。而修炼形与神,就必须服气养气。真气存在于五脏之中,贯通于百窍,修炼形神,就是要"吸引晨霞,餐漱风露,养精源于五脏,导荣卫于百关。既祛疾以安形,复延和而享寿,闭视听以胎息,返衰朽以童颜。远取于天,近取于己。心闲自适,体逸无为。欣邈矣于百年,全浩然于一室。就轻举之诸术,实清虚之雅致"。"若兼真之业,炼化之功,则伫云轺而促期,驰羽驾而憎远矣。"他的这部《服气精义论》就是在博览众多服气经版本,"或散在诸部,或未畅其宗,观之者以不广致疑,习之者以不究无效"的基础之上,"纂类篇目,详

①②《服气精义论》,《云笈七签》卷五七,《道藏》第 22 册,第 392 页。
③《南史》卷七六,"陶弘景传",1899、1900 页。
④《答朝士访仙佛两法体相书》,《华阳陶隐居集》卷上,《道藏》第 23 册,第 646 页。

精源流"而成的。① 因此,这部建立在其道气论基础之上的《服气精义论》所阐述的各种仙道修炼思想方法,并不是他的独立创造,而是他对前人服气经验与成果的梳理和综合,反映出他对初唐以前以上清派为主的诸家服气思想的独立理解和积极弘扬。

## 三、"养气全形"的修炼方法论

司马承祯在《服气精义论》中所阐扬的仙道修炼方法论主要有五牙论、服气论、导引论、符水论、服药论、慎忌论、五脏论、服气疗病论和病候论等,以下将依次阐述。

### (一)"行五牙通五脏而安神全形"的五牙论

五牙气法早见于号称"上清诸经之首"的《大洞真经》卷一《诵经玉诀》之中,指习练者分别面向东、南、西、北、中五方叩齿念咒,以口吸引各方的精气、闭气咽津,使之充布五脏(见下图)。

| 方位 | 口吸之精 | 炁色 | 形状 | 下布五脏 |
|------|---------|------|------|---------|
| 东方 | 青阳之精 | 青炁 | 木星 | 肝脏 |
| 南方 | 丹灵之精 | 赤炁 | 火星 | 心脏 |
| 西方 | 金魂之精 | 白炁 | 金星 | 肺脏 |
| 北方 | 玄曜之精 | 黑炁 | 水星 | 肾脏 |
| 中央 | 高皇之精 | 黄炁 | 土星 | 脾脏 |

司马承祯认为,凡是服气,都必须先行五牙气法,以通畅五脏,然后,再行其他常见方法最好。因为:"夫形之所全者,本于脏肺也;神之所安者,质于精气也。虽禀形于五神,已具其象,而体衰气耗,乃致凋败。故须纳云牙而溉液,吸霞景以孕灵。荣卫保其纯和,容貌驻其朽谢。"如果再加以久习成妙,积感通神,便可以"与五老而齐升,并九真而列位"。②

司马承祯所阐述的五牙气法,既有灵宝五符经中法,又有上清经中

---

①②《服气精义论》,《云笈七签》卷五七,《道藏》第 22 册,第 393 页。

法。他认为,上清经中的五牙气法,"其道密秘,不可轻言"①。在此基础上,他从服五牙之气以开窍全形的观点出发,指出东方青色入通于肝,开窍于目,在形为脉;南方赤色入通于心,开窍于舌,在形为血;中央黄色入通于脾,开窍于口,在形为肉;西方白色入通于肺,开窍于鼻,在形为皮;北方黑色入通于肾,开窍于耳,在形为骨。这一阐述避免了灵宝五符经中法和上清经中法的繁琐,使服五气法更简洁明了,而且也克服了上清经中五牙气法单纯以"口"吸引五气的片面性。正如司马承祯所言,服五牙气,不仅可以开窍全形,还可以疗病医疾。"凡服五牙之气者,皆宜思入其脏,使其液宣通,各依所主,既可以周流形体,亦可以攻疗疾病。"②

(二)"保气炼形,形休命延"的服气论

司马承祯从道气生成论哲学出发,将气看做生命的元精、形体的本质。他说:"夫气者,胎之元也,形之本也。胎既诞矣,而元精已散。形既动矣,而本质渐弊。是故须纳气以凝精,保气以炼形,精满而神全,形休而命延。元本既实,可以固存耳。"③在他看来,世界上的各种事物,从来就是形与气的统一,既没有有气而无形之物,也没有有形而无气之物。"观夫万物,未有有气而无形者,未有有形而无气者,摄生之子,可不专气而致柔乎!"④因此,他认为,要想摄生延命,就必须保气炼形。

为了保气炼形,他总结前人服气经验与理论认识成果,分别阐明了服气断谷法、服六戊法、服三五七九气法、养五脏五行气法等。他特别强调指出:"人命在呼吸之间",服气当"任性调息""忘心遗形"。从这里可以看出,服气调息,应当随顺自然,任性而为,不可执着身心。"忘心遗形"并不是要贱弃身心,而是不为身心所累,任性自然。

(三)"导引以致和畅"的导引论

导引之法在中国古代历时久远。《庄子》书中即有言:"吹呴呼吸,吐故纳新,熊经鸟申,为寿而已矣。……此导引之士、养形之人,祖寿

---

①《服气精义论》,《云笈七签》卷五七,《道藏》第 22 册,第 393 页。
②③④《服气精义论》,《云笈七签》卷五七,《道藏》第 22 册,第 394 页。

考者之所好也。"(《庄子·刻意》)成玄英疏谓:"导引神气,以养形魂,延年之道,驻形之术。"①中国古代养生学各流派差不多都提倡导引之术,把导引术看做通络活脉的一个重要途径。陶弘景在《养性延命录》中就专门阐述过导引按摩法。司马承祯继承了前贤的导引思想传统,说:"夫肢体关节,本资于动用;经脉荣卫,实理于宣通。"如果闲居而无运役事,最容易导致气血不能通畅,从而淤积成病。因此,必须"导引以致和畅,户枢不蠹,其义信然"。②

司马承祯之所以注重"导引以致和畅",与其立足于气论而持有的性命观念有密切关系。他认为,人之所以奉生而周全其性命,就因为血气精神是构成和延续其性命的最重要因素,而经脉正是血气所流通运行的领域。"人之形体,上下相承,气之源流。升降有叙。"③如果不顺畅经脉,血气就不能运行流通。导引的作用正在于疏通经脉。他甚至还针对社会上流行的某些导引之书"文多无次第"的弊端,在前人导引成果与经验的基础之上,根据自己的切身体验,重加阐扬,为梳理和弘扬中国传统导引术做出了积极的努力。

(四)"水洁则气清,气和则形泰"的符水论

符水法也是古代比较盛行的一种带有浓厚的神秘主义色彩的服食祛病延寿方法。"符"指符文,是一种近于篆体的字。这种字是一般人不可能认识的,通常有其象征意义,在道教中被称做神意的表达,因而司马承祯称之为"神灵之书字",且"神气存焉"。人们往往以为这种符具有神气,有祛病延年的功效。"水"是指"气之津,潜阳之润也",亦即滋润万物生长的水源。司马承祯立足于气论,故称此种水源为"气之津"。正因为水是万物生长之源,凡有形的物类,都以水为生长的资源,人当然也不例外。也正因为如此,司马承祯说:"故水为气母,水洁则气清。气为形本,气和则形泰。"④

---

① 〔唐〕成玄英:《庄子·刻意疏》,郭庆藩《庄子集释》,第536页。
②③④《服气精义论》,《云笈七签》卷五七,《道藏》第22册,第397页。

司马承祯之所以将"符"与"水"之法合一而论,自然与"符"和"水"在通畅五脏方面有互助之功有关。他由此而指出:"虽身之荣卫,自有内液而腹之脏腑,亦假外滋,即可以通肠胃为益津气,又可以导符灵助祝术。"①虽然也未摆脱神秘主义的束缚,但是,他从气与水的关系着眼来阐明符水的养生学价值,仍具有朴素唯物主义的积极因素。

(五)"味归形,形归气,气归精"的服药论

陶弘景对本草学颇为重视,所著《本草集注》,可谓集六朝以前中国药学之大成。陶弘景曾指出,人生于气中,犹如鱼生在水中,"水浊则鱼瘦,气昏则人病"。因此,养气于人至为重要。然而,养气之法有许多种,服药以养气就是其中很重要的一种。司马承祯进一步从服气使五脏之气充盈有余、辟谷使六腑之味不足的观念出发,主张在进行辟谷的同时,以药代谷,通过服药,使"气味兼致脏腑而全",否则,服气和辟谷便不能起到应有的全生延命的效果。他明确指出:"夫五脏通荣卫之气,六腑资水谷之味。今既服气,则藏气之有余;又既绝谷,则腑味之不足。《素问》曰:'谷不入,半日则气衰,一日则气少。'故须诸药以代于谷,使气味兼致脏腑而全也。"②这说明司马承祯已认识到单纯的服气或辟谷不仅不能延年长生,反而因"藏气之有余"或"腑味之不足"而夭折,从而不仅批判了传统服气或辟谷法的片面性和根本缺陷,而且指明了养气必须服药的必要性和重要意义。

司马承祯还从气论出发阐述了服药论的理论依据。他说:"清阳为天,浊阴为地;清阳出上窍,浊阴出下窍;清阳发腠理,浊阴走五脏;清阳实四肢,浊阴实六腑;清阳为气,浊阴为味。味归形,形归气,气归精。精食气,形食味。气为阳,味为阴。阴胜则阳病,阳胜则阴病,和气以通之,味以实之。通之则不愆,实之则不羸矣。"③他把气与味看做阴与阳之间的辩证统一,强调阴与阳、气与味之间的互补与平衡,从而说明了服气或辟谷的同时服药的理论要求。

①②③《服气精义论》,《云笈七签》卷五七,《道藏》第22册,第397页。

（六）"惜气常如一身之先急"的慎忌论

纳气、服气固然可以安神全形，但是，如果无所顾忌，所养之气不多，所泄之气则不少。纳气之要，在于固气，而要固气，必须保全真气，爱惜真气，不可轻易泄气，否则，气泄而命不长。所以，司马承祯指出："夫气之为理也，纳而难固，吐而易竭。难固须保而使全，易竭须惜而勿泄。真人曰：学道常如忆朝餐，未有不得之者；惜气常如惜面，未有不全之也。又曰：若使惜气常如一身之先急，吾少见于枯悴矣。"[①]如果能像爱惜自己的容颜那样爱惜自己所纳入的真气，则气固而勿泄，自然能安神而全形。

中国传统哲学特别注重天与人的合一，强调天体与人体有个共同的最基本的构成因素，即阴阳五行，天体与人体的一切基本变化，都根源于阴阳五行的变化。如果阴阳五行未能保持必要的平衡关系，则天体否泰，人体不调，自然导致天地变化无常，人体百病丛生。司马承祯充分地认识到了这一点，他指出："夫人之为性也，与天地合体，阴阳混气，皮肤骨体脏腑荣卫呼吸进退寒暑变异，莫不均乎二仪，应乎五行也。是知天地否泰，阴阳乱焉；脏腑不调，经脉之候病焉。因外所中者，百病起于风也；因内所致者，百病生于气也。"对于人体养生来说，重要的是要"恬儋虚寂"，使真气能够安居而勿泄，"精神内守"而不迷乱，使阴阳五行保持平衡，百病便无从生起，所以"须知形神之性而全之，辨内外之疾畏而慎之"。[②]

由是，司马承祯特别指出，《素问》曾谓："天有宿度，地有经水，人有经脉。天地和，则经水安静；寒，则经水凝固。"人体中的经脉血气，也随着天地否泰、寒暑而变化，因此，养生之要，在于"因天时而调血气"。如果"以身之虚而逢天之虚，两虚相感，其起至骨，入则伤五脏"，所以说，"天忌不可不知也"。[③]既知有"天忌"，则须慎忌而爱惜真气。爱惜真气，则气固而神安形全，何愁不能延寿长生。司马承祯的"慎忌论"，指明了纳气必须惜气的必要性和重要性，告诫炼气者：若不能如惜命一样惜气，

---

①②③《服气精义论》，《云笈七签》卷五七，《道藏》第 22 册，第 398 页。

则最终养气不成,反为百病所累。

(七)"闭塞不通,养生则殆"的五脏论

五脏是人体中不可缺少且起着决定寿夭生死作用的重要部分。司马承祯甚至明确指出:"夫生之成形也,必资之于五脏;形或有废,而脏不可阙。神之为性也,必禀于五脏;性或有异,而气不可亏。是天有五星,进退成其经纬;地有五岳,静镇安其方位;气有五行,混化弘其埏埴;人有五脏,生养处其精神。"①他认为五脏各有所藏,心藏神,肺藏气,肝藏血,脾藏肉,肾藏志,而"志通内连骨体"便成身形。

司马承祯认为,五脏不仅各有所藏,而且各有本和处:心为生之本、神之处,肺为气之本、魄之处,肝为罢极之本、魂之处,脾为仓廪之本、荣之处,肾为封藏之本、精之处。至于九窍施为,四肢动用,骨肉坚实,经脉宣行,莫不禀源于五脏,分流于百体,"顺寒暑以延和,保精气而享寿"。他特别强调指出,心为五脏之主,"主明则运用宣通"。因此,五脏通畅,则身心调适,然而,五脏之中,又以心脏为要,养生延年也以宣通心脏为根本,如果五脏"闭塞而不通,形乃大伤,以此养生则殆也"。②

司马承祯的五脏论,突出了五脏通畅对于养生延年的重要意义,强调了心为五脏之主的特殊地位,这种认识是具有一定科学性的。

(八)"使我之气,攻我之疾"的服气疗病论

陶弘景《养性延命录》中有《服气疗病》一篇,说:"凡行气欲除百病,随所在作念之。头痛念头,足痛念足,和气往攻之,从时至时,便自消矣。"③这种以我之气攻我之病的服气疗病法,为司马承祯所自觉继承和发扬。

司马承祯认为,气的功能,既广大又神妙。天之气下降,则有寒热四时不同的变化;地之气上升,则有风云八方各异的差别。气"兼二仪而为一体","总形气于其人,是能存之为家,则神灵俨然;用之于禁,则功效著

①②《服气精义论》,《云笈七签》卷五七,《道藏》第 22 册,第 399 页。
③《养性延命录》卷下,《道藏》第 18 册,第 481 页。

矣"。况且"以我之心,使我之气,适我之体,攻我之疾,何往而不愈焉"。①
司马承祯不仅主张服气以延年长生,也主张服气以疗病祛疾,在此基
础上强调以己之气疗己之疾,突出了自养自疗的重要作用。这说明,
司马承祯的早期服气论坚持了养气与疗病、外服与内疗的合一。

(九)"脏腑清休,气泰无病"的病候论

司马承祯早期的整部《服气精义论》所表达的主要理想追求,就是通
过服气、炼质以登仙。可是,生、老、病、死是人生常事,炼质固然需要服
气养生,同时也需要祛病疗疾。不祛病疗疾,则无以真正实现养生。而
要祛病疗疾,就必须能随时掌握身体的不同表现特征,使有病能得到及
时诊断,并及时进行治疗。所以,在论述"服气疗病"之后,自然探讨"病
候"的问题。

司马承祯的病候论仍然是立足于气本论,并以形神、脏腑观念来展
开论述。他认为,生之为命,以形与神为资本;气之所和,本于脏腑;因
此,"形神贞颐,则生全而享寿;脏腑清休,则气泰而无病"。然而,世人
禀精结胎的初始,各因四时之异而诞形立性,"性之本罕备五常之节"。
所以,躁忧多端,嗜欲增结,或是"积痾于受生之始",或是"致疾于役身
之时"。② 由此,喜怒忧伤,便自内而生疾;寒暑饮食,便自外而成病。
说明形体中疾病之所以生成,有源于自身内部的精神性因素,也有源
于自身外部的物质性因素。因此,诊断疾病、治疗疾病和预防疾病,
都必须从内部和外部、物质性因素和精神性因素着眼。这种认识体
现出了整体性、辩证性和客观性的特点,是中国古代病候论的积极
成果。

既然疾病的生成源于内部的精神性因素和外部的物质性因素,养生
者因此既要注重禁忌又要注重修养,若"强壮之岁,唯知犯触",而"衰谢
之年,又乖修养",那么,阴阳互升,形气相违,自然诸病丛生,难以挽回。

①《服气精义论》,《云笈七签》卷五七,《道藏》第22册,第400页。
②《服气精义论》,《云笈七签》卷五七,《道藏》第22册,第401页。

司马承祯特别告诫服气养生之人,既然"谷肴已断,形体渐羸,精气未全,神魂不畅",则"或旧瘵因之以发动,新兆致之以虚邪"。① 所以,祛病养生延年,不可须臾疏忽修养,而应当始终如一地保持精神上的静寂无欲,物质上的寒暑饥饱适中。司马承祯的这一思想,说明防病是服气养生中的重要环节,反映出服气养生必须坚持精神上和物质上的防病与治病的统一。

司马承祯早期的养气全形的修炼方法论思想,是对以陶弘景为代表的上清正一服气修炼方法论思想和隋唐以前中国其他养生修炼方法论思想的自觉继承和总结,体现出了司马承祯对养生服气学历史遗产的积极发展与弘扬。在司马承祯早期服气论思想中,虽然也存在着在今天看来是宗教神秘主义,甚至有些主观臆测性的成分,但是,我们仍不可否认,其中确实存在着一些中国古代朴素唯物主义辩证法和医学、养生学的合理因素。

## 第三节 《坐忘论》中的道性思想

近代著名道教学者陈撄宁先生曾将中国古代内丹养生术区分为动功和静功两大类,并把气功归属于动功类。他指出:"气功着重在一个'气'字,那些功夫都是动的,不是静的。世间各处所传授的气功,有深呼吸法,逆呼吸法,数呼吸法,调息法,闭息法,运气法,前升后降法,后升前降法,左右轮转法,中宫直透法,等等。法门虽多,总不外乎气的动作。静功则完全是静,在气上只是顺其自然,并不用自己的意思去支配气的动作。"②陈撄宁还指出,唐代道教学者书中的所谓坐忘,和宋代道家学者书中的所谓止念,"有些和我所说的静功相似,惟目的不

---

① 《服气精义论》,《云笈七签》卷五七,《道藏》第 22 册,第 401 页。
② 陈撄宁:《静功问答》,胡海牙、武国忠主编《陈撄宁仙学精要》(下),第 751 页,北京:宗教文化出版社,2008。

同:我们以治病为目的,他们以修养为目的"①。由此来看,司马承祯后期的修道思想中,其以《坐忘论》所反映的坐忘得道思想,则属于静功。

## 一、"坐忘得道"论的哲学基础:道心观念

"道""心"观念,是司马承祯后期"坐忘得道"论的哲学基础。为什么要修炼"坐忘"之法?"坐忘"之法的本质何在?"坐忘"能获得什么样的道果?这些问题,都牵涉到"道"和"心"这两个核心观念。

《道教义枢·道德义》谓:"道者,理也;通也,导也。……言理者,谓理实虚无。……言通者,谓能通生万法,变通无碍。……言导者,谓导执令忘,引凡令圣。"②司马承祯则独阐其中的"通生万法,变通无碍"之义,主张:"夫道者,神异之物,灵而有性,虚而无象,随迎不测,影响莫求,不知所以然而然,通生无匮谓之道。"③这不仅昭示"道"具有作为世界万物的本体和本源的意义,而且也说明了得"道"即可得以长生的意义。所以司马承祯指出:"道有深力,徐易形神,形随道通,与神合一,谓之神人。神性虚融,体无变灭,形与道同,故无生死。"④无生死,即是超越了生与死的障碍而长生不死。也正因为如此,人所最贵重的既然是生命的存在,则生命所最贵重的自然是大道。因而,"人之有道,若鱼之有水,涸辙之鱼,犹希斗水"⑤。这样,人是否能够获得长生而无生死,就与是否得到"大道"有着密不可分的关系。

那么,人如何才能与"大道"发生关联,从而获得"大道"呢?司马承祯摒弃了"气"能通"道"的气功修道观念,认为人之一"心"是能否获得"大道"的关键因素。一方面,"心者,一身之主,百神之帅";另一方面,究其根源,则心体"以道为本"。⑥"心"既然以"道"为本体和根源,自然就有

---

① 陈撄宁:《静功问答》,胡海牙、武国忠主编《陈撄宁仙学精要》(下),第 757 页。
②《道教义枢》卷一,《道藏》第 24 册,第 804 页。
③④《坐忘论·得道七》,《道藏》第 22 册,第 896 页。
⑤《坐忘论·叙言》,《道藏》第 22 册,第 892 页。
⑥《坐忘论·收心三》,《道藏》第 22 册,第 892、893 页。

与"道"相类的特性。他认为,道经中曾指出,至道之中,寂寥而无所有,神用无方,"心"体也即"夫心之为物也,即体非有,随用非无,不驰而速,不召而至"①。心体既然与大道相类,"道"自然为"心"所得,何愁人不能长生而超越生死呢?

司马承祯认为,心虽与大道相类,但毕竟道为心之本体和根源。道虽神用无方,但神性虚融,寂然长有;而心体毕竟是道所生之物,"怒则玄石饮羽,怨则朱夏殒霜,纵恶则九幽匪遥,积善则三清何远。忽来忽往,动寂不能名;时可时否,蓍龟莫能测,其为调御,岂鹿马比其难乎"②?因此,心虽以道为本,却常因动作而与道相隔。心"静则生慧,动则成昏"③。心动作而生昏,则如世俗中的弱丧之徒,"无情造道,恶生死之苦,乐生死之业,重道德之名,轻道德之行,审惟倒置,何其如之"④!

"心"何以能动作而生昏?司马承祯认为,这是由于心识为污浊所染。"原其心体,以道为本。但为心神被染,蒙蔽渐深,流浪日久,遂与道隔。"但是,心神为污浊所染而与道隔,并不是不可挽救的,如果"净除心垢,开识神本","无复浪流,与道冥合,安在道中","守根不离","静定日久",则因与道相隔所生之病渐消,生命恢复元气,"复而又续,自得知常,知则无所不明,常则永无变灭。出离生死,实由于此"。⑤ 司马承祯把以上所说的"净除心垢,开识神本"称做"修道"。《坐忘论》也正是他面对世人心识受染、无情造道而作。他自述:

> 穷而思通,迷而思复,寸阴如璧,愧叹交深,是以恭寻经旨而与心法相应者,略成七条,以为修道阶次。⑥

"七条",也就是"敬信一""断缘二""收心三""简事四""真观五""泰定六"和"得道七"。这七个"修道阶次",既以道经之旨为根据,又与心神之法

---

①②《坐忘论·泰定六》,《道藏》第 22 册,第 896 页。
③《坐忘论·收心三》,《道藏》第 22 册,第 892—893 页。
④⑥《坐忘论·叙言》,《道藏》第 22 册,第 892 页。
⑤《坐忘论·收心三》,《道藏》第 22 册,第 893 页。

相对应,因此,"修道阶次"实际上是修炼心神之不同步骤,而其中心思想,则是"坐忘"。司马承祯之所以提出"坐忘得道"论,就因为要修炼心神,必须通过"敬信""断缘""收心""简事""真观""泰定"等修炼过程,逐渐达到"身与道同,则无时而不存;心与道同,则无法而不通"[①]的"至人"境界。

## 二、"敬仰尊重,决定无疑"的敬信论

宗教不同于一般的民间迷信,其区别之一就在于宗教强调"信",而迷信重在"迷"。用司马承祯的话来说,对于道德之教,必须"敬信",而且通过"敬信"破除对其他事物的迷执。他甚至把"信"看做"道之根",把"敬"看做"德之蒂",认为"根深则道可长,蒂固则德可茂"[②]。和氏璧虽有连城之彩,卞和因不能被楚王信任而被处以刖刑;伍子胥之言虽有保国之效,却不能取得吴王信任,吴王反而赐剑令其自杀。司马承祯认为,历史上的这些悲剧,都是"形器著而心绪迷,理事萌而情思忽"所致,更何况"超于色味"的至道、"隔于可欲"的真性,有谁能够"闻希微以悬信,听罔象而不惑"呢?[③]因此,无敬信,则不可以修道养德,更无从谈"坐忘得道"了。也正因为如此,他把"敬信"作为"坐忘修道"的第一个"阶次",强调"信是修道之要"[④],从而突出了"敬信"是"坐忘修道"的必要前提和条件的地位。

"信"指信任、相信,肯定而无疑虑。"敬"指敬仰、尊重,崇尚而不怠慢。司马承祯认为,对于大道,只要敬仰尊重,决定而无疑惑,在此基础上"加之勤行,得道必矣"[⑤]。然而,对于"坐忘得道"之法,世人是否能够如同对待"大道"那样"敬信"呢? 如果不能"敬信",就不可能"坐忘"而得道了。

司马承祯的"坐忘",根源于《庄子》。《大宗师》曰:"仲尼蹴然曰:'何

---

① 《坐忘论·得道七》,《道藏》第 22 册,第 897 页。
②③④⑤ 《坐忘论·敬信一》,《道藏》第 22 册,第 892 页。

谓坐忘?'颜回曰:'堕肢体,黜聪明,离形去知,同于大通,此谓坐忘。"《天隐子》认为"坐忘"即是"因存想而得也,因存想而忘也",具体地讲,"行道而不见其行,非坐之义乎? 有见而不行其见,非忘之义乎? 何谓不行? 曰心不动故。何谓不见? 曰形都泯故",①也就是心静而形泯。司马承祯的"坐忘",是以"忘万境"为特征,强调"先定其心,则慧照内发,照见万境,虚忘而融心于寂寥,是之谓坐忘焉"②,这实际上是一种内观万境、外忘宇宙的修炼方法。司马承祯直截了当地指出:"夫坐忘者,何所不忘哉? 内不觉其一身,外不知乎宇宙,与道冥一,万虑皆遗。"③很显然,司马承祯的"坐忘",和《庄子》有着共同的特点,就是从坐忘主体之中求"道",而不是另求"道"于坐忘主体之外。既然如此,那些世俗弱丧之人,自然也就"闻而不信",因为,如此"怀宝求宝,其如之何"?④

然而,那些"闻而不信"的世俗弱丧之人哪里知道,如果"信道之心不足,乃有不信之祸及之"⑤。《老子》中早云"信不足,焉有不信"。既然不相信"坐忘"能够得"道",也就谈不上修持"坐忘"之法。不修"坐忘"之法,"何道之可望乎"? "道"不可望,自然免不了灾祸,生死则与之相伴随,谈何"出离生死之境"呢?

因此,司马承祯认为,"坐忘修道",必以敬信"坐忘"为前提。敬信"坐忘",则"坐忘"之法可修。勤修坐忘之法,何道不可望呢?

### 三、"迹弥远俗,心弥近道"的断缘论

"缘"是与"因"相对而言的。"因"通常指内因,即事物自身的内在因素。"缘"指外缘,即事物的外部关联所引起的机缘。"因缘"本是佛教概念。道教在其形成和发展中自觉地吸取了佛教的因缘观念,并将世俗关系称为"俗缘"或"尘缘",认为这是一种与道教所追求的"在尘而出尘"的

---

① 《天隐子》,《道藏》第 21 册,第 699 页。
② 《道枢·坐忘篇下》,《道藏》第 20 册,第 616 页。
③④⑤ 《坐忘论·敬信一》,《道藏》第 22 册,第 892 页。

理想境界相对立的外部机缘。因此,道教为了维护自己的理想境界与世俗社会的不同地位,防止世俗生活方式对道教的浸染、渗入,极力主张道教徒应当超凡脱俗,断绝一切俗缘。司马承祯将此思想融汇到其"坐忘得道"论之中,并使之成为其中不可跨越的必要"阶次",显示出其"坐忘得道"论具有鲜明的超越现实社会生活的色彩。

司马承祯明确地指出,"断缘者,断有为俗事之缘也"[①],也就是要断绝所有与世俗社会生活相关联的机缘,使"坐忘修道"处于一种超凡脱俗的宗教生活境界之中。他把道教的修持生活与世俗的现实生活看做两种截然不同的存在境界,认为只要摒弃世俗有为之事,身形就不会劳顿;不追求有所作为,心神自然安静平逸。"恬简日就,尘累日薄;迹弥远俗,心弥近道。至圣至神,孰不由此乎?"[②]"俗"与"道"是截然对立的。"迹"践尘世,则"心"染俗缘,离"道"则愈远。"迹"离尘世,"心"无俗缘之累,则心神接近于"道"。因此,是否能够断绝俗缘,最直接地关系到"心"与"道"是相隔还是相接的问题,显然也就是能否"坐忘"得"道"的一个重要问题。

司马承祯针对那些"开其兑,济其事"然而"终身不救"的所谓道教修炼者,提出了尖锐的批评。在那些终身不能获得拯救的修炼者当中,有的显现其德性是多么优越,展露其才能是多么出众,以"求人保己";有的关心世俗社会之中的红白喜事,来往奔忙于"道""俗"之间;有的假托道士之名隐逸于山林之中,却真情希图得到宰官的恩宠而升进;有的则不禁酒食,反而以酒食邀致达官贵人,"以望后恩"。诸如此类,不一而足,但都是借修道之名,"巧蕴机心,以干时利,既非顺道,深妨正业"。司马承祯认为,凡此之类,都应当禁绝不贷。在他看来,禁断俗缘的关键,在于与世俗间的一切事情不发生关联,也就是漠不关心。不与世俗间的人或事发生交谊或关系,正如庄子所云,"不将不迎","无为谋府,无为事任,无为知主",从而"无为交俗之情"。[③]

---

①②③《坐忘论·断缘二》,《道藏》第 22 册,第 892 页。

　　要做到"不将不迎",无为于世俗之事,就应当如老君所云:"塞其兑,闭其门,终身不勤。"这样一来,"我但不唱,彼自不和;彼虽有唱,我不和之。旧缘渐断,新缘莫结,醴交誓合,自致日疏。无事安闲,方可修道"。①当然,道教毕竟是一种社会性的宗教,道教的修持也不能完全与世俗社会相隔绝。司马承祯也很清楚这一点,所以他又说:"若事有不可废者,不得已而行之,勿遂生爱,系心为业。"②既要断绝"俗缘",又不能完全断绝"俗缘",自然使司马承祯感到十分为难,于是"不得已"才提出个"勿遂生爱,系心为业"的要求来。然而如何在"不得已而行"世俗之事的时候,真正实现"勿遂生爱,系心为业",恐怕仍需要宣扬一番"迹弥远俗,心弥近道"的道教之理。这也正反映出司马承祯的"断缘"论企图超越现实而又不能真正超越现实的一种无可奈何的思想特征,这实际上也是道教超越观念的一个基本特征。

## 四、"住无所有,心安道来"的收心论

　　正因为"俗缘"欲断而不能全断,所以修道之事任重而路远,不可一蹴而就。而修道之初,当安坐收心。正如司马承祯所言:"欣迷幻境之中,唯言实是;甘宴有为之内,谁悟虚非? 心识颠痴,良由所托之地。且卜邻而居,犹从改操;择交而友,尚能致益。况身离生死之境,心居至道之中,能不舍彼乎? 安不得此乎? 所以学道之初,要须安坐,收心离境,住无所有。因住无所有,不著一物,自入虚无,心乃合道。"③

　　所谓收心,就是要收藏动作之心,使心处于静定无执的"虚无"状态。"坐忘得道"论要求,静定无执,既要无执于有,也要无执于无。"若执心住空,还是有所,非谓无所。凡住有所,则令心劳。既不合理,又反成病。但心不著物,又得不动,此是真定正基。用此为定,心气调和,久益轻爽,以此为验,则邪正可知矣。"④因此,收心就是使心达到"真定"的境界。

<hr>

①②《坐忘论·断缘二》,《道藏》第22册,第892页。
③④《坐忘论·收心三》,《道藏》第22册,第893页。

这种"真定"境界,并不是"心"从有所执的"颠痴"状态进到了一种"无所知""无所指归"的状态,恰恰相反,而是进到了一个"无所不知""自得真见""有所指归"的状态。具体来讲,"收心"有如下特点:

第一,"收心"不是"放心",而是"随起随制"以"安心"。"放心"指放纵心神驰骋而不制约。譬如牛马等家畜,放纵不收,犹自生鲠,不受驾驭。何况"任心所起,一无收制,则与凡夫元来不别"。而"收心"则是与"放心"相对而言的,是要收制心神,安定心体,譬如鹰鹤野鸟,为人羁绊,终日在手,则自然调熟。司马承祯指出,所谓放心,表现在现实中就是"非时非事,役思强为",其结果则毁誉四起,利害交参。有鉴于此,他主张"坐忘"修道应当"安心"而使"心不逐外"。非净非秽,使毁誉无从而生;非智非愚,使利害无由而挠。心神纵得暂安,还是可能散乱,此时当"随起随制,务令不动,久久调熟,自得安闲"。即便是心神安定之后,仍须"安养,莫有恼触,少得定分,即堪自乐",从而渐至驯狎。说得简洁些,收心、安心,就是要求"实则顺中为常,权则与时消息"。[①] 这样,收心、安心就不是一个死板的"随起随制"的过程,而是"实"与"权"相统一的过程。

第二,"收心"不是"灭心",而是"除病""息乱"以"虚心"。所谓灭心,是指当心神起动时,即除灭而不怠慢。司马承祯认为,灭心不能一概而论,"若心起皆灭,不简是非,则永断觉知,入于盲定",而不是"真定"。如果"息乱而不灭照,守静而不著空",则"行之有常,自得真见"。若是烦邪乱想,应当随觉则除;若是毁誉之名、善恶之事,亦应全都拨去,莫将心神领受。若心神领受,则心满,"心满则道无所居"。因此,"所有闻见,如不闻见,即是非善恶不入于心。心不受外,名曰虚心",正如道经中所云:"人能虚心无为,非欲于道,道自归之。"[②]

在司马承祯看来,"心法如眼"。有纤毫入眼,眼则不安。同样,小事关联着心法,心必动乱。心动则病,既病则难入定门。因此,"修道之要,

---

①②《坐忘论·收心三》,《道藏》第 22 册,第 893 页。

急在除病。病若不除,终难得定"。好比良田中长有荆棘,荆棘不除,虽播种,禾苗也难茂盛。而"爱见思虑",正是心法中长出的荆棘,如果不能剪除,则"定慧不生"。① 由此可见,"收心"就是要剪除掉心神中滋长出来的爱欲、偏见和各种思虑,使"心"虑而定,"道"自来居。

第三,"收心"不在于徒"言心无所染",而在于"行之有常"。"言"与"行"是中国古代哲学中的一对重要范畴。无论是儒家,还是道家,都很强调"言行一致"。然而,无论是在现实的社会生活中,还是在避世的道教修炼中,都普遍存在着"言"与"行"不一致的现象。司马承祯明确地指出,那些人"或身居富贵,或学备经史,言则慈俭,行则贪残,辩足以饰非,势足以威物,得则名己,过则尤人,此病最深,虽学无益,所以然者,为自是故"。这种"自是"之病传染到道教之中,则有"遍行诸事"而徒"言心无所染者"。他们"于言甚善,于行极非",因而特劝"真学之流"宜戒于此。他强调指出:"夫法之妙用也,其在能行,不在能言。行之则斯言为当,不行则斯言如妄。"② 这种鲜明的以行验言的观点,表现出了司马承祯《坐忘论》的突出的实践性格。他甚至针对有人将"火不热,灯不照暗"称为"妙义"的言论指出,火本来以热为用,灯原本以照暗为功,今则盛谈"火不热",却"未尝一时废火,灯不照暗,必须终夜然灯",这正是"言行相违,理实无取"。然而正是这种"破相之言",反被人看做"深玄之妙",岂不怪哉!③ 司马承祯批评"言行相违",主张以行验言,正是想发挥老君"吾言甚易知,甚易行。天下莫能知,莫能行"(《老子》第70章)的道理,从而说明他的"收心",不是徒在其"言",更是重在其"行"。

## 五、"处事安闲,在物无累"的简事论

"身"与"心"是道家道教都很重视的一对范畴。"身"即形躯。"心"乃心神。无论是重炼形(质),还是重修心(性),都要涉及身与心的关系问题。因为人的生与死都要以身与心的统一体为前提。而身与心又总

①②③《坐忘论·收心三》,《道藏》第22册,第893页。

是相互影响、相互制约的。因此,司马承祯在面临"俗缘"欲断而不能全断的情况下不仅认识到"收心"以使"心安而虚,道自来居",而且还认识到"断简事物"以使"身安"而"能及道"。

人之生存,离不开衣食住行。然而,世界上可供衣食住行者难以数计,正如"巢林一枝,鸟见遗于丛泊;饮河满腹,兽不吝于洪波",为人者理当外求于物、内明于己,"知生之有分","识事之有当",而不追求"分之所无""事非所当"。司马承祯指出:"任非当则伤于智力,务过分则弊于形神。身且不安,何能及道?"所以说,凡修道之人,"莫若断简事物,知其闲要,较量轻重,识其去取,非要非重,皆应绝之"。① 由此可见,所谓简事,并不是要断绝一切事物,而是要求不"过分"地追求外物。断绝一切事物,则人将不存,无从谈"坐忘"修道。而按人赖以生存的基本准则("分")来求之于物,正是道教追求"在尘出尘"理想的基本要求。

《庄子·达生》谓:"达生之情者,不务生之所无以为。""生之所无以为",正是指"分"外之物。针对现实中许多人追求以酒肉罗绮和名位保全生命的做法,司马承祯尖锐地指出,酒肉罗绮和名位显为"分"外之物,足以害气伤人,何以借此全生呢?"于生无所要用者,并须去之;于生之用有余者,亦须舍之。"何况以名位与道德相比,则名位假而贱,道德真而贵。既然如此,就应当"不以名害身,不以位易志"。因此,对于坐忘修道之人,"若不简择,触事皆为,心劳智昏,修道事阙。若处事安闲,在物无累者,自属证成之人"。②

## 六、"将离境之心观境"的真观论

"坐忘"虽要"断缘",然而,"修道之身,必资衣食"③。因为"夫人事衣食者,我之船舫也。欲渡于海,事资船舫"④。所以,"事有不可废,物有不

---

① ②《坐忘论·简事四》,《道藏》第 22 册,第 894 页。
③《坐忘论·真观五》,《道藏》第 22 册,第 894 页。
④《坐忘论·真观五》,《道藏》第 22 册,第 895 页。

可弃者"①。坐忘修道之要,只在于"虽有营求之事,莫生得失之心,即有事无事,心常安泰",也就是"迹每同人,心常异俗"。② 不过,虽然通过"收心"和"简事"剪除了一些病瘼,终有难治之症困扰着心神,急需"依法观之"。同时,通过"收心"和"简事"以"日损有为,体静心闲",也正为"观妙"创造了必要的条件。

"真观"是一种特殊的认识事物的方法。司马承祯指出:"夫真观者,智士之先鉴,能人之善察,究倘来之祸福,详动静之吉凶。"具体来讲:"得见机前,因之造适,深祈卫足,窃务全生,自始至末,行无遗累,理不违此者,谓之真观。"③可见,"真观"是对事物的一种先在洞察和预测,从而为坐忘全生提供真切的指导思想。

在《正统道藏》中所录的署名"赵志坚"的《道德真经疏义》残篇中,也有"真观"之说。赵氏认为,"观"有多种方法,最基本的是"有观""空观"和"真观"三法。所谓有观,即"但以存亡有迹,观迹以知修与不修"。所谓空观,即"观身虚幻,无真有处",也就是一切皆空。而所谓真观,即"依此经[即《老子》]为观,当观此身因何而有,从何而来,是谁之子,四肢百体以何为质,气命精神以谁为主,寻经观理,从道流来……"可见,这里所谓的三"观",近于天台佛学的"三观之法",而"真观"正接近于"中道观"。这说明赵氏以《老子》为中正不偏之道,并以此作为认识事物的根本准则。由此对照司马承祯的"真观"义,亦似可作如是解。

司马承祯"真观"方法的特征,最具体地表现在他对"色""恶""贫""苦"和"生死"等困扰着心神的难治之症的"观"之中。

先看"色病"。司马承祯认为,色症都是由于"想"所致。"想若不生,终无色事。当知色想外空,色心内妄,妄想心空,谁为色主? 经云:色者,想尔。想悉是空,何有色也?"④也就是说,色都是人们在头脑中想像出来的东西,并不是真有其色。他进而指出,一些人之所以惑于妖艳美色,

①③《坐忘论·真观五》,《道藏》第 22 册,第 894 页。
②④《坐忘论·真观五》,《道藏》第 22 册,第 895 页。

乃至堕入地狱之中,是因其头脑中的邪念所致,并非真有什么让人醉生梦死的美色。不然的话,色若真的是美,为什么《庄子·齐物论》中说"鱼见之深入,鸟见之高飞",且仙人观之为秽浊,贤士喻之为刀斧呢? 何况一生之命,七日不食便至于死,然而百年无色,反而免却了夭伤! 由此可知,"色""非身心之要适,为性命之仇贼。何须系著,自取销毁"①? 显然,司马承祯"观"色,先是以佛教的"色空"之理来否定"色"是实有的存在,认为是"想念"所致;后是以庄子和道教观点来说明"色"是性命的害敌,否定"色"的正面价值。

次看"恶病"。看到别人做恶事,自己也心生做恶事的念头,这样一来,好比看到别人在自杀,却引颈乘取别人自杀之刀来害己身。这便是见别人为恶事而不排遣,反倒以此恶来害己之病。由此推断,既见为恶而好恶,则见为善必厌善。司马承祯认为,这是"同障道故"。这实际上是从《老子》所谓天下"皆知善之为善,斯不善已"(第2章)和隋唐时期道书中较流行的"扬善遣恶"观念来批评那种见人为恶而好、见人为善而恶以"障道"害己之病。

再看"贫病"。谁给我贫? 是天地,父母,还是他人及鬼神? 天地平等,覆载无私。父母生子,欲令富贵。人及鬼神本身自救无暇,何能有力将贫给我? "进退寻察,无所从来,乃知我业也,乃知天命也。"② 由此,他主张要消除"贫病",不可怨天尤人,而当乐天知命。"业"本是佛教观念,后为道教所吸收。《道教义枢》卷一谓"业是德行之目",卷四谓"罪福于是从由"。"天命"也不独是儒家观念。《太平经》中即云"天受人命,自有格法"③。后来《升玄经》亦云"人生受命,制在虚无"④。可见,司马承祯是从道教的先天之"命"和后天之"业"来"观""察""贫病"的,从而意识到必然与偶然、命与力的统一作用关系。不过,其所说的"既不可逃,又不可怨",唯有"乐天知命"方能消除"贫病"的药方,既是道教消极遁世思想

①②《坐忘论·真观五》,《道藏》第22册,第895页。
③ 王明编:《太平经合校》,第464页。
④《稿本〈升玄经〉》7-2-166,日本东北大学文学部中国中世思想研究会,1992。

的反映,也有意或无意地为社会中贫富不均的不平等现实提供了麻醉剂,也是对"我命在我不在天"的积极的道教传统的背弃。

再看"苦病"。司马承祯指出,人之所以有"苦病",是因为有其"身"与"心"的牵累与动作。"身"是祸患之所托。"心"是妄念之所生。如果枯形灰心,则万病俱消。这显然仍是从道家道教观念来看待"苦病"的。

最后来看"生死病"。道教历来以生死为最大之事。恶死恋生,都会造成大病。司马承祯指出,恶死之人,应当反思自身是"神之舍",随着岁月的流逝,身既老病,气力衰微,如屋朽坏,不堪居止,自当舍离,别处求安,身死神逝也是如此。如果一味地恋生恶死,拒违变化,则神识错乱,失其正业,终不免病。因此,"若当生不悦,顺死不恶者,一为生死理齐,二为后身成业。若贪爱万境,一爱一病"[1],举体不安,身欲长生,如何可得? 很显然,司马承祯把生与死都看做自然而然的变化,是不以人的意志为转移的客观必然。就此而言,是符合自然的唯物主义精神的,值得积极肯定。但是,其中的"后身成业"观点,则是十足的宗教观念。

从以上司马承祯对诸病的"观""察"中不难看到,其"真观"方法的基本特征是,吸取佛教中的"色空"和"造业"等思想,从道家和佛教化的道教观念出发来分析问题和解决问题。虽然司马承祯强调指出"凡有爱恶,皆是妄生,积妄不除,以妨见道",并主张"以合境之心观境,终身不觉有恶","将离境之心观境,方能了见是非",[2] 但究其实质,其"离(合)境之心",正是有"道"[3]之心;其所要"见"之"道",是道家和道教之道;其所"能了见"的"是非",也是符合道家和道教原则之是非。

### 七、"无心于定,恬智定慧"的泰定论

通过"真观",清除了"坐忘"修道中的难治之症,下一步该是直逼至

---

[1][2]《坐忘论·真观五》,《道藏》第22册,第895页。
[3] 即道家和佛教化道教观念。

道了。司马承祯指出，经过敬信、断缘、收心、简事和真观，身形渐如槁木，心神亦若死灰，"坐忘"修道便自然进入了"泰定"阶段，这也是"坐忘"修道的最后和最高阶段。

"定"是修持的最主要目标。不能"定"，即身有所累，心有所动，则修持仍需努力。同时，"定"也是知"道"、得"道"的最基本条件。不能"定"，则"慧"不能生，无法知"道"，更无从得"道"。

所以司马承祯指出："夫定者，出俗之极地，致道之初基，习静之成功，持安之毕事。"而所谓泰定，即修持至于大定，乃至"无心于定"。此时"形如槁木，心若死灰，无感无求，寂泊之至，无心于定而无所不定"。① 修持到连修持所要达到的目标都荡然不存，真可谓虚极之至，当然也就无所不定。

《庄子·庚桑楚》谓："宇泰定者，发乎天光。"司马承祯解释说："宇者，心也。天光者，慧也。虚静至极，则道居而慧生也。"②"心"本为大道所藏居的器宇，泰定而生慧，并不是因修持至今日而生发出新慧，实"慧出本性"，所以说是天然之光。而所以要修持，正是因为有贪爱浊乱，使心神昏迷，道去慧失。因此，泰定发慧的本质，就是虚极至静，重现本心之慧。这显然是一种先天智慧观，表现出鲜明的神秘主义特色。

司马承祯认为，修持至泰定固然不易，然而能在泰定生慧之后"慧而不用"更是不易。为什么既修持而生慧，又要慧而不用呢？他指出："贵能不骄，富能不奢，为无俗过，故得长守富贵。定而不动，慧而不用，为无道过，故得深证真常。"③也就是说，能泰定生慧而知"道"，并不等于永远能知"道"而不会迷失大道。况且，人们一旦知"道"，便容易得意忘形，不免吹嘘自己已知"道"。《庄子·列御寇》有言："庄子曰：'知道易，勿言难。知而不言，所以之天也。知而言之，所以之人也。古之人，天而不人。'"因此，"慧而不用"就是要谦虚隐慧，也就是要"忘名"。"慧而不用"之所

①③《坐忘论·泰定六》，《道藏》第 22 册，第 896 页。
②《道枢·坐忘篇上》，《道藏》第 20 册，第 615 页。

以较"生慧"难,就因为自古忘形生慧知"道"者众,而真正做到忘名言的人很少。也正因为"忘形者众,忘名者寡",所以历来一些人虽经过修持生慧而知"道",只因不能"慧而不用"而又迷失了"道",更谈不上"得道"了。

知"道"并不意味着"得道"。"慧能知道,非得道也。"一些人往往满足于知"道",满足于"因慧以明至理,纵辩以感物情",却不知道"得道之益"。《庄子·缮性》云:"古之治道者,以恬养智。智生而无以智为也,谓之以智养恬。智与恬交相养,而和理出其性。"人本有智,"智虽出众,弥不近道,本期逐鹿,获兔而归,所得太微,良由局小"。智多则必然伤于定,因此当恬养其智。"恬智则定慧也,和理则道德也。"①有"智"而不用以乱"定",而是安其恬,积久则自成道德。可见"泰定"也不仅仅局限于"发慧知道",同时还在于"恬智以定慧"而"得道"。这也就说明了"泰定"不仅是"坐忘"修道的最后和最高阶段,也是"坐忘"得"道"的最重要途径。

## 八、"神与道合,兼被于形"的得道论

"得道"是"坐忘"修道的最终目的,也是司马承祯"坐忘"论的最高理想。

一般说来,所谓得道,即"隐则形同于神,显则神同于气,所以蹈水火而无害,对日月而无影,存亡在己,出入无间"②。以今人眼光来看,这种得道显然神秘莫测,乃至荒谬。可是,在中唐道教家司马承祯看来,完全符合现实。他甚至明确地指出:"至圣得之于古,妙法传之于今,循名究理,全然有实。上士纯信,克己勤行,虚心谷神,唯道来集。"③

在司马承祯看来,得道不仅是现实的理想,而且还有深浅之不同。

---

① 《坐忘论·泰定六》,《道藏》第 22 册,第 896 页。
②③ 《坐忘论·得道七》,《道藏》第 22 册,第 896 页。

他说："虚无之道,力有浅深,深则兼被于形,浅则唯及于心。"①得道之力浅的人,但得"慧觉"(神)而身不免于凋谢,即形死而神存。这是由于"慧"是心用,"多用则其体劳"②。初得小慧,欣悦而多辩,必致神气漏泄,无灵光润身,生遂致早终,"道"难周备。这种得道,也就是所谓尸解。而得道之力深的人,不仅得慧觉而神存,而且兼被于形而形亦长存。正如古人所描写的那样,"山有玉,草木以之不凋;人怀道,形骸以之永固",因而"大人含光藏辉,以期全备"。③ 而真正的"得道",正是凝神宝气,学道无心,神与道合。

司马承祯极称"道德"之神妙,认为"散一身为万法,混万法为一身,智照无边,形超靡极,总色空而为用,含造化以成功,真应无方,其惟道德"④。并依据《老子》中"同于道者,道亦得之"的思想,认为身同于道则无时不存,心同于道则无法不通,耳同于道则无声不闻,眼同于道则五色不见,这就是"得道"之妙。

从道教学的角度来说,司马承祯的得道论所追求的仍是历代道教徒所努力探寻的理想,不同的只是这种得道论建筑于其独特的"坐忘修道"观念的基础之上。然而,正是这种不同的修道论基础,使得其得道论具有更浓厚的神秘主义色彩。

---

① 《坐忘论·得道七》,《道藏》第 22 册,第 896 页。
② 《道枢·坐忘篇上》,《道藏》第 20 册,第 615 页。
③④ 《坐忘论·得道七》,《道藏》第 22 册,第 897 页。

# 第十一章　唐玄宗的哲学思想

唐玄宗在推崇道教的同时,援释入道,通过注解《道德经》阐发其道教重玄思想,着重讨论了道教重玄学的道体、道性问题,提出了"因学知道,行无行相"的道体论,特别强调了《道德经》"理身理国"的道治理念及其与社会政治的密切关联。

## 第一节　唐玄宗的生平与著述

### 一、崇道之君

唐玄宗(685—762 年),姓李,名隆基,也称唐明皇。唐玄宗是中国历史上有名的崇道之君。他对道教的推崇,主要有三个方面的原因:其一,自唐高祖李渊开始,唐宗室为制造君权神授的舆论根据,自称是老子李耳的后裔,尊老子为"圣祖",从而使道教成为李唐王朝的皇族家教,以致在整个李唐时代,道士常常成为帝王之师。唐玄宗作为李唐王朝中的一员,当然也不例外地崇奉道教。其二,道家以"君人南面之术"闻名于世,汉初的文景之治,与当时汉文帝、汉景帝积极采纳"黄老之术"有着密切的关系。而唐玄宗所锐意继承的唐初贞观之治,也与唐太宗的崇道政策有关。其三,道教最讲无为长生之说和各种神秘的法术,这对希望江山永固的封建帝王皆具很大的吸引力。这是唐玄宗后期"迷道"的重要原因。

唐玄宗对道教的态度大致可以划分为三个阶段。一是登基以前，即青少年时期，以继承李唐王朝尊崇道教为家族宗教的传统为主要特征。二是执政前期，以推行道教（家）无为理国之术为主要特征。三是执政后期及晚年，则以醉心道术、为道教所惑而"侫道"为主要特征。

唐玄宗曾谓其"爱自幼龄，即尚玄默"①。虽然他没有像他的两个妹妹那样出家为道，然而《旧唐书·王琚传》有王琚曾以"飞丹炼药"之技侍奉其左右的记载，说明玄宗青少年时代不仅在思想上崇道，对道术也颇有兴趣。只不过，那时武、韦两后相继专权，横行李唐王朝，他感受最深的仍是"神龙之际，邦家中否，是用愤发"②。也就是说，当时唐玄宗崇道，主要还是立志扭转武后和韦后利用佛教称帝专权之势，而恢复祖辈抑佛崇道的传统，以重振李唐王朝。

睿宗让位后，唐玄宗正式登基，开始了他着力"载弘道教，崇清静之化，畅玄元之风"③的振兴李唐王朝的历程。他一方面积极恢复遭武则天和韦后所颠倒的抑佛崇道政策，努力扶正道教作为李唐王朝宗族之教的地位，赞颂老子和道教；另一方面，还相继颁布一系列政令诏制，自觉吸取道家（教）所倡导的"见素抱朴，少思寡欲"和"无为而无不为"等思想内容来理身理国，继承和发扬唐太宗贞观之治的为政作风，使开元时期的李唐王朝很快成为中国古代封建社会的太平极盛之世。但是，到了开元末年，在太平盛世之风的掩盖之下，唐玄宗开始放松了"见素抱朴，少思寡欲"之诫。据《旧唐书·张果传》所记，唐玄宗"初即位，亲访理道及神仙方药之事，及闻变化不测而疑之"，甚至对某些人的侫道言行予以打击。他曾批评河南参军郑铣、朱阳丞郭仙舟的献诗"崇道法"而"不切事情"，罢其官度为道士。可是开元末年以后，他"高居无为"，"尚长生轻举

①②《明皇令肃宗即位诏》，《唐大诏令集》卷三，《景印文渊阁四库全书》第 426 册，第 24 页。
③《天宝元年南郊制》，《唐大诏令集》卷六七，《景印文渊阁四库全书》第 426 册，第 6 页。

之术,于大同殿立真仙之像,每中夜夙兴,焚香顶礼。天下名山,令道士、中官合炼醮祭,相继于路。投龙奠玉,造精舍,采药饵,真诀仙踪,滋于岁月"。① 这样,就从积极的"无为"走向了消极的"无为",从崇道堕入"佞道"。李唐王朝也由此而滑入了下坡路。

就唐玄宗即位后而言,其崇道的言行,主要表现在以下三个方面:

其一,极颂老子和道教,再三追救老子,大兴道观。他指出:"我远祖元皇帝,道家所号太上老君者也,建宗于常无有,立行于不皦昧,知雄守雌,为天下豀。知白守辱,为天下谷。故能长上古而日新,雕众形而化淳,疹万物而不为戾,泽万代而不为仁。巍乎不睹其顶,深乎不测其极,复归无物,存教迹以立言。"②他不仅再三给老子加封,还给老子的父母分别加号为"先天太皇德明皇帝"和"先天太后兴圣皇帝",并分别给庄子、文子、列子、庚桑子等道家人物加封。他还号令在京城和全国各地广建道观,使各地修建道观一时蔚然成风。

其二,亲注《道德经》并颁示天下,开崇玄馆,设"道举"制度。从现有的历史文献记载来看,唐玄宗算得上是较早的一位深究老学并亲注《道德经》而真有创获的封建君王。他自述"听政之暇,常读《道德经》《文》《列》《庄子》"等书,并觉得"其书文约而义精,词高而旨元,可以理国,可以保身",因而"敦崇其教,以左右人"。③ 早在高宗时,《道德经》就已被列入科举考试的科目之中。唐玄宗让司马承祯删定《道德经》,制定真本,并亲注《道德经》颁示天下。他一方面建立经幢,并亲自在宫中讲论《道德经》,另一方面,设崇玄学馆,置崇玄博士,让生徒研习道经,每年以明经例保举,从而开启了中国历史上的"道举"制度。这说明唐玄宗是十分明确地以《道德经》等道家思想作为其主要的政治思想并颁示天下的。正如他在《敕岁初处分》中所说:

---

① 《旧唐书》卷二四,"礼仪志四",第630页。
② 〔唐〕李隆基:《庆唐观纪圣铭并序》,《全唐文》卷四一。
③ 〔唐〕李隆基:《策道德经及文列庄子问》,《全唐文》卷四〇。

　　我玄元皇帝著《道德经》五千文，明乎真宗，致于妙用，而有位者未之研习，不务清静，欲令所为之政教，何从而致于太和者耶？百辟卿士，各须详读，勉存进道之诚，更图前席之议。至如计较小利，综辑烦文，邀名直行，去道弥远，违天和气，生人怨心，朕甚厌之，所不取也。各励精一，共兴玄化，俾苍生登于仁寿，天下达于淳朴。①

这或许就是唐玄宗亲注《道德经》的主要目的。

　　其三，崇尚长生轻举之术，迷信各方神秘之道。唐玄宗执政前期，为振兴李唐王朝，采取了一系列积极务实的政治措施，用"道"而不迷"道"。他还曾对群臣说："仙者凭虚之论，朕所不取。"②并改集仙殿为集贤殿。然而，开元之治带来了国富民和的局面，唐玄宗于是放松了对社会治理的关切，而逐渐对各种神秘道术产生了兴趣。

## 二、唐玄宗的著述情况

　　唐玄宗一生著述较多。据《新唐书·艺文志》介绍，有《玄宗周易大衍论》3 卷、《御刊定礼记月令》1 卷、《玄宗金风乐》1 卷、《今上孝经制旨》1 卷、《玄宗开元文字音义》30 卷、《玄宗韵英》5 卷、《明皇诏制录》1 卷、《玄宗注金刚般若经》1 卷、《开元御集诫子书》1 卷、《玄宗开元广济方》5 卷。《全唐文》中还收录其文赋诏制敕等 22 卷。

　　唐玄宗用力最多的，当属道家著述。他关于道家（教）的著述，除散见于《全唐文》外，主要有《正统道藏》中所收的《唐玄宗御注道德真经》4 卷和《唐玄宗御制道德真经疏》10 卷。《正统道藏》还收录有《唐玄宗御制道德真经疏》四卷本，其中的文字内容与前两种明显不同，且不合玄宗主旨，显然是误题书名。在敦煌遗书中，也已发现唐玄宗《道德经》注疏残卷四种，即 P3725、P3592、P2823、S4365。据今人李斌城先生考订，P3725 是唐玄宗本人亲注，注成年代为开元二十一年（733 年），共 2 卷。疏

---

① 〔唐〕张九龄：《敕岁初处分》，《曲江集》卷七，《景印文渊阁四库全书》第 1066 册，第 10 页。
② 《资治通鉴》卷二一二，第 6883 页。

P3592、P2823 和 S4365 三种写本源于同一底本,但非同一抄本。唐玄宗《道德真经疏》应为十卷本,撰于开元二十三年(735 年)以前。将敦煌遗书本与现存《正统道藏》本注、疏相对照,所标卷数有所不同,少数字句也不相同。①

## 第二节 "明道德生畜之源"说

### 一、"真经"之要在"明道德生畜之源"

唐玄宗曾自述其亲注《道德经》的原因:

> 昔在元圣,强著玄言。权舆真宗,启迪来裔。遗文诚在,精义颇乖。撮其指归,虽蜀严而犹病。摘其章句,自河公而或略。其余浸微,固不足数。则我玄元妙旨,岂其将坠?朕诚寡薄,尝感斯文,猥承有后之庆,恐失无为之理。每因清宴,辄叩玄关。随所意得,遂为笺注。岂成一家之说,但备遗阙之文。②

这说明他是因不满于当时比较流行的《王弼注》和《河上公章句》两个版本所存在的不足而有意亲注《道德经》的。日本学者中岛隆藏博士说:"以治身治国为主的《河上公注》和以玄谈道要为主的《王弼注》都没有受到佛教思想的影响,从当时的理论水平来看,不管说明得怎样巧妙,没有采用因果报应理论和一切皆空理论的注释,都使玄宗皇帝不满意。"③虽然笔者不认为要把唐玄宗对河上公和王弼二注的不满归咎于"没有采用因果报应理论",但唐玄宗确实不满足于河上公和王弼二注大谈什么"穷理尽性,闭缘息想,处实行权,坐忘遗照,损之又损,玄之又玄"等"不可得

---

① 参见李斌城《敦煌写本唐玄宗〈道德经〉注疏残卷研究》,《世界宗教研究》1987 年第 1 期,第 51—61 页。
②《唐玄宗御注道德真经·序》,《道藏》第 11 册,第 716 页。
③ [日]中岛隆藏:《从现存唐代〈道德经〉诸注看唐代老学思想的演变》,《宗教学研究》1992 年第 21 期,第 19—33 页。

而言传者"①,而缺乏对佛教大乘空宗的中道观念的摄取。在唐玄宗看来,整部《道德真经》不过只在"明道德生畜之源"②。

《道德经》通常分为《道经》和《德经》两大部分。20 世纪 70 年代长沙马王堆汉墓出土的帛书《道德经》是《德经》在先、《道经》在后,与唐玄宗当时所见到的《河上公章句》和《王弼注》以《道经》在先、《德经》在后正相反。唐玄宗信从"道"先"德"后。不过,他强调指出,《道德经》分为先、后两部分,并不意味着"道"与"德"两部分可以分判为二,只是"先明道而德之次也"③。在他看来,"道"与"德"之名称虽然可以分先后而言,但究其实质,"道"与"德"二者不可分开而论,因为"道"与"德"之间是"体用互陈"的关系。"道"是"德"的本体,"德"是"道"的作用。无"道"则"德"失其体,"德"便不可言说。无"德"则"道"丧其用,"道"亦不可称述。因此,"道"与"德""其出则分而为二,其同则混而为一"④。老君所说的"是谓玄德""孔德之容""德者同于德""常德不离",和"失道而后德""反者道之动""道生一""大道甚夷"等等,并不是单纯地谈"德"或论"道",而是说明"道德"之"体用互陈"而"递明精要"⑤,不必局限于"上道下德"或"道先德后"之名,当然也不必局限于"德先道后"之名,而只在明晓宇宙间万事万物的生成和流行,都不过是"道生德畜"的结果。

很显然,唐玄宗力图扬弃隋唐以前中国道家学者对《道德经》所作的"养生学"(以《河上公章句》为代表)和"玄学"(以《王弼注》为代表)这两种比较流行的诠释方式,而积极主张从"体用互陈"的角度阐发《道德经》中所含蕴的"道生德畜"之理。这既体现出他对《道德经》思想主旨的独特理解,同时也为他着意继承和发挥隋及初唐一些摄佛论道的道教学者所发展的重玄学思想传统开辟道路。

## 二、"从本降迹,摄迹归本"的本迹观

为了阐发《道德经》中所含蕴的"道生德畜"之理,唐玄宗直接承继初

---

① ② ③ ④ ⑤《唐玄宗御制道德真经疏·释题》,《道藏》第 11 册,第 749 页。

唐成玄英所阐述的"妙本"概念,认为老君的"有物混成,先天地生,吾不知其名,字之曰道,强为之名曰大",正说明"大道者,虚极妙本之强名,名其通生也"。而"德,得也。言天地万变、旁通品物,皆资妙本而以生成,得生为德",因而,老君谓"道生之,德畜之"。① 这实际上是以"道"言"虚极妙本"具有"通生"的功能,而"德"则是得此"通生"功能者。

自初唐成玄英主张以"妙本"释"道",阐扬"道"的"虚玄"特性之后,李荣、王玄览、司马承祯、吴筠、张果等,都不以"妙本"为说。唐玄宗则自觉地直接承继成玄英的这一释"道"方法。不过,成玄英在阐述"妙本"与"道"的关系问题时,总是将"妙本"直接释"道",使二者完全成了同一的概念,只是名称不同而已。而唐玄宗则认为,"妙本"是世界万事万物的本体,是不可名言的,然而,"道"是"虚极妙本之强名",也就是说,"妙本"是较"道"更深层次的本体范畴。他甚至借用"体用"范畴来阐述"妙本"与"道"之间的关系。他指出,虚无之"妙本"与"道"之间是"体"与"用"的关系:"道者,妙本之功用,所谓强名,无非通生,故谓之道。"②"妙本"既是不可以名言的世界本体,则只有借助所"强名"之"道"来显示其"通生"万物的本质特性。正如唐玄宗自己所言:"吾不知其[指'妙本']名,但见其大通于物,将欲表其本然之德,故字之曰'道'。"③ 不过,在唐玄宗看来,"妙本"还不是最深层的世界本体,最深层的世界本体应是"虚无"。而此"虚无"与"妙本"之间,也是"体"与"用"的关系。他说:"虚无者,妙本之体。体非有物,故曰虚无。"④"虚无"作为世界的真正本体,并非含蕴具体的事事物物,而是通过"妙本"来显现其作为世界之本体的意义。而"妙本"又通过"道"来表现其"通生"世界万物的特性。成玄英虽然认识到了"道"的"虚通"本性,甚至认为"道以虚通为义"⑤,但是,他未能明确区分"虚无"与"通生"、"虚无"与"妙本"、"妙本"与"道"之间的关系。因

① 《唐玄宗御制道德真经疏·释题》,《道藏》第 11 册,第 749 页。
②④ 《唐玄宗御制道德真经疏》卷三,《道藏》第 11 册,第 768 页。
③ 《唐玄宗御制道德真经疏》卷三,《道藏》第 11 册,第 767—768 页。
⑤ 〔唐〕成玄英:《老子注》卷一,严灵峰《无求备斋老子集成初编》(3),第 1 页。

而,唐玄宗较成玄英对"妙本"的认识显然要深细得多,这不仅反映出唐玄宗具有较高的理论分析水平,也反映出他对初唐道教道体观念所做的积极理论推进。

"妙本"既以"道"显现其"通生"作用,那么,"妙本"到底如何"通生"万物呢? 成玄英曾以"本"与"迹"这对范畴来揭示这种关系,唐玄宗也继承了这一思想理路。

西晋著名玄学家郭象曾将"迹"与"所以迹"作为一对哲学认识范畴来探讨,认为"迹"指已经成为历史的文化遗存,而"所以迹"指造成这些遗存的指导思想,并提出了"所以迹者,无迹也"的命题。后来南梁处士阮孝绪以"本"与"迹"对称,提出"夫至道之本,贵在无为,圣人之迹,存乎拯弊"①,从而推进了郭象的思想。成玄英进一步提出了"从本降迹,归于妙本"的观念,唐玄宗则更进一步地展开和深化了这一思想。

唐玄宗认为,一切可道可名、有名无名、有欲无欲和有形无形的事事物物,都禀资于"虚极妙本",它们都是"妙本"的"通生"作用的具体体现,是"妙本"之"迹"。因而,它们均是"自本而降,随用立名"。如"有名"者,指"应用匠成有"而强名;"无名"者,是"万化未作无"而强名。因此,"有名"和"无名"都是说明作为"妙本"之功用的"道"的。但是"道"并不因"有名""无名"而有或无,而是依存于"虚极妙本"。因而,"无名有名者,圣人约用以明本迹之同异,而道不系于有名无名也"。正因为如此,就一切可道可名、有名无名、有欲无欲和有形无形的事事物物来说,"自出而论,则名异,是从本而降迹也",亦即世间各种各样的不同事物都有着互不相同的名称,它们都是不可名言之"妙本"所降生的不同"迹"象。然而,由于这些不同的事事物物都同禀资于"妙本",因而"自同而论,则深妙,是摄迹以归本也"。既然如此,"若住斯妙,其迹复存,与彼异名,等无差别"。② 这实际上揭示出了"妙本"与"万物"

---

① 《梁书》卷五一,"阮孝绪传",第 741 页,北京:中华书局,1973。
② 《唐玄宗御制道德真经疏》卷一,《道藏》第 11 册,第 750 页。

之间所存在着的"本"与"迹"的关系,以及由此而产生的事事物物之间所存在着的"异同"关系。

从以上看来,"妙本"是不可道的"非常道"、不可名的"非常名"。与"妙本"相比,可道之"道"、可名之"名"则与世间的事事物物一样并无本质的分别,而同属于"妙本"之"迹"。但是,可道之"道"、可名之"名"毕竟是"虚极妙本之强名",因而,与那些具体的事事物物相比,它是"本",而具体的事事物物是"迹"。唐玄宗指出:"凡物先名而后字者,以其自小而成大;以道先字而后名者,是以从本而降迹尔。"①也就是说,"本"与"迹"这对范畴是有层次之分别的,"妙本"与"道"的本迹关系,较之"道"与事事物物之间的本迹关系要更加深妙。可见,唐玄宗从"本迹"范式出发更深层地推进了对"妙本""道"和万物之间关系的认识,较详尽地阐明了"妙本"之"道""通生"万物的思想,显示出较高的哲学思辨水平。

## 三、"道非生法,不有不无"的有无观

为了更进一步揭示"虚极妙本"(即"非常道")的本质特性,唐玄宗从"有"与"无"的关系出发对此做了深入的探讨。

老子曾谓:"天下之物,生于有,有生于无。"(《老子》第 40 章)唐玄宗解释说,此乃"言天下有形之物,莫不以形相禅,故云'生于有'"。然而,"穷其有体,必资于无。故列子曰:形动不能生形而生影,无动不能生无而生有。故曰,虚者,天地之根;无者,万物之源"。②《庄子·山本》有"物物而不物于物",《庄子·知北游》又云"有先天地生者物邪?物物者非物",显然,唐玄宗所言,正是要说明"虚无"之"妙本"是天地万物的根源,万物从它而生,依它而变化。所以,唐玄宗又指出:"妙本混成,本无形质,而万化资禀,品物流形,斯可谓有无状之形状,有无物之物象,不可名

①《唐玄宗御制道德真经疏》卷三,《道藏》第 11 册,第 768 页。
②《唐玄宗御制道德真经疏》卷五,《道藏》第 11 册,第 780 页。

之为有,亦不可格之于无。"①为什么"妙本"不可称为"有",亦不可推究于"无"呢? 这是因为,"妙本"之"道"是"形而上者"。而有形质的事物都有定方,显露于外的,可以明见;隐藏于内的,也有暗影。然而,"妙本"之"道"则微妙、惚恍,既不可"以色求",也不可"以声求",更不可"以形求",正如《庄子·知北游》所说:"道不可闻,闻而非也;道不可见,见而非也;道不可言,言而非也。知形形之不形乎?"所以唐玄宗指出,"道非色、声、形、法",然而"乃于无色之中能应众色,无声之中能和众声,无形之中能状众形,是无色之色,无声之声,无形之形"。老君因此而称之为"希"、为"夷"、为"微",但是,以"希夷微"称谓"妙本"之"道",只能"明道而非道"。因为,此三者只是用来说明"道用"的假立之名,"道"本身"非色声形等则混为一矣"。② 虽然"有之所利,利于用,用必资于无","无之所用,用于体,体必资于有",而"有"与"无"又相互以为"利",但是,"涉有"只可"称器","约形器以明道用",不可以"道用"之"有"(形器)等同于道体("妙本")本身。③ 很显然,"妙本"之"道"是形而上者,而有色、声、形器者是形而下者。形而上者通过形而下者来展现自身,说明"妙本"虽是"虚无"却具有真实的存在性,是具体的事事物物所赖以存在的本质和根据。

当然,不可以"有"释"妙本"之"道",并不意味着可以"无"释"道"("妙本")。唐玄宗从佛教大乘空宗的"诸法性空"观念来揭橥"有无"关系。他批评世人往往片面地理解老君"有先于无"和"有无相生"之旨,而实际上,"夫有不自有,因无而有";"无不自无,因有而无"。因而,"有"与"无"是相互因缘的关系,但不是相互生成的关系。老君之"相生",即指"相因"。因为"诸法性空",而"有无对法,本不相生。'相生'之名,犹妄执起,如美恶非自性生,是皆空故"。④ 这很明显是以佛教的因缘观来诠释和改造老子的"相生"观。强调"有"与"无"之间"相因"而非"相生",实际上也就从根本上否定了"无能生有"。然而,唐玄宗一再指出,"妙本"

①②《唐玄宗御制道德真经疏》卷二,《道藏》第 11 册,第 759 页。
③《道德真经广圣义》卷一一,"故有之以为利无以为用"义疏,《道藏》第 14 册,第 370—371 页。
④《唐玄宗御制道德真经疏》卷一,《道藏》第 11 册,第 751 页。

之"道"是生化万有的。这个"道"不仅能生化万有，还能生化万无。他强调一切"无名""无欲""无形"也和"有名""有欲""有形"一样，都是"妙本"之"迹"，正说明了这一点。也正因为如此，"妙本不有不无"，"谓之有，则寂然无象"；"谓之无，则湛似或存"。说"妙本"无物、生化万形，固然可以称做"自无而降有，其中兆见一切物象"，然而，究其实质，不过是"从本而降迹"而已。① 因此，从"有无"关系论"妙本"，无疑是对以"本迹"论"妙本"的深化。

## 四、"至道降炁，为物根本"的气化论

老子曾谓"妙本"之"道"，"不知其谁之，象帝之先"（《老子》第 4 章）。唐玄宗诠释说，老君谓"不知道所从生，明道非生法，故无父。道者似在乎帝先尔。帝者，生物之主象似也"②。也就是说，"妙本"之"道"虽然能生成世间万法（事事物物），万法禀资于大道，然而，"道"本身不是由具体事物（万法）中产生。在这里，他强调了"道生万物"的思想，突出了"妙本"之"道"为世间万物生化之根本的思想。

"妙本"固然"不有不无"，但是，一切有无均由此而得以生成、流行。在阐明"妙本"之"道"的本质特征之后，唐玄宗进一步阐述了"妙本"生化万物而为万物之根本的思想。在这里，他自觉地继承和发扬了中国传统哲学中的气化观念，提出了"妙本降气，开辟天地，天地相资，以为本始"③的道炁观。

唐玄宗指出，"道以冲虚为用"。"和气冲虚"，即是"道用"。"用生万物，物被其功。"④"道动出冲和之气而用生成。"⑤也就是说，"妙本"之"道"是通过"冲和之气"（或言"冲虚"）来实现其生成万物的作用的。他发挥老子"道生一，一生二，二生三，三生万物，万物负阴而抱阳，冲气以

① 《唐玄宗御制道德真经疏》卷三，《道藏》第 11 册，第 764 页。
②⑤ 《唐玄宗御注道德真经》卷一，《道藏》第 11 册，第 717 页。
③ 《唐玄宗御制道德真经疏》卷一，《道藏》第 11 册，第 750 页。
④ 《唐玄宗御制道德真经疏》卷一，《道藏》第 11 册，第 753 页。

为和"(《老子》第 42 章)之理,指出"一"是"冲和之精气","道生一"是说"道动出和气,以生于物"。然而,精气不能直接产生具体的事事物物,即"应化之理,由自未足,更生阳气,积阳气以就'一',故谓之'二'也"。纯阳之气仍不能单独生化万物,于是精气又"积阴就二"而成"三"。由此,阴阳交泰,冲和化醇,从而遍生庶类。既然"道"的生化作用必有阴气与阳气交泰和合,自然万物"当须负荷阴气,怀抱阳气,爱养冲气,以为柔和"。[1] 从这里可以看出,唐玄宗有关"道"的"气化"生成模式是:

道→精气(冲和之气)→精气和阳气("二")

万物(庶类)←精气、阳气、阴气("三")

然而,河上公和李荣、成玄英等,都认为"道"的"气化"生成模式是:

道→元气或称"精气"("一")→阴气和阳气("二")

万物←天、地、人("三")[2]

由此可见,唐玄宗的"道气"生成模式是独具一格的。

唐玄宗所谓道炁,也并不是人们所认为的阴阳之气,而实际上是"与物合同,古今不二"的"精气",亦即"冲和之气"。对于《易·系辞》所说的"一阴一阳之谓道",人们习惯于将"道"等同于阴阳之气。唐玄宗认为,《易·系辞》乃"明道气在阴,与阴合一;在阳,与阳合一尔"[3]。在他看来,阴阳之气是"粗气",而"道炁"是"精气"。阴阳之气有刚有柔,而"道炁"则纯属柔和。而且,"精气"是"本","阴阳之气"是"迹"。阴阳之气是"精气"("道炁")"应化"而成的结果。

在此基础上,唐玄宗指出,"精气"应化出阳气,并不意味着"精气"已经消失或转化,同样,当阳气和阴气都先后由"精气"应化出来之后,"精气"仍没有丧失其"应化""冲和"的作用,才能真正生成具体的事事物物。

---

① 《唐玄宗御制道德真经疏》卷六,《道藏》第 11 册,第 782 页。
② 参见《道德真经玄德纂疏》卷一二,"道生一章第四十二"所引"河上公曰""荣曰"和"成疏",《道藏》第 13 册,第 457 页。
③ 《唐玄宗御制道德真经疏》卷五,《道藏》第 11 册,第 779 页。

这就明显地突出了"精气"在大道化生万物的过程之中所发挥的积极的主导作用,实际上也就突出了"妙本"之"道"与所化生的具体事物之间的更加直接的关系。同时,强调"精气"参与直接化生万物的过程,也必然增强了"妙本"之"道"之所以能够成为万物之本体和根据的理论力量。因此,唐玄宗指出:"至道降炁,为物根本,故称'妙本'。"①正因"妙本"动用,下降自然冲和之气,陶冶万物,万物才得以生成和流行。

## 五、"妙本生化,动运无穷"的变化观

"至道降炁,为物根本"说明了万物得以生化的根源和具体生化过程的理论模式,唐玄宗继而对"大道生化"的基本特征进行了探讨,阐发了其运动变化观念。

首先,他认为,"妙本生化"万物的运动过程是无穷无尽的。他指出:"妙本生化,运动无穷,生物之功,强名不得。物物而不物,生生而不生。寻责则妙本湛然,未曾有物",因而"复归于无物"。②很显然。"妙本"生化万物,是一个"物物而不物,生生而不生"的运动过程。在这个运动过程当中,运动变化是没有穷尽的。"物物而不物,生生而不生"者,总是不断地"物物"和"生生"。宇宙间的事事物物也因此而处在无穷无尽的新陈代谢变化过程之中。不过,"物物""生生"者(即"妙本"之"道")虽然总是无穷无尽地生化万物,但其自身并不因此消失或转化,而是"湛然"不变的。万物由此而生化,亦不断地复归于此。因而,"妙本"生化万物,是一个循环往复以至无穷的运动变化过程。也正因此,"妙本生化,冲用莫穷,寂寥虚静,不可定其形状,先天地生,难以言其氏族"③。他甚至还指出:"物者,通该动植,有识有情,总谓之物,得冲气故";同时,由于"妙本"生化万物无穷无尽,"故能生成运动而不歇灭"。④"妙本"生化万物运动

①《唐玄宗御制道德真经疏》卷七,《道藏》第11册,第788页。
②《唐玄宗御制道德真经疏》卷二,《道藏》第11册,第759页。
③《唐玄宗御制道德真经疏》卷三,《道藏》第11册,第767页。
④《唐玄宗御制道德真经疏》卷五,《道藏》第11册,第779页。

的"不歇灭"特性,实际上也反映出世间万物存在(生成、流行)的"不歇灭"性。这一观念,实质上隐蔽地表达了"物质不灭"的思想。

其次,他认为,"妙本"生化,是包罗万象,遍于群有,而无所局碍的。在他看来,"妙本"之"道"之所以能够成为宇宙间万事万物之本源和根据,就因为宇宙间的一切事事物物都得"妙本"之"道生德畜"作用而生成、流行。"妙本"之"道"也从不执滞于某些事物,而是"泽及群物",无所偏私。他说:"妙本生化,遍于群有。群有之物,无非匠成。万物被其茂养之德,故可以为天下母尔。"①他甚至指出,"妙本"之"道"所存在的领域是极其广袤无边和微妙莫测的,其大无外,其小无内。任何地方,都有它存在和生化万物的痕迹。只要有庶物存在的地方,无不有"道"存在于其间。只要有"道"存在的地方,莫不有其所生化的物类。他说:"道包含无外,是万物资始之所。"②他明确地将"道"看做宇宙间的"至大"("至无")和"至小"("至一")者,指出"妙本"之"道","其包含无外,将欲定其至无之体,故强名曰大"③。并谓:"夫道者何至无至一者也",其"能鼓众类,磅礴群材,适使万殊区分,成之者一象,众窍互作。鼓之者一响,则原天下之动用,本天下之生成,未始离于至一者也"。④ 因而,"道之为物,非阴非阳,非柔非刚,汎然无系,能应众象,可左可右,无所偏名,故庄子曰:'夫道未始有封'"⑤。也正因为如此,"道无不在,所在常无"⑥。实际上,"道"无处不存在,无所不包含。它从本降迹,体现于宇宙间的一切事事物物之中,然而,其本身"五色声形"可现,寂然而常处无为之中。

第三,唐玄宗提出了"道"生化万物,然而不为万物主宰,任物自化的思想。他认为,"妙本"之"道"虽然生化万物,使万物流行,并复归于"道",但"大道"并没有目的性,也就是说,它无意于"安排"万物的生成、

①《唐玄宗御制道德真经疏》卷三,《道藏》第11册,第767页。
②《唐玄宗御制道德真经疏》卷八,《道藏》第11册,第797页。
③《唐玄宗御制道德真经疏》卷三,《道藏》第11册,第768页。
④《唐玄宗御制道德真经疏》卷二,《道藏》第11册,第757页。
⑤《唐玄宗御制道德真经疏》卷四,《道藏》第11册,第775页。
⑥《唐玄宗御注道德真经》卷一,《道藏》第11册,第717页。

流行。即便有"精气"在整个生化万物过程中起着直接的主导作用,"道"也不对"万物"怀有"私心",而只是为万物之生成、流行提供内在根据。因此,万物的生成和流行,都是自然而然的。他说:"天地万物,皆恃赖大道通生之功,以全其生理。而大道化生,妙本无心,虽则物恃以生,而道不辞以为劳倦。"不仅如此,"道"生化万物,也不对万物实行主宰,万物并不为"道"所役使而发生被动的变化。"道生万物,爱养熟成,而不为主宰,于彼万物,常无欲心。"①"道"对"万物"仅仅是爱护、养育和熟成,并没有爱恶之心,也无为于万物。

## 六、"至道妙物,物感必应"的感应观

感应观念是中国古代较为流行的一种观念。古时人们由于对自然的认识水平不足,在与自然作斗争的过程中,一旦遇上奇异的自然现象,就联想到人类社会自身的某种变化,寻求某种天人感应的因缘。在道教神学中,这种天人感应观念,得到了更广泛的应用与发挥,初唐的《道教义枢》中便专设"感应"一节进行探讨。《道教义枢·感应义》曰:"感是动求为称,应是赴与为名。又云,感者凡情发动之称,应者圣道赴接之名。"②初唐成玄英则谓:"妙体虚寂,而赴感无差。"③又说:"圣智虚忘,感来则应,观机动寂,不失事宜,出处默语,不二而一。"④唐玄宗为了进一步阐发"道""物"关系,自觉承继了重玄学先贤成玄英等人所注重的"感应"认识模式,提出了"至道妙物,物感必应"的思想命题。

所谓感应,顾名思义,甲感乙应。"感"是感动,感激。"应"是承应,回应。有感必有应,有应必有所感。"感"与"应"是一对统一的互动范畴。成玄英曾指出:"道常无为而无不为,凝常之道,寂尔无为,从体起

---

① 《唐玄宗御制道德真经疏》卷四,《道藏》第 11 册,第 775 页。
② 《道教义枢》卷一〇,《道藏》第 24 册,第 835 页。
③ 〔唐〕成玄英:《道德经义疏》,蒙文通《道书辑校十种》,第 382 页,成都:巴蜀书社,2001。
④ 〔唐〕成玄英:《道德经义疏》,蒙文通《道书辑校十种》,第 392 页。

用,应物动作。"①也就是说,大道是虚寂而无为的,而万物则是运动变化的。大道"从体起用",完全是受到万物运动所感而应之以动作,亦即"道应物感"或"物感道应"。后来,王玄览也以"感应"模式论"道物"。他不仅主张"道能应物"②,而且指出"大道"有"应感"③的特性。他认为,一方面,"其道无常性,所以感应众生修","能应众生修,是故即道是众生,即众生是道";另一方面,"道若应众生,道即离所习"。④唐玄宗则以"至道盈虚,爱养万物"为基点,把"物感必应"看做"至道妙物"的一个重要特征。

在唐玄宗看来,"至道"之所以能够"物感必应",就是因为"道应物感"是"妙本"之"道""从本起用"而"化成天下"万物的必然要求。他说:"道性清静,妙本湛然,故常无为也。万物恃赖而生成,有感而必应,故无不为也。"⑤可见,物感道应,是至道"无为而无不为"的具体表现,即至道"应物遂通,化成天下"⑥。

唐玄宗"感应"思想的一个突出表现,就是对佛教"因缘"观念的摄入。而这在成玄英和王玄览等人那里并不明显。也就是说,成、王等人并没有明确地将佛教的"因缘"观念与道教的"感应"观念相结合。唐玄宗指出,至道从"妙本之虚无"状态化生世间的万事万物,并不是无缘无故的。"物感斯应,应必缘感。"⑦至道虽然是世间万事万物得以生化流行的主要内"因",但其真正要生化万物并使万物流行,还必须有外"缘"才能发动。这个外"缘"不是来自别处,正是来自其所生化的万事万物之中,是万事万物之中所生发的"应"。所以他说:"玄牝之用,有感必应,应

①《道德真经玄德纂疏》卷一〇,《道藏》第13册,第441页。
②《玄珠录》卷上,《道藏》第23册,第625页。
③《玄珠录》卷上,《道藏》第23册,第623页。
④《玄珠录》卷上,《道藏》第23册,第621页。
⑤《唐玄宗御制道德真经疏》卷五,《道藏》第11册,第777页。
⑥《唐玄宗御制道德真经疏》卷一,《道藏》第11册,第750页。
⑦《唐玄宗御制道德真经疏》卷七,《道藏》第11册,第787页。

由物出。"①这显然是以佛教的"因缘"观念来补充和诠释道教的"感应"观念,反映出唐玄宗深受佛教思想的影响。

不仅如此,唐玄宗还以"感应"模式来诠释老君"谷神不死,是谓玄牝"(《老子》第6章)的思想,认为这正是说明"物感道应"关系的。《唐玄宗御注道德真经》卷一云:"谷者,虚而能应者也;神者,妙而不测者也。死者,休息也。谷之应声,莫知所以,有感则应,其应如神。如神之应,曾不休息。欲明至道虚而生物,妙用难名。"②《唐玄宗御制道德真经疏》卷一也指出,"谷神"是说明"谷之应声,似道之应物,有感即应,其应如神";而"谷神不死",正说明"谷神之应,深妙难名,万物由其茂养,故云'是谓玄牝'"。③这种"物感道应"的诠释,虽然阐述了"道生万物"是永无终结的过程,但又将此种思想笼罩上一层神秘主义的外衣。

唐玄宗认为,"物感道应"有两个基本特征:其一,只要有物所"感",至道便必有所"应"。他指出:"应用不穷,唯感所适,道之常也。"④"妙本"之"道"的这种受"感"动的"应用"是无所局限的。道"常在应用,其应非一"⑤,且"物来必应,无不含容"⑥,遍及所有庶类。故而,"至道妙物,既本非假,杂变化至精,故其精甚真,生成之功,遍被群有,物感必应,曾不差违"⑦。况且,大道"汎然无系,能应众象,可左可右,无所偏名"⑧,"能状众形"⑨,亦因其"法音广被"而"能应众音"⑩。其二,大道"应"物所"感",是"无私无心"的。这实际上也是它之所以能够"遍于群有"的一个原因。他说:"寂寥虚静,妙本湛然,故独立而不移改,物感必应,应用无心,遍于群有。"⑪"应用无心",也就是"应"物所"感"时没有爱恶和局碍之

---

①③《唐玄宗御制道德真经疏》卷一,《道藏》第11册,第754页。

②《唐玄宗御注道德真经》卷一,《道藏》第11册,第718页。

④⑤《唐玄宗御制道德真经疏》卷四,《道藏》第11册,第774页。

⑥《唐玄宗御制道德真经疏》卷二,《道藏》第11册,第761页。

⑦《唐玄宗御制道德真经疏》卷三,《道藏》第11册,第765页。

⑧《唐玄宗御制道德真经疏》卷四,《道藏》第11册,第775页。

⑨《唐玄宗御制道德真经疏》卷二,《道藏》第11册,第759页。

⑩《唐玄宗御制道德真经疏》卷六,《道藏》第11册,第782页。

⑪《唐玄宗御制道德真经疏》卷三,《道藏》第11册,第767页。

心。而且，"虚牝之用，应物无私"①，"感既不一，故应无常心"②。"应物无私"，也就是"应用"万物而无所偏私。即便是因各种不同的事事物物产生不同的"感"动，大道也不会总是以一种姿态来回"应"不同之"感"，而是会依照不同事物所产生的不同"感"动而适当地给予回"应"。

"道应物感"的这两个基本特征，充分反映出："道"与"物"之间是相互依持的互动关系，"物"对"道"并不是完全被动的化生，而是"感"动"道"发生"应用"而化生；"道"对"物"也不是完全主动的化生，而是在有"物"感之"缘"的前提下才能发生化生。这里进一步强调了"道""物"之间相互依持的关系。

## 第三节　"道性清静"说

道性论是隋唐道教哲学中的一个突出问题，也是儒释道三教交融的一个重要表征。从逻辑上讲，道性问题也是道体问题的逻辑必然推演。因为道体论主要探讨宇宙本体和万物生化问题，然而，"妙本"生化万物之后，万物又如何能够体现和保持"至道之本性"呢？如果不能体现和保持"至道之本性"，那么，万物也就成了脱离"妙本"的东西。况且，在"妙本"所生成的万物之中，独有人最为复杂。儒家专门探讨人的本质性情问题，佛教也就人性（佛性）问题做过深入的探讨，参与三教对话与交融的道教，当然不能丢开人而专究宇宙本体和万物根据问题，这就必然要求在探讨了万物之本源和生成问题之后，对包括人在内的万物（庶类）的本性问题进行哲学的思考。

从道体论到道性论，也是面临来自佛教的激烈挑战，道教为克服自身的本体论危机而寻求新路径的必然结果。老子曾就"道"提出两个著名的哲学命题，其一是"道生一，一生二，二生三，三生万物"（《老子》第42章），其二是"人法地，地法天，天法道，道法自然"（第25章）。这两个看

---

① 《唐玄宗御制道德真经疏》卷一，《道藏》第11册，第754页。
② 《唐玄宗御制道德真经疏》卷七，《道藏》第11册，第787页。

似简单明了的哲学命题,却给后来的道教理论带来了本体论上的重大诠释困境。初唐以前,道教著名典籍《西升经》和《升玄内教经》等,一方面主张道气生物,把道看做宇宙的本体和万物的根据,另一方面却又在解释"道法自然"的时候主张"道出于自然"或"道本自然"。直至唐初成玄英的《老子注》,仍主张"道即是本,物从道生",同时又主张"道是迹,自然是本"。若如成玄英说:"道是迹,自然是本,以本收迹,故义言法也。又解:道性自然,更无所法,体绝修学,故言法自然也。"①这显然存在一个不可克服的矛盾:既然"自然"与"道"是本迹关系,何以又说"道"与"自然""更无相法"呢?

为此,与成玄英几乎同时的佛教学者慧乘和法琳等人,对道教在"道"之上还有个更根本的"自然"进行了猛烈攻讦。他们认为,如果是这样,那么,"自然"是本、是常,"道"则是迹、是无常,"道"也就不能成为道家(教)所标榜的那种至上无极、常住不变的存在。这显然是对道教道体论的尖锐挑战。

道教学者们面对佛教的攻讦,力图克服自身道体论上的矛盾和不足。《道体论》便试图以佛教的"因缘"观念来解决这个危机,主张"造化者,即是自然因缘;自然因缘,即是不住为本,取其生物之功,谓之造化。化不外造,日日自然,自化迹变,称曰因缘",因而,"道"与"自然"之间,"差之则异,混之则同"。② 这样虽然暂时模糊了"道"与"自然"之间的明显"对立",但仍没有真正解决二者之间的关系。唐玄宗继《道体论》之后,自觉地探讨了困惑道教的"道法自然"问题。他明确指出:"(道)法自然,言道之为法自然,非复仿自然也。"如果像佛教徒所攻讦的那样,即"以道法效于自然",那么老君所说的"域中有四大",就不是四"大",而是五"大"了。佛教攻讦者把《西升经》中"虚无生自然,自然生道"一语,解释为"以道为虚无之孙,自然之子",显然是"妄生先后之义,以定尊卑之

---

① 〔唐〕成玄英:《道德经义疏》,蒙文通《道书辑校十种》,第 428 页。
② 《道体论》,《道藏》第 22 册,第 889 页。

目,塞源拔本,倒置何深"! 他认为,事实上,"虚无者,妙本之体,体非有物,故曰'虚无'。自然者,妙本之性,性非造作,故曰'自然'。道者,妙本之功用。所谓强名,无非通生,故谓之'道'。幻体用名,即谓之'虚无自然道'尔"。① 显然,唐玄宗对"虚无""自然"与"道"做了明确的区分,并确认"虚无""自然"和"道"是"妙本"的三大不同特征,其中"虚无"是"体"状,"自然"是"性"质,"道"是"功用"。这不仅比较有力地回应了来自佛教的激烈挑战,而且也澄清了道教本体理论上的一些带根本性的模糊认识,推进了道教理论的自觉发展,同时还突出了"妙本"的"自然之性"的理论地位。

## 一、"道性似水,莫之能胜"的道性论

老子对水的一些特性给予了高度的赞颂,如谓"江海所以能为百谷王者,以其善下之,故能为百谷王"(《老子》第 66 章),"天下莫柔弱于水,而攻坚强者莫之能胜"(第 78 章)等等,并明确地指出:"水善利万物而不争……几于道。"(第 8 章)后来,《老子河上公章句》《老子想尔注》及其他道教典要,都指出"水性几与道同"②"水性与道相近"③,继而发展为以"水之性"诠释"道性"。唐玄宗自觉地继承和发扬了这一思想传统,进一步诠释了"道性"的特点。老子说:"水善利万物而不争,处众人之所恶。"(《老子》第 8 章)成玄英在《老子疏》中进一步提出水有"三能"的观点。他指出,"水善利万物"是水的第一"能",是说"水在天为雾露,在地为泉源,津润沾洽利物处,多以此功能"。"不争"是水的第二"能",是说"水性柔和,不与物争,方圆任器,壅决随人"。"处众人之所恶"是水的第三"能",是说"卑下之地,水则居之",而众人"舍下趋高,骄慢陵物",因而恶之。④ 唐玄宗承继并发展了上述思想,他阐述"水性之三能"说:"水性甘

---

① 《唐玄宗御制道德真经疏》卷三,《道藏》第 11 册,第 768 页。
② 《老子河上公章句》,《道藏》第 12 册,第 2 页。
③ 〔唐〕李荣:《老子注》,蒙文通《道书辑校十种》,第 574 页。
④ 《道德真经玄德纂疏》卷二,《道藏》第 13 册,第 376 页。

凉散洒,一切被其润泽,蒙利则长,故云'善利',此一能也。天下柔弱,莫过于水,平可取法,清可鉴人,乘流遇坎,与之委顺,在人所引,尝不竞争,此二能也。恶居下流,众人恒趋,水则就卑,受浊处恶不辞,此三能也。"①并指出,以上"水性之三能",颇近于至道之性:"'利物'明其弘益,'不争'表其柔弱,'处恶'示其合垢。"②

不过,在唐玄宗看来,水的最大特性,是"己得徐清"。他指出,水也有混浊之时,然而,混浊之水,总是能够"徐徐自清"以显示出其"清静"本色。他还以"混浊"为喻,指示佛教中的"法尘"("法"),认为水之所以能够在混浊之中自清,就在于水本身固有"清静之性",而此"清静之性,不滞于法"。③他明确地指出,大道之性,也同水一样具有本来的"清静"特征,它是无所混杂的。他说,至道"真性清静,无诸伪杂"④。他甚至还指出:"道性清静,混然无际而无间隙尔。"⑤也就是说,"清静"与"道"是同一不二的,"道"即"清静","清静"即"道"。这实际上是把"清静"看做"道"的基本特性。

唐玄宗还非常推崇水性"善下不争"的特点,认为这种特性使水成为天下最柔弱的东西,没有什么东西不能渗入和被其攻破,因此,它是世界上最坚强能胜者。他说:"水之为性,善下不争,动静因时,方圆随器,故举天下之柔弱者,莫过于水矣,而攻坚强莫之能胜者。夫水虽柔而能穴石,石虽坚而不能损水。若以坚攻坚,则彼此而俱损。以水攻石,则石损而水全。故知攻坚伐强,无先水者。故云'莫之能胜'。"⑥实际上,在唐玄宗看来,道性亦如水性,"善下不争"。它虚怀若谷,总是谦逊卑下,不为世人所察知;和顺庶类,不与万物争功利;柔弱不力,无物不能克制。

由此可见,唐玄宗阐扬水性"利物""处恶""不争"和"清静",正是着

①《唐玄宗御制道德真经疏》卷一,《道藏》第 11 册,第 754 页。
②《唐玄宗御制道德真经疏》卷一,《道藏》第 11 册,第 755 页。
③《唐玄宗御注道德真经》卷一,《道藏》第 11 册,第 722 页。
④《唐玄宗御制道德真经疏》卷七,《道藏》第 11 册,第 791 页。
⑤《唐玄宗御制道德真经疏》卷六,《道藏》第 11 册,第 783 页。
⑥《唐玄宗御制道德真经疏》卷一〇,《道藏》第 11 册,第 806—807 页。

力阐发道性弘益万物、卑顺不亢、清静无混、坚强不争的特点。

## 二、"修性反德,复归于道"的复性论

唐玄宗借水性来说明道性的基本特点,目的在于要阐发其人性观念。因为人与其他庶类都是禀资于"妙本"之"道"而生成,自然赋有"道性"。成玄英曾明确指出:"道者,虚通之妙理,众生之正性也。"①唐玄宗也以"道"来阐发人性问题。他认为,既然人与众生都禀资于"道",那么,"人之正性,本自澄清,和气在躬,为至柔也"②。人所秉承的这种"澄清"的"正性",只是在未出生落地之前才具有。"及受形之后,六根爱染,五欲奔驰,则真性离散,失妙本矣。"③大道所赋予的"正性"(或称"真性")往往容易丧失,这是人们后天放纵情欲,染著代尘,为功名利禄和声色所诱惑而造成的。人身所秉承的"澄清至柔"之"正性"一旦离散失去,实际上就从先天之"至柔"变成了后天的"至坚",因而很容易成为"死之徒"。唐玄宗指出,丧失"正性"的人如果想要摆脱死亡的命运,就必须设法"修性反德,复归于道",使自身返回到原本具有的"正性"状态,成为"澄清至柔"的"不死"者。这实际上指出了修持"复性"的指导方向。

唐玄宗指出,"修性反德"的实质,就在于"不离妙本,自有归无,还冥至道"④,也就是"归根则静止矣""复所禀之性命"⑤。然而,要真正达到"修性反德",关键还在于能否守道雌静,除却七情六欲。他说:"人既知身是道炁之子,从冲炁而生也,当守道清静,不染妄尘,爱炁养神,使不离散。人从道生,望道为本,令却归道守母。"⑥他特别指出,人生禀资于"道"的"澄清""正性"的最大危害者,就是人身中固有的情欲因素。对于"修性反德"来说,如果人们能够在"欲心未动安静之时,将欲守之,令不

---

① 《道德真经玄德纂疏》卷一六,《道藏》第13册,第499页。
② 《唐玄宗御制道德真经疏》卷六,《道藏》第11册,第783页。
③ 《唐玄宗御制道德真经疏》卷二,《道藏》第11册,第760页。
④ 《唐玄宗御制道德真经疏》卷三,《道藏》第11册,第764页。
⑤ 《唐玄宗注道德真经》卷一,《道藏》第11册,第722页。
⑥ 《唐玄宗御制道德真经疏》卷七,《道藏》第11册,第789页。

散乱,则甚易持执"①。如果"人不能为之于未有,理之于未乱,而更有所营为于性分之外,执着于尘境之中",则终究会导致"祸败而失亡"。② 即便是在情欲萌兆之后,也应当尽早尽快地加以收敛和杜绝。须知情欲开始发动之时,表现微弱,但是如果不力加克制,而是任其放纵,则终致不可收拾,后果难以想像。"夫情欲伤性,皆生于渐,无不始于易,而终成难,初于细而后成大。"③ 如果不及时杜绝,终将由小祸而酿成大灾。他甚至说,人们如果能够谨守清静而致虚,从而"归复所禀之性命",就能够实现老君所说的"长生久视"的理想。

唐玄宗认为,"修性反德",有圣凡之别。对于凡俗大众而言,要真正实行"修性反德",并不是一件很容易的事情,必须有至人"善士"通过立教来指导进行。由于"善士之心无染,则自然静止",因而能够"于代间爱欲混浊之中,而以清净道性而静止之,令爱欲不起,亦如水浊而澄静之,令徐徐自清"。④ 然而,对于圣人、至人来说,他们能始终如一地守道雌静,因而清静之性常存。"圣人无为安静,故素分成全而无败;虚忘无执,故真性常存而无失。"⑤ 正因为圣人、至人能够"率性清廉,自然化下,秽彼之浊,以扬其清"⑥,所以,"玄德之君[亦称"圣人"或"至人"],无为而化。不测其量,深也;所被无外,远也。故能与万物反归妙本,然后乃至大顺于自然真性尔"⑦。

由于先天的生理发育和遗传性因素、后天的社会生活环境与教育等的影响,人与人之间难免会存在着或大或小的智力上、知识上和性情上的差异。但是,如果过分夸大这种差异,认为社会大众都是鲁钝的、愚昧的、纵情声色功名的,只有极个别的位居千万人之上的至人或"玄德之君"才是聪明的、率性清廉的,那么,那极少数自我标榜具有"玄德"的帝

---

①③《唐玄宗御制道德真经疏》卷八,《道藏》第11册,第798页。
②⑤《唐玄宗御制道德真经疏》卷八,《道藏》第11册,第799页。
④《唐玄宗御制道德真经疏》卷二,《道藏》第11册,第760页。
⑥《唐玄宗御制道德真经疏》卷八,《道藏》第11册,第795页。
⑦《唐玄宗御制道德真经疏》卷九,《道藏》第11册,第800页。

王将相,自然也就无须"修性反德,复归于道",而他们的一言一行也都自然合乎道性的本色。然而,那千千万万的愚钝纵情的社会大众,当然而且必须在"玄德之君"的"立教"指导之下,心甘情愿地去收敛性情、克制欲念,安分守己地去"修性反德"。不难看出,这与其说是劝告世人"修性反德,复归于道",不如说是别有用心地捏造"圣凡之别",来为帝王将相的为所欲为提供掩人耳目的借口,并为其推行统治政策提供理论依据。

### 三、"法性清净,是曰重玄"

唐玄宗在着力阐发"道性清静""修性反德"思想的同时,还提出了一个颇有特色的重玄学命题,即"法性清净,是曰重玄"[①]。玄宗通常只谈"道性清静",为什么他又谈"法性清净"呢?"法性清净"与"道性清静"有什么关系呢?

在玄宗以前,隋唐重玄学颇为流行。这种以老庄学为依托、以佛教大乘中道论的双遣思维模式融合老庄思想的道教思辨哲学,显示出经过佛教化的调合,道理理论从原始的平民哲学发展到一个比较成熟的高水平形态,是道教哲学从原来的本体论形态过渡到心性论形态的一大关键,也从理论上直接促进了道教外丹学向内丹学的转化。而双遣思维模式的一个重要特征,就是要达到"不滞于不滞""无欲于无欲",强调既不执着于"有",也不执着于"无",更不执着于"非有"或"非无"。唐玄宗自觉地继承了这种佛教化的重玄道教学思维方法。他在阐发《道德经》中的"玄之又玄"时指出,有欲与无欲,都以"道"为本体和根据。"意因不生,则同乎玄妙,犹恐执玄为滞,不至兼忘,故寄'又玄'以遣'玄',示明无欲于无欲,能如此者,万法由之而自出。"[②]《唐玄宗御制道德真经疏》又说:"无欲于无欲者,为生欲心,故求无欲;欲求无欲,未离欲心。今既无

---

① 《唐玄宗御制道德真经疏》卷四,《道藏》第 11 册,第 769 页。
② 《唐玄宗御注道德真经》卷一,《道藏》第 11 册,第 716 页。

有欲,亦无无欲,遣之又遣,可谓都忘。"①这种思想方法必然对其"道性"观念产生影响。

在唐玄宗看来:"人生而静,天之性;感物而动,性之欲。若常守清静,解心释神,返照正性,则观乎妙本矣。若不正性,其情逐欲而动,性失于欲,迷乎道,原欲观妙本,则见边徼矣。"②《唐玄宗御制道德真经疏》则进一步分析说,"欲"有两种,一种是"逐境而生心",另一种是"思存之谓"。就前一种而言,"人常无欲,正性清静,反照道源,则观见妙本矣。若有欲,逐境生心,则性为欲乱,以欲观本,既失冲和,但见边徼矣"。就后一种而言,"常无欲者,谓法清静,离于言说,无所思存,则见道之微妙也。常有欲者,谓从本起用,因言立教,应物遂通,化成天下,则见众之归趋矣"。③由此不难看出,人之"正性"与"法性",实际上是同一所指,即"天之性",亦即先天禀资于"妙本"之"道"所获得的"自然之性"。这个"性"与"欲"鲜明对立。无论是"逐境而生心",还是"思存"与"言说",都是以"动"为特征的。而"欲"之所以与"性"构成鲜明的对立,就在于它以"动"破坏了"性"所固有的"静"(或"清静")。正如上面所指出的,"有欲"固然是执滞于"欲"亦即执滞于"动","无欲"也是执滞于"欲",即执滞于"欲求无欲"之欲",仍是执滞于"动"。唯有"既无有欲,亦无无欲,遣之又遣,可谓都忘",才无所执滞。即是说,既遣"有欲"之"动",又遣"无欲"之"动",自然"忘"其所"动"而一无所"动",达到完全的"静"(或"清静")。而这种完全的"静"(或"清静")便是人之"正性"和"法性"的主要特征,实际上正是"妙本"之道的"自然之性"的主要特征。

"静"是与"动"相对而言,"清静"也就是寂静。"正性清静""法性清静""道性清静",都是说明"正性""法性""道性"的寂静不动的特征。而"净"则是与"垢"或"染"相对而言。也就是说,"清静"(或"清净")是指无欲无为而无所染污。唐玄宗以"清净"说明"道性""正性"和"法性"的特

---

① ③《唐玄宗御制道德真经疏》卷一,《道藏》第 11 册,第 750 页。
②《唐玄宗御注道德真经》卷一,《道藏》第 11 册,第 716 页。

征,在《唐玄宗御制道德真经疏》《唐玄宗御注道德真经》中屡见不鲜。如谓:"道性清净,妙体混成,一无间隙。"①又如:"道性清净,妙本湛然,故常无为也。"②"夫人之正性,本自澄清,和气在躬,为至柔也。"③唐玄宗认为,人的"澄清"("清净")之"正性"的最大危害者,就是"染著代尘",因此,"若驰骋情欲,染著代尘,为声色所诱,则正性离散,为至坚也"④。"修性反德",就是要清除"染著",使"正性"复归"清净"无垢的状态。老君虽然没有明确提出"清净"概念来说明"道"的特征,而是强调"清静为天下正"(《老子》第45章),但这并不能说明老君没有阐述"道"的"清净"无染之性。老君常以"素""朴"等来说明"道",而且他还以"豫若冬涉川""敦兮其若朴""浑兮其若浊,孰能浊以静之徐清"等来说明善士"能于代间爱欲混浊之中,而以清净道性而静止之,令爱欲不起,亦如水浊而澄静止,令徐徐自清"⑤,以恢复到禀资于"妙本"之"道"的"清净"正性状态。

在此值得一提的是,《道德经》"清静为天下正"一语,无论是王弼注本、河上公注本,还是长沙汉代马王堆出土的帛书本,都没有什么大不同,只是"为"字或言"可以为",或言"以为"。而傅奕注本谓"清靖以为天下正"。不过,古汉语中的"靖"通"静"。道家著作《管子》有"以靖为宗,以时为宝,以政为仪"(《白心》)之说,王念孙疏为"靖与静同"。因此,傅奕注本与前几个注本实际上也一样。有所不同的是唐玄宗的注疏本,"清静为天下正"变成了"清净为天下正"。这至少可以说明唐玄宗想以佛教的"清净"概念来替代道家道教原有的"清静"概念。

但是,唐玄宗以"清净"来阐扬"道性""正性"和"法性",并不是单纯地以佛教的"清净"观念来阐释《道德经》中的"道"性观念。他没有因主张"道性清净"而丢弃"道性清静"观念,也不是因《道德经》本无"道"性"清净"的意识而直接引入佛教的"清净"观念,而是自觉地吸取佛教中的

---

① 《唐玄宗御注道德真经》卷三,《道藏》第11册,第734页。
② 《唐玄宗御制道德真经疏》卷五,《道藏》第11册,第777页。
③④ 《唐玄宗御制道德真经疏》卷六,《道藏》第11册,第783页。
⑤ 《唐玄宗御制道德真经疏》卷二,《道藏》第11册,第760页。

"清净"思想来更加鲜明地阐发和凸显《道德经》中尚不太突出的"道"的"清净"特性。

不过,唐玄宗在阐发"道性""正性"和"法性"的特征时,有时会将"清静"之性与"清净"之性合一而用,并没有什么严格的区分界限。因为"有为""有欲""有事""有言"等后天言行,既是"动",又是"染";而"无为""无欲""无事""无言"等,既是"清静"之性的表现,也是"清净"之性的要求。比如,他既言"法道清净,无为忘功于物"①,强调"夫无知无欲者,已清净也,则使夫有知者渐陶淳化,不敢为徇迹贪求而无为也"②;同时又言"真性清静,无诸伪杂""人君清静,无为道化"③,主张"无为则清静""好静则得性"④。"清静"与"清净"之间存在的一而二、二而一的关系,既说明了"道性"的不同特征,又说明了"道性"不同特征之间的共同性,而且既符合原始道家和道教的"清静"之言,又符合佛教的"清净"之言,这显然是唐玄宗调和佛道观念的一种反映,同时也使得"清净"与"清静"一样,成为"无欲于无欲"的道教重玄学范畴,而这正是唐玄宗在自觉继承和发扬初唐重玄学道性观念基础上着力阐发其"修性反德,复归于道"的道性思想的必然结果。

## 第四节　"因学知道,行无行相"说

道家和道教以反智的神秘主义著称。老子和庄子都抨击智慧之害、知识之弊。不过,他们虽然都主张"离形去智""塞兑闭聪",但也并不一概否定所有认知。因为如果否定一切认知,那么他们就无从谈"道"论"德",更无须主张"知常曰明"和"小知不及大知"。在他们看来,不"知道",便无从"修道",更不可能"得道"。唐玄宗说得更明确:"道在于悟,

---

① 《唐玄宗御制道德真经疏》卷三,《道藏》第11册,第768页。
② 《唐玄宗御制道德真经疏》卷一,《道藏》第11册,第753页。
③ 《唐玄宗御制道德真经疏》卷七,《道藏》第11册,第791页。
④ 《唐玄宗御注道德真经》卷三,《道藏》第11册,第740页。

不在于求,不如财帛,故可日求而得之。"①他甚至说:"夫妄心起染,则业累斯生,若悟道虚心,则罪因自灭。"②这实际上是力图继承和发展老庄所倡导的"玄鉴""静观"思想。

"修性反德,复归于道"的道性论,要求身处法尘之中的世间众生,居法尘而又必须不滞于法尘,乃至"不滞于不滞"。因此,修性之行,不离世间法,又不滞于世间法;"虽藉勤行,必须无著,次来次灭,虽行无行,相与道合","如此则空有一齐,境心俱净"。③ 不过,唐玄宗认为,要真正做到"行无行相""心与道冥",还必须"于诸法中体了真性"。④ 也就是说,体悟至道,至关重要。

## 一、"俗学伤性,绝学无忧"的学道观

唐玄宗认识到,一般的知识的发生,在于人心与外境的接合。他说:"夫心与境合,是以生知。"⑤常人所说的"智",是指人们"役心"追逐外境所产生的种种识见。不过,这种因"役心逐境"所产生的知识和智慧,并不能够把握"至道",恰恰是远离了"至道"。因为"至道"妙生万物,微明难测。如果不是"役心逐境",而是反求诸己,摒弃外缘,倒是有可能获得"至道"。正如玄宗自己所说:"若反照内察,无听以心,了心观心,不生知法。能如此者",则可谓"明了"大道。⑥"心"与"境"相"合"之所以不能"明了至道",除由于"至道"神妙难测之外,更由于"心"为外境所"迷执"。为外境所迷执,则"心"欲动而失其真性,如此哪能"知道"呢? 因此,要真正了知大道,就必须破除外"境"对"心"的诱惑和"心"对外"境"的迷执,使"心无边境之迷,境无起心之累"⑦。

---

① 《唐玄宗御注道德真经》卷四,《道藏》第 11 册,第 742 页。
② 《唐玄宗御制道德真经疏》卷八,《道藏》第 11 册,第 797 页。
③ 《唐玄宗御制道德真经疏》卷四,《道藏》第 11 册,第 769 页。
④⑦《唐玄宗御注道德真经》卷二,《道藏》第 11 册,第 727 页。
⑤⑥《唐玄宗御制道德真经疏》卷四,《道藏》第 11 册,第 774 页。

唐玄宗把"役心逐境"所产生的知识称为"俗学",即世间凡俗之人所为之学。他说:"夫俗学有为,动生情欲,熙熙逐境,役役终身,如馁夫之临享太牢,恣贪滋味,冶容之春台登望,动生爱著。"①凡俗之人获取知识,都带有强烈的世俗功利目的。他们为各种名利和欲望的满足而以眼、耳、鼻、舌、身去接触外界形形色色的事物,以为眼睛所见、耳朵所听、鼻子所嗅、舌及身所感触到的,都是"至道"之知。他们"耽著矜夸巧智,是法皆执,自为有余"②。他们还分别善恶,辩论是非。岂不知"目视色,耳听声,口察味,伤当过分,则不能无损"。实际上,他们"坐令形骸聋盲,爽差失味",又何况"耽滞代间声色诸法,不悟声色性空"。他们"耽声滞色","驰骋欲心,亦如畋猎,但求杀获,欲心奔盛,逐境如驰"。③这哪里是获求"至道"之知,不过是"越分求学"以"增长是非",离"至道"之知日渐遥远。唐玄宗认为,要想真正获得"至道"之知,不是需求"有为过分之学",而是绝此"有为过分之学"。他说:"夫人之禀生,必有真素,越分求学,伤性则多。若令都绝不为,是使物无修习,今明乃绝有为过分之学,即《庄子》所谓'俗学以求复其初'者。"④因此,弃绝有为"过分"的俗学,就不会有所执滞。无所执滞,也就无忧患。

"俗学"最早是《庄子·缮性》中提出来的,主要是指儒家所提倡的仁义礼智等伦理之学。庄子及其后学继承《道德经》中"绝圣弃智""绝仁弃义"等思想,指出:"夫德,和也。道,理也。德无不容,仁也。道无不理,义也。义明而物亲,忠也。中纯实而反乎情,乐也。信行容体而顺手文,礼也。礼乐遍行,则天下乱矣。"(《庄子·缮性》)后来,郭象发挥庄子后学思想,指出"欲以俗学复性命之本,所以求者愈非其道也"。初唐成玄英更进一步指出:"人禀性自然,各守生分,率而行之,自合于理。今乃智于伪法,治于真性,矜而矫之,已困弊矣。方更行仁义礼智儒俗之学,以求归复本初之性,故俗弥得而性弥失,学逾近而道逾远也。"并提出:"以

---

①④《唐玄宗御制道德真经疏》卷三,《道藏》第 11 册,第 763 页。
②《唐玄宗御制道德真经疏》卷三,《道藏》第 11 册,第 764 页。
③《唐玄宗御制道德真经疏》卷二,《道藏》第 11 册,第 757 页。

俗学归本，以思虑求明，如斯之类，可谓蔽塞蒙暗之人。"①不难看出，唐玄宗所阐发的"有为过分之俗学"，正是对成玄英思想的自觉发展。只是由于唐玄宗并不像成玄英那样鲜明地反对儒学，而是积极地调和儒、道两家之学，所以他在"俗学"之前加上了一个定语"过分"。因为"性分"本是儒家概念，是指人性善恶之间的界限。唐玄宗吸取这一思想来说明"至道"之学和有为俗学的界限，认为无为至道之学是"分内之学"②，而"有为过分之俗学"是"营为于性分之外，执着于尘境之中"的"分外之学"或"过分之学"③。

那么，如何才能做到"绝学"（即绝弃有为过分之俗学）而"悟道"呢？唐玄宗认为，关键在于"了心"："学之不绝，只在于心。"④他明确地指出："道在于悟，悟在了心，非如有为之法，积日计年，营求以致之尔。但澄心窒欲，则纯白自生也。"⑤"了心"是"悟道"的前提和关键。而"了心"，也就是要"澄心窒欲"，使"心"无所拖累、无所执滞，从而"虚室生白"（《庄子·人间世》）。所以他特别强调："求道者以心为舟，以信为车，车用在于运，舟用在于虚。常取不足，勿求有余。静心而不系者，虚舟也。运动而不倦者，信车也。"⑥凡人俗学之所以不能悟道，关键在于不能"信车""虚舟"。而至人之所以能够绝有为过分之学，就在于其"畏绝俗学，抱道含和，独能怕然安静"⑦；"忽忽无心，常若昏昧而心寂然，曾不爱染，于法无住"；对于世间诸法，"独无分别"，"等无是非"，"有似鄙陋"而"心实了悟"。⑧

总而言之，圣人与凡人在悟道上的根本区别就在于：凡人"执有身相"，而圣人"能体了身相虚幻"。他说："吾所以有大患者，为吾执有身

---

① 《南华真经注疏》卷一八，《道藏》第16册，第479页。
② ④ ⑦ 《唐玄宗御制道德真经疏》卷三，《道藏》第11册，第763页。
③ 《唐玄宗御制道德真经疏》卷八，《道藏》第11册，第799页。
⑤ 《唐玄宗御制道德真经疏》卷八，《道藏》第11册，第797页。
⑥ 〔唐〕李隆基：《通微道诀碑》，陈垣编纂，陈智超、曾庆瑛校补《道家金石略》，第147页，北京：文物出版社，1988。
⑧ 《唐玄宗御制道德真经疏》卷三，《道藏》第11册，第764页。

相,好荣恶辱,辩是与非;不得则大忧以惧心神,内竭于贪欲,形骸外因于奔竞尔。"而要破除执有身相之患,就必须"无身"。他说:"无身者,谓能体了身相虚约,本非真实,即当坐忘遗照,隳体黜聪,同大通之无主,均委和之非我。自然荣辱之途泯,爱恶之心息。所谓帝之悬解,复何计于大患乎!"①"帝之悬解"一语,出自《庄子·养生主》:"安时而处顺,哀乐不能入也,古者谓是帝之悬解。"初唐成玄英谓:"安于生时,则不厌于生;处于死顺,则不恶于死。千变万化,未始非吾,所适斯适,故忧乐无措其怀矣",而"帝者,天也","无死无生者,悬解也。夫死生不能系,忧乐不能入者,而远古圣人谓是天然之解脱也"。②不难看出,成玄英的疏解,正是唐玄宗所强调的圣人悟道、"能体了身相虚幻"的境界,亦即陈鼓应先生所说的"用达观而不悲观的豁达心胸去直面死亡"③的人生态度。

## 二、"因学知道,悟理忘言"的悟道观

唐玄宗积极主张绝弃有为过分之俗学以悟道,并不意味着他一概反对"为学"。在他看来,一般人很难直接绝弃有为过分之俗学而悟道,因为"夫唯我道广大,迥超物表,固非凡情探赜所知"④。他们往往需要经过初渐修为学、而后顿悟证道两个阶段。他指出:初渐修为学,是"益见闻,为修道之渐";后顿悟证道,是"损功行,为悟道之门"。"夫为学者,莫不初则因学以知道,修功而补过;终则悟理而忘言,遗功而去执。"⑤

唐玄宗仍然是从圣凡之别的观念出发来阐述其所谓初渐修为学思想的。在他看来,"妙本"之"道"本来是无所执滞的,既不执滞于言,也不执滞于教,而圣人之所以能够成为圣人而体悟大道,也就在于其能够"了

① 《唐玄宗御制道德真经疏》卷二,《道藏》第 11 册,第 758 页。
② 《南华真经注疏》卷四,《道藏》第 16 册,第 321 页。
③ 陈鼓应:《老庄新论》,第 151 页,上海:上海古籍出版社,1992。
④ 《唐玄宗御制道德真经疏》卷九,《道藏》第 11 册,第 800 页。
⑤ 《唐玄宗御制道德真经疏》卷六,《道藏》第 11 册,第 786 页。

言忘言,悟教遗教,一无执滞"①。可是,广大社会民众是不能像圣人那样"一无执滞"而体悟大道的,而需要圣人以言设教,阐明"道"理,引导他们渐修为学而向"道"接近。也正因为如此,他认为,言教固然是对"道"的执滞,但对于初学之人而言,仍不可缺少。他说:"夫言者,在乎悟道。悟道则忘言,不可都忘,要其诠理。……若能因彼言教,悟证精微,不滞筌蹄,则合于自然矣。"②又说:"因言以诠道,不可都忘。……若能因言悟道,不滞于言,则合自然。"③对于天下凡众而言,关键不在于是否脱离"言教",而在于能否"因言悟道"。他特别强调指出,凡众最容易执滞言教,这就使他们难像圣人那样"了言忘言,悟教遗教,一无执滞",而只能在圣人的引导下一步一步地逐渐接近"道",圣人也正是由此出发,因言而设教。他说:"天地至大,欲为狂暴尚不能久,况于凡人执滞言教而为卒暴。不能虚忘渐致造极,欲求了悟,其可得乎?"④然而,很多人并不理解圣人"因言设教"的一片苦心,误认为圣人"因言设教"也是执滞于"言教",并不是什么好事。"老君欲以自明所演言教,化导众生,实为精信,故与俗相违,代人以为不美。"⑤

问题是圣人并不计较凡夫俗子的百般误解,而是从化导众生悟道的宏伟目标出发而竭尽所能。他说:"圣人虽不积滞言教,然以法味诱导凡愚,尽以与人,于圣人清静之性,曾无减耗,唯益明了。"⑥"圣人虽不积滞言教,然众生发明慧心,必资圣人诱导,故圣人以清静理性,尽与凡愚而教导之,于圣人慧解之性,曾不减耗。"⑦这说明凡夫俗子要想发明慧心,必须有圣人"因言设教"以指导,同时,圣人也毫不保留、毫无私心地尽力教导他们,这不仅使凡众能渐渐接近于大道,而且也不会使圣人由于没有脱离"言教"而减耗清静慧解之性。

---

①⑥《唐玄宗御制道德真经疏》卷四,《道藏》第11册,第748页。
②④《唐玄宗御制道德真经疏》卷三,《道藏》第11册,第766页。
③《唐玄宗御注道德真经》卷二,《道藏》第11册,第726页。
⑤《唐玄宗御制道德真经疏》卷一〇,《道藏》第11册,第808页。
⑦《唐玄宗御制道德真经疏》卷一〇,《道藏》第11册,第809页。

唐玄宗阐述"因学知道"思想时,虽然带有明显的圣凡之别观念,并为圣人"因言设教""尽与凡愚"而大唱赞歌,表现出不可避免的身份等级偏见,但是,积极肯定"言"是"诠理""悟道"的必要手段,为学必以渐修和"日益见闻"为初阶等思想,则反映出其对名言在认识活动中重要意义的真切认识和对为学必始于感性认识阶段的合理体认。

唐玄宗所谓的初渐修为学,并不同于前面所谓的过分之俗学。过分之俗学是执着于世间法,追逐世间名利情欲。而初渐修为学,是圣人因言而立教诱导凡愚,使凡愚"渐致造极"之学。渐修之学与俗学的另一个重要区分,在于其最终达到不执滞"言教"而"体了无滞,言忘理畅"①。唐玄宗特别强调这一点。他明确指出在初渐修为学之后"忘言""遗教"的重要性。他说:"夫言教者,道理之筌蹄也。有筌蹄者,乃得鱼兔。今滞守筌蹄,则失鱼兔矣。执滞言教,则失妙理矣。失理则无由得道。""言教所以诠理。若执言滞教,则无由悟了,必失道而生迷。故风雨不可飘骤,言教不可执滞也。欲明忘言,即合自然。"②也就是说,圣人为诱导凡愚而"因言设教",目的只在于要凡愚"日益见闻"和"因言悟道",并不是要"执滞言教",追求越来越多的闻见。在他看来,凡愚之所以在圣人"因言设教"的诱导下仍不能"悟理得道",一个重要的原因就在于,凡愚执言滞教、追求闻见,这就极大地误解了圣人"因言设教"的一片苦心了。

唐玄宗肯定"言"以"诠理",强调"言"是一般人得以"悟道"的必要手段,但是,他又极反对执滞于言而勉强"悟道"。他认为这与"欲为狂暴"、抛开圣人"因言"所设之教而急切悟道一样,都不能实现悟道的目的,恰是偏离了大道。他认为,真正的"悟道"之人,必定是"于法无爱染,于言无执滞"而"体道自然"③。也就是说,了悟者不以言辩说,以言辩说者未了悟。而圣人之所以是了悟大道之人,就在于其"妙达理源,深明法性,悟文字虚假,了言教空无,所说之理既明,能说之言亦遣,则于彼言教,一

---

① ③《唐玄宗御注道德真经》卷三,《道藏》第11册,第739页。
②《唐玄宗御制道德真经疏》卷三,《道藏》第11册,第766页。

无滞积"①。这说明，圣人之所以能了悟大道，就因为其从重玄学的"不滞于不滞"的思维模式出发来对待"言教"，而不像世间众生"封著名相"，"无言执言而滞教，惑于言教"。② 从重玄学的角度说，"言以不言而为宗"③，"执言滞教，则害于道"④，所以"老君云，我所言以畅于理，理畅则言忘，故易知也"⑤。

那么，世间众生为什么容易执滞于言教呢？唐玄宗指出，原因就在于他们好多闻和信悟不足。他说："夫多闻则滞于言教。滞教则终日言而不尽，既非了悟，故曰不知。"⑥ 初渐修为学阶段，固然需要"日益见闻"，但是，"见闻"终究不是目的而应有所止。否则，多闻博学，必将损害心灵而偏离大道。所以他说："体道了悟之人，在乎精一，不在多闻，故庄子云'博溺心'也。"⑦ 与此同时，如果信念不足，也会执言滞教，不能"悟道"。他说："人之所以不能体了、证理忘言，谓于信悟不足而生惑滞。既生惑滞，则执言求悟。执言求悟，则却生迷倒，是有不信应之也。"⑧"执言滞教，不能了悟，是于信不足也。"⑨ 这实际上是强调，世间凡众必须要有坚定不移的悟理得道信念，而不可苟且学道，否则，难免心生惑滞，背道而驰。

### 三、"悟教之善，在于修行"的修道观

在唐玄宗看来，圣人因言立教以示导世间众生进修悟道之路，并不仅仅是一种获知的过程，同时也是一个践履的过程。仅在思想上为学渐进，是难以忘言悟道的，还必须身体力行，切实体会大道。所以，悟道在于体道。"体"含有修行和悟解两层意义。行与悟，并不是可以明显分开的两个阶段，而是相并而为的。所谓忘言悟道，亦即"行不言之教，辩雕

---

①⑥《唐玄宗御制道德真经疏》卷一〇，《道藏》第 11 册，第 809 页。
②③⑤《唐玄宗御注道德真经》卷九，《道藏》第 11 册，第 802 页。
④⑨《唐玄宗御注道德真经》卷二，《道藏》第 11 册，第 726 页。
⑦《唐玄宗御制道德真经疏》卷一〇，《道藏》第 11 册，第 808 页。
⑧《唐玄宗御制道德真经疏》卷三，《道藏》第 11 册，第 766 页。

万物,穷理尽性"①。因此,"益见闻为修学之渐,损功行为悟道之门,是故因益以积功,忘功而体道矣"②。所谓忘功,并不是弃行,而是于行中忘却功名之心,不因言而辩说功名,所以说"善者在行,无辩说"③。

唐玄宗指出:"福祸之极,岂无正定耶? 但由于人不能体道无为,妄生迷执,失其正尔。"④然而,须知"体道自然,非爵禄所得贵也。超然绝累,非凡俗所得贱也",而体道之人,必须既不执滞于言教,又能和光同尘,"塞兑闭门,根尘无染",⑤则澄心窒欲,虚心悟道,与"玄"同德。事实上,也就是要求断绝与外界的关联,消除心中各种世俗杂念,使心灵澄静而无知无欲。

不过,在唐玄宗看来,无知无欲只是体道修行的最基本要求。因为有行必有迹,有迹则难免会有执滞。执行滞迹,如同执言滞教,都不符合重玄学"不滞于不滞"的要求。因此,唐玄宗说:"悟教之善,在于修行。行而忘之,曾不执滞。"⑥这也就是他所说的"于诸法中,体了真性,行无行相,故云善行。如此则心与道冥,故无辙迹可寻求"⑦。

总而言之,唐玄宗主张以修行而悟教,虽是强调了"行"体悟大道过程的重要意义,但也并不是一味地去"行"便真的能把握至道和圣教。恰恰相反,"行"只是体悟大道所必需的手段或途径,只有达到在"行"中忘"行",行无所行,不执滞于修行,方是真正把握了大道。不难看出,唐玄宗这种"行无行相"的体道论,具有十分鲜明的佛教化道教重玄学色彩。

---

① 《唐玄宗御制道德真经疏》卷六,《道藏》第 11 册,第 784 页。
② 《唐玄宗御注道德真经》卷三,《道藏》第 11 册,第 736 页。
③ 《唐玄宗御注道德真经》卷四,《道藏》第 11 册,第 748 页。
④ 《唐玄宗御制道德真经疏》卷八,《道藏》第 11 册,第 794 页。
⑤ 《唐玄宗御制道德真经疏》卷七,《道藏》第 11 册,第 793 页。
⑥ 《唐玄宗御制道德真经疏》卷一〇,《道藏》第 11 册,第 808 页。
⑦ 《唐玄宗御注道德真经》卷二,《道藏》第 11 册,第 727 页。

## 第五节　"理身理国"说

　　唐玄宗摄取儒、释思想以论"道德",从而弘阐道教重玄学之妙理,既高扬了作为李唐王朝家学的道教的至尊无上地位,又为有选择地采用某些儒、佛思想因素阐发政治思想提供了必要的哲学基础。他强调道教具有优于其他宗教和思想意识形式的社会政治及人心教化作用,则是十分明显地将这种含摄了儒、释思想的新道教推上了政治化的舞台,以实现其政教合一的统治理想。

　　《道德经》中包含着"无为而无不为"的"君人南面之术"思想。这一思想在汉代初期得到发展,并曾盛行一时。西汉中后期严君平的《老子指归》和河上公的《老子章句》,都不同程度地阐述了这种"君人南面之术"的思想。至隋唐时期,河上公的《老子章句》颇为流行。然而,河上公的《老子章句》毕竟是以阐述长生之道为主旨的,它明确地把"常道"看做"自然长生之道",而非"经术政教之道"。标榜老子"立教化人"的唐玄宗,当然不会满意河上公的致思偏向,认为严君平和河上公虽然也阐述了老学中的"君人南面之术"思想,但终究"颇乖精义",其他各家更不用说了。他批评那些嘉好老道之言而仅能"游其廊庑"者:"皆自以为升堂睹奥,及研精覃思,然后知其于秋毫之端,万分未得其一也。"①并指出,先圣老子说经,"激时立教,文理一贯,悟之不远",只是后来各家注解,多增歧路,"既失本真,动生疑误"。有鉴于此,他"恭承余烈,思有发明,推校诸家,因之详解"。②

　　通过推校发明,摄佛融儒,唐玄宗认为,《道德经》既"明道德生畜之源",然而其"要在乎理身理国"。③这实际上颠倒了河上公将老君的"非常道"看做"经术政教之道"、把"常道"看做"自然长生之道"的做法,而明确地认定老子所指"不可道"的"常道",就是指"理身理国"的"经术政教

---

①③《唐玄宗御制道德真经疏·释题》,《道藏》第 11 册,第 749 页。
②〔唐〕李隆基:《答张九龄请施行御注道德经批》,《全唐文》卷三七。

之道",从而自觉地继承和发展汉初黄老道家所弘扬,而后长期为人们所轻视的老君"君人南面之术"的思想。

唐玄宗认为,理国之道,是"绝矜尚华薄,以无为不言为教"①。老君说"道常无为而无不为,侯王若能守,万物将自化"(《老子》第 37 章),"我无为而民自化,我好静而民自正,我无事而民自富,我无欲而民自朴"(第 57 章)等,正是指明理国之旨。而理身之道,是要"少私寡欲,以虚心实腹为务"②。老君说"常无欲以观其妙"(第 1 章),"不贵难得之货……不见可欲"(第 3 章),以及"塞其兑,闭其门,挫其锐,解其纷"(第 56 章)而守之以柔弱雌静,则是理身之要。他还特别指出,老君所教"理国"与"理身",并非二事,"圣人治国理身,以为教本。夫理国者,复何为乎? 但理身尔"③。理身即是理国,理国必当理身。因此,探析唐玄宗道教政治哲学,当将理身与理国合一而观。

一、"清静无为"

"清静无为",是《道德经》中的一个重要观念,是老子政治思想的总原则。后世道家多仅以此作为修身养生的基本法则,而失掉了老君治国理民的主旨。唐玄宗力图直接继承和发扬老君"清静无为"之旨,认为人身是"道炁之子",妙本之道,本性清静,因而"人之正性"亦"本自清静",只是由于性动而逐境生心,种种邪杂之念遂生,从而逼近"死之地"。他还引入佛教大乘空宗的"性空"论来说明人性本空而清静,强调"诸法性空,自无矜执"④,而那些沉湎声色之人,驰骋欲心,犹如畋猎,但求杀获,欲心奔盛,逐境如驰,哪知声色诸法,性实是空,逐境生心即伤性。他还积极吸取儒家的天命等级观念,认为"人之受生,所禀有分"⑤,因而当各守本分,否则"矫性妄求,既其乖失天然",必致"妨伤道行"。⑥ 以上便是

---

① ②《唐玄宗御制道德真经疏·释题》,《道藏》第 11 册,第 749 页。
③ ⑤《唐玄宗御制道德真经疏》卷一,《道藏》第 11 册,第 752 页。
④《唐玄宗御制道德真经疏》卷一,《道藏》第 11 册,第 751 页。
⑥《唐玄宗御制道德真经疏》卷二,《道藏》第 11 册,第 757 页。

唐玄宗阐发其"清静无为"的理身理国之道的人性论基础。从此出发,他认为,理身理国应着重从三个方面来贯彻"清静无为"之旨,即"守静无为""守柔用谦"和"恭俭自牧"。

"静"是老学清静无为思想的第一要旨。老君一再强调指出:"重为轻根,静为躁君"(《老子》第26章),"躁胜寒,静胜热,清静为天下正"(第45章)。可以说,"无为"的精髓,就在这一个"静"字。唐玄宗颇能发挥老子的"清静"思想,他指出:"夫重则静,轻则躁……重有制轻之功,静有持躁之力。"[①]为人君者如果喜好重静,无为偃化,则百姓不致烦劳,天下归顺,无所躁动。这显然是发挥老君"重为轻根,静为躁君"之旨。他又发挥老君"躁胜寒,静胜热"之旨,认为此是说明躁极必寒,万物因之以衰死;静极必热,万物和气发生。因此,"躁为趣死之源,静为发生之本",而"能无为清静者,则趣生之本。此劝人当务静以祈生,不当轻躁而赴死尔"。[②] 也正因为如此,人君理身理国,应当常守清静,不可有为躁动。有为躁动,则百姓烦劳,天下难有安静之日,民反国乱,人君终将弃国丧身。

"守柔用谦"[③]是"守静无为"的更具体要求。在老子看来,"静"乃柔弱谦下,不与物争。《吕氏春秋·不二》称"老聃贵柔"。的确,老子特别强调柔弱的作用,认为"天下之至柔,驰骋天下之至坚"(《老子》第43章),"天下莫柔弱于水,而攻坚强者,莫之能胜"(第78章),甚至说,"人之生也柔弱,其死也坚强"(第76章),因而"坚强,死之徒也。柔弱,生之徒也"(第76章)。唐玄宗认为,老君所言,正说明普天之下,唯水居最下,最为谦卑,也最为柔弱,然而,它能"动静因时,方圆随器"[④],天下之物,并非攻坚而为先进,因而,"人君能谦虚用柔,受国之不祥,称孤寡不谷,则四海归仁,是谓天下王矣"[⑤]。而且,"人之生也,和气流行,自然以

①《唐玄宗御制道德真经疏》卷三,《道藏》第11册,第768页。
②《唐玄宗御制道德真经疏》卷六,《道藏》第11册,第785页。
③《唐玄宗御制道德真经疏》卷六,《道藏》第11册,第782页。
④《唐玄宗御制道德真经疏》卷一〇,《道藏》第11册,第806页。
⑤《唐玄宗御制道德真经疏》卷一〇,《道藏》第11册,第807页。

之柔弱;人之死也,和气离散,四肢以之坚强",因此,老君以"柔弱坚强"为后世之人的"生死之戒",要人知"为坚强之行者,是入死之徒,为柔弱之行者,是出生之类"。① 由此不难看出,守柔用谦,不仅能使四海归仁而成为天下之主,而且还是促使和气流行、益寿延年的必要途径。总之,理身理国,都应当而且必须"守柔用谦"。

"恭俭自牧"②是"守静无为"的又一个基本要求。清静无为,要求少思寡欲,节俭纯朴。老君曾谓"罪莫大于可欲,祸莫大于不知足,咎莫大于欲得"(《老子》第46章),并主张"见素抱朴,少思寡欲"(第19章)。唐玄宗指出,这是老君示诫人君,如果不能少思寡欲,不仅伤性败身,而且"百姓效上而为奢泰,驰竞淫饰,日以繁多"。人君若"不能寡欲以御人,而欲彰法令以齐物,人既苟免而无耻,吏则窃盗而为奸,上下相蒙"。③ 因此,多欲对于理身理国的人君而言,不仅内损其身,而且外伤家国。他再三强调,人君当节俭为政,不可追求奢华,攀比富贵,"人君将欲理化下人,敬事上帝,为德之先。无如爱费,即俭德也"。"夫唯能俭爱之君,理人事天,以俭为政者,是以普天之下,亦当早服事于君。"由此他得出结论:"理人事天,无过用俭。"④

无论是守静无为、守柔用谦,还是恭俭自牧,都是强调人君理人事天必须清静无为,而不可淫奢有为。淫奢有为,是矫性妄求、背"道"而驰,既内伤自身,又外伤家国。因而,唐玄宗曾颁布一系列清静无为的敕令,如《全唐文》中就收录有《宽宥天下囚徒制》《禁厚葬制》《禁僧徒俭财诏》《示节俭敕》《禁屠敕》等等。唐玄宗本人在执政前期,也在一定程度上力求践履清静无为之旨,这对于开元盛世的出现的确起到了积极的影响。但是唐玄宗并没有始终如一地守静无为、守柔用谦、恭俭自牧,而是在开元盛世的欣喜之中忘乎所以,清静无为之旨也随之淡忘,或者只是口头

---

① 《唐玄宗御制道德真经疏》卷一〇,《道藏》第11册,第805—806页。
② 《唐玄宗御制道德真经疏》卷六,《道藏》第11册,第784页。
③ 《唐玄宗御制道德真经疏》卷八,《道藏》第11册,第794页。
④ 《唐玄宗御制道德真经疏》卷八,《道藏》第11册,第795页。

上宣扬,要臣民去清静无为,自己却淫奢有为,最终导致李唐王朝走上衰败。

## 二、"爱民理人"

古人很早就注意到了人在社会历史中的主体性地位和作用。《尚书》中已有了明确的"人唯邦本"观念。儒、道、法、墨等诸家,都较重视人的意义的探讨。在李唐时代,李世民是非常重视社会民众的巨大力量的。他自觉地吸取隋末农民起义的教训,深感民心可畏,认为只有重民、保民,才能维护自己的统治。他说:"君依于国,国依于民。刻民以奉君,犹割肉以充腹,腹饱而身毙,君富而国亡。""赋重则民愁,民愁则国危,国危则君丧矣。"[1]他甚至更明确地指出:"凡事皆须务本,国以人为本,人以衣食为本。"[2]作为一国之君和唐太宗李世民的仰慕者,唐玄宗非常注重对国民地位的认识,以确立治国安民的政策。他所制的《道德真经疏》中先后四次引用《尚书》"惟天地,万物父母;惟人,万物之灵""民惟邦本,本固邦宁"等远古民本思想命题,认为人是"国之本,亦神之主","若鬼神伤人,则害国之本。圣人伤人,则匮神之主",[3]强调人君理身理国必须以爱民理人为要,明确提出了"为政在养人"的思想。这实际上是其"守柔用谦""清静无为"思想的逻辑继续。

在唐玄宗看来,"道生万物,爱养熟成而不为主宰,于彼万物,常无欲心"[4],因而虚怀应物。有道之君,亦当爱养熟成万物而不为主宰。他说:"善士怀道抱德,宇量旷然,宽大于物,悉能含受,如彼虚谷,无不包容。"[5]人君如果能够真正做到"含容应物","乃公正无私,无私则天下归往,是谓王矣"。[6]

[1]《资治通鉴》卷一九二,第6026页。
[2] 裴汝诚、王义耀译注:《贞观政要选译》,"论务农",第208页,成都:巴蜀书社,1990。
[3]《唐玄宗御制道德真经疏》卷八,《道藏》第11册,第796页。
[4]《唐玄宗御制道德真经疏》卷四,《道藏》第11册,第775页。
[5]《唐玄宗御制道德真经疏》卷二,《道藏》第11册,第760页。
[6]《唐玄宗御制道德真经疏》卷二,《道藏》第11册,第761页。

　　"公"与"私"是中国古代政治哲学中的一对重要范畴。老子强调："容乃公,公乃王,王乃天,天乃道,道乃久,没身不殆。"(《老子》第16章)也就是说,老子是将包容性、公正无私性和统治者的命运紧密地联系在一起的。没有包容性,就谈不上公正无私;不能公正无私,也就谈不上统治天下,而是背"道"而驰。包容无私是道的基本特性之一。所以河上公说:"能知道之所常行,则除去情欲,无所不包容。"又言:"无不包容,则公正无私,众邪莫当也。""公正无私,则可为天下王。"成玄英进一步指出:"只为包含万物,公正无私,所以作大法王,为苍生之所归往。"李荣也说:"偏私不堪宰物,公正可以君临也。"① 唐玄宗则更直接地以"道"的包容性和公正无私性来阐述人君理身理国之道。他指出,为人君者,当以大道为法则,含容天下人物,公正无私,无所偏爱,以治理家国。因此,必须打破种种私情私欲所造成的局限,泛爱天下民众。他说:"天地所以能长且久者,以其覆载万物";"圣人效天地之覆载,必均养而无私,故推先与人,百姓欣赖,为下所仰";② "王侯称物平施,无偏无党,既惠化而大同,自东自西,亦何思而不服"③? 他特别指出,至人虚怀若谷,"于法无住,忘善而善,是善之上上"④,因而人君当"虚怀爱民",不为万民所背弃。强调爱民公正无私,实际上是要人君对天下众民不怀抱任何偏见,从万民为国家之大本出发,博爱众生,使民众无有不归顺,从而民安国泰。

　　当然,在唐玄宗看来,为人君者要真正"爱民理人",除公正无私之外,还应当"无为""简易"。他指出,人君当"务谦聚人",方可"固邦之本"。侯王如果"无矜化育之德,用谦之道",而"爱养于人",则"百姓思之如子之于母也。若为德反,是则人离散矣"。⑤ 因此,"爱养万人,临理国政,能无为乎? 当自化矣"⑥。他认为,为政只在"爱民理人",使人人安居

---

① 《道德真经玄德纂疏》卷四,《道藏》第13册,第396页。
②④ 《唐玄宗御制道德真经疏》卷一,《道藏》第11册,第754页。
③ 《唐玄宗御制道德真经疏》卷四,《道藏》第11册,第774页。
⑤ 《唐玄宗御制道德真经疏》卷五,《道藏》第11册,第780页。
⑥ 《唐玄宗御注道德真经》卷一,《道藏》第11册,第719页。

乐业,而不致躁动。① 然而,"爱之义,长之言之,务存清静,合于简易"②。他还说:"理人俭爱,则万方早服。""早服不扰,则其德交归。"③他甚至更明确地指出,所谓爱民,就是要使广大民众不暴卒,"役之不伤性",而理国理人者,当"务农而重谷,事简而不烦,则人安其生"。④ 因而,他积极主张行宽简之政,与民休息。他指出,如果君上无赋敛,民众无烦扰,则"耕田凿井,家给民足"⑤。相反,"若政烦赋重,而人贫乏,则国本斯弊,弊则危矣。是以下人不足,由君上食用赋税之太多"⑥。因而,"人君将欲理人事天之道,莫若爱费,使仓廪实,人知礼节,三时不害,则天降之嘉祥,人和可以理人,天保可以事天矣"⑦。

他还比较"有为"之君与"无为"之君在政教宽严上的明显差异,指出:"无为之君,政教宽大,任物自成,既无苛暴,故其俗淳淳而质朴也";然而,"有为之君,其政峻急,以法绳人,法令滋彰,盗贼多有,故凋弊而离散矣"。⑧因此,唐玄宗主张"爱民理人",就是要为政无私,泛爱天下,宽大于民,使万民无生存之忧患,无苛暴之怨忿,安居乐业,无所用心,亦即"化归淳朴,政不烦苛,人怀其生,所以重死,敦本乐业,无所外求,各安其居,故不远迁移也"⑨。这说明唐玄宗不仅仅是自觉地认识到"民为邦本",更重要的是发扬道家精义来阐发"爱民理人"的固本安邦思想,这无疑是对道家思想的丰富和发展。

## 三、"任臣道化"

唐玄宗之所以能够取得开元之治的伟业,与其善于选贤用能有着十

---

① 〔唐〕李隆基:《戒州县扰民敕》,《全唐文》卷三五。
② 《玄元皇帝临降制》,《唐大诏令集》卷一一三,第589页,北京:商务印书馆,1959。
③ 《唐玄宗御制道德真经疏》卷八,《道藏》第11册,第795页。
④ 《唐玄宗御制道德真经疏》卷一,《道藏》第11册,第756页。
⑤⑧《唐玄宗御制道德真经疏》卷八,《道藏》第11册,第794页。
⑥ 《唐玄宗御制道德真经疏》卷一〇,《道藏》第11册,第805页。
⑦ 《唐玄宗御注道德经》卷三,《道藏》第11册,第740页。
⑨ 《唐玄宗御制道德真经疏》卷一〇,《道藏》第11册,第808页。

分密切的关系。如果没有姚崇、宋璟等一批贤相良臣的得力辅佐，唐玄宗所架构的"无为之治"理想，也最终难以实现。因而，李德裕在其所著《次柳氏旧闻》中，称唐玄宗"有人君之大度，得任人之道焉"。李氏此誉，对于开元时期的唐玄宗而言，绝非为过。事实上，唐玄宗选能任人，有其明确的指导思想。这一指导思想，较集中地体现在其"道治"哲学的"任臣道化"观念之中。

唐玄宗认为，选拔贤相良臣，是为君者非常重要的一件政事，也是关系到能否真正实现"无为而无不为"政治理想的一个重要问题。在儒家和法家看来，人君选贤与能，当以是否"忠君"为首要条件，所选之臣方为忠臣。道家老子则极鄙视儒家的忠孝观念，认为"智慧出，有大伪""国家昏乱，有忠臣"（《老子》第18章）。唐玄宗虽然以自觉继承老子思想为标识，但是他毕竟并不否弃儒家思想，而是积极吸取其中有益于维护社会统治的因素。因此，对待选用贤能时儒家所提出的"智"和"忠"标准问题，他则表现出明显的儒道调和倾向。他认为，老子所批评的"智慧"是巧智，并非"无为之智"。老子所指的是，"后代之人，役用智慧，立法以检俗，制典以诘奸。恐其不信，作符玺以信之。恐其不平，为斗斛以量之。而不仁之人，兼盗符玺，并窃斗斛，则夫智慧之作法，适足侈大其诈伪"①。智慧本身并不是绝对的坏，而是容易为人所盗用，成为巧智。他对"忠臣"也有自己的看法。他说："忠者，人臣之职分"，也就是人君对臣相的基本要求。但是，臣可忠君，不可佞君。为人君者，如果"失御臣之道，令佞主之人获进，亲君于昏暗，使生祸乱，则有见危致命蒙死，难以匡社稷而获忠臣之名"②。因此，在唐玄宗看来，挑选贤能的臣相，仍然要以"忠"和"智"作为标准，只是这个"忠"是"忠君"而不是"佞君"，这个"智"是"无为之智"而不是"巧智"。这种理解，显然是对老子"忠""智"观念的儒学化改造。

挑选了贤能的臣相之后，关键就在于如何任用，发挥其才能了。唐

---

①②《唐玄宗御制道德真经疏》卷二，《道藏》第11册，第762页。

玄宗认为,有道之君,应当体道之自然,任物自化,因此,选贤与能之后,应使贤能之臣能够自行"道化",不要干预太多,以免使之丧失清静无为之性而产生伪诈。"有为之君,矜用政教";而无为之君,则任臣道化。①这实际上就是要求人君自己首先应当清静无为,能够体道之性而对待人臣。唯有人君自己无为,才有可能使人臣充分发挥"道治"的作用。唯有"天子无为",方能使"三公论道,皆所以垂训立教,化不善之人"。② 他甚至主张,为人君者,应当以谦虚的态度来对待人臣,这样才可能使人臣尽力辅政。"善用其人,以言谦下,人必尽力,可以成功,故《易》曰'以贵下贱,大得人也'。""善用人者,常谦而为下",能如是者,则"人皆欢心,思竭其力"。③

　　唐玄宗所主张的"任臣道化"的御臣之道,主要包括两个方面的内容。第一,对人臣当量能授爵,而不可凭旧功授爵。在中国古代,人君挑选臣相,多自为树立人君统治建有功勋的人中,因而任命臣相之职而授爵禄,也多半依其所建功勋大小而定。唐玄宗坚决反对如是作。他认为,人君不可如此轻易地选择臣相。他说:"夫君多轻易必烦扰,烦扰则人散,谁与为臣?"如果以已有的功劳来授臣职位和爵禄,那么那些真正有才能的治国辅佐之人就得不到很好的使用。况且,有功之臣,往往容易居功自傲,烦扰国政。因此,"为人臣者,当量能受爵,无速官谤",使臣不可拥兵自重、受爵无量。"若矫迹干禄,饰诈祈荣,躁求若斯,祸败寻至,坐招窜殛,焉得事君?"④不难看出,唐玄宗很注重人臣的现实辅政事君能力,而不注重其已有的功勋业绩,这说明他的"任臣道化"观念具有鲜明的时代特征,不仅有力地打击了那些居功自傲的旧臣宿相,而且也有利于增进人臣事君治政的积极性和创造性。

　　唐玄宗御臣之道的第二个方面,就是使人臣以"道化"无为辅佐人

①《唐玄宗御制道德真经疏》卷八,《道藏》第11册,第793页。
②《唐玄宗御制道德真经疏》卷八,《道藏》第11册,第797页。
③《唐玄宗御制道德真经疏》卷九,《道藏》第11册,第801页。
④《唐玄宗御制道德真经疏》卷三,《道藏》第11册,第769页。

主。他指出,为人君者,首先应当避免任用多智之臣。人君如果取用了多智之臣,"使令治国,智多必作法,法作则奸生,故是国之贼也。若不用巧智之臣,但取纯德之士,使偃息蕃丑,弄丸解难,自然智诈日薄,淳朴日兴,人和年丰,故是国之福也"①。因此,与此同时,要使为人臣者不可以巧智和威武来欺诈和胁迫人君,而"当用道化无为,辅佐人主,致君尧舜,是曰股肱。舞干羽于两阶,修文德于四海,令执大象而天下往,太阶平而寰宇清。若震耀戈甲之威,穷黩侵伐之事,亢兵以加彼"②,则天下何以能太平,人君何以能永固其位?因此,"人君能知此两者,委任淳德之臣,是以为君楷模法式",而"人君常知所委任,是谓深玄至德矣"。③

唐玄宗的选贤与能、任臣道化思想,体现了他对道家"无为而无不为"思想的深刻领会和积极发展,应该说这是他在总结历史经验与教训的基础上对老子"自然无为"思想的自觉运用。

## 四、"处实行权"

"实"与"权"是一对佛教哲学范畴。"权"是"方便"的异名。适于一时机宜之法名"权",究竟不变之法名"实"。成玄英曾谓:"用道匡时,须资权实两智",但是,"权不畏实"。他甚至指出:"君子善人,贵能用道,事不获已,方动兵戈。虽战胜前敌,不以为善,故素服而哭,仍以丧礼葬之。既其武不足文,足明权不及实,治国则不得已而用武,应化则不得已而行权,以此格量,故知权劣实胜也。"④唐玄宗则在此基础上进一步摄佛论道,借用佛教中的"实""权"范畴来阐述其政治哲学观念,提出了"处实行权"的命题。

唐玄宗将"权"与"实"看做"无为之道"的两种运作方式,指出"权实两门,是道之动用"⑤。在他看来,"道"有动静、常变,人君虽然要守"清静

---

①③《唐玄宗御注道德真经》卷四,《道藏》第 11 册,第 743 页。

②《唐玄宗御制道德真经疏》卷四,《道藏》第 11 册,第 772 页。

④〔唐〕成玄英:《道德经义疏》,蒙文通《道书辑校十种》,第 439—440 页。

⑤《唐玄宗御制道德真经疏》卷六,《道藏》第 11 册,第 781 页。

无为"，让"万物自化"，但也不可执着于守静处常。况且，世间众生之根性，有利与钝之差异。对于利根之人，人君固然可以守静处常；但是，对于钝根之人，因其惑滞滋久，情欲躁动，故人君当"变而化之"，使之符合大道的要求。他指出，《易》中有"一阖一辟谓之变"之语，实是"言圣人设教，应变无常"①。圣人并非总是守静处常，而是不断地"用权道以摄化众生"②。他说："夫人既有钝根利根，故教有权有实。圣人欲量众生根性，故以权实覆却，相明利根。众生见善则迁，有过则改。"老子的"将欲歙之，必固张之；将欲弱之，必固强之；将欲废之，必固举之；将欲取之，必固与之"（《老子》第 36 章），正是说明人君用"权道"摄化众生。那些"钝根众生"，"惑滞滋久，自非以权摄化，不可令其归往。故将歙敛其情欲者，则先开张极其侈心，令自困于爱欲，即当自歙敛矣"③。圣人或人君行使"权道"或"权谋"的方式，通常有利器、刑罚等等。这些都是圣人或人君为摄化钝根众生而不得已才施行的办法。

　　不过，唐玄宗认为，人君施行"权道"或"权谋"，并不是随心所欲的，而必须合于时宜。他指出："夫权道在乎适时，不得已而方用。"④人君如果滥施"权道"，臣民会怨声载道，乃至犯上作乱。与此同时，"权道"也不能为君以外的其他人所施用。他认为，老君所说的"鱼不可脱于渊，国之利器不可以示于人"（《老子》第 36 章），正说明"权道不可以示非其人，故举喻云：鱼若失渊，则为人所擒。权道示非其人，则当窃以为诈谲矣"⑤。那些智诈之臣往往最善于"谋用"而害国叛君。人君如果"任用智诈之臣，使之理国，智多则权谋，将作谋用，则情伪斯起，伪起则道废，有害于国"⑥。所以说，行使"权道"或"权谋"，只能限于人君，而不能听任人臣或其他人自主。这实际上是要将行使"权道"的权力垄断于人君一人之手，

---

① 《唐玄宗御制道德真经疏》卷一，《道藏》第 11 册，第 756 页。
②③《唐玄宗御制道德真经疏》卷五，《道藏》第 11 册，第 776 页。
④ 《唐玄宗御制道德真经疏》卷八，《道藏》第 11 册，第 794 页。
⑤ 《唐玄宗御注道德真经》卷二，《道藏》第 11 册，第 731 页。
⑥ 《唐玄宗御制道德真经疏》卷九，《道藏》第 11 册，第 799 页。

禁绝人臣玩弄"权谋"而叛君作乱。这既是他企图垄断一切政治大权、实行绝对君权统治的思想反映，也是他在总结历代臣相玩弄权谋犯上作乱的历史教训基础之上提防人臣图谋不轨的心理反映。

然而，强调人君垄断"权道"，就势必会违背道家的"清静无为"之旨。况且，"权道"应当"适"宜之"时"，到底指示什么？这都关系到唐玄宗"权道"思想的本质问题。由是，他提出了"权"与"实"的关系问题。

唐玄宗在阐发其权实观念的时候，并没有丢弃其摄佛融儒以论道的思想特色。他在积极地吸取佛教思想中"权实"范畴的同时，也自觉地从中国先秦的儒家典籍中寻求"经权"范畴，并将二者相会通，以阐释其带有鲜明道家思想色彩的政治权实观念。

在唐玄宗看来，儒家所说的"经"，就是"常"，而"实"正是"道之常"，因此，"经"与"实"都是"常"，与"权变"相对应，这正是"经权"与"实权"的权通之处。他认为，无论是"经权"还是"实权"，都有个"权反"的问题，即"权必反经""权必反实"。如果人君施行"权道"而不反"经"、反"实"，则人君垄断"权道"势必违背清静无为之道，而且也不能使"权道适时"。他说："人主以权谋为多，不能反实，下则应之以诈谲"，所以国家难免会滋长昏乱。[1] 他指出，老君说"反者道之动"（《老子》第 40 章）和"正言若反"（第 78 章），都说明人君施行"权道"，必须"反实"或"反经合义"。他说："《经》云'正言若反'，《易》云'巽以行权'，反经而合义者也。故君子行权，贵于合义；小人用之，则为诈谲。"[2]并说，"反者道之动"，是"言众生矜执其生而失于道，故圣人变动设权，令反俗顺道尔。……令贵以贱为本，高以下为基，有以无为用"。[3] 在他看来，"反实""反经合义"都不过是"初则乖反常情，而后合顺于道"，"故谓此为道之运动也。孔子曰：'可与立，未可与权。'权道反常而难晓，故举棠棣之喻言其华。先反而后合，以喻权道先逆而后顺尔"。[4] 这也就是说，"权道"施行是一种"逆道"行为，是

---

[1]《唐玄宗御注道德真经》卷三，《道藏》第 11 册，第 739 页。
[2]《唐玄宗御注道德真经》卷二，《道藏》第 11 册，第 731 页。
[3][4]《唐玄宗御制道德真经疏》卷五，《道藏》第 11 册，第 780 页。

人君不得已而采取的一种"摄化众生"的手段,其最终目的,仍然是要合顺于大道。所以说,"权道"是"先反而后合""先逆而后顺"。这也正是"权道"在操作过程中的基本特征。

"权道反实"或"权道反经合义"的关键问题,是所反之"实"或"经"到底是什么。唐玄宗明确指出,老君所说的"弱者道之用",正是说明"实道":"言人皆贱弱而贵强,是知强梁雄躁者,是俗之用也。道以柔和而胜刚,是知柔弱雌静者,是道之常用。"①又谓:"弱者,取其柔弱雌静。柔弱雌静者,是圣人处实。处实者,是道之常用。"②很显然,"权道"所"先反而后合""先道而后顺"之"实"或"经",就是道家所极力倡导的"柔弱雌静"之"道"。这也就是说,唐玄宗虽然借用了儒、释两家的"经权"和"权实"范畴,但是在阐发其"经权"(或"权实")观念的实质问题(即"经"或"实"的本质问题)时,并没有采纳儒、释的思想内容,而是以儒、释的形式来表达道家的内容。这正是他自觉地摄佛吸儒以论道的思想特征的一个极具体的表现。

不过,唐玄宗提出"权道"对于"实道"(或"经义")是"先反而后合""先逆而后顺"的,并不是说在初行"逆实""反经"的"权道"之时,可以不顾忌"实道"(或"经义")。事实上,恰恰相反,在初行"逆实""反经"的"权道"之时,仍需要而且必须不脱离"实道"(或"经义")。也就是说,人君必须只在"处实"之时,才能真正施行"权道"。人臣之所以不容易正确地施行"权道",就在于其未能"处实"。所以他强调指出:"巽顺可以行权,权行则能制物,故知柔弱者必胜于刚强矣。"③唯有"巽顺谦卑[即'处实']",则"可以行于权道。故欲歙先与之张,欲弱先与之强,而卒令其歙弱者,是柔弱之道,能制胜于刚强也"。④ 因此,所谓处实行权,就是要以"实道"为施行"权道"的出发点和最终目的,究其实质,就是要求在不违背清静

①《唐玄宗御制道德真经疏》卷五,《道藏》第11册,第780页。
②《唐玄宗御注道德真经》卷三,《道藏》第11册,第733页。
③《唐玄宗御注道德真经》卷二,《道藏》第11册,第731页。
④《唐玄宗御制道德真经疏》卷五,《道藏》第11册,第776页。

无为之道的大前提下采取有效手段来治理家国,使国泰民安,以巩固清静无为的统治之道,达到长治久安的目的。

尚需指出的是,由于唐玄宗深受佛教思想的影响,并自觉继承和发扬初唐盛行的重玄学,因而他在阐述其"处实行权"的政治哲学思想的同时,又提出了一个"权实两忘"的重玄学观点。《唐玄宗御注道德真经》卷三云:"夫实之于权,犹无之生有,故行权者贵反于实,用有者必资于无。然至道冲寂,离于名称,诸法性空,不相因待。若能两忘权实,双泯有无,数舆无舆,可谓超出矣。"①《唐玄宗御制道德真经疏》卷五则进一步指出:"不相因待者,言道至极之体,冲虚凝寂,非权亦复非实,何可称名?诸法实性,理中不有,亦复不无,事绝因待。……若知数舆无舆,即知数诸法无诸法,岂有权实而可言相生乎?悟斯理者,可谓了出矣。"②这里有两点颇值得注意:

其一,唐玄宗将"实"与"权"的关系,比做"无之生有"的关系。也就是说,"权"出自"实",有"实"才有"权"。他甚至明确指出:"天下有形之物,莫不以形相禅,故云生于有,穷其有体,必资于无。……有无既尔,权实亦然。"③此谓"实"是本、是体,"权"是末、是用。这就从本体论上确立了"权"与"实"的关系,实际上是为其政治哲学的"权实"观念提供了本体论基础。

其二,唐玄宗从佛教的诸法性空、不相因待的观念出发来看待"权""实"概念,指出从根本上讲,至道冲虚凝寂,不可以名言概念来表述,因此,至道既非"实",亦非"权",而是超越一切名言概念之限制的。由此而言,忘却"权"与"实",才能真正超出执着"权实"范畴所引起的局碍,就不可能有"实"体"权""用"等观念,从而直接面对至道,这也就是"权实两忘"。这实际上是在"权实"观念的本体论基础之上,进一步阐述其至道"离于名称"的超本体观念。这看似是对上述"处实行权"观念的超越,实质上是唐玄宗试图超脱现实政治生活的一种宗教理想追求。这或许就

---

① 《唐玄宗御注道德真经》卷三,《道藏》第 11 册,第 733 页。
② 《唐玄宗御制道德真经疏》卷五,《道藏》第 11 册,第 781 页。
③ 《唐玄宗御制道德真经疏》卷五,《道藏》第 11 册,第 780—781 页。

是唐玄宗从积极有为的崇道蜕变成消极无为的"佞道"在思想意识上的某种反映。

## 五、"文本武末"

中国古代的政治家和政治思想家,无不特别关注"文"("德")与"武"("刑"或"力")的关系问题。因为这是涉及如何有效地治理国家、确保社会稳定和休养生息的重大问题。历代统治者由于各人对"人惟邦本,本固邦宁"这个古老的遗训的认识有所不同,从而在"武"("刑"或"力")方面表现出"宽"("轻")与"猛"("重")之别。但是,他们几乎都主张"文"("德")与"武"("刑"或"力")并用。法家和兵家主张"重刑"("武"或"力"),但仍不放弃"文"("德")之治。墨家主张"兼爱""非攻",实际上是重"文"轻"武"或重"德治"轻"刑治"。儒家主张"先德后刑"。而道家则主张"自然无为"、"德""刑"两弃。唐玄宗自觉吸取历代统治者的经验与教训,从实际政治经验和需要出发,摄取儒家的"先德后刑"观念来推进道家"德力"思想,阐发了"文本武末"的政治主张。当然,这里的"文",并非儒家的"德",而是道家的"慈俭"。唐玄宗所提出的"以慈俭之道为本,以武刑之术为末"的"文本武末"观点,实际上也是其"处实行权,权必反实"思想的必然要求。因为在他看来,"武"("刑"或"力")是施行"权道"的手段。而"慈俭"之"文"("德")则是人君所处的"清静无为"之"实"。既然"实"是本、是体,"权"是末、是用,那么"文"("德")与"武"("刑"或"力")也应当是本与末、体与用的关系。

唐玄宗认为,在远古之世,淳古之君处无为之事,行不言之教,臣下但知有所尊之君,如穹天高高在上,被四时生育之美,不知何以称其德。其后,黄帝、尧、舜继起,施教行善,仁及百姓,"故亲之柔弱,致平功高,天下故誉之亲之","下及三王五霸,浸以凌迟,严刑峻制",于是"下议罪而求功,上赏奸而生诈,相蒙若此,可谓寒心"。[①] 其实,天地好生,万物皆为

---

① 《唐玄宗御制道德真经疏》卷二,《道藏》第 11 册,第 761 页。

其涵养,仁人者当顺天德以全济为务,不可逞能欺诈而好乐杀。贪残之君,人必不归附,如何可以得志于天下呢? 因此,为人君者,当知"道化无为,淡然平正。既不为察察之苛酷,亦无滋彰之法令",如此则"岁计有余,淳风和畅,动植咸遂,其物光亨"。① 如果政令烦苛,禁网凝密,令苛则人扰,网密则刑烦,必将导致百姓不安,四方离散,人君欲求以"权道"摄化众生,岂不困难吗? 他甚至批评那种喜好兴师动众的国君:"人惟邦本,本固邦宁",而"兴师动众,则人劳于役;行斋居送,则妨功害农。农事不修,故生荆棘",更有甚者,大军之后,必"积费既多。和气致祥,兵气感害,水旱相继,稼穑不生",这样就难免有凶荒之年。② 由此可见动武、用刑、尚力而乐杀之害。

不过,唐玄宗抨击动武、用刑、尚力、乐杀,并不是一概地反对使用武力。只要人君"处实"而行"权道",最终使"权反于实",则在必要的时候动用武力亦无妨,也就是说,武力只是治国之末,而文德才是治国之本。他指出:"夫文德者,理国之器用也;武功者,文德之辅助也。"③"文则经纬天地,武则克定祸乱。虽天生五材,废一不可,而武功之用,定节制宜。"④正因为人君为政之道是"文为本,武为末",故"专事武功,是弃本而崇末也"。⑤ 因而,用武只是在不得已之时方可为之。他说:"老君曰,凡事不得已而欲用兵,用兵之善,但求止杀,令不为寇,必以众暴寡凌人取强,取强则事好却还。"⑥拥兵恃强,犹如物以其壮而逞其强。然而,须知"物用壮,适足以速其衰老;兵恃强,则不可全其善胜。兹二事者,是谓不合于道。贤臣明主知其不合于道,当须早止不为"⑦。因此,用武不是目的,只是人君"处实"之时所行之"权道"。用武过后,往往"应之谓四夷来侵",而"王师薄伐,所当示之以恩惠,绥之以道德"。⑧

①《唐玄宗御制道德真经疏》卷五,《道藏》第11册,第776页。
②⑥《唐玄宗御制道德真经疏》卷四,《道藏》第11册,第772页。
③⑤《唐玄宗御制道德真经疏》卷七,《道藏》第11册,第790页。
④⑧《唐玄宗御制道德真经疏》卷四,《道藏》第11册,第773页。
⑦《唐玄宗御制道德真经疏》卷四,《道藏》第11册,第772—773页。

　　唐玄宗特别指出,作为泱泱大国的国君,固然可以凭借强大的国力,以威武来强取四邻小国,然而,终究不能使四夷心悦诚服。他积极提倡大国对于四邻弱小国家,应当"不事威武而用谦卑之德以柔服之",这样一来,"小者将欲怀来附庸之君,取其小国之人而为臣妾尔"。① 因此,人君真正善于以"道"来建邦立国,就应当"因百姓之不为,任兆人之自化,然后淘以淳朴,树之风声,使仪形作孚,乐推不厌,则功业深固,万方归德"②。

　　老子曰:"我有三宝,保而持之。一曰慈,二曰俭,三曰不敢为天下先。慈故能勇,俭故能广,不敢为天下先故能成器长。今舍慈且勇,舍俭且广,舍后且先,死矣。"(《老子》第 67 章)唐玄宗认为,老君所示以上"三宝",乃理身理国之枢要,说明"舍其利物之慈,苟且害人之勇;舍其节用之俭,苟且奢泰之广;舍其谦退之后,苟且矜伐之先。如此之行,有违慈俭,以之理国,则国亡;以之修身,则身丧"③。在"三宝"之中,他特别强调"慈"的重要性,认为"慈为三宝之首,故偏欢美也"④。在他看来,在不得已而用武之时,必"主之以慈",方可不违道家"清静无为"之旨。他明确指出:"古者用兵,常有诫令,当须以慈自守,不可生事而贪",若"以慈为主,自戢干戈,则有兵本无杀意"。⑤ 他甚至还认为,如果人君以"慈"而战,则"天将助之"而能"全众";如果以"慈"而守,则"天将护之"而"可以安人"。但是,从根本上说,"明德之君,用道为理,行慈俭而育物,不威武以御人,所尚以慈",若"以慈不争,由乎尚德。若用力争,胜非善胜也"。⑥因此,"善士者,常柔而不武;善战者,常慈而不怒;常胜者,常让而不争"⑦。总而言之,动武用兵,无论在什么情况下,都应当慎之又慎,不可轻率猛勇而为,而要始终坚持以"道德"为本,以"慈柔"为要,达到战胜而不扰民伤人、天下太平的目的。

---

①《唐玄宗御制道德真经疏》卷八,《道藏》第 11 册,第 796 页。
②《唐玄宗御制道德真经疏》卷七,《道藏》第 11 册,第 791 页。
③④⑥⑦《唐玄宗御制道德真经疏》卷九,《道藏》第 11 册,第 801 页。
⑤《唐玄宗御制道德真经疏》卷九,《道藏》第 11 册,第 802 页。

唐玄宗标榜"文本武末",提倡"慈让",固然是自觉继承和发扬道家思想来施行"权实"统治之道,在前期的确取得了团结和取信于臣民、维护统治政权的相对稳定的积极作用,但是,如果一味地强调和恪守"慈守""柔让",也难免使一些因特殊关系而进入统治阶层的人滋生异念,利用君上"慈""让"而为所欲为,甚至犯上作乱,安禄山等人所发动的叛乱,便是典型的事例。这虽然与其违背了选贤与能的观念有关,但更重要的是与其重于文德之治而疏于武力之治的指导思想有关。

# 第十二章　吴筠的哲学思想

吴筠发挥了东晋葛洪以来的神仙道教思想,以老庄的长生久视之道阐发长生可贵、神仙可学的观念,进而从形与神、精气神、阴与阳、形与性等方面,阐述了"虚静去躁,神生形和""益精易形,守神固气""以阳炼阴,虚明合元""以有契无,益形存性"的修真成仙理论。

## 第一节　吴筠的生平与著述

吴筠(？—778 年),字贞节(一作正节),法号洞阳子,华阴(今属陕西)人。弱冠涉猎儒、墨,通晓诸经。善文章,工于楷隶。三教九流之书,无所不览。因自幼生长于道教胜地华山,故于道术早有所好。又仰慕鲁仲连之举,失意之余,与喜好道术者一同归隐南阳倚帝山,曾作诗谓:"兹山何独秀,万仞倚昊苍。晨跻烟霞趾,夕憩灵仙场。俯观海上月,坐弄浮云翔。松风振雅音,桂露含晴光。不出六合外,超然万累忘。信彼古来士,岩栖道弥彰。"[①]开元中,南游金陵,"既知命寡,逐慕寻真,讨究仙经,莫得生理"[②]。于是往江南访寻茅山道派修真之迹,

---

① 〔唐〕吴筠:《游倚帝山》,《全唐诗》卷八八八,第 10110 页,北京:中华书局,1999。
② 〔唐〕吴筠:《玄纲论自序》,《全唐文》卷九二五。

"登茅巅，入石室，先得玄道真经，即太上道君归根复本、号而不嘎之理也。乃执其理十余年，惟攻胎息，续用既劳"①。他还游访天台、会稽、剡中诸地道场。吴筠擅长著述，与吴越地区的文人学士李白、孔巢父等相交游，以诗酒相唱酬。其所著诗篇，流传至京师。天宝二年（743年），唐玄宗闻其诗名，派遣使臣征诏至京师。吴筠请求度为道士，筑宅于嵩山，乃随陶弘景三传弟子冯齐整而受上清正一之法，于是"苦心钻仰，尽通其术"②。

天宝十三载（754年），吴筠向玄宗呈进《玄纲论》3卷。他在《进玄纲论表》中声称：大道奥旨，久未修撰，"重玄深而难赜其奥，三洞秘而罕窥其门。使向风之流，浩荡而无据。遂总括枢要，谓之'玄纲'。冀循流派而可归其源，阐幽微而不泄其旨。至于高虚独化之兆，至士登仙之由，或前哲未论，真经所略，用率鄙思，列于篇章"③。唐玄宗非常重视《玄纲论》，专门诏授翰林供奉，指出："尊师[指吴筠]迹参洞府，心契冲冥，故能词省旨奥，义博文精，足以宏阐格言，发明幽致。朕恭承祖业，式播玄风，览此真筌，深符梦想。岂惟披玩无斁，将以启迪虚怀。其所进之文，用列于篇籍也。"④

唐玄宗在接见吴筠时，向吴筠请教"道法"和神仙修炼诸事，吴筠一一回答。吴筠认为，"道法之精，无如'五千言'"，其他各家之说，不过枝词蔓说，徒费纸札罢了。关于神仙修炼之事，他指出，这是"野人之事，当以岁月功行求之，非人主之所宜适意"⑤。也就是说，道法之精微，全在一部《道德经》之中，其他各家的道论，都没有超出此《道德经》之外。神仙修炼之事，需要长期的日积月累功夫，坚持不懈地勤修密炼。帝王的业绩在于理国安邦，不宜进行如此修炼。由此不难看出，吴筠论道之要，全赖《道德经》。他明确地把"野人"的神仙修炼之事，与帝王将相的治

---

① 〔唐〕吴筠：《玄纲论自序》，《全唐文》卷九二五。
②⑤ 《旧唐书》卷一九二，"吴筠传"，第5129页。
③ 〔唐〕吴筠：《进〈玄纲论〉表》，《全唐文》卷九二五。
④ 〔唐〕李隆基：《答吴筠进〈玄纲论〉批》，《全唐文》卷三七。

国安邦大业区分开来,劝告唐玄宗当一心一意治国安邦,不可置国家大业于不顾而迷恋于"野人"的修炼之事。这是他对过去一些帝王将相因迷恋仙术而误国害民的历史经验教训的总结。因此,他"每与缁黄列坐,朝臣启奏,筠之所陈,但名教世务而已。问之以讽谏,以达其诚。玄宗深重之"①。

吴筠在翰林时因特承唐玄宗的恩顾,为群僧所妒嫉,并因其讲论玄道而多斥佛门,故为素尊佛教的高力士和群沙门所攻讦。吴筠毫不示弱,奋起卫道,先后著有《邪教论》《明真辨伪论》《辅正除邪论》《辨方正惑论》《道释优劣论》《诸家论优劣事》《复淳化论》和《思还淳赋》等。从现存的《思还淳赋》②等文章来看,吴筠为捍卫道教和"五千言"而排斥佛教,是很激烈的。

首先,他认为,佛教传入中国,加剧和扩大了对中国传统淳朴民风的破坏。中国远古之世,民风淳朴。唐虞之后,淳化之风日以沦亡,及至殷周而殆尽。只是到了孔丘之时,目睹当时民风浇漓之状而生悯惜之心,乃发奋编修《诗》《书》,制定《礼》《乐》,以救崩溃。"五霸既没,七雄交驰,爰至暴秦,儒残道殚。"直至"皇汉底定,人怀辑熙。孝文御宇,所向无为,刑法几措,欢心秉彝。孝武好夫征伐,亦兼崇于典仪,虽纯懿未举,而文章载施。元成孺弱,政教陵迟"。正是在这"苍生息肩"之日,"世祖中兴"之时,汉明帝匪德而为祆梦所迷惑,"创戎神之祠宇,遵恍惚之妄见。始涓涓于滥觞,终浩汗以流羡,历三国而犹微,更五胡而大建"。由是,华夏之大礼遭废弃,边荒之风大扇,"疹气悖以兴行,人心飒以倾变"。于是,世人诬侮君亲、蔑视彝宪,"髡跣贵,簪裾贱。事竭思以徼福,劣舍疑而惧谴。上发迹于侯王,下无劳于奖劝。尊磈磊之金狄,列峥嵘之紫殿。伐千亩之竹,不足纪荒庙寓言;倾九府之财,焉能充悯款诚愿"。他认为,这便是佛教进入中国后所造成的最直接的危害。

---

① 《旧唐书》卷一九二,"吴筠传",第 5129 页。
② 《思还淳赋》,《宗玄先生文集》卷中,《道藏》第 23 册,第 656—657 页。以下 5 段所引此文内容,不再加注。

其次,他指出,佛教传入中国,不仅使华夏之礼废弃,华夏之财消耗,而且,还因尊崇释氏而排斥异己,大批出家僧众,不务劳作而鲸吞蚕食。他们"重贝叶讹谬,轻先王典籍。钦刑残鄙夫,宴广厦精室,使白屋终劳、缁门永逸",导致"自国至家,祈虚丧实"。凡是虔诚信佛而颂扬佛教者,则"绐之以嘉祥"。凡是唾骂而批评佛教之人,则"欺之以罪疾"。因而,"中智已下,助成其奸宄之术,可谓至真隐,大伪出。所以孽党妖徒,此焉游息,储不因耕,衣不俟织,诱施冒贷,鲸吞蚕食。若蛟螭之在水,犹豺豹之附翼,罔不假小善以外慈,藏深邪而内贼。岂止一时之封豕,乃为万代之蟊贼,足使宵人得意而傲睨,上士伤心而悯默"。

第三,他还指出,佛教之所以能够如此畅行于华夏,固然与先民淳化之风的日渐沦亡、"匪德"帝王的惑于妖术有关,同时也与道安、慧远、图澄等人的极力表彰、理窃老庄、噬儒吞道有密切关系。

他说:"虽孽自天启,亦祆由人彰。斯乃钟刘石之两羯,偶符姚之二羌,凭胡书之恢谲,资汉笔以阐扬。道安讨论于河洛,惠远润色于江湘,图澄挟术以鼓舞,罗什聚徒以张皇。迹无征于班、马,理唯窃于老、庄,褒蛮貊为中土,贬诸夏为偏方。务在乎噬儒吞道,抑帝掩王,夺真宰之柄,操元化之纲。"那些深受其影响的当世之士,未能窥探妙门,洞察幽赜,笼而统之地以泯灭为真实,以生成为假幻,"但所取者性,所遗者形,甘之死地,乃谓常理"①。他还郑重指出,历代帝王者,爰自晋、宋,迄至齐、梁,莫不是兴之者灭,废之者昌。"竟流遁而不返,终取侮以危亡。"

从以上三个方面来看,吴筠认为,佛教自传入中土以来所造成的诸多严重危害,未有其匹。"自古初以逮今,未有若斯之弊。"由此,他极力主张,应该大力弘扬中华民族的传统儒学和道教,"荡遗祆于千载",使人伦顺化、神道永贞、民俗雍熙,以"流惠泽于八纮"。吴筠对佛教的批判,与其说是对当时崇信佛教的"高力士及群沙门短于帝"的回应,不如说是对中国传统儒、道教的极力维护,特别是对老子《道德经》思想的维护。

---

① 《神仙可学论》,《宗玄先生文集》卷中,《道藏》第 23 册,第 660 页。

因为在《道德经》中,理想的社会风尚,就是民风淳朴。吴筠对远古之世淳朴民风的高扬和对佛教传入后淳朴民风被破坏的批评,正说明了这一点。当然,远古淳朴民风至汉明帝后更加浇漓,其根本原因并不在于佛教传入中国后带来的消极影响,实在于社会发展之必然。而吴筠以此攻讦佛教,不仅显示出其认知视野之褊狭和错误,更说明他对佛教的批评带有浓烈的传统夷夏情结,是对西晋以来顾欢等人以"夷夏之辨"来排斥佛教,维护中国传统儒、道教的继承。

天宝中,李林甫、杨国忠等执掌朝政,李唐王朝纲纪日紊。吴筠知天下将乱,请求回到嵩山,得以别立道院。不久,安史之乱爆发,吴筠又自嵩山返还茅山。其间,吴筠曾栖隐庐山,与道士吴太清、宋冲虚为陆修静建立"贞石"。至德二年(757年)以后,登会稽,浮浙河,息天柱。大历七年(772年),与颜真卿、刘全白等交游于湖州。大历十三年(778年),卒于宣城天柱山,众弟子私谥其"宗玄先生"。

吴筠长于著述,所撰诗文,有"词理宏通,文彩焕发,每制一篇,人皆传写"[1]之誉。他对道教基本理论,特别是仙道论,有较深入的研究。他以老学为宗,自觉继承和发展了东晋葛洪的仙道思想,成为唐代中期一位非常重要的仙道理论家。他还积极面对隋代和唐初佛教徒对道教理论基础的大力攻讦,在初唐重玄学家成玄英、李荣等人吸佛补道的基础上,更进一步地维护和发展道教的理论基础。所著有《宗玄先生文集》10卷,其中包括《玄纲论》3篇32章、《形神可固论》5章和《心目论》《神仙可学论》等。

## 第二节　"道至无而生天地"

"道"是老子"五千言"中的最高范畴。在《道德经》中,老子曾用"无名""无""一""希""夷""微""大""无物之象""无状之状"和"法自然"等来

---

[1]《旧唐书》卷一九二,"吴筠传",第5130页。

形容"道"作为世界本体的特性,以"道之为物,惟恍惟惚。惚兮恍兮,其中有象。恍兮惚兮,其中有物。窈兮冥兮,其中有精。其精甚真,其中有信"(第21章)来说明"道"的存在不虚,还以"道生一,一生二,二生三,三生万物"(第42章)来说明"道"与阴阳、天地和万物的关系。后来,道教理论家们以此为基础,构筑道教理论的本体论和世界观。以标榜"五千言"为"道法"之宗旨的吴筠,则自觉地继承了这一思想传统。

吴筠指出:"道者何也? 虚无之系,造化之根,神明之本,天地之源。其大无外,其微无内。浩旷无端,杳冥无对。至幽靡察,而大明垂光。至静无心,而品物有方。混漠无形,寂寥无声。万象以之生,五音以之成。生者有极,成者必亏。生生成成,今古不移,此之谓道也。"①作为本体之"道",是无形、无声而又不可察知的。因此,他特别强调"道贵无名"②,并以"其大无外,其微无内"来说明"道"是至大与至小的统一,认为"道包亿万之数而不为大,贯秋毫之末而不为小"③。也就是说,道体至大,无所不包。同时,又是至小,无物不含有。

他还积极发展"五千言"中关于"道"是混成、无为之体,玄妙之宗的思想。他说:"夫道者,无为之理体,玄妙之本宗,自然之母,虚无之祖。高乎盖天,深乎包地。与天地为元,与万物为本。将欲比并,无物能等。意欲测量,无处而思。于混成之中为先,不见其前。毫厘之内为末,不见其后。一人存之不闻有余,天地存之不闻不足。旷旷荡荡,渺渺漭漭。"④可见,吴筠把"道"看做盖天包地、无为而玄妙、测量而不可得的宇宙本体。在这里,他特别指出了"道"不可闻见、不可思议的特性,反映出其"道"本体论是一种不可知论。同时,由于他强调"道"是"混成""无为"的,又是"旷旷荡荡、渺渺漭漭"的"玄妙"之"宗",因而又表现出鲜明的宗教神秘主义思想特征。

①《玄纲论·道德章第一》,《道藏》第23册,第674页。
②《玄纲论·专精至道章第二十九》,《道藏》第23册,第680页。
③《玄纲论·同有无章第七》,《道藏》第23册,第675页。
④《形神可固论·守道》,《宗玄先生文集》卷中,《道藏》第23册,第663页。

为了说明天、地、人和世界万物的形成过程,吴筠大肆发挥《道德经》中"有生于无"和"道法自然"的观点,明确指出:"大道之要,玄妙之机,莫不归于虚无者矣。虚无者,莫不归于自然矣。自然者,则不知(其)然而然矣。是以,自然生虚无。虚无生大道,大道生氤氲,氤氲生天地,天地生万物。万物剖氤氲一炁而生矣。故天得一自然清,地得一自然宁,长而久也。"①如果用图式来表示,世界的发生过程即是:

自然→虚无→大道→氤氲→天地→万物(包括人)

在这个图式中,"大道→氤氲→天地→万物(包括人)"这一部分,与上面他把"道"作为宇宙万物的本体、根源和老子"道生一,一生二,二生三,三生万物"的宇宙生成论并无什么区别。问题在于,"自然→虚无→大道"是指什么呢? 难道是说,在"大道"之前,还有个比"道"更根本的本体"虚无",在"虚无"之上还有个比"虚无"更根本的本体"自然"吗? 如果在"大道"之上有个更根本的"虚无"、在"虚无"之上有个更根本的"自然",那么,又如何理解上面所提到的"夫道者……自然之母,虚无之祖"呢? 这不是明显的前后矛盾吗? 更何况唐初著名佛教僧侣法琳等人就曾猛烈抨击"五千言"中的"道法自然"论,攻击道教之"道"并不是最高范畴,从而极力贬低道教,难道中唐时期的著名道教理论家和排佛之士,面对佛教徒的攻讦,不是自觉地迎接来自佛门的挑战,积极推进道教理论发展,而是自陷迷途吗? 事实上,面对来自佛门的攻讦,吴筠在如何处理"道"与"自然""虚无"之间的关系问题上,态度是很鲜明的。

首先,他主张应当从"有"与"无"的关系中来把握"道",坚决反对"贵无以贱有"或"取有以遗无"等割裂"有"与"无"的机械论做法,明确指出"有"从"无"生成,"无"因"有"而显明,"有"是"无"的作用,"无"是"有"的"资本","有"与"无"一体,"混同"不二。他说:

夫道,无为无形,有情有信。……世情谓道体玄虚,则贵无而贱

①《形神可固论·序》,《宗玄先生文集》卷中,《道藏》第 23 册,第 663 页。

有。人资器质，则取有而遗无。庸知有自无而生，无因有而明，有无
混同，然后为至。故空寂玄寥，大道无象之象也。两仪三辰，大道有
象之象也。若但以虚极为妙，不应以吐纳元气、流阴阳、生天地、运
日月也。故有以无为用，无以有为资，是以覆载长存，真圣不灭。①

又说：

夫道至虚极也，而含神运气，自无而有。故空洞杳冥者，大道无
形之形也。天地日月者，大道有形之形也。以无系有，以有合无，故
乾坤永存。②

"有"和"无"是指"大道"所固有的两种不同的存在方式。"无"指
"道"处于"空寂玄寥"的"虚极"状态，是"无形之形""无象之象"。而"有"
则指"道"处于与具体形象合一的呈现状态，是"有形之形""有象之象"。
既不能把"道"仅仅理解为"虚极"之"无"，也不能把"道"片面地理解为
"混物"之"有"，而应当把"道"看做"有"与"无"的统一。"无"是"道"的最
原始的本真状态，"有"是"道"运作之后所呈现的状态。"无"并不是虚幻
无实的不存在，而是一种真实的本体存在。本真状态的"道"是不可名状
的，因为它是看不见、摸不着和无法测量的，唯有通过呈现状态的"有"来
显现其客观存在性，才能为一般人所感知。因此，"有"与"无"并不是截
然不同的两个东西，而是相互"资用"、"混同"为一的"道"本身。既然
"无"只是"道"所存在着的一种状态，那么，"虚无生大道"或"虚无→大
道"，实际上是指"道"从"无"的本真状态运作至"有"的呈现状态，即从
"无"之"道"运作至"有"之"道"，而不是指在"大道"之外，另有个什么"虚
无"的本体。"虚无生大道"，不过是指"道"从"无"至"有"而自生和自我
呈现而已。

其次，他主张以"道生德成"来把握"道"，从而把"自然"看做"生成

---

① 《神仙可学论》，《宗玄先生文集》卷中，《道藏》第 23 册，第 661 页。
② 《玄纲论·以有契无章第三十三》，《道藏》第 23 册，第 681 页。

者""出无入有""莫究其朕"的常态。

"道生""德畜"是《道德经》中的一个基本观点。老子认为,物之形状,来源于"道"的生成、"德"的畜养,因而万物未有不尊崇"道"与贵重"德"的。尊"道"贵"德","夫莫之命而常自然"(第51章)。对于万物来说,"道"生出它们、抚养它们、长成它们、培育它们、成就它们、成熟它们,覆盖保护着它们。"道"生育万物而不据为己有,施恩泽于万物而不求其报德,长成万物而不宰制以自利。吴筠以此为出发点,把"五千言"中的"德畜""物形""势成"都归结为"德成",以"通生"释"道"体、"畜成"释"德"用,试图在唐初重玄学道论的基础上来推进道教理论。他说:

> 德者何也? 天地所禀,阴阳所资,经以五行,纬以四时,牧之以君,训之以师。幽明动植,咸畅其宜。泽流无穷,群生不知谢其功。惠加无极,百姓不知赖其力。此之谓德也。然则,通而生之之谓道,道固无名焉。畜而成之之谓德,德固无称焉。……生者不知其始,成者不见其终。探奥索隐,莫窥其宗。入有之末,出无之先,莫究其朕,谓之自然。自然者,道德之常,天地之纲也。①

以"通生"释"道"体,说明吴筠自觉接受了隋代和初唐以来的道教重玄学的道体论思想的影响。在吴筠看来,宇宙间一切物质性的和精神性的东西,莫不由"道"发生,由"德"成遂。这一发生与成遂的运动过程,是无始无终、不可窥见的,只知道它是出无入有,而不知道其生成变化的轨迹,这就是"自然",实即莫知其所以然而然。而这个"自然",就是道生德成的常态,天地万物的纲纪。可见,"自然"并不是个什么本体性的东西,而是道生德成的一种不知其然而然的状态。就其作为"道"的一种状态和不可知的特性而言,"自然"与"虚无"并没有什么两样。然而,"虚无"是就"道"的寂静状态而言,而"自然"是就"道"的发生状态而言。吴筠之所以把"自然"放到"虚无"之前,提出"自然生虚无"或"自然一虚无",无

---

① 《玄纲论·道德章第一》,《道藏》第23册,第674页。

非是说明"道"的终极和初始存在状态不是虚寂不动的,而是生生不息的。这实际上是把道体与运动联系在一起,从而避免了佛教徒对道体如何从至寂运作创生天地万物的诘难。

第三,为了更进一步地说明"道"与"自然""虚无"的关系,吴筠还从阴阳之元气的角度来阐发其"真一运神,元气自化""真精自然,寂默无为"的观点。

吴筠指出:

> 太虚之先,寂寥何有? 至精感激,而真一生焉。真一运神,而元气自化。元气者,无中之有,有中之无,旷不可量,微不可察。氤氲渐著,混茫无倪,万象之端,兆朕于此。于是清通澄朗之气,浮而为天,浊滞烦昧之气,积而为地。平和柔顺之气,结而为人伦。错谬刚戾之气,散而为杂类。自一气之所育,播万殊而种分。既涉化机,迁变罔穷。然则,生天地人物之形者,元气也。授天地人物之灵者,神明也。故乾坤统天地,精魂御人物。气有阴阳之革,神无寒暑之变。虽群动纠纷,不可胜纪,灭而复生,终而复始。道德之体,神明之心,感应不穷,未尝疲于动用之境矣。[1]

> 天地不能自有,有天地者太极。太极不能自运,运太极者真精。真精自然,惟神惟明,实曰虚皇。高居九清,乃司玄化,总御万灵,乾以之动,坤以之宁。寂默无为,群方用成。空洞之前,至虚靡测。元和澄正,自此而植。神真独化,匪惟巨亿,仰隶至尊,咸有所职。丹台瑶林,以游以息。云浆霞馔,以饮以食。其动非心,其翔非翼。听不以耳,闻乎无穷。视不以目,察乎无极。此皆无祖无宗,不始不终,含和蕴慈,悯俗哀蒙。清浊体异,真凡莫同。降气分光,聿生人中。贤明博达,周济为功。为君为长,俾物咸通。[2]

从上面这些话中,我们不难看到,"太极"即元气,促使元气自化

---

① 《玄纲论·元气章第二》,《道藏》第 23 册,第 674 页。
② 《玄纲论·真精章第三》,《道藏》第 23 册,第 674—675 页。

的,是"真精"。"真精"的特性是"自然"。"神明"即是"真精自然"特性的表现。这个"自然"的"真精",就是"虚皇"。这个"虚皇"高居九清之上,司玄化,总御万灵,天地因之而动、静,虚寂无为,至虚不可测知。但是,它自身能"听不以耳,闻乎无穷。视不以目,察乎无极","降气分光,聿生人中"。事实上,这个"真精""真一"或"神明",即"自然"、"虚皇"、"至虚"("虚无"),也即是"道"。不过,它不是纯然的"自然之道",而是精神化的至道。这无疑显示出吴筠的道体论具有鲜明的神学色彩。他所说的"气有阴阳之革",不过是说明众生万物有终始。而"神无寒暑之变",则是为了说明道无终始而永恒存在。这实际上与初唐成玄英、王玄览等人的道物观是完全一致的。

因此,从根本上讲,吴筠是自觉地继承了老子的道本论思想,并力图将道教神学化,从而改造成为其道教神学的理论基础。应该说,吴筠在阐述其"道至无而生天地"的道教神学本体论和世界观时,不仅自觉地回应了初唐佛教学者对道教理论基础的攻击,更明确和更深入地探讨了道教神学的基本理论问题,而且也自觉地超越初唐时期道教重玄学家们通过吸佛论道来回避佛门攻讦的被动局面,对于中国古代道教神学基本理论的完善和发展做出了重要贡献。

## 第三节 "道德、天地、帝王,一也"

吴筠主张"道生德成"的宇宙造化论,把"道德"看做天地万物的始祖和根本。在此基础上,他进一步把这一思想扩大到社会历史领域,试图建立起一种能够调和社会矛盾的"道德"宗教神学。

首先,吴筠认为,作为天地之始祖的"道德"、作为万物之父母的"天地"、作为三才之主的"帝王",具有同一的特性,即虽分别为三而实则一体。天地是"道生德成"的结果,而帝王则是因循道德而治理国家社会的人主。他说:

> 道德者,天地之祖。天地者,万物之父。帝王者,三才之主。然

则,道德、天地、帝王,一也。①

天地间的一切事物,像古今民风之异,社会治乱之别,都是由体现"道德"生成的"天地之道、阴阳之数"决定着的。"道德"本身无兴衰更替之变化。如果至阳真精降而为人主,则社会得治。相反,如果太阴纯精升而为君,则社会必乱。"运将泰也,则至阳真精降而为主,贤良辅而奸邪伏矣。时将否也,则太阴纯精升而为君,奸邪弼而贤良隐矣。天地之道,阴阳之数,故有治乱之殊也。"②

他还进一步用"阴阳之数"来说明两种不同的"无为而治"的政治观,认为"通乎道"与"同乎物"均是无为,然而,"通乎道"者属于"慧","同乎物"者属于"昏"。他积极宣扬"通乎道"的"主明而无为",坚决反对"同乎物"的"主暗而无为"。他说:

> 夫天地昼亦无为,夜亦无为。无为则一而理乱有殊者何哉? 昼无为以明,故众阳见而群阴伏;夜无为以晦,故群阴行而众阳息。是以主明而无为者,则忠良进,奸佞匿,而天下治也。主暗而无为者,则忠良隐,奸佞职,而天下乱也。故达者之无为以慧,蔽者之无为以昏。慧则通乎道,昏则同乎物。道与物俱无为也,奚可以一致焉? 故至人虽贵乎无为,而不可不察也。察而无为者,真可谓无为也。③

很显然,"主明而无为",就是尊道贵德、得忠良之臣辅佐、抑奸佞之徒妄为的"无为而无不为"之治。而"主暗而无为",则是忘道弃德、执着于世俗之事、忠良之臣退隐于野、奸佞之徒非为于朝的无为而为所欲为。因此,"主明而无为"与"主暗而无为",虽同为"无为",实则有天壤之别。"主明而无为",则天下得治;"主暗而无为",则天下必乱。"主明而无为",是明慧之无为;"主暗而无为",是昏暗之无为。吴筠对此二种"无为"的区分,正说明"无为"之治并不必定是"五千言"中"无为"之旨。老

---

① ②《玄纲论·化时俗章第八》,《道藏》第 23 册,第 676 页。
③《玄纲论·形动心静章第十五》,《道藏》第 23 册,第 678 页。

子的"无为而治"思想，是"通乎道"的"主明而无为"，而不是"同乎物"的"主暗而无为"，这种认识无疑是对《道德经》"无为"政治思想的积极引申和发挥。

"主明而无为"是以"尊道贵德"为前提的。吴筠认为，仁、义、礼、智、信五者，是"道德"的具体体现。社会上如果"尊道贵德"，则民风淳朴；如果弃道背德，则民风浇薄。"所以古淳而今浇者，亦犹人幼愚而长慧也。婴儿未孩，则上古之含纯粹也。渐有所辩，则中古之尚仁义也。成童可学，则下古之崇礼智也。壮齿多欲，则季世之竞浮伪也。变化之理，时俗之宜，故有浇淳之异也。"因此，要使民风淳朴，就必须施教于仁、义、礼、智、信。而要使社会得到治理，则必须以"道德"为本。"核其所以，源其所由，子以习学而性移，人以随时而朴散。虽然，父不可不教于子，君不可不治于人。教子在乎义方，治人在乎道德。义方失，则师友不可训。道德丧，则礼乐不可理。虽加以刑罚，益以鞭楚，难制于奸臣贼子矣。是以示童蒙以无诳，则保于忠信。化时俗而以纯素，则安于天和。故非执道德以抚人者，未闻其至理者也。"[①]

从以上来看，吴筠似乎是在调和儒、道二教，以道教的形式来倡导施行儒家的仁、义、礼、智、信等纲常伦理。然而，在"五千言"中，老子是极力排斥儒家的纲常伦理礼教的。以《道德经》为宗的吴筠，又为何来调和儒、道两家的对立呢？

其实，吴筠并不是想借助道教来弘扬儒家伦理，他和东晋时期的著名道教学者葛洪一样，都是主张道本儒末的。这大概与他们早年所受到的深厚的儒学熏陶分不开，同时，也与他们所不能脱离的那个中国政治社会本来就是儒家伦理化了的现实有着密切的联系。所以他说：

> 夫仁义礼智者，帝王政治之大纲也。而道家独云遗仁义、薄礼智者，何也？道之所尚，存乎本。故至仁合天地之德，至义合天地之宜，至礼合天地之容，至智合天地之辨。皆自然所禀，非企羡可及。

---

[①]《玄纲论·化时俗章第八》，《道藏》第 23 册，第 676 页。

矫而效之,斯为伪矣。①

显然,吴筠把至仁、至义、至礼、至智等,都看做"道生德成"的天地"自然所禀"的特性,并指出这些"自然所禀"的特性是不以人的主观意志为转移的,因此,不能人为地加以利用和改造而成为强令执行的社会规范。如果人为地加以改造和利用,就必然违背自然的大法则,各种欺诈行为便会伴随而起。"伪则万诈萌生,法不能理也。"②在这里,我们应当注意到,吴筠所强调的是不以人的意志为转移的、为天地"自然所禀"的"至仁""至义""至礼""至智",而不是人为地强令执行的社会规范。也正因为如此,所以他主张应当贵远古淳朴之世,而贱后世之浇薄。远古淳朴之世所施行的,就是"至仁""至义""至礼""至智",而不是浇薄之后世所强迫施行的人为的仁、义、礼、智。这实际上是将道教所主张的"自然所禀"法则与后世儒教纲常伦理明确地区分开来,显示出道、儒两教的根本分别。

在吴筠看来,道德是人世社会的内在根本之所在,而仁、义、礼、智、信等社会规范,不过是人世社会外在的行为要求。前者是本,后者是末。唯有敦厚其本,才能坚固其末,切不可本末倒置。但同时他又指出,强调本末不可倒置,并不意味着可以有本而无末,无仁义礼智之末,则道德之本无法体现,人世社会便也难以因道德而得以直接维系。他强调指出,唯有执持道德之本,才能较顺利地和牢固地遵循仁、义、礼、智、信等规范。若仅仅执持仁、义、礼、智、信之末,则实难真正而有效地达到社会之治。因此,吴筠主张,只有以道为心、以德为体,以仁义为车服,以礼智为冠冕,天下才得以很好地治理。他说:

> 所以贵淳古而贱浇季,内道德而外仁义,先素朴而后礼智,将敦其本,以固其末,犹根深则条茂,源濬则流长,非弃仁义薄礼智也。故道丧而犹有德,德衰而犹有仁,仁亏而犹有义,义缺而犹有礼,礼

---

① ②《玄纲论·明本末章第九》,《道藏》第23册,第676页。

坏则继之以乱,而智适足以凭陵天下矣。故礼智者,制乱之大防也。道德者,抚乱之宏纲也。然则,道德为礼之本,礼智为道之末。执本者易而固,持末者难而危。故人主以道为心,以德为体,以仁义为车服,以礼智为冠冕,则垂拱而天下化矣。①

他一再强调指出,不能因为崇尚仁义礼智之末而遗忘道德之本,"若尚礼智而忘道德者,所为有容饰而无心灵,则虽乾乾夕惕而天下敝矣"②。

吴筠还以道德、仁义礼智来概括远古之治的社会变迁,认为三皇为至治之世,五帝为邻至乱之世,强调老学之根本,是在"南面之术",也就是要以道德为本,以礼智为末。如果单纯以礼智治国,必然带来祸患。"三皇化之以道,五帝抚之以德,三王理之以仁义,五伯率之以礼智,故三皇为至治,五伯邻至乱。故舍道德而专任礼智者,非'南面之术',是以先明道德。道德明,则礼智薄矣。老子曰:'礼者,忠信之薄而乱之首。'以智治国,国之贼。不以智治国,国之福。此谓礼亏则乱,智变则诈。故塞其乱源,而绝其诈根。"③他批评汉代大儒扬雄、班固等人,片面地理解老子在"五千言"中贬斥仁义礼智之名,而视老学为专任清虚无为之学,实则是远离了老子《道德经》的本意。他说:"扬雄、班固之俦,咸以道家轻仁义薄礼智而专任清虚者,盖世儒不达玄圣之深旨也。"④

照吴筠的说法,老学与孔学、道家与儒家,并不是绝对对立的,老学先,孔学后;道家为本,儒家为末。只是本与末、先与后不可倒置,既不可离本而尚末,也不可离末而务本。事实上,这与其说是调和老学与孔学、道家与儒家的对立,不如说是吴筠试图以老学来融通孔学,以道家来含摄儒家,以隐者之道来攀缘帝王之尊,从而为道教施化于社会,成为名正言顺、道高德厚的李家王朝之教而张目。

为了指明李家王朝之教所以建立的客观依据,吴筠还从"道生阴阳"的思想出发来阐明"教之所施,专为中人"的道理。他把社会中的人划分

①②③④《玄纲论·明本末章第九》,《道藏》第23册,第676页。

为三种类型,秉阳灵之纯气为睿哲,秉阴魅之纯气为顽凶,第三种是介乎二者之间的"中人"。他说:

> 夫道本无动静而阴阳生焉,气本无清浊而天地形焉。纯阳赫赫在乎上,九天之上无阴也。纯阴冥冥处乎下,九地之下无阳也。阴阳混蒸而生万有,生万有者,正在天地之间矣。故气象变通,晦明有类,阳以明而正其粹为真灵,阴以晦而邪其精为魔魅。故禀阳灵生者为睿哲,资阴魅育者为顽凶。睿哲惠和,阳好生也。顽凶悖戾,阴好杀也。或善或否,二气均合而生中人。①

他把睿哲看做天生的、不教而自知,认为顽凶是天生的、虽教亦无所知。这是它们各自所受纯阳、纯阴之气所决定了的,因此,教无须施与它们。而处于二者之间,既秉有阳气、又秉有阴气的"中人",既可除却阴气、积善而为纯阳,又可除却阳气、积恶而为纯阴。也唯有这种人,才可施教,使其除恶积善。所以吴筠指出:

> 三者各有所禀,而教安施乎? 教之所施为中人尔,何者? 睿哲不教而自知,顽凶虽教而不移,此皆受阴阳之纯气者也。亦犹火可灭,不能使之寒;冰可消,不能使之热,理固然矣。夫中人为善,则和气应;为不善,则害气集。故积善有余庆,积恶有余殃。有庆有殃,教于是立。②

吴筠将社会中的人划分为三等,即上等睿哲之人、下等顽凶之人和介乎两者之间的"中人",反映出其特有的社会等级观念。虽然将世人划分为上、中、下三等由来已久,并不是吴筠的创见,但是,他从当时特定的社会历史条件出发,为迎合世俗社会统治阶级的需要,为道教发展依恃于李唐王朝的扶助的目的,设想三种不同等级的人群,并以"道生阴阳"观念来加以论证、说明,从而为其"道德"之教存在的现实性和重要性提供依据。不难看出,吴筠所谓上等睿哲之人,即是李唐王朝的帝王将相。

---

①②《玄纲论·天禀章第四》,《道藏》第 23 册,第 675 页。

这等人之所以不教而自知,是因为道教本身就是李唐王朝之家教,无须教而获知。那些所谓下等顽凶之人,则主要是指攻击道教的异教之徒,这等人当然是无法教而知。而所谓中人,则是指普天之下的广大百姓。在他看来,这等人人数浩大,又摇摆于诸教之间,因此,最需要施教而把他们争取过来,从而弘大道教。

在这里,吴筠以"道生阴阳"来论说上等睿哲天生"不教而自知",乃是其"道德、天地、帝王,一也"思想的直接反映。不过,我们应当看到,吴筠将社会上之人一分为三,以其特有方式鞭挞下等顽凶之人,强调为"中人"立教,无非是想孤立和排斥佛教,争取更多的一般民众信奉道教,尊道贵德,从而来对付佛教在当时社会上的重要影响,这既是他面对来自佛门的不断挑战的积极回应,也是他为道教与佛教争夺信仰地盘所进行的理论论证。而他之所以在明知老、孔之学鲜明对立的同时,自觉调和儒、道二教,倡导道本儒末,以道教含摄儒学,不过是想利用儒家思想之影响,争取受过传统儒家伦理道德教育的广大社会民众来信奉并不明确弃绝仁义礼智的道教和(或)排斥绝口不谈仁义礼智的异教——佛教。通过扩大道教对儒学思想的包容性,在道本儒末的形式下,既可争取到更多受过儒家思想熏陶的一般民众,又不损害道教自身的权威性和至上性。应该说,这种方式对于广大社会民众是具有很大影响力的。总的说来,吴筠通过"道德、天地、帝王,一也"和为"中人"立教等理论论证与说教,试图使"道德"的道教神学不仅成为名副其实的李唐王朝之教,而且也成为广大社会民众信奉的国教,从而成为调和李唐王朝统治下社会矛盾的工具。

## 第四节　"神仙可学"

重生恶死、追求长生久视之道,是老庄学和道教学的精义之所在,也是其区别于佛教和其他思想体系的根本之所在。老子曾提出"根深蒂固,长生久视"和"久死而不亡者寿"等思想。后来,《太平经》说:"人最善者,莫若常欲乐生。"①"是曹之事,要当重生,生为第一,余者自计所为。"②《老子想尔注》谓:"归志于道,唯愿长生。"③《周易参同契》和《抱朴子内篇》更是以探索长生久视之道为旨归。被称为"道教之首经"的《无量度人上品妙经》更明确地指出:"仙道贵生,无量度人。"④稍早于吴筠的司马承祯也指出:"人之所贵者生。"⑤吴筠自觉地继承了这一思想传统,并以老庄所论长生久视之道为根据来阐发自己的长生可贵、神仙可学思想。既然长生可贵,一般的凡夫俗子都可以积学修炼而得道成仙,那么具体应该如何才能真正实现积学而成仙呢?吴筠在其"放远取近"的思想基础之上,分别从形与神、精气神、阴与阳、形与性等方面,通过对神仙本质特性的揭示,阐发了其独具特色的积学修真方法论思想。

一、"虚静去躁,神生形和"

形与神的关系问题,是中国古代生命哲学中的一个极其重要的问题。所有探索生命问题的古代哲学家,无不对此问题做出这样或那样的回答。战国时期的荀况曾提出"形具而神生"(《荀子·天论》),《吕氏春秋·尽数》则主张"精神安于形,而年寿得长久"。汉代桓谭也谓"精神居形体,犹火之燃烛"(《桓子新论》)。南北朝时期范缜提出"形质神用"的思想。佛教思想家因关注"人死后如何"的问题,而主张形神相离,形灭而神不死。道家与道教则相反,他们主要关注的是"人如何不死"的问题,因而主张形神相合,守形存神。庄子把"神将守形,形乃长生"(《庄子·在宥》)者称为"神人""真人",主张"形全精复,与天为一"(《达生》)。《太平经》主张形神调和,而葛洪则主张"形神相卫"(《抱朴子内篇·极言》)。至唐代,王玄览提出了"坐忘养,舍形入真"⑥的观点。继而,司马

① 王明编:《太平经合校》,第80页。
② 王明编:《太平经合校》,第613页。
③ 饶宗颐:《老子想尔注校笺》,第38页,香港:苏记书庄,1956。
④《无量度人上品妙经》卷一,《道藏》第1册,第5页。
⑤《坐忘论·叙言》,《道藏》第22册,第892页。
⑥《玄珠录》卷下,《道藏》第23册,第628页。

承祯认为"神性虚融,体无变灭,形与道同,故无生死"①。吴筠也以形神来论仙道,认为"神与形合而为仙"②,然而要达到"神与形合",就必须"虚静去躁"以使"神生形和"。

《西升经》曾云:"知一万事毕,则神形也。"此语道出了道教哲学的一个公开的秘密,那就是,形神问题关系着道教哲学的根本问题。吴筠认为,形与神来源于"剖道之一气",是人生的两大支柱,"人之所生者神,所托者形"③。若知守形存神,则"可齐天地之寿,共日月而齐明"④。如果为眼前的七情六欲所伤辱,或是设斋铸佛、祈祷鬼神来固形,都将会导致败身逆道,亡形沉骨。他指出:

> 抱朴子曰:人不知养生,焉能有为生? 人不曾夜行,焉知有夜行? 故知养神修身者寿老,弃神爱欲者中夭也。……阴阳之道,以有此身。身含形神全一,心动则形神荡。欲不可纵,纵之必亡。神不可辱,辱之必伤。伤者无返期,朽者无生理。但能止嗜欲,戒荒淫,则百骸理,则万化安。⑤

况且,他还指出,人是禀受道气而剖得形神,如果有此形骸而不能尽力守养,"但拟取余长之财,设斋铸佛,行道吟咏,祈祷鬼神、以固形骸,还同止沸加薪,缉纱为缕"⑥。形与神应当常思养之,而沉溺于声色香味以"快其情""惑其志""乱其心",是败身逆道、亡形沉骨乃至丧身的最大祸害。

吴筠认为,人情所至爱的东西,对于修道之人的心志所造成的危害是极大的。然而,世上之人"不知至爱者招祸致夭,无欲之介福永寿"⑦。"燕赵艳色,性之冤也;郑卫淫声,神之谊也;珍馔旨酒,心之昏也;搢绅绂冕,体之烦也。此四者,舍之则静,取之则扰,忘之则寿,耽之则夭"⑧,因此,都是注重守形存神的道家最忌讳的。

①《坐忘论·得道七》,《道藏》第22册,第896页。
②《玄纲论·制恶兴善章第二十一》,《道藏》第23册,第679页。
③《心目论》,《宗玄先生文集》卷中,《道藏》第23册,第661页。
④⑤⑥《形神可固论·养形》,《宗玄先生文集》卷中,《道藏》第23册,第664页。
⑦⑧《玄纲论·道反于俗章第二十八》,《道藏》第23册,第680页。

既然色香声味和功名利禄是人情所至爱的东西,要守形存神,自然十分不易。为了清除人情所至爱者对守形存神的危害,吴筠特别提出了"虚静去躁"的主张。他认为,"静则神生而形和,躁则神劳而形毙,深根宁极,可以修性情哉",然而,"动神者心,乱心者目,失真离本,莫甚于兹"。① 因此,为了全面而具体地阐明"虚静去躁"对于守形存神的重要意义,他假心与目之间的对话,来表达自己的看法:

心对目说,它本想忘情隐逸,率性希夷,出乎生死之域,入于神明之极,然而,目却好流览万象、喜悦美色,致使它不能实现忘情绝虑、超尘脱俗的理想。以此,心说:

> 予欲忘情而隐逸,率性而希夷,偃乎太和之宇,行乎四达之逵,出乎生死之域,入乎神明之极,乘混沌以遐逝,与汗漫而无际。何为吾方止,若且视;吾方清,若且营。览万象以汩予之正,悦美色以沦予之精。底我邈邈于无见,熙熙于流眄,摇荡于春台,悲凉于秋旬。凝燕壤以情竦,望吴门而发变;瞻楚国以永怀,俯齐郊而泣恋。緊庶念之为感,皆寸眸之所眩。虽身耽美饰,口欲厚味,耳欢好音,鼻悦芳气,动予之甚,皆尔之谓。②

所以,心认为,它的最大敌人就是目,视目为"我之尤"。

目对心把其不能忘情绝虑之责完全归咎于自己并视自己为仇敌非常不满。它认为,一国之君,不能把国家衰微的责任推给民众;同样,一身之主(指心),不能把心神惑乱之责归咎于耳目等器官。心怀大道,当克制欲念于未发之时。如果能将一切私心杂念止息于机微之时,心神就不会混汩,也就不会沉溺于身外迷幻之物。目说:

> 一人御域,九有承式。理由上正,乱非下忒。故尧俗可封,桀众可殛。彼殊方而异类,犹咸顺乎帝则。统形之主,心为灵府,逆则予

① 《心目论》,《宗玄先生文集》卷中,《道藏》第 23 册,第 661 页。
② 《心目论》,《宗玄先生文集》卷中,《道藏》第 23 册,第 661—662 页。

舍，顺则予取。嘉祥以之招，悔吝以之聚。故君人者制理于未乱，存道者克念于未散。安有四海分崩而后伐叛，五情播越而能贞观者乎？曷不息尔之机，全尔之微，而乃辨之以物我，照之以是非。欣其荣，感其辱，畅于有余，悲于不足，风举云逝，星奔电倏，纷沦鼓舞，以激所欲。既汩其真，而混其神，乖天心而悖天均，焉得不溺于造物之景，迷于自然之津哉！①

心自己不能克念存道，反而任五情播越，终致乖天心而悖天钧，如何怪罪目呢？因此，心指责目因流览万象、喜悦美色而扰乱心神是没有道理的。

　　心对目的辩解不以为然。心认为，五情播越，并不是它不能克念存道，相反，正是"庶物之为患"。即便是"庶物之为患"，如果我"将择其所履，相与超尘烦之疆，陟清寂之乡，餐颢气，吸晨光，咀瑶华，漱琼浆"，必将"期灵化于羽翼，出云霞而翱翔，上升三清，下绝八荒，托松乔以结友，偕天地以为常"，因此，任何毁誉都不能及之，任何取舍都不足忘之。②

　　目认为，心之所言，虽然不无道理，但是尚非至论。它指出，如果真像心所说的那样，"欲静而躁随，辞埃而滓袭"，真可谓"暗乎反本之用，方邈然而独立"。因为希夷之体，"卷之无内，舒之无外，寥廓无涯，杳冥无对"。如果唯独去此取彼，必然得小而失大。"忘息阴以灭影，亦何逃于利害？伊虚室之生白，方道德之所载。绝人谋于未兆，乃天理之自会。"因此，老君言"挫其锐，解其纷"以"观其妙"，孔子"废心而用形"，"轩帝得之于罔象，广成契之于杳冥，颜回坐忘以大通，庄生相天而能精。历众圣以稽德，非智谋之是营，盖水息澜而映澈，尘不止而鉴明，未违世以高举，亦方寸之所宁"，所以能淡泊而常处，感通而出，不光而曜，不秘而密，"冥始终而谁异，与万物其为一"，因而无得亦无失。"诚踵武于坦途，可常保于元吉，若弃中而务表，乃微往而不窒"，何也？水深而有龙，林茂而有兽，"神栖于空洞，道集于玄虚"，如果不"刳其所有"，怎么能"契其所无"

呢？若不"忘形静寂,瑕滓镜涤,玄关自朗,幽键已辟",如何度于无累之境呢？若不能这样,怎么能驾驭八景、升腾九霄,目睹煌煌金阙,脚踏寥寥紫庭,"同浩劫之罔极,以万椿为一朝"呢？①

心听完目的陈述后,先前的犹豫渐消、众虑渐息,诚挚地向目表示谢忱。心说,它很荣幸地获悉善道,真是至理名言,让它大梦初醒。它指出:

> 启我以重玄,升我以真阶,纳我以妙门,纵我于广漠之野,游我于无穷之源。既匪群而匪独,亦奚静而奚谊,协至乐之恒适,抱真精而永存。遣之无遣,深之而又深,通乎造化之祖,达乎乾坤之心,使我空欲视于目盲之外,塞将见于玄黄之林。睹有而如见空寂,闻韶而若听谷音。与自然而作侣,将无欲以为朋。免驱驰于帝王,保后天之所能。窒欲于未兆,解纷于未扰,忘天壤之为大,忽秋毫之为小,处寂寞而闻和,潜混溟而见晓。应物于循环,含光而闭关。飘风震海,迅雷破山。滔天焚泽,而我自闲。②

以上这则拟人化的对话,表面上看起来是心与目的对话,实际上,由于目是形的一个重要组成部分,所以它代表形与神(心)进行着对话。这则对话说明了形与神的淡泊和虚静与否,对于学道修仙都有着重要的影响。吴筠借这则对话说明:学道修仙,既要淡泊其形,又要虚静其神,而神为一身之主,最需要保持虚静,心神能保持虚静,耳目之形也便随之淡泊。心神虚静去躁,身形淡泊无欲,自然得道成仙。然而,心神虚静去躁,要在"窒欲于未兆,解纷于未扰"。如果等到五情播越才来窒欲、解纷,无疑悔之晚矣。

二、"益精易形,守神固气"

以精、气、神来说明人体生命结构,在秦汉时期的医书中就已有所阐

---

① ②《心目论》,《宗玄先生文集》卷中,《道藏》第 23 册,第 662 页。

述。道教早期经典《太平经》中也有"夫人本生混沌之气,气生精,精生神,神生明"之说,并认为"神者受之于天,精者受之于地,气者受之于中和,相与其为一道",①从而把精、气、神的合一看做"道"。稍早于吴筠的著名内丹家张果指出:"一者,精也。精乃元气之母,人之本也,在身为气,在骨为髓,在意为神,皆精之化也。"并强调:"神定则气定,气定则精定",然后,"返炼其精,精返为神,炼神合道"。② 吴筠也以精、气、神来说明生命的本质,认为"夫人生成,分一炁而为身,禀一国之象,有炁存之,有神居之,然后安焉",由此主张守神、采气、返精。他说:"身者,道之器也。知之修炼,谓之圣人。奈何人得神而不能守之,人得炁而不能采之,人得精而不能反之。"如果自己任精、气、神流逝,何以怨天地不保佑呢?况且,"按黄帝书云,人因积炁以生身,留胎止精可长存,天年之寿,昭昭著矣。抱朴子曰,自古人移遗却妻,今世人移遗却身,何也? 谓不解反精采炁,故遗也"。③ 也就是说,古往今来,守神、采气、返精,是长生的根本所在。

　　为了说明守神、采气、返精对于修炼长生的重要性,吴筠多次引证《老君秘旨》《阴符经》等古代养生学经典。他指出,据《老君秘旨》所言,"吾不敢为主复为客,慎勿临高自投掷。促存内想闭诸隙,正卧垂囊兼偃脊。四合五合道自融,吸精吐炁微将通","补之之道将如何,玄牝之门通且和"。④ 又据太阳子谷阴女说:"我行青龙与白虎,彼行朱雀及腾蛇……反精采炁而补我身。"并引《阴符经》"经冬之草,覆之不死,露之见伤。火生于木,祸发必克",强调"精生于身,精竭而死。人之炁与精神,易浊而难清,易暗而难明,知之修炼,实得长生"。他还形象地将得道者比喻为鱼,指出鱼一旦离开了水,就会被蝼蚁所食,同样,人若不守神而离道,则亦会被虫蛆所侵溃。鱼若常游于水中,就不会干涸而死,人如果常固于炁中,就不会丧身而亡。他说:"人皆好长生,而不知有益精易形,人皆畏

---

① 王明编:《太平经合校》,第 739、728 页。
②《太上九要心印妙经·三一机要》,《道藏》第 4 册,第 312 页。
③④《形神可固论·守神》,《宗玄先生文集》卷中,《道藏》第 23 册,第 664 页。

其死，而不知有守神固炁。"①如果能真正做到益精易形，守神固炁，那么，子就不会有丧父之忧，弟就不会有哭兄之患，"天年之寿，自然而留矣"②。由此可见，延年益寿，必须益精易形，而益精易形的关键，就在于守神固炁。

那么如何才能守神呢？吴筠认为，人的心性含有神与情两个方面。神是禀于道的无形之至灵者，以静的姿态存在于心性之中。而情则是人性受外物诱惑而发动所致，是与神截然对立的，常常扰乱神，使人不得延寿长生。他说：

> 神者，无形之至灵者也。神禀于道，静而合乎性。人禀于神，动而合乎情。故率性则神凝，为情则神扰。凝久则神止，扰极则神还。止则生，迁则死，皆情之所移，非神之所使。③

他把守神看做率性凝神。如果不率性凝神，就容易导致"变性为情"。因为"内则阴尸之气所悖，外则声色之态所诱，积习浩荡，不能自宁，非神之所欲动也"④。由此，他主张克情、率性、凝神。只有克情，使情不扰神，率性使心静神凝，才能真正实现守神的目的。

在守神的同时，还必须固炁。吴筠坚决反对外丹黄白术，认为修身合真，必须而且只能"宗元一炁"。"宗元一炁"便是真正的"金丹大药"。然而，自上古以来，服炁固炁之术，或文墨不载，或秘而不宣。即便是老子的"五千言"真文，也只是"言元牝门，谓天地根"。许多服炁之人，或食从子至午，或饮五牙之津，或吐故纳新，仰眠伸足，或餐日月，或闭所通又加绝粒，其实这些方法不仅不能延年长生，反而常常因"攻内受外"而速死。事实上，"炁之为功，如人之量器，如水之运流，堤坏则水下流矣，闭通则炁不居矣。但莫止出入自然之息，胎炼精神，固其太和，含其大

---

① 《形神可固论·守神》，《宗玄先生文集》卷中，《道藏》第 23 册，第 664 页。
② 《形神可固论·守神》，《宗玄先生文集》卷中，《道藏》第 23 册，第 665 页。
③④ 《玄纲论·率性凝神章第二十七》，《道藏》第 23 册，第 680 页。

道"①。他认为，胎息与元炁，其实是一回事。"《德经》曰：可以却走马以粪，如婴儿之未孩。故《龟甲经》云：我命在我不在天。不在天者，谓知元炁也。"②

吴筠特别指出，人与天地，"各分一炁"，天地之所以能够长存，而人多夭逝，就因为人为炁所役使。"炁者，神也。人者，神之车也，神之室也，神之主人也。主人安静，神则居之；躁动，神则去之。神去，则身死者矣。"③他把炁归结为"神"，并不意味着炁就是"神"，而是说，通过固炁，使人心处于安静而无躁动的状态，从而使神得以安居。如果不固炁，反为炁所役使，则终致人心躁动、神无所居而逝去。因此，在吴筠看来，固炁，也就是为了守神。因此，益精易形、守神固炁的核心，就在于守神。难怪《太平经》早已有言："天不守神，地不守神，山川崩沦。人不守神，身死亡。万物不守神，即损伤。"④

很显然，吴筠自觉地继承和发扬了《道德经》《太平经》《阴符经》等道家道教经典中的"益精易形，守神固气"思想，积极扬弃已为历代修道实践证明无益于延寿长生的外丹黄白术的仙学价值，强调守神固炁、益精易形的重要作用，使道教的心性修炼与气功炼养紧密结合，推进了道教理论从外丹术向内丹学的发展。

### 三、"以阳炼阴，虚明合元"

以阴阳论生命，在中国古代早已有之。老子谓"万物负阴而抱阳"（《老子》第42章），把一切生命物质都看做阴与阳"冲和"的产物。《太平经》也认为"上天下地，阴阳相合施生人"，并主张"和合阴阳"。⑤魏伯阳的《周易参同契》更明确地借《周易》来阐发养生之道，主张"以阴养阳，阳气不亢"，从而使"阴阳符合"。后来的《黄庭经》认为常人以五味五谷养

①《形神可固论·服炁》，《宗玄先生文集》卷中，《道藏》第23册，第663页。
②③《形神可固论·服炁》，《宗玄先生文集》卷中，《道藏》第23册，第664页。
④ 王明编：《太平经合校》，第727页。
⑤ 王明编：《太平经合校》，第305、728页。

生,仙家以太和阴阳之气养生,主张"通我华精调阴阳"。其后历代道家道教养生学家都主张调理阴阳,吴筠也不例外。

吴筠认为,阴阳合并,人乃生成。魂为阳神,魄为阴灵,二者结胎运气,育体构形。然而,"势不俱全,全则各返其本。故阴胜则阳竭而死,阳胜则阴销而仙"[①]。他以阴与阳来论人之死与仙,使其仙道论建立在阴阳之道的基础之上。

为了在阴阳之道的基础之上阐发仙道修炼理论,吴筠把柔和、慈善、贞清等称为阳,把刚狠、嫉恶、淫浊等称为阴。如果心中澹泊虚无,则阳气侵袭;如果意志躁动欲生,则阴气涸人。"明此二者,制之在我,阳胜阴伏,则长生之渐也。渐也者,陟道之始,不死之阶也。"[②]可见,吴筠所强调的,并不是阴阳调和,而是阳胜阴伏,并以此作为长生的初阶。他自觉地继承了古代养生学中"我命在我不在天"的修道传统,认为死与仙均在于我,而不在我身之外,因此,以阴阳修炼的关键,不在身外炼养,而在身中"以阳炼阴"。

吴筠把"阳胜阴伏"归结为"以阳炼阴",认为阴与阳犹如水与火之不能相容。在他看来,俗人与道人在修炼阴阳问题上,存在着根本的差异。俗人是"以阴炼阳",而道人是"以阳炼阴"。他指出:"阴炼阳者,自壮而得老,自老而得衰,自衰而得耄,自耄而得疾,自疾而得死。阳炼阴者,自老而反婴,自浊而反清,自衰而反盛,自粗而反精,自疾而反和,自夭而反寿,渐合真道而得仙矣。"[③]因此,修仙之要,首先在于区分是"以阴炼阳"还是"以阳炼阴"。如果误入俗人修炼之道,即以阴炼阳,不仅不能成仙,反而会自壮而老、而衰、而耄、而疾、而死。如果正确地选择了道人修炼之道,即以阳炼阴,即使只有纤毫之阳,只要尚未竭尽,也不至于死。以阳炼阴,就是要以阳来取代阴,因此,即使只有锱铢之阴,只要尚未泯灭,也未及于仙。为什么呢?"仙者,超至阳而契真。死者,沦太阴而为鬼。

---

①②《玄纲论·阳胜则仙章第十二》,《道藏》第 23 册,第 677 页。
③《玄纲论·以阳炼阴章第十四》,《道藏》第 23 册,第 677 页。

是谓各从其类。所以含元和,抱淳一,吐故纳新,屈伸导引,精思静默,潇洒无欲者,务以阳灵炼革阴滞之气,使表里虚白,洞合至真,久于其事者,仙岂远乎哉?"①很显然,修炼长生,不再是以往神仙家所主张的调和阴阳,而是以阳制阴。他甚至指出,"阴滓落而形超,阳灵全而羽化"②。由此把阴看做阻滞阳灵的渣滓,从而把阴与阳绝对地对立起来。

为了克制阴滞之气对阳灵的干扰和破坏,吴筠又进一步提出了"虚明合元"的主张。他说:"道不欲有心,有心则真气不集;又不欲苦忘心,苦忘心则客邪来舍。""道"只在于平和、恬澹、澄静、精微、"虚明合元"。如果我自心静寂无欲,不为外物所驱动,则物无不正。如果我心中识念为外物所动,则物无不邪。因此,"邪正之来,在我而已。虽所尚虚漠,遗形能虑,非精感遐彻,则不能通玄致真"。即便是上学之士,如果怠于存念而为外物所牵累,则邪来而阴气胜;如果勤于修持而不为外物所倾心,则正来而阳气胜。阳气胜的仙与阴气胜的死,只在一勤一怠之分别中。如果能够"克节励操,务违懈慢之意,使精专无辍于斯须,久于其事者",则"[阴气之]尸销而[阳气之]神王。神王者,谓之阳胜。阳胜者,道其邻乎"?③

吴筠甚至还将阳胜阴伏理解为"虚白其志"和"制恶兴善"。他认为,悲哀感患之人,通常"与阴为徒",而欢悦忻康之人,则往往"与阳为徒"。他说:"心悲则阴集,志乐则阳散。不悲不乐,恬澹无为者,谓之元和,非元和无以致其道也。"④也就是说,修炼仙道的人,既不能悲哀感患,以免阴集,也不能欢悦忻康,以免阳散,而当虚白其志、恬澹无为。这实际上是对老子"五千言"中"无为"观念的发挥。

继而,他又指出:"阳之精曰魂与神,阴之精曰尸与魄",神胜则为善,尸胜则为恶,因此,"制恶兴善则理,忘善纵恶则乱。理久则尸灭而魄炼,

---

①《玄纲论·以阳炼阴章第十四》,《道藏》第 23 册,第 677 页。

②《登真赋》,《宗玄先生文集》卷中,《道藏》第 23 册,第 658 页。

③《玄纲论·虚明合元章第十三》,《道藏》第 23 册,第 677 页。

④《玄纲论·虚白其志章第二十二》,《道藏》第 23 册,第 679 页。

乱久则神逝而魄销"。① 如果尸灭魄炼,则神与形合而为仙。如果神逝魂销,则尸与魄同而为鬼,这都是"自然之道"。因此,坚持不懈地制恶兴善,对于修炼仙道是十分必要的。

不过,吴筠所强调的"制恶兴善"虽然包含心性修养的意义,但它毕竟不是伦理学上的制恶兴善。这里的"制恶兴善",是就仙道修炼方法论而言的,也就是要"虚凝静息"。所谓虚凝静息,即是指"餐元和,彻滋味,使神清气爽,至于昼夜不寐"。因为"觉与阳合,寐与阴併。觉多则魂强,寐久则魄壮。魂强者,生之徒。魄壮者,死之徒"。因此,吴筠认为,只有虚凝静息的人,"善无以加焉"。②

以阴阳之道来阐释长生之仙道,虽然并不是吴筠的创造,但是,他能自觉地继承和发扬古代养生学家的阴阳学论,并在此基础上积极探索与内在心性修炼相结合的阴阳炼养方法,突出了"以阳炼阴""虚明合元"和"虚凝静息"在内丹修炼中的重要意义,丰富和发展了当时正在崛起的内炼理论。

## 四、"以有契无,益形存性"

"形"与"性"作为一对哲学概念,在中国古代典籍中并不鲜见。佛教传入中国之后,佛教理论中的"性相"说逐渐影响中国传统思想。隋唐时期,道家道教学者自觉接受佛教性相学说的影响。或如王玄览直言性相,《玄珠录》曰:"诸法无自性,随离合变为相为性。"③或如《道体论》作者和司马承祯言形性,《道体论》:"性起于道,形生于德。"④《天隐子》:"何谓存想? 曰收心复性。何谓坐忘? 曰遗形忘我。"⑤其实,"形"与"性"作为一对哲学范畴,是说明人的内在方面与外在方面:人的内在方面,是性;

①《玄纲论·制恶兴善章第二十一》,《道藏》第23册,第679页。
②《玄纲论·虚凝静息章第二十四》,《道藏》第23册,第679页。
③《玄珠录》卷下,《道藏》第23册,第631页。
④《道体论》,《道藏》第22册,第881页。
⑤《天隐子》,《道藏》第21册,第699页。

人的外在方面,是形。吴筠在前人有关形性观念的基础之上,突出了形与性在仙道修炼方法论中的特殊意义,提出了"以有契无,益形存性"的观点。

吴筠认为,大道既是"无形之形",又是"有形之形"。也就是说,它既是"空洞杳冥"之"无",又是"天地日月"之"有",因此,与道合真的仙圣,也是"有"与"无"的统一体。何谓"神仙"之"有"? 即形。何谓"神仙"之"无"? 即性。

有人曾问吴筠:道本无象,仙贵有形,以有契无,理难长久,何如得性遗形之妙呢? 吴筠认为,大道是"以无系有,以有合无",如果独以得性为妙而不知炼形为要,则"所谓清灵善爽之鬼,何可与高仙为比哉"![1] 也就是说,形毕竟是性之府,若形败则性无所存。为得性之妙,并不是弃形而独得性,如果这样,神仙就成了绝对无形而独有性灵的异人。吴筠认为,真正的神仙,应当是形与性的统一。仅有性灵而无形体,是鬼而非仙。所以他曾批评佛教徒"取性遗形,真假颠倒",坚决主张"形性相资"。

正因为仙必有形,所以修持神仙之道,就要求守道益形。何谓"守道益形"? 吴筠指出:

> 岐伯曰:上古之人知道者,法则阴阳,和于术数,饮食有节,起居有度,为而不为,事而无事,即可柔制刚,阴制阳,浊制清,弱制强。如不退骨髓,方守大道。大道者,多损而少益,多失而少得。益之得之,至真之士也。益者益形,得者窈冥。得此窈冥,感通神明。[2]

守道益形,既不是遗形,也不是执着形,而是要不为形所牵累。人既有形与性两个方面,修仙当然既要守道益形,又要养性存性。吴筠指出,上士能栖神炼气而逸于霄汉之上,下士则"伐性损寿"而沦于幽壤之下,为什么呢? 上士能得道之妙而化于道,下士不能得道之妙而不能化于道。而下士之所以不能得道之妙而化于道,就在于他们"败德伤性"。"夫目以

---

① 《玄纲论·以有契无章第三十三》,《道藏》第 23 册,第 681、682 页。
② 《形神可固论·守道》,《宗玄先生文集》卷中,《道藏》第 23 册,第 663 页。

妖艳为华,心以声名为贵,身好轻鲜之饰,口欲珍奇之味,耳欢妙美之声,鼻悦芳馨之气,此六者皆败德伤性,只以伐其灵根者也。"①他认为,人性本至凝,因外物所感而动,"既习动而播迁,可习静而恬晏",因此,善习者"寂而有裕",不善习者"烦而无功"。② 由此,他认为应当"委心任运","忘其所趋,任之自然"。③将躁而制之以宁,将邪而闲之以贞,将求而抑之以舍,将浊而澄之以清。也就是默嗜欲,鉴聪明,视无色,听无声,恬澹纯粹,体和神清,虚夷忘身,从而使情反于性,"复与道同"④。

当然,益形与全性并不是分开的两个过程。道"气本无质凝,委而成形。形本无情,动用而亏性。形成性动,去道弥远"⑤。也就是说,形与性是相互影响的,但是,造成"形成性动"而亡道损寿的主要原因是情之所动。因此,吴筠十分明确地指出:

> 生我者道,灭我者情。苟忘其情,则全乎性。性全则形全,形全则气全。气全则神全,神全则道全。道全则神王,神王则气灵。气灵则形超,形超则性彻,性彻则返覆流通,与道为一。⑥

于是,可以使有为无,使虚为实,从而与造化者为俦,生死无所累。

因此,"以有契无",也就是要以"形"契"性",使"形"符合于"性"而无累于"性",实际上也就是"益形存性"。只要不为外物所感动,情欲不生起,则"形"自然无所作为与损耗,由是"性"亦便得全而无累。"形"与"性"合一而得全,气、神、道均得以全,何尝不能"超形"(或"形超")而得道成仙、与"道"为一呢?吴筠的"益形存性"观念,实际上是对此前其"神生形和"和"益精易形"观念的丰富和发展,显示出其形神观念的丰富性和深刻性。

吴筠的修真成仙思想,在隋唐时期是独具特色而又颇为系统的,可

---

①③《玄纲论·委心任运章第二十三》,《道藏》第 23 册,第 679 页。
②《玄纲论·会天理章第二十五》,《道藏》第 23 册,第 679 页。
④《玄纲论·性情章第五》,《道藏》第 23 册,第 675 页。
⑤《玄纲论·同有无章第七》,《道藏》第 23 册,第 675 页。
⑥《玄纲论·同有无章第七》,《道藏》第 23 册,第 676 页。

见吴筠对道教仙道思想进行了全面而深入的探索，从而成为中国古代道教仙学理论中的宝贵资源。虽然他宣扬的"形超"观念带有浓厚的宗教神秘主义特色，但是，其中所包含的修真方法论思想显示出他对道教理论的一些主要观念的丰富和推进，如形神观念、精气神观念、阴阳观念、形性观念等，这是对中国道教思想发展的重要贡献。

# 第十三章　张志和的哲学思想

在《玄真子外篇》中，张志和摄佛解庄，以大乘佛教空宗的中道理论发挥《庄子》的思想，阐述了"为物之宰曰造化"的本体论、"至道非有无之殊"的辩证法、"无心可知道之妙"的认识论、"死生有循环之端"的生死观，从而重构了一套独特的庄学思想体系。

## 第一节　张志和的生平与著述

张志和，字子同。原籍婺州金华。原名龟龄，授左金吾卫录事参军后，遂改名志和。张志和的父亲曾任于朝，清真好道，通晓庄、列二子之书，著有《南华象罔说》10卷和《冲虚白马非马证》8卷，可惜都未保存下来。张志和自幼受家学影响，好庄、列之论。16岁时，游太学，以明经擢第，献策于肃宗李亨，深蒙赏重。于是得待诏翰林，授左金吾卫录事参军，不久坐事贬官为南浦尉，不愿赴任，遂回原籍。既而丧亲，后归隐会稽。此后，张志和傲居江湖，"立性孤峻，不可得而亲疏，率诚澹然，人莫窥其喜愠。视轩裳如草芥，屏嗜欲若泥沙"①。南宋陈思《书小史》卷一〇

---

① 〔唐〕颜真卿：《颜鲁公集》卷九，《景印文渊阁四库全书》第1071册，第13页。

称,张志和"性高迈不拘检,自称烟波钓徒"①。其兄鹤龄担心志和浪迹不归,乃于会稽买地为其筑室,茅茨数椽,花竹掩映。志和于是"常以豹皮为席,鬃皮为屩,隐素木几,酌斑螺杯,鸣榔拏杖,随意取适,垂钓去饵,不在得鱼"②。越州刺史兼御史大夫、浙东观察使陈少游,曾屈驾拜访,频往问候,与志和坐必终日,表其居曰"玄真坊"。陈还为其门前道路因流水阻隔而营造桥梁,时人称之为"大夫桥"。肃宗李亨曾赏赐奴、婢各一人,志和将他们配为夫妻,号曰渔童、樵青。人问其故,志和答曰:"渔童使卷钓收纶,芦中鼓枻;樵青使苏兰薪桂,竹里煮茶。"③

　　张志和博学能文,善画。《历代名画记》称其"书迹狂逸,自为《渔歌》,便画之,甚有逸思"④。《续仙传》谓:"(张志和)善画,饮酒三斗不醉,守真养气,卧雪不冷,入水不濡,天下山水,皆所游览。鲁国公颜真卿与之友善。真卿为湖州刺史,日与门客会饮,乃唱和,为《渔父词》。其首唱即志和之词,曰:'西塞山边白鸟飞,桃花流水鳜鱼肥。青箬笠,绿蓑衣,斜风细雨不须归。'真卿与陆鸿渐、徐士衡、李成矩共唱和二十余首,递相夸赏。而志和命丹青剪素,写景夹词,须臾五本。花木禽鱼,山水景象,奇绝踪迹,古今无比。而真卿与诸客传玩,叹伏不已。"⑤志和"善画山水,酒酣或击鼓吹笛,舐笔辄就,曲尽天真,自撰《渔歌》,便复画之。兴趣高远,人不能及"⑥。唐宪宗曾写真求访玄真子《渔歌》,叹不能致。《唐朝名画录》亦载,张志和自号"烟波子",常钓于洞庭湖。颜真卿在吴兴就职,闻其高节,写了五首《渔歌词》送给张志和,以表敬重。"张乃为卷轴,随句赋象,人物、舟船、鸟兽、烟波、风月,皆依其文,曲尽其妙,为世之雅律,深得其态。"⑦

———————

① 〔宋〕陈思:《书小史》卷一〇,《景印文渊阁四库全书》第814册,第7页。
② 〔清〕汪灏等:《佩文斋广群芳谱》卷一五,《景印文渊阁四库全书》第847册,第12页。
③ 〔宋〕钱易:《南部新书》卷九,《景印文渊阁四库全书》第1036册,第5页。
④ 〔唐〕张彦远:《历代名画记》卷一〇,《景印文渊阁四库全书》第812册,第10页。
⑤ 《续仙传》卷上,《道藏》第5册,第77页。
⑥ 〔元〕辛文房:《唐才子传》卷八,《景印文渊阁四库全书》第451册,第5页。
⑦ 〔唐〕朱景玄:《唐朝名画录》,《景印文渊阁四库全书》第812册,第21页。

宋朝罗大经《鹤林玉露》乙编卷之三说,黄山谷有《题〈玄真子图〉词》,其中有"人间底是无波处,一日风波十二时"之句,"固已妙矣",而张仲宗则题词云:"钓笠披云青嶂晓,橛头细雨春江渺。白鸟飞来风满棹,收纶了,渔翁拍手樵童笑。明月太虚同一照,浮家泛宅忘昏晓,醉眼冷看朝市闹,烟波老,谁能惹得闲烦恼。"此语意"尤飘逸"。并说:"仲宗年逾四十即挂冠,后因作词送胡澹庵贬新州,忤秦桧,亦得罪。其标致如此,宜其能道玄真子心事。"①这与其说是评论张仲宗,不如说是评价张志和。"渔翁"和"烟波老"的"飘逸",正是张志和精神的写照。

张志和著有《太易》《玄真子》等。其中,《太易》15 卷,凡 265 卦,以有无为宗。《玄真子》有十二卷本、二卷本两种。今存《玄真子外篇》上、中、下三卷。《全唐诗》卷三八尚载有其所作《渔父》《空洞歌》《太寥歌》等诗词 9 首。

张志和虽然执意践履庄生之言而逍遥于江湖山水之间,但是,他毕竟不能脱离当时那种佛道交融的文化精神氛围。事实上,隋代以来颇为盛行的以摄佛融道为主要特征的道教重玄学思潮,和盛极一时的佛教天台学、三论学及唯识学等,对他的庄学体悟都产生了很大的影响。从《玄真子外篇》中,即可见其摄佛解庄、谈玄论道的思想特色。

## 第二节 "为物之宰曰造化"的本体论

自然、造化问题,是道家学的一个重要内容。老子认为,自然造化,是"无为"而自成、自化。他主张"道法自然"(《老子》第 25 章),大道取法自成;"万物将自化"(第 37 章),万物自行化生;"辅万物之自然而不敢为"(第 64 章),大道辅助万物自然成长而不敢有所施为。庄子及其后学继承并发展了老子"无为而自化"的自然造化观。《庄子·大宗师》指出:"彼方且与造物者为人,而游乎天地之一气。"这就是否定有意志的造化

---

① 〔宋〕罗大经:《鹤林玉露》卷九,《景印文渊阁四库全书》第 865 册,第 13 页。

万物之神主的存在,而只承认以大道为造化万物者。庄子及其后学者主张,芸芸众生和万事万物,都是大道所化生的阴阳二气的自然无为所造化的结果,任何人都不可违逆这种自然造化的必然规律,而是应当顺其自然,无为而任其自将、自迎、自毁、自成与自变、自化。后来,如同《老子想尔注》等所显示的那样,道教学者们把"自然"与"道"看做"同号而异体"的造物主,把万物的生成与变化看做与"道"合一,认为芸芸众生和万事万物,都是"道本自然",无为而生化的结果。南北朝以后,佛教的缘起理论和"无自性"思想,对道家道教理论产生了较大的影响,"自然无为之道"化生万物的中国本土观念得到了改造和发展。"无为之自然",成了"无自性之然",即"无自而然"。《道教义枢》就明确地指出:"自然者,本无自性;既无自性,有何作者? 作者既无,复有何法? 此则无自无他无物无我。"①随后,唐初的《道体论》的作者则更进一步认为,作为"造化者"的"自然之道",对万物的造化,不是自然生化,而是"自然因缘"。"造化者,即是自然因缘;自然因缘,即是不住为本,取其生物之功,谓之造化。化不外造,日日自然,自化迹变,称曰因缘。差之则异,混之则同。"②因此,万物都是"无自而然"的"造化者",万物都是因缘于他物而自然造化的结果。在宇宙世界之中,没有一个独立于万物之外的绝对无待的自然造化者。张志和的"无自而然""无造而化"的造化观,就是在这样的思想背景影响之下产生出来的。

盛行于隋代和唐代前期的佛教天台宗和三论宗,都是以大乘空观的中道论作为其重要思想基础。张志和深受大乘空观的中道论思想的影响,并仿照《庄子》的人格化手法,把天、地、空(即位于天地之间者)的主宰者,分别称为紫微之帝(曰"神尊")、黄郊之帝(曰"祇卑")、碧虚之帝(曰"灵荒"),谓:"祇卑王于地,山河草木属焉。神尊王于天,日月星汉属焉。灵荒王于空,风雷云雨属焉。"③设想在灵荒的盛情迎请之下,祇卑和

---

①《道教义枢》卷八,《道藏》第 24 册,第 831 页。
②《道体论》,《道藏》第 22 册,第 889 页。
③《玄真子外篇·卷上·碧虚》,《道藏》第 21 册,第 718 页。

神尊均"遇于灵荒之野",灵荒虚位郊迎,倾国之所有,积肉成霞,散酒成雨,电走雷奔,风歌云舞,"累月为中道主,上下无怨。二帝欣然,愧灵荒之厚德,令碧虚之不安,争让国以延灵荒之帝"。[①] 神尊说他有天,祇卑说他有地。灵荒不知天地之名用意何在,便询问二帝:他仰视于上,不异于空,俯察于下,也不异于空,空之中又有何物可言呢? 既然如此,那么二帝所言的"天"和"地",其形状又是什么样子呢? 祇卑说,他的地,体大质厚,资生元元,中高外垂,其势坤,层然如坛。神尊说,他的天,穹然如帐,罩住万物,各种星宿,如日月转轮,都在此帐中,实仙天宫殿。灵荒觉得祇卑和神尊二帝之言并不可信。于是,张志和借灵荒之口,阐述了"空"的中道观念:

> 天地之形,造化信然。……朕之空茫唐濛,同无不通,无内无外,无西无东,旷阆潒荡,苍茫清冥,含日月之光,震雷霆之声,挂虹霓之色,飞龙鸾之形。朕坐而游之,卧而洄之,泛然飘摇,皆可停。豁乎包乎母,廓乎坚乎寿,非春夏之能生,非岁年之能朽,先天地不见其初,后天地不知其久。若然者,安能弃朕之长无,寄君之暂有哉![②]

按照灵荒的说法,天地固然能资生万物,然而天地不能自行造化,因为天地自身需要有造化者,这个造化者就是"空"。"空"之所以能"造化",就在于它空无所有而又无所不包,不像天地有形象和春夏秋冬有岁年之局限,"空"是无形无象又超越时空的。这实际上是通过"空"来排遣"有"(有形有象,如天和地)和"无"(虚无而不有),以确立"中道主"之"空"的"造化者"地位。

那么这个"中道主"之"空"的"造化者"是个什么样子呢? 张志和又借碧虚子之口指出:"无自而然,自然之元。无造而化,造化之端。廓然惢然,其形团。阖尔之视,绝尔之思,可以观。"[③]也就是说,如果用形象化

---

①②《玄真子外篇·卷上·碧虚》,《道藏》第 21 册,第 718 页。
③《玄真子外篇·卷上·碧虚》,《道藏》第 21 册,第 719 页。

的方式来说明作为"自然之元""造化之端"的"造化者",那么它就如同一个圆形物,无棱无角。但实际上,它又不是个什么圆形物,因为这个"自然之元""造化之端"的"造化者",是不可以用肉眼去观察、不可能用思维去把握的。其实,用圆形来描绘"自然之元""造化之端"的"体"象,不过是想说明"造化者"的圆融无碍、无所执滞的本性。这显然是融入了佛教圆融无碍思想的产物。

也正因为"造化者"具有圆融无碍、无所执滞的本性,所以,张志和借碧虚子之口阐述了"造化者"的重玄"妙本"之理。他说:"无自而然,是谓玄然。无造而化,是谓真化。之玄也,之真也。无玄而玄,是谓真玄。无真而真,是谓玄真。"①自然,即自成。无自而然,即无自性而成。这就是说,排除自性而成就,便是玄(然),排除造作而化生,便是真(化)。如果进一步排除玄,便是真玄;如果进一步排除真,便是玄真。这显然采用的是双重排遣方法。通过这种双重排遣,由"自然"变成了"真玄","造化"也就变成了"玄真"。这与其说是在阐述宇宙自成之"元"、"造化之端",不如说是在阐发道教重玄学的"妙本"之理。

进而,碧虚子又指出:"无然乎?其然一乎然,然后观乎自然。无化乎?其化一乎化,然后观乎造化。无玄乎?其玄一乎玄,然后观乎真玄。无真乎?其真一乎真,然后观(乎)玄真。"②讲然、化、玄、真都只是对造化者的一种表达,造化者既然是圆融无碍的,当然就是不可执着,因而不能执着于然、化、玄、真。在张志和看来,无成与成,齐一无分别,知此理,便能真正把握自成"自然";无化与化,齐一无分别,知此理,便能真正把握"造化";无玄与玄,齐一无分别,知此理,便能真正把握"真玄";无真与真,齐一无分别,知此理,便能真正把握"玄真"。这实际上是通过排遣名言概念之间的本质差异,来说明"重玄"与"造化"之理不可以惯常的认知方式获得,从而把"造化者"置于玄而又玄、离却名言概念的境地。这也是对老子"道可道,非常道;名可名,非常名"思想的一种独特理解和对庄

①②《玄真子外篇·卷上·碧虚》,《道藏》第 21 册,第 719 页。

子"万物齐一"思想方法的一种发展。

"造化者"不可以名言概念而得知，并不是说"造化者"完全不可为人所认识。人们是可以通过"造化者"的具体运作来把握它的。正如张志和所说："夫无有也者，有无之始也。有无也者，无有之初也。无有作，有无立，而造化行乎其中矣。"①"有无"与"无有"是互为初始的，宇宙间的一切变化过程，都是"无有"与"有无"的相对运动，而"造化者"正是运作于"有无"与"无有"的变化之中。"造化"一旦兴起，万事万物（包括意识观念）都相应产生，并发挥各自所具有的特殊功能。张志和明确指出：

> 夫造化之兴也，空以遍之，风以行之，水以聚之，识以感之，气以通之，而万物备乎其中矣。空遍而体存，风行而用作，水聚而有见，识感而念生，气通而意立。体存故可以厚本，用作故可以明渐，有见故可以观变，念生故可以知化，意立故可以详理。……是故风水竟变，物其物而不同；识气多端，意其意而不一。斡乎乾而能常，浮乎坤而能长。运之而无穷，生之而无方，化之而无边，因之而无疆。原其原者，夫何谓欤？造而化之存乎初，太而极之存乎无。自而然之存乎虚，无而住之存乎妙。观其所存，而造化之元可见矣。②

很显然，"造化者"的运作能力是很强大的，宇宙间的一切现象都本源于它。就连其自身的"体"象，也在"造化"运动中呈现出来。这也就是前面所言作为"中道主"的"空"。意识观念的产生，反过来得以"明渐""观变""知化"和"详理"。通过"明渐""观变""知化"和"详理"，从而得知万事万物是变化无穷和多种多样的。不过，运作、资生、变化和因循，都是"造化"的作用和结果，而不是"造化"的终极存在状态。

"造化"的终极存在状态，是虚无玄妙的太初，也就是所谓造化之境。由此可见，张志和一方面将"造化"与物质变化运动联结起来，强调"造化"的物质运动特性；另一方面，又将"造化"的终极存在状态置

---

①②《玄真子外篇·卷上·碧虚》，《道藏》第 21 册，第 719 页。

于具体事物的运动变化之上，强调"造化"是一种玄而又玄的"造物者"。

为了进一步揭示"造化"的终极存在本性，张志和对"造化之境"进行了拟人化的探索。他借红霞子之口说："吾为造化知己，罔有弗详，而造化独不吾知，致有所乏。吾无惭于造化，造化有愧于吾，吾将往而诉之。"于是，红霞子驾红阳之驹，乘碧寥之舆，相继拂衣东辕、南驰、西驱、北趋，"假道"而往诉"造化"。当他东辕经"诸无之国"时，遇"同空"。"同空"告之曰：未尝闻有"造化"之名，诸无国之东也"无化可造"。当他南驰经"自然之域"，遇上"化元"。"化元"云"造化"是其盟国，因而不能假道红霞子以"诉朕之亲"。红霞子便西驰，经"无住之邦"，遇"因本"，亦遭拒斥。红霞子不得已，改趋北方，经"太极之野"，遇"生首"。"生首"告诉他，现在已经太晚了，因为"造化之境"是非常遥远的，"可知而不可邻，可闻而不可亲"。后来，红霞子迷失了道路而巧遇曾与"造化""牧道于玄郊"，因玩于"六塞之戏"而"俱亡其道"的两个童子，即"神"与"易"。"神"与"易"邀请红霞子一同泅水于"玄川"，于是，"赫然浮光沉影，溯濑沿波，与二童乘玄涛之腾，澹泛六合之外，倏忽至造化之境，自然奉常然衣，太极进无极食，焕然盈造化之域"。"神"与"易"领着红霞子一同去拜谒"造化"。"造化"询问"神"与"易"所亡失的"道"在哪里，"神"与"易"回答说："无亡无不亡，道不离乎皇之乡。""造化"欣然说："无有其有者，无亡其亡。无不有其不有者，无不亡其不亡。放乎玄原之郊而无边。"听罢，红霞子便"盈自然衣，充太极食，乐造化言，荷造化力，揖造化舆"，谢辞"神"与"易"而去。[①]

以上这段描述说明，"大道"并不脱离于"造化之域"，而是在"造化之域"之中，即"道"是"造化"之"道"，"造化"是"道"之"造化"，因此，在"造化之域"中不存在"亡道"或"不亡道"的问题。因为"造化之域"是无边无际、超绝时空的。有与无之间，也没有截然分明的界限，一切都同归于

---

[①]《玄真子外篇·卷上·碧虚》，《道藏》第 21 册，第 719—720 页。

"造化之域"中。在"造化之域"中,唯有"自然""常然""太极"和"无极",也就是大"道"的终极存在的本质。这就将"道"与"造化"紧密地联结在一起,不是"二",而是"一",不是依存关系,而是同一关系,从而将"造化"作为"道"的本质特性。这也正是道家道教对"道"的本质特性的一种普遍理解:"道"即"造化","造化"即"道"。

但是,到底什么是"造化"呢?当然不能简单地归结为人们通常所见到的变化无常的状态。后来,红霞子在"诸无之国"遇上"太虚",便告诉太虚他去了"造化之域",亲身体会到"造化"的特点。他说:

> 吾适也,面造化容,意造化心耳。造化言吾知至道之无有也。吾岂见寰中之有无哉?化之元也。原乎有者,观其无。原乎无者,观其有。奚以状其然邪?容之为言也。冥其灵乎也精,茫其唐乎也荒。故曰,冥灵精之难明,茫唐荒之难详,殊万形之无穷,异万心之无方,是以昔之登太寥,观化元者,知其运乎工而未央,作太寥之歌曰:化元灵哉,碧虚清哉,红霞明哉,冥哉,茫哉,惟化之工无疆哉,非夫同万形之殊,殊万形之同,一万心之异,异万心之一,驰不想而届乎冥茫之端倪者,则何以环游太无,观造化之无矣。①

这实际上是张志和借红霞子之口表达对造化之道的本质的认识。张志和以有与无的关系来说明造化的特点。在他看来,造化之道,本无所谓有与无,有与无只是造化的具体呈现状态。就造化本身而言,有与无互为本原,无是有之无,有是无之有。就万物与造化之道而言,造化之道是"冥灵精""茫唐荒""殊万形""异万心",因而"难明""难详""无穷""无方"。造化之道能够"同万形之殊,殊万形之同,一万心之异,异万心之一",正反映出"道"是"同"与"殊"、"异"与"一"的辩证统一,也说明了"道"与"形"(具体的事事物物)和"心"(各种各样的思想意识)是"同"与"殊"、"异"与"一"的辩证统一关系,反映出张志和对"造化之道"的本质

---

① 《玄真子外篇·卷上·碧虚》,《道藏》第 21 册,第 720 页。

的认识。

## 第三节　"至道非有无之殊"的辩证法

张志和以有与无的关系来说明"造化"的特点,实际上正是以有与无的关系来说明"道"的特性。在历史上,以"有""无"论"道"肇始于老子。老子把"道"看做"有"与"无"的统一体,称:"无名,天地之始;有名,万物之母。故常无欲,以观其妙;常有欲,以观其徼。此两者同出而异名。同谓之玄,玄之又玄,众妙之门。"(《老子》第 1 章)并主张:"天下万物生于有,有生于无。"(第 40 章)庄子亦以"有""无"论"道",说:"夫道,有情有信,无为无形。"(《庄子·大宗师》)"泰初有无,无有无名。"(《庄子·天地》)后来,东晋道教理论家葛洪承继老庄之说,强调"道"是涵乾括坤、统一"有""无"的宇宙本体。他说:"道者涵乾括坤,其本无名。论其无,则影响犹为有焉。论其有,则万物尚为无焉。"(《抱朴子内篇·道意》)隋唐时期的道教重玄学家们都很注重以"有""无"来谈论"道"的特性。《道教义枢·有无义》强调不可离"有""无"而别复有"道":"有以体碍为义,无以空豁为义,此就粗为释。若妙无者,非体非碍,能体能碍,不豁不空,能空能豁。"但是,有与无,也不过是假名。"有无者,起乎言教,由彼色空,若体无物而非无,则生成乎正观,知有身而非有,则超出于迷途,此其致也。有无二名,生于伪物。"[①]

张志和探讨了"造化之间"大与小、有与无之间的相对关系,明确提出了"至小者大,至大者小,至无者有,至有者无"的思想。《玄真子外篇》卷中《鸑鷟》说:

太寥问乎无边曰:若夫造化之间,万象不一求,小大有无之至者,可得而言乎? 无边曰:以吾之观,至小者大,而至大者小;至无者有,而至有者无。若知之乎? 太寥曰:以吾闻之,至小不可以大,至

---

[①]《道教义枢》卷一〇,《道藏》第 24 册,第 835 页。

大不可以小；至无不可以有，至有不可以无。子之所谓者何也？无边曰：吾请告，若至小至大者，莫甚乎空；至无至有者，莫过乎道。其所然者何也？包天地至有外者唯乎空，非空之至大耶？判微尘至无内者成乎空，非空之至小耶？巡六合求之而不得者，非道之至无耶？出造化离之而不免者，非道之至有耶？故曰，至小者大，至大者小，至无者有，至有者无，无不然乎？[①]

按照太寥的说法，宇宙造化之间的万事万物，都各自有分别，根本不存在两片完全相同的树叶，因此，不能用统一的眼光去看待万事万物，如小与大、无与有之间，是界限分明、毋容混同的。无边的看法刚好相反。他认为，宇宙造化之间的万事万物，并不存在严格的、绝对分明的界限，它们都是相对而言的，像小与大、有与无之间，并没有什么本质的区别，即便是至小与至大、至无与至有之间，也都不存在根本的分别。因为至小与至大都是相对于包罗天地和微尘的"中道"之"空"而言的，任何至大、至小者，都不可能超越这个无边无际的"中道"之"空"。在这个"空"之中，还有比"至有外"的天地更大的"至大者"吗？还有比"至无内"的微尘更小的"至小者"吗？同时，造化之"道"是含蕴一切有、无的，它既是有，又是无，是有与无的统一体。六合之内，求之而不可得见其形象，因而谓之"无"；出于造化，离异它而不可得免其主宰，因而谓之"有"。在造化之间，还有什么比求之而不可得见的"无"形之"道"更虚无缥缈的"至无者"呢？还有什么比离之而不可得免的"主宰"之"道"更加确实的"至有者"呢？只有大"道"，才超越了大与小、有与无的分别，而是真正的"至大"与"至小"、"至有"与"至无"的统一体。这里有三点值得注意：

其一，张志和自觉地采摘了佛教大乘空宗的"空"观念，以不有不无、无所不包又无所不至的"空"作为其阐发"至大"与"至小"、"至无"与"至有"之间关系的出发点。"空"既是有，也是无，既是非有，也是非无；既是至大，也是至小，既是非至大，也是非至小。这就将有与无、至大与至小

---

[①]《玄真子外篇·卷中·鸬鹚》，《道藏》第 21 册，第 721 页。

的关系有机地联结在一起,它们之间不是对立的,也不是等同的,而是一而二、二而一的关系。

其二,他承继和发展了老子"大音希声""大象无形"和庄子"万物齐一"的"道观"思想方法,把现实中一切相互对立的两极都拿来与统括万象的"空"或"道"相比较,从而抹杀了一切事物之间的相对区别。通过对事事物物之间各各有别的界限的消除,凸现了"造化之道"的绝对本性。

其三,张志和通过以上的阐述,说明了"道"既是至无,又是至有,是至有与至无的统一体。因此,"造化之道"既不可以单纯的"至无"论,也不可以单纯的"至有"论。"有"与"无"都是"道"的基本特性。不能离"有"而谈"无",亦不能离"无"而谈"有","有"与"无"是一而二、二而一的统一体。正因为如此,张志和坚决反对割裂"有"与"无"的相互关系,强调至道是"有"与"无"二者的统一,而"非有无之殊"。

为了进一步阐明"有"与"无"的相互关系,张志和还从异时性与共时性关系的角度做了更深层的阐发,继而对"道"的有无关系的特性做出了更深入的揭示。

首先,他认为,所谓至有和至无,并不是什么"未无之有"或"未有之无":"有之非,未无也;无之非,未有也。且未无之有而不有,未有之无而不无,斯有无之至也。"①也就是说,"有"的否定并不是"无",而是包含着"无"的"有";"无"的否定并不是"有",而是包含着"有"的"无"。而包含着"无"的"有"的否定("不有"),则是"至有";包含着"有"的"无"的否定("不无"),则是"至无"。用图式表示即是:

| 有 | 无 | 肯定 |
|---|---|---|
| 有之非(未无) | 无之非(未有) | 否定 |
| 未无之有而不有(至有) | 未有之无而不无(至无) | 否定之否定 |

从这个图表中不难看出,其中包含着鲜明的肯定—否定—否定之否

---

① 《玄真子外篇·卷下·涛之灵》,《道藏》第 21 册,第 725 页。

定的辩证法。钱锺书先生曾指出:"《老子》之'反'融贯两义,即正、反而合","足与'奥伏赫变'(aufheben)齐功比美",与"黑格尔所谓'否定之否定',理无二致也"。① 钱先生又将"否之否""反之反"与佛教中观论的"非实非非实"的双遣思维法则相类比,说明都以"破理之为障,免见之成蔽",亦即"西方神秘家言所谓'抛撒得下'(Gelassenheit)"。② 这足以说明张志和的"至有""至无"观念,既是对《道德经》的继承和发展,又是对佛教双遣思维方法的吸取与道家化阐释,同时也是对人类认识辩证法的一个贡献。

继而,张志和又从时间性来阐释"有"与"无"之间的相互关系。他指出,在常人的眼里,经常看到"有"(如某个存在着的东西)突然变成了"无"(不见踪影了)的现象,其实,这并不是说"有"突然间无缘无故地变成了"无",而是说在"今之有"变成"无"之前,即存在着"昔之无",此时之"有"突然所变成的"无",即是彼时已经存在着的"无"凸现了出来而已。同样,人们看到某个东西突然间出现在眼前,即此时之"无"突然变成为"有",也不是说"无"是在无缘无故中产生了"有",而是彼时本来就存在着"有",只是在此时突然显现出来了而已。"故今有之忽无,非昔无之未有;今无之忽有,非昔有之未无者,异乎时也。"③"有"与"无"总是同时态地存在着,此时之"有"与彼时之"无"、此时之"无"与彼时之"有",总是相互关联、不可分割的即一不二的关系,因此,"有"与"无"的相对转化,完全是由于它们处于不同的时间域所造成的。"若夫无彼无,有连既往之无,有而不殊;无此有,无合将来(之)有,无而不异者,同乎时也。"④张志和进而甚至将"今有之忽无"和"今无之忽有"看做"不然",亦即偶然现象;而把"有连既往之无"和"无合将来(之)有",看做"今有之忽无"和"今无之忽有"的"必然",指出:"异乎时者,代以为必然会有不然之者也。同

① 钱锺书:《管锥编》第2册,第445—446页,北京:中华书局,1991。
② 钱锺书:《管锥编》第2册,第448页。
③④《玄真子外篇·卷下·涛之灵》,《道藏》第21册,第725页。

乎时者,代以为不然会有必然之者也。"①这就将"有"与"无"之间的变化关系,看做必然与偶然(不然)的关系,不仅大大深化了对"有"与"无"关系的认识,而且也揭示了必然与偶然相互依存不二的辩证关系。

不仅如此,张志和还通过光与影的对话,阐明了"无"与"有"的分别并不是"造化之命"使然,而是人们后天认识上的主观分辨的结果。《玄真子外篇》卷下云:

> 影之问乎光曰:"吾昧乎体之阴,君昭乎质之阳。君之初,吾之余。君之中,吾之穷。君之没,吾之灭。君之清,吾之明。何君之好,无怕俾吾之令无常欤?"光答乎影曰:"子在空而无,在实而有;在翼而飞,在足而走;在钩而曲,在弦而直。子之近乎烛,出子体之外。子之远乎镜,入吾质之内。子之自无怕,岂吾之独无常欤? ……吾将问诸造化:穷理尽性而不知者,命也。"夫影笑之曰:"君弟收光,吾将灭影。有之与无,由君之与吾,何背何正,妄推乎造化之命哉?"②

很显然,"有"与"无"之区分,与"造化"的必然性并没有什么关系,犹如光("君")与影("吾")本身只是"造化"的一种外在显现形式,并不是"造化"自身,而是人们后天对"造化"所显现的外在形式的主观认识。这无疑是对上文所谓至道之"造化"并非"有无之殊"的观点的进一步阐发。张志和否定"有"与"无"的真实区分,并不意味着他要否定一切"有"或"无"。在他看来,要真正把握"有无之理",就必须端容节气、默寂而忘地进入"真无之域"。他说:

> 默之来也,默曰一,寂能一之;默曰二,寂能二之。默之一也无,寂之一也有。默之二也无有,寂之二也有无。一之一也,不离乎二。二之二也,不离乎一。然则,知寂之不一,明默之不二者,斯谓之真一矣。夫真一者,无一无二,无寂无默。无是四者,又无其无,斯谓之真无矣。夫能游乎真无之域者,然后谒乎真一之容者焉。夫游乎

---

①②《玄真子外篇·卷下·涛之灵》,《道藏》第21册,第725页。

真无之域,谒乎真一之容者,乃见乎诸无矣。①

不难看出,从"一"之"有"和"无",到"二"之"无有"和"有无",再到"不一""不二"之"不有"和"不无有",是一个肯定—否定—否定之否定的辩证过程。张志和认为,这种否定之否定的"不一不二,无寂无默",只是"真一",还不是"真无"。要达到"真无",还须进一步加以否定,即"无其无",也就是不执滞于不执滞("无"或"不")。这显然是对佛教双遣思维方法的运用。不过,不要误解张志和主张"无其无"就是要否定一切真实的存在。其实,在他看来,"真一"与"真无",都是"至道"或"造化"的本质存在领域,"真一"即上文提到的"至有",而"真无"即"至无"。"真无"固然是对"真一"的否定,但这是在本质存在域中的自我否定。通过这种否定,至道表现出其"无"的本质存在特性。而"真一"或"至有"则是至道表现出其"有"而不虚的本质存在特性。这就从本质的层面揭示了"有"与"无"的统一关系。

张志和还通过风之飘、云之气、雷之声、海之涛、火之嫖、日之耀、地之震、天之鸣、空之寥等"九大"竞能,阐述了宇宙之间能力至大者,莫过于"造化之道"的思想。

风之飘说,他能够"扇鸿濛","鼓鑰鞢","蹶石拔木,蹙浪奔涛",宇宙间没有谁的能力比他更伟大。云之气说,他能够"翳海吞山,遏日漫天",宇宙间没有谁能与他相媲美。雷之声说,他能如"洪涛震鼓,猛兽唬怒",宇宙间没有谁能与他比试高低。海之涛说,他能够"翻鼋荡鲸,崩壶倒瀛",宇宙间没有谁能胜过他。火之嫖说,他能够"涸泽燋山,炽日熏天",宇宙间没有谁的本领比他更大。日之耀说,他能够"光天照地,流金铄石",宇宙间没有谁的能耐比他更大。地之震说,他能够"浸海流河而有常,奔山走陵而无疆",宇宙间没有谁的能力比他更强。天之鸣说,他能够"包水旋风,盖地寰空",宇宙间没有谁能够与他抗衡。空之寥说,他能

---

① 《玄真子外篇·卷下·涛之灵》,《道藏》第 21 册,第 725 页。

够"包天裹地,诞阴育阳",宇宙间没有谁能够与其争高下。① "九大"各自炫耀自己的能力举世无双,以至相持不下。其实,在张志和看来,他们都是蔽于己而不知人,逞己之能而贬人之所不能。同时,他们都是各各相竞其能,而不知在他们之上还有个无所不能的"万能者",这个"万能者",就是"造化之道"。"九大"之所以各自能逞所能,也都是因"造化之道"的"赐予"。没有"道"的"造化"之功,哪有九大所逞之能!

因此,当"九大"得知"太上之言'道',名之曰'大'"之后,"云停其气,风息其飘,日罢其耀,海弭其涛,地复其震,火灭其燢,天静其鸣,空丧其寥,于是乎俾雷之进入道之境,声者让响,形者让影。不有不无,不动不静。九大观之,各惭而还,遂相让为无为之色,相与成无为之域,以终乎尘劫之极而已焉乎欤"。② 在"造化之道"面前,"九大"谁也不敢有为而逞能,而只可为无为,以了却尘劫之极。这正是以"道"来含摄"九大",以"九大"之有限与虚骄,来凸现"道"的无限与谦逊。

那么"道"何以能够含摄"九大"而真正"名之曰大"呢? 张志和指出:

> 道之形也虚,道之影也无,道之声也初,道之响也如。……廓然其虚者,空也。莫然其无者,灭也。永然其初者,远也。静然其如者,定也。字之曰遗、邈、明、默、悫、博、玄、圆者,何也? 遗以尽其失,邈以邈其遥,明以照其光,默以湛其寂,悫以坚其固,博以大其广,玄以神其妙,圆以现其周。故曰,德者,得也,得乎不得,不得乎得,斯之谓乎? 得其德者,何也? 文宣德之而无我,老氏德之而未孩,南华德之,独与天地精神往来而不敖睨于万物。噫! 冲虚德之,泠然御风;颜回德之,同于大通。然则,大寥德之,无终始已矣。③

也就是说,"造化之道"的状貌是"空",意即廓然无边,虚寥无定。"造化之道"的身影是"灭",即莫然无所见。"造化之道"的声音是"初",永远是开始,遥遥不知其端。"造化之道"的回响是"如",静然守定不动。遗、

---

①《玄真子外篇·卷中·鹙鹭》,《道藏》第 21 册,第 721—722 页。
②③《玄真子外篇·卷中·鹙鹭》,《道藏》第 21 册,第 722 页。

515

遐、明、默、慝、博、玄、圆等，则是更进一步说明了"道"的特性。而"造化之道"的基本特性，仍不过是"有"与"无"。若能掌握"造化之道"的这个基本特性，便是"得道"。能得"道"，便会如孔子"无我"、老子"未孩"、庄子"独与天地精神往来"、列子"泠然御风"、颜子"同于大通"。可见，以"九大"竟能来凸现"道"大，仍不过是说明"造化之道"具有"有"与"无"的基本特性。

张志和又通过对箧躯、负垢、根蝉、眩华诸虫相互哂笑对方"自谓养生之固"，实不如自己之逍遥的描述，阐明了"造化之道"是"取之而不得，舍之而不克，谓无而有，谓有而无"的。

《玄真子外篇》卷中《鸳鸯》曰：

> 箧躯哂乎烛腹曰："子之自谓养生之固者也，烛乎腹，耀乎夜，见乎险阻，审乎取舍。然而，世人相有炫明之患，怪乎物，亡乎身，未若吾之晦迹之逍遥也。"

> 负垢哂乎箧躯曰："子之自谓养生之固者也，橐乎体，箧乎躯，进则外乎首而行，恐则内乎元而静。然而，出入有首鼠之患，怪乎物，亡乎身，未若吾之盖形之逍遥也。"

> 根蝉哂乎负垢曰："子之自谓养生之固者也，蓁然芥，孽然垢，徐然步，物之不疑子之动也，粪然形，物之不疑子之生也。然而，虑风火有惊恐之患，未若吾之塞体之逍遥也。"

> ……

> 眩华闻之，哂乎根蝉曰："子之自谓养生之固者也，藏乎口，匿乎目，虚乎心，实乎腹，根乎足，润水土于外而不行，苗乎脊，受风日于外而屡长，无羁鹲鹊之嫌者矣。然而累乎质，碍乎有，苟迈掘凿之患，怪乎物，亡乎身，未若吾之瞥然之逍遥也。"

> 根蝉曰："吾禀乎造化之奇，妙乎古今之知，藏口匿目，虚心实腹，之数虫者，其于卫生莫吾如也。向吾闻子之声，昧子之形，状子之有，自何而生？"

　　眩华曰："吾生乎目之眩，长乎视之乱。其徐也，聊若星之贯；其疾也，纷若华之散。取之而不得，舍之而不克，谓无而有，谓有而无。其来也，倏见乎造化；其去也，寂归乎太虚。能游乎不物之域者，方睹乎吾之逍遥之墟域。"[1]

　　以上四虫相争，各自炫耀自己的"逍遥"之游，其实都如上文中的"九大"相争，不过是张志和借此来辨明"造化之道"的有无观。在张志和看来，无论是篌躯的"晦迹之逍遥"，负垢的"盖形之逍遥"，还是根蝉的"瘰体之逍遥"，都不如眩华的"瞥然之逍遥"。这是因为"晦迹之逍遥""盖形之逍遥"和"瘰体之逍遥"都有碍于"迹"或"形"或"体"之"有"，企图通过"晦迹"或"盖形"或"瘰体"来追求"无"的境界。其实，"有"与"无"并不是截然对立的，而是"造化之道"的两种不同的基本表现形式或基本特性。张志和所谓睛星之眩华，正是"造化之道"的拟化之名。相对于篌躯、烛腹、负垢来说，根蝉能藏口、匿目、虚心、实腹，因而能够"禀乎造化之奇，妙乎古今之知"，摆脱纷繁复杂的外界干扰而模糊地感觉到"道"的存在，却不能真正认识"造化之道"的本质是什么，也就是不知道眩华之声、形、有来源于何处。

　　事实上，张志和通过眩华之口说明了"造化之道"的基本特点："造化之道"总是出现于世人目眩、视乱之时，因而常不为世人所觉察。"造化之道"是"无而有""有而无"，不能单独以"有"或"无"来把握它的存在本质，因而，欲取之"有"而失之"无"故不可得，欲舍之"无"而失之"有"故不能克。"造化"与"太虚"是"道"处于"动"与"寂"或"混"（与物为混）与"寂"的状态中所表现出来的两种基本存在方式，亦正是"有"与"无"两种基本特性的表现。能藏口、匿目、虚心、实腹，则可以"倏见乎造化"之"有"，即"道之来"。然而，只有能"游乎不物之域"者，方能真正把握大道"寂归乎太虚"之"无"，即"道之去"。这也正是眩华所强调的"瞥然之逍遥"的境界。因此，"道"的本质即是"无"而"有"、"有"而"无"。"养生之

───────────────────

[1]《玄真子外篇·卷中·鸳鹭》，《道藏》第 21 册，第 722 页。

固"只在体"道"之"有而无""无而有",居世而不累于物,瞥然逍遥于物外。

## 第四节 "无心可知道之妙"的认识论

体"道"、知"道"与法"道"、修"道",同是道家、道士追求得"道"的重要途径。不能体"道",便无以法"道"。不能知"道",便无以修"道"。这是道家和道教理论家、实践家们的共识。在如何知"道"的问题上,老子曾提出"涤除玄览"方法,庄子则主张"心斋""坐忘"等方法,葛洪甚至主张"涤除嗜欲,内视反听,尸居无心"(《抱朴子·论仙》)。《列子·仲尼》则谓"务外游,不如务内观"。而《太上老君内观经》强调"道以心德,心以道明"的"自照"方法。隋唐时期,因受佛教止观学说的影响,以司马承祯为代表的"坐忘"思想盛极一时。因此,就张志和以前及同时代的道家(教)知"道"方法而言,总括起来主要有三种:一是外观法,以万物为道所造化,观万物之变动,即知"道"不无;二是"坐忘"法,安坐收心离境,兼忘物我,与"道"同归于虚无,即知"道"不有;三是内观法,泯灭动心,无心于物与我,虚心自照,即知"道"不无不有。张志和认为,"至道"不是可以用"有"或"无"来区别把握的,外观与坐忘之法,都不足以"知道之妙"。由此他主张"节并弭关"的"通真"静观方法。

在《玄真子外篇》卷下,张志和首先以涛之灵(曰"江胥")、汉之神(曰"河姑")和道之微(曰"至玄")三者的对话,阐明了其"无心可知至道"的道教认识论思想。

江胥与河姑先自称是灵神之至,无所不能,无所不知,傲若无他。位于真原之野的至玄听过他们的自我吹嘘之后,对江胥和河姑说:"吾见天地之创,遂观涛汉之有",所谓的涛和汉,都不过是"假名乎巫咸之口,投首乎春秋之代"。迷惑者自释涛、汉之疑,如果真的有什么涛之灵、汉之神,"奈何爱迷徒之咨而不觉,窃造化之巧以为功,不惭迷者之鬼,笑若于黄泉之间"

呢？江胥和河姑听罢，悚然感谢至玄说，他们听说至玄先于天地而生，居住在真原之野，愿与至玄结为盟友。他们"寂而不动，虚而能应"，以请求至玄辨析"灵神之所因"。① 于是，张志和借至玄之口，阐述了自己的思想：

> 吾将告，若欲知汉之说者，观乎碧之理，有洁白之文，寥乎萤之腹，有昏晓之变，体之异也，岂有姑之神邪？ 虽天汉之大，非川可知矣。若欲知涛之说者，观乎脉之血，有往来之势；察乎槐之叶，有开合之期。气之应也，岂有胥之灵耶？ 虽海涛之盛，非识可见矣。若欲知吾之说者，空之无形而不动，谷之无情而能应，虚之至也，岂有微之邪？ 虽吾道之妙，无心可知矣。吾且告，若昆仑之墟，有智虫焉，赘闻而疣见。托吾之无，凭若之有，强目河姑之神，假意江胥之灵，妄首至玄之微，伪之兴也。②

且不说至玄辨析"灵神之所因"是否具有无可辩驳的理据，仅看其以"体之异"来说明根本不存在的"江之神"，并以"气之应"来说明根本不存在的"涛之灵"，从而破除了江胥和河姑自我吹嘘的"神灵"观念，应该说，这是具有朴素唯物主义无神论色彩的。同时，张志和又阐明，至玄之道，是"无形而不动""无情而能应"的"至虚"。然而，这个至虚、至玄的"道"无论多么微妙，也不是不可以得知的，"无心"便可以知之。这实际上说明，"道"虽是至虚，却不是俗见之所谓虚无，而是客观的真实存在者，因而可以知之。问题的关键只在于，既不能执着于"无"，也不能执着于"有"，更不能迷信所谓神、灵，而应当把握至玄之道"无形而不动""无情而能应"的特性。这正是"无心"的结果。如果有心，就是有执着，不是执着于有，就是执着于无，要不就是执着于神灵。只有无心，才能抛弃执着，对有无有一个正确的把握。真正地把握了有无之关系，就能够正确地认识道的特性。张志和借至玄之口，实际上充分肯定了至玄至虚而微妙的"道"的可知性，批驳了以"道"之"至虚"为"无"，以河、江之奔流为"有"，从而割裂有与无的即一不二关系、

①《玄真子外篇·卷下·涛之灵》，《道藏》第 21 册，第 723—724 页。
②《玄真子外篇·卷下·涛之灵》，《道藏》第 21 册，第 724 页。

臆造神灵的伪劣做法。

紧接着,张志和借至玄之口,揭露了太寰之内存在着的六种容易迷惑世人心智的"似神而无"者。至玄说:

> 起吾观之太寰之内,似神而无者六:海波溯江而为涛,天文皎夜而为汉,炎光闪云而为电,雨色映日而为虹,阳气转空而为雷,心智灭境而为道。其所然者,皆有由也。非若之灵,无吾之玄然。吾之无也,不无。在若之有乎,何有。①

很显然,涛、汉、电、虹、雷和道(非造化之道)六种"似神而无者",都是人们割裂了至虚之"道"的"无"与造化之"道"的"有"而造成的假象。在现实中,并非真的存在着什么纯然为"有"的"神灵"和纯然为"无"的至玄。至玄之虚无,并不等于不有之无,而是有之无。造化之涛汉,并不是真的存在其实,而只是造化之"道"的一种特殊形式的外在显现。唯有"道"虚无而真有,其他的一切都是"道"的造作。在这里,张志和特别将"心智灭境而为道"也列为六大"似神而无者"之一,实际上是对佛教所宣扬的"唯识无境""唯心无境"思想的一种否定,表明在他看来,那种以心智排除外境而获求至道的方法,是一种以"有心"妄求至道的错误认识方法。

为了进一步揭穿割裂有与无以知"道"的错误实质,张志和还通过通真之伯、起观之君和坐忘之后三者之间的对话,批驳了起观之君执滞于"有"、坐忘之后执滞于"无"以知"道"的错误做法。

通真之伯曾与起观之君、坐忘之后交友论道。起观之君与坐忘之后各论辩"道"之"有"和"无","连关解并,竟日不决"。起观之君说,他起于观亭之间,"知道不无而见有"。坐忘之后说,他坐于忘台之上,"见道不有而知无"。那么到底谁是谁非呢?张志和借通真之伯之口指出,对于造化之"至道",不可以"有"或"无"来加以分别和论定,像在天空之中,日

---

① 《玄真子外篇·卷下·涛之灵》,《道藏》第 21 册,第 724 页。

与月的体积有大与小之分别，诸星辰的位置也有广与狭之区分。如果以距离我们的远近来论辩日、月之大小，则"稽夫日也，失之于炎凉"。如果以我们所感受到的炎凉来判定日、月距离我们的远近，则"稽夫日也，失之于小大"。因此，日、月之小与大，并不以距离我们的远近来论定，远近只是我们旁视仰观的结果，日、月的体积并无任何变化。同时，"至道之见乎心也，亦犹是哉"。然而，对于起观之君和坐忘之后来说，"至道"或以为有，或以为无。"以道为有，使观君处妄台而见无，以道为无，使忘后游观亭而知有，斯乃忘观之心自尔。有无之体不殊，由意之怀执滞者也。"也就是说，起观之君与坐忘之后各执滞"至道"以为"有"或"无"，并不是说"至道"真的有所谓有与无的不同，而是起观之君与坐忘之后各自体察"至道"的方式不同所造成的误解。如果执着"至道"为"有"的起观之君坐于"忘台"之上，必定会发现"至道"如坐忘之后所见的那样，是"无"；同样，如果执着"至道"为"无"的坐忘之后站在"观亭"之中，也必定会发现"至道"像起观之君所见的那样，是"有"。由此，张志和特别强调指出，要想获得真正的"至道"，必须剖判"古今不明之癖"，打破各种"执滞之碍"，以"合至道之有无"。①

　　其实，所谓起观之君，是指那些执着于"道"造化外物之"有"以知"道"的人，其所采用的是外观认识方法。这种认识方法，只能看到"道"造化万物之功，而不能知晓"道"同时"寂归于太虚"，也就是说，只看到了活动变化着的"造化之道"，而看不到寂静无为中的"至虚之道"。所谓坐忘之后，是指那些执着于忘形去知、兼忘物我，与"道"同于"太虚"的人。他们所采用的是坐忘认识方法。这是盛、中唐时期司马承祯等人所极力宣扬，并具有一定社会影响的一种知"道"方法。这种方法，虽然能够把握寂静无为状态中的"至虚之道"（或"虚极之道"），但是不能把握生畜有为状态中的"造化之道"。而所谓通真之伯，是指那种既能了知"至道"虚寂而不有、又能知晓"至道"化物而不无的人。这种人所采用的则是与以

────────────

①《玄真子外篇·卷下·涛之灵》，《道藏》第 21 册，第 724 页。

上两者相区别的认识方法，既能把握寂静无为状态中的"至虚之道"，又能把握生畜有为状态中的"造化之道"。张志和正是通过通真之伯之口，揭露了外观认识方法与坐忘认识方法"未通乎执滞之碍"的偏弊，而主张一种形式独特的知"道"方式，即"无心以知道"。这显然是对道家道教中比较流行的朴素的外观认识方法和神秘主义体知论的坐忘认识方法的超越。

那么这种形式独特的知"道"认识方法具有什么基本特征呢？张志和以善于画鬼的吴生自述"得道"之法，阐述了这个问题。

吴生擅长画鬼，其粉墨笔锋风驰电走，若合自然，似见造化，因而颇负盛名。当他行年六旬之时，天下的画工仿行其画而未能尽其神妙。玄真子得知后，专程前去造访，探询吴生画鬼的奥妙所在。吴生见玄真子所问至深，颇为中意，便以酒茶热情款待，自述画鬼得道之法。吴生说：

> 吾何术哉？吾有道耳。吾尝茶酣之间，中夜不寝，澄神湛虑，丧万物之有，忘一念之怀。久之，寂然、豁然、倏然、恍然。匪素匪画，诡怪魑魅，千巧万拙，一生一灭，来不可阏，貌不可竭。吾以其道之妙，其方之要，每以图鬼为事，未尝告术于人，是以行年六十，负于国名，天下以吾为图鬼之祖。自吾作古，图工如林。愿吾之睹，声吾响而不终，形吾影而不穷，响吾巧而竭力，影吾道而莫测。感子有造化之问，吾不能无造化之对，以吾不传于人，请子告于代。①

这里的"澄神湛虑，丧万物之有，忘一念之怀"，就是处于一种清静而无所想念、不执着一切的状态，既不执滞于外在之物，也不执着于内在之心。如果能持久"澄神湛虑"，便会在突然间感悟至道的存在状态及其特征。这看似与坐忘知"道"方法无异，其实迥然有别。因为坐忘知"道"的"道"，是虚寂无形无为之道，而这里所获知的"道"，是不有不无、"千巧万拙"、"一生一灭"（即一动一寂）之道。坐忘所得"虚无之

---

① 《玄真子外篇·卷下·涛之灵》，《道藏》第 21 册，第 724—725 页。

道"，显然是不能够图画描绘的。而"澄神湛虑"的静观所得之道，是"造化之道"，其又不同于外观所得的执着于"有"或外物的"造化之道"，而是"一生一灭"、"似神而有"（而不是"似神而无"）的"至道"，因而吴生能够于"形神"（或"有无"）之间图画。这里以"鬼"喻"道"，并非鼓吹有鬼论思想，而是说明吴生所得之"道"如"鬼"一样不有不无、"似神而有"。如果吴生所得之道是"似神而无"者，则无所谓"造化之问"与"造化之对"。如果吴生所得之道纯然之"有"，则根本用不着"丧万物之有"。而强调"忘一念之怀"，正是要"无心"。因此，吴生之所以得"道"，是"无心"而静观（"丧万物之有"）的结果。事实上，这也正是中国传统绘画艺术强调传神而不失之天然、介于形与神之间的审美旨趣的基本要求。因而，这种以"无心"静观为基本特征的知"道"方法，也反映出张志和对传统绘画艺术思维本质的深刻认识。而这种认识方式，正是一种道教的认识论。

## 第五节 "死生有循环之端"的生死观

道家、道教最关注生与死的问题。《庄子》曾两次引"仲尼曰"强调生死问题的重要性（见《德充符》和《田子方》），其实孔子所代表的儒家生死观，是"未知生，焉知死"，即重视生的问题而轻视死的问题。老子和道家、道教则不回避生与死的问题，甚至将生与死的问题放在非常重要的位置上加以探讨。老子就曾指出"坚强者死之徒，柔弱者生之徒"（《老子》第76章），坚决主张"守柔""贵生"。这看起来像是与孔子、儒家一样重生轻死，实际上只是重视生的价值，而不回避对死的问题的探讨。不探讨死的问题，就不知道生的价值所在，况且，生与死并不是对立的，而是相互关联，甚至可以互相转化。佛教以有生为空幻，宣扬涅槃灭度，主张生死轮回，追求超度苦海以进入涅槃不生的境界。显然，佛与道在生死观上是截然相反的。不过，南北朝以后，道教积极吸取佛教教义以充实和发展自己的理论基础，在生死观上也摄取了佛教的轮回说,从而使道教原来所宣扬的即身成仙观念转变成轮转成仙思想,这样,佛教与道教在生死观念上的对立得到了一定程度的调和,至隋唐时期,道教的这种轮转成仙思想已相当流行,王玄览便主张"生死而非常"①,认为生与死都是可以改变的,生可以转变成死,死亦可以转变成生。张志和的生死观念,正是这一思想流行的一种特殊表现。

张志和是以日月有合璧之元、薄蚀之交来论述其生死观念的。他指出:

> 日月有合璧之元,死生有循环之端。定合璧之元者,知薄蚀之交有时;达循环之端者,知死生之会有期。是故月之掩日而光昏,月度而日耀。日之对月而明夺,违对而月朗。是故死之换生而魂化,死过而生来。②

以循环论来说明生死关系,显然是受佛教轮回思想的影响。在张志和看来,生与死并不是绝对对立的,而是循环转化的,死去则生来,生去则死来。而且与日月有薄蚀之交一样,生与死也有相会之期。这种将生死看做一种如同日月轮转的自然现象的观点,若从世界的事事物物总处在生生死死的过程中的观点来看,是有其积极、合理的意义的,但若就具体的个别事物的生死变化来看,则带有明显的主观性。特别是当他以"魂化"来说明"死之换生"时,其神秘唯心主义本质便十分鲜明地表露了出来。

在张志和看来,生与死都不能脱离对方而显现自身,如同"月之明,由日之照者也;死之见,由生之知者也。非照而月之不明矣,非知而死之不见矣"③。从这个意义上讲,无生便无死,无死也便无生。这种观念显然包含着认识的辩证法。张志和进一步指出,生与死既是人的主观认识上的区分,有生有死便必有生死之忧患,这对于世俗之人来说是不可避免的,因为他们执着于生与死。对于至人来说,则无所谓生死之忧患,因

---

① 《玄珠录》卷上,《道藏》第 23 册,第 621 页。
②③ 《玄真子外篇·卷下·涛之灵》,《道藏》第 21 册,第 725 页。

为"死生之会，不能变至人之神。……神不变，故至人无死生之恐者矣"①。也就是说，至人只有形躯之生死，而无精神之生死。形躯之生死，是自然的必然规律，任何人（包括世俗之人和至人）都不可逃避。精神之生死则不然。凡夫俗子往往因有形躯之死生轮转而生精神之变化，自然会有生死之忧患，而至人则始终精神不变化，自然超越于生死之外。不难看出，这种形死神存、形有死生变化而神无变化的观念，是一种典型的唯心主义形神观，这也正是张志和生死观的实质所在。

---

① 《玄真子外篇·卷下·涛之灵》，《道藏》第 21 册，第 725 页。

# 第十四章 杜光庭的哲学思想

杜光庭是晋唐道教重玄思想的集大成者。在其《道德真经广圣义》和《太上老君说常清静经注》中,杜光庭阐述了道气、体用、本迹等道教宇宙论范畴及辩证思维,阐发了"有无双遣"的重玄思想核心,论证了"穷理尽性"与"安静心王"相联结的思维方式,发挥了道教"无为理国、无欲理身"的"身国同治"传统。

## 第一节 杜光庭的生平与著述

杜光庭(850—933年),字宾圣(一曰圣宾)。道号东瀛子,又称广成先生。此外,他还自称华顶羽人。① 新旧《唐书》及新旧《五代史》均无传,其出生地及生卒年月皆无述。关于他的出生地,《五代史补》说他是长安人,《全唐文》与《古今图书集成》本传皆说他是缙云人,《全五代诗》说他是括苍人,《历世真仙体道通鉴》(简称《仙鉴》)则说他是处州人。以上所说各有存疑,莫衷一是,然而,详考原委,亦可见其端倪。杜光庭《谢恩除户部侍郎兼加阶爵表》中自称:

---

① 参见《洞天福地岳渎名山记·序》,《道藏》第11册,第55页。

> 臣某江湖贱质,簪褐微才,为儒既殊于成鳞,学道甘期于画虎,
> 矧复辞吴岁久,奉圣年深,杳无山水之思,每感风云之会,归栖照育,
> 三十余秋。①

此即言己乃故地吴越之人。又其《题鸿都观》曰:

> 双溪夜月明寒玉,众岭秋空敛翠烟。也有扁舟归去兴,故乡东
> 望思悠然。②

此乃叙阔别故乡年久,出家未尝忘家,登高望远,思绪万千之感慨。据此
以明,杜光庭绝非长安人,只能是缙云、括苍或处州人。处州古又叫括
州,括苍即丽水古地名,三地皆在今浙江省境内,属古代吴越三地,又是
三国时东吴故土。三地相去不过几十公里,古地名之地界不是很分明,
三地又都在唐时括州治内,故称杜光庭为括州人最为适宜。关于生卒
年,根据《仙鉴》的说法推算,杜光庭生于849年,卒于933年。

杜光庭少习六经,博极群书,志趣超迈,工于词章翰墨,"为时巨儒"。
唐懿宗咸通年间(860—874年),奔京都长安应九经举不第,乃愤然弃儒
皈道,赴天台山拜应夷节为师,学道术,为司马承祯之第五传弟子,习"正
一之法",属上清派。郑畋荐其文于唐僖宗,始得召见,遂深得敬信,"赐
以紫服象简,充麟德殿文章应制,为道门领袖。当时推服皆曰:学海千
寻,辞林万叶,扶宗立教,海内一人而已"③。时杜光庭大约25岁。

中和元年(881年),黄巢军攻占长安,杜光庭随从僖宗"幸兴元"(兴
元即今陕西汉中),后又至成都以逃避兵乱。光启元年(885年),唐军收
复长安,杜光庭返回长安,见"两都烟煤,六合榛棘,真宫道宇,所在凋
零"。此一节,《全唐文》说杜光庭从"僖宗幸兴元,留蜀事先主"。《仙鉴》
也说"中和初,从驾兴元","先生知国难未靖,上表句游成都,喜青城山白
云溪气象盘礴,遂结茅居之。溪,盖薛昌真人飞升之地也。未几,驾将复

---

① 本章及之后所引唐人文章,均据《全唐文》,北京:中华书局,1983,不再加注。
② 本章及之后所引唐诗,均据《全唐诗》,北京:中华书局,1960,不再加注。
③ 《历世真仙体道通鉴》卷四〇,《道藏》第5册,第330页。

都,诏光庭醮二十四位。会王建霸蜀,召为皇子师"。① 以上两种说法都未见明确。唐末战乱,黄巢军及李克用军数进长安,僖宗则几度逃遁,去处无非凤翔、兴元及成都。《新唐书·僖宗本纪》记载,僖宗两次到过兴元、成都,第一次是在中和元年(881 年),第二次是在光启二年(886 年),中间相隔五年。杜光庭是哪一次"从幸兴元"而留居成都的呢? 事实上,中和元年那次逃遁显然没有留居成都,他在《无上黄箓大斋后述》中自称:"余属兹艰会,漂寓成都,扈跸还京。"意即他在唐军收复长安之后即返回了京都。他大概是光启二年再随僖宗到兴元后留事成都,再也没有返回京都。从光启二年至天复七年(907 年),长达 21 年,这段漫长的岁月,杜光庭主要隐居青城山,他的主要著作也系在此期间写成,其《修青城山诸观功德记》等篇记载了他在这里的隐居生活。其间,他曾在兵戈相交的环境下冒险游历四川乃至云南各地,试图抢救在战火焚毁下几于殆尽的道书,备尝艰辛。云南《大理府志》记载:"杜光庭,青城人。寓滇以文章教蒙氏,尝书蒙诏德化碑,精妙有法,卒葬玉局峰,其子卒葬腾越龙凤山。"②并且记载了杜光庭在云南所作的几首诗,其中写道:

> 往岁真人朝玉皇,四真三代住繁阳。初开九鼎丹华熟,继蹑五云天路长。烟锁翠岚迷旧隐,池凝寒镜贮秋光。时从白鹿岩前去,应许潜通不死乡。

其所记事迹未必准确,但可以肯定杜光庭在云南留下过遗迹。907 年,朱全忠在大梁(河南开封)废唐哀帝,自立为帝,改国号为梁。与此同时,王建也在成都称帝,仿三国时刘备,立国号为蜀。蜀王朝待杜光庭很是礼遇,王建授他金紫光禄大夫、尚书户部侍郎、上柱国蔡国公,赐号"广成先生"③,又

---

① 《历世真仙体道通鉴》卷四〇,《道藏》第 5 册,第 330 页。

② 《大理府志》还称杜光庭为"唐御史"。

③ 《五代史补》说唐僖宗赐杜光庭"广成先生"号。此说未可信,杜光庭《谢恩除户部侍郎兼加阶爵表》中说:"伏蒙恩敕,除授光禄大夫、尚书户部侍郎、上柱国蔡国公、广成先生者。"明言受蜀王朝恩敕得"广成先生"号。

特命他为太子师,王建赞曰:"昔汉有四皓,不如吾一先生足矣。"①杜光庭出入禁中,与皇帝保持非常密切的关系,《全唐文》所收他的文章中,竟有57篇属于他给皇帝的奏表,"道籍两尘于美号,官荣再履于崇班"(《谢独引令宣付编入国史表》)。当时,蜀王朝承唐旧制,佛道并兴,尤宠道教,王建特下旨,令杜光庭不随二教,"不杂缁黄之侣,俾其独行,显示优恩"(《谢恩奉宣每遇朝贺不随二教独引对表》)。王衍继位后,"受道箓于苑中",又尊他为崇文阁大学士,加"传真天师"称号。在朝供职期间,他除了献治乱兴亡之策,还经常为皇帝、太子及大臣设斋摆醮,祈命祝寿,也曾出入军中,"分析贼中事宜"(《宣示解泰边垂谢恩表》),献克平之策。杜光庭饱尝战乱颠沛之苦,故极力反对战争。可是另一方面,他又完全赞成蜀王朝对外的征伐行动。王建北伐陇州,节度使桑简降,杜光庭写了《贺收陇州表》,说:"北面军前陇州节度使桑简,以手下兵士及城池归降,收复陇州者,睿算遐宣,元勋效节。"他希望王建能够"荡定三秦,统临万国"。杜光庭后以年老请退,归隐青城白云溪。在青城山,他还曾积极从事道教宫观的建设与修缮。② 临去世前,他还创建真宫。长兴四年(933年)十一月,真宫竣工时,"光庭八十四岁,一旦,披法服,作礼辞天,升堂趺坐而化。颜色温晬,宛若其生。异香满室,久之乃散"③。葬于清都观。

　　杜光庭一生著作宏富,论述浩瀚。《道藏》中收有他的著作26种268卷,其中有通过解老注老阐述其哲学思想的,如《道德真经广圣义》《太上老君说常清静经注》;有描写道教大小洞天福地盛状的,如《洞天福地岳渎名山记》;有讲述宫观、教主、真人灵验的,如《道教灵验记》;有记载仙异神人显化事迹及怪异神物的,如《神仙感遇记》《录异记》等;有讲本命,用于拜章和消灾等,及道士修真、谢罪、忏悔等科仪的,如《道门科范大全集》;有记叙应制青词表文的,如《广成集》;有专言古今女子得道升仙之

①《历世真仙体道通鉴》卷四〇,《道藏》第5册,第330页。
② 见其《修青城山诸观功德记》《告修青城山丈人观醮词》《丈人观画功德毕告真醮词》等作。
③《历世真仙体道通鉴》卷四〇,《道藏》第5册,第331页。

事的,如《墉城集仙录》;有追述历代官方崇道历史的,如《历代崇道记》,等等。《全唐文》收录了杜光庭的文章 300 篇,主要为表章奏文、功德记事、著作序录及斋醮词等。《全唐诗》收杜光庭诗赋 28 篇,《全五代诗》收其诗赋 17 篇(其中《纪道德》与《怀古今》合为一首),王重民、孙望等编著的《全唐诗外编》还收录杜光庭《题天坛》一首。此外,《中国医学大成》收录其《玉函经》3 卷,《说郛》卷七收录其《王氏神仙传》和《仙传拾遗》,《合刻三志》"志奇类"收录其《豪客传》1 卷,《颐氏文房小说》收录其《虬髯客传》1 卷。由于杜光庭生活于唐末战乱时期,加上著作繁多,难逐篇考究其成书年月,现只能根据其著作中所记略见概貌。他的著作写成时期主要在他赴天台山学道之后至王建称帝之前,即 865—907 年之间,这段时间正是他弃儒皈道、扶宗立教、思想日臻成熟时期。其中《历代崇道记》作于中和四年(884 年),《洞天福地岳渎名山》作于天复元年(901 年),《道德真经广圣义》写作也不晚于天复元年。天祐四年(907 年)之后,他的写作多为斋醮词颂、表奏文之类,其政治活动也很频繁,没有更多的创获。

杜光庭的著作按其著述方式又分为几种类型:第一类是他"撰述"的,如《道德真经广圣义》;第二类是他"修定"的,如《太上灵宝玉匮明真大斋言功仪》等;第三类是他"汇集"的,如《太上黄箓斋仪》《金箓斋启坛仪》等;第四类是他"删定"的,如《太上洞渊三昧神祝忏谢仪》《道门科范大全集》等;第五类是他纂辑的,如《录异记》。除"撰述"类外,其他四类,尤其是斋戒科仪方面的,多是在前人基础上编纂或改定的。这确实说明杜光庭在收集道书残卷方面曾做过艰苦的努力,《仙鉴》说:"道法科教自汉天师暨陆修静撰集以来,岁月绵邈,几将废坠。遂考真伪,条列始末,故天下羽属永远受其赐。"[1]杜光庭在《无上黄箓大斋后述》中也自述了这方面经历。他说,安史之乱中,两京秘藏多遭焚烧,至咸通年间,尚存道书 5300 卷。黄巢攻占长安,"玉笈琅函,十无三二",经其广泛搜罗,新书

---

[1]《历世真仙体道通鉴》卷四〇,《道藏》第 5 册,第 330 页。

旧诰,仅存 3000 卷,且"未获编次"。于是他"重游三蜀",更欲搜访,虽然"未就前志",却也总有收获。他在《太上洞玄灵宝素灵真符·序》中也谈及:"天复丙寅岁,请经于平都山,复得其本[即翟乾祐所传《素灵符》],编入三洞藏中。"①陈国符先生断定,在道书经唐末五代战火摧毁之后,杜光庭在蜀中重建《道藏》。② 日本的窪德忠先生也认为,正是由于杜光庭同几位道士的努力收集,才有宋真宗时代"称为《道藏》的道教的一切经典"。③ 笔者认为,上述论断大都合乎历史,原因是:第一,唐末京都所剩下的道教文献都被杜光庭带进了成都;第二,在全国战乱的情况下,唯独西南地区相对安定,具备编纂《道藏》的社会政治环境。

## 第二节　重玄思想的清理及其理论旨趣

自《太平经》问世,中经魏晋南北朝数百年间的造经运动,至隋唐,"三洞四辅"的架构已成,道教进一步的发展则是如何使其丰满完备。隋唐以降,道教理论家很少造经,而以解注经文为务。刘鉴泉先生在《道教征略》中说:"唐时道士多注释古经,训诂不苟,犹之儒者之治经也。"④杜光庭在构筑自己的重玄哲学体系时,同样是凭借注疏,敷扬己意。

### 一、清理学脉

杜光庭的哲学思想主要体现在他对《道德经》和《太上老君说常清静经》的注解里。他在清理前人所注《道德经》时说:"此《道德经》自函关所授,累代尊行,哲后明君,鸿儒硕学,诠疏笺注,六十余家。"⑤《道德经》作为道教的首经,本是殷周哲学思想发展的逻辑总结,它包含了宇宙生成图式、辩证方法、认识论、社会历史观、人生观等完整的哲学框架,其构想恢

---

① 《太上洞玄灵宝素灵真符·序》,《道藏》第 6 册,第 343 页。
② 参见陈国符《道藏源流考》上册,第 127 页,北京:中华书局,1963。
③ [日]窪德忠:《道教史》,萧坤华译,上海:上海译文出版社,1987。
④ 刘鉴泉:《道教征略》,《图书集刊》1948 年第 7—8 期。
⑤ 《道德真经广圣义·序》,《道藏》第 14 册,第 309 页。

宏,契思深远。而其行文简赅,同儒家经典《论语》一样,为后人留下了无限的想像与解释的余地,特别是被奉为道教经典之后,又获得了特别重要的意义。杜光庭说:"所释之理,诸家不同,或深了重玄,不滞空有;或溺推因果,偏执三生;或引合儒宗;或趣归空寂。"①考究杜氏所陈述的诸家,大抵可分两种情形:

1. 各人立意不同,所释之理各有偏重。即如杜光庭所说:"道德尊经,包含众义,指归意趣,随有君宗。"②有偏重"理国"道理的,如河上公(《章句》)、严君平(《指归》);有偏重"理身"道理的,如松灵仙人(无名氏)、魏代孙登(注二卷)③、梁朝道士陶弘景(注四卷)、南齐道士顾欢(注四卷);有兼该"理家理身"与"虚极无为"道理的,如魏山阳王弼、南阳何晏、颍川钟会,晋仆射太山羊祜(注四卷),后魏博士范阳卢裕(注二卷)、草莱臣刘仁会(注二卷)等;有偏重事理因果道理的,如西胡沙门鸠摩罗什(注二卷)、后赵西胡僧人图澄(注二卷)、梁武帝萧衍(注四卷)、道士窦略(注四卷);有偏重重玄义理的,如梁代道士孟智周(注五卷)、道士臧玄静(疏四卷)④、陈朝道士诸糅(玄览六卷),隋朝道士刘进喜(疏六卷),唐朝道士成玄英(讲疏六卷)、李荣(注六卷)、车玄弼(疏七卷)、张惠超(志玄疏六卷)、黎元兴(注四卷),

---

① 《道德真经广圣义·序》,《道藏》第 14 册,第 310 页。

② 《道德真经广圣义》卷五,"释疏题明道德义",《道藏》第 14 册,第 340 页。

③ 杜光庭以孙登为隐士,"字公和、魏文、明帝时人"。《晋书·隐逸传》有孙登其人,与杜氏所言似为一人。《隋书·经籍志》谓孙登为"晋尚书郎",注《道德经》二卷。《经典释文序录》说:"孙登《老子集注》二卷,字仲山,太原中和人,东晋尚书郎。"可见有两个孙登,前一孙登与嵇康、阮籍同时,史书未见其有注老之作。杜氏所言"以重玄为宗"之孙登,实为东晋时孙登,杜氏误。参见蒙文通《校理老子成玄英疏叙录》(见其《古学甄微》)和黄海德《李荣〈老子注〉重玄思想初探》(《宗教学研究》1988 年第 2、3 期)。

④ 《道德真经广圣义》说,梁道士臧玄静,字道宗,作疏四卷。《云笈七签》卷六"三洞经教部"载"第二太平者三一为宗"云:"《太平洞极之经》……一百四十卷……自宋、梁以来,求者不得……至宣帝立……乃命太平周法师讳智响往取此经。……帝因法师得此经,故号法师为太平法师,即臧靖法师之禀业也。"(《道藏》第 22 册,第 36 页)又《云笈七签》卷五"经教相承部"云:"王远知……事贞白先生,授三洞法。又从宗道先生臧矜,传诸秘诀。"(《道藏》第 22 册,第 29 页)据蒙文通先生考辨,臧矜即臧靖,臧靖亦即臧玄静。宗道乃臧玄静字,杜光庭误写为道宗。太平法师应是孟智周,而误为周智响。臧玄静实从孟智周禀业,而王远知则从臧玄静禀业。参见蒙文通《古学甄微》,第 352 页。

以及蔡子幌、黄玄赜等。这是唐代以来第一次对历代注解《道德经》的总结，不仅标出注疏者的名姓、时代、身份，以及篇名、卷数，而且分理出各家注解的理论重点。这既是杜光庭营构自己的道教哲学思想体系的需要，也是道教进一步发展的需要。他为宗教教义理论重心的选取提供了广阔参考系。此外，他的总结也有意标榜作为道教基本经典的《道德经》的正宗地位，注解既有道士，也有儒生、佛徒、官宦、隐士，乃至帝王，尽管注解者各人立意不同，却表明《道德经》涵盖深远，有无穷可释之理，自尹喜作节解、内解以来，汉、魏、晋、南北朝，以至隋唐，注解代代相续，绵绵不绝。

2. 各人立场不同，所承继的学脉殊异，因而各人解经的原则与方法也有区别。即如杜氏所说："诸家禀学立宗不同。"他将由学宗不同引起的殊异分为五种类型："严君平以虚玄为宗，顾欢以无为为宗，孟智周、臧玄静以道德为宗，梁武帝以非有非无为宗，孙登以重玄为宗。"[1]现具体分释如下：

（1）以虚玄为宗。以虚玄为宗者实不限于严君平一人，王弼、何晏、郭象等玄学家皆从玄学立场注释《道德经》，然而杜氏以严君平为其道，亦颇有意味的。严君平注老不泥章句，注重义理发挥，如对道做了如下注解："万物所由，性命所以，无有所名者，谓之道。""道体虚无，而万物有形。"又如对有无虚实做了如下解释："虚之虚者生虚虚者，无之无者生无无者，无者生有形者。""有生于无，实生于虚。""无不生无而生有。"[2]严君平乃扬雄之师，扬雄《太玄》在营构哲学体系时，以"玄"标宗："玄者，幽摛万类而不见其形者也。"也是用"无形"规定"玄"的本性。可见严氏于扬雄不无影响。玄学家王弼开宗明义地讲："天地虽大，以无为心，圣王之大，以虚为主。""无形无名者，万物之宗也。"[3]严君平与王弼都推崇虚无，两人不仅在思想内容上有着一致性，而且论证方式也非常相似。可以说，严君平开了以虚无立宗注释《道德经》的先河，考察其《道德真经指

①《道德真经广圣义》卷五，"释疏题明道德义"，《道藏》第 14 册，第 341 页。
②《道德真经指归》，《道藏》第 12 册，第 341—394 页。
③〔魏〕王弼著，楼宇烈校释：《老子指略》，《王弼集校释》上册，北京：中华书局，1980。

归》的思想,可以更好地了解魏晋贵无论产生的前期过程。①

（2）以无为为宗。顾欢的解老著作已佚,《正统道藏》所收题名为"顾欢"的《道德真经注疏》显然是后人伪托,"但'其经题顾欢作者,应自有故',盖为宗顾氏学派之徒所托名撰作者"②。顾欢"志尽幽深,无与荣势,自足云霞,不须禄养"③,他这种绝意仕进、委志修身的人生态度,自然流露于解老的致思归趣中。《道德真经注疏》在释"有之以为利,无之以为用"句时说:"神为存生之利,虚为致神之用,明道非有非无,无能致用,有能利物,利物在有,致有在无,无谓清虚,有谓神明。而俗学未达,皆师老君全无为之道。道若全无,于物何益? 今明道之为利,利在用形;无之为用,以虚容物故也。"④意谓神与虚、有与无,皆各有所能,神、有为利,虚、无为用,故不应当排遣有而归于无。这既批评了"虚无为宗",也彰显了任其无为而自为的思想。这种以无为立宗的注经原则实际上源于《河上公章句》,其云:"治身者当除情去欲,使五藏空虚,神乃归之。"⑤正如蒙文通先生所说:"葛玄、顾欢、张氏、王玄辩兼明仙道,说明于《河上》,顾、王之疏,更显依河公之注,斯其较著者也。"⑥

（3）以道德为宗。此宗注老以道德二义为论,推论道德体用一致,本末同源。杜光庭在《道德真经广圣义·释疏题明道德义》中说:"臧玄静云,道者通物,以无为义。"⑦又说:

> 臧玄静云,智慧为道体,神通为道用也。又云,道德一体而具二义,一而不一,二而不二。二而不二,由一故二;一而不一,由二故一。不可说言有体无体,有用无用。盖是无体为体,体而无体;无用

① 参见任继愈主编《中国哲学发展史(秦汉)》,"汉代中后期道家思想的演变和道教的产生"章,北京:人民出版社,1985。
② 卿希泰主编《中国道教史》第1卷,第490页。
③ 《南齐书》卷五四,"顾欢传",第929页,北京:中华书局,1974。
④ 《道德真经注疏》卷一,《道藏》第13册,第282页。
⑤ 《老子河上公章句》,《道藏》第12册,第3页。
⑥ 蒙文通:《古学甄微》,第346页。
⑦ 《道德真经广圣义》卷五,"释疏题明道德义",《道藏》第14册,第337页。

为用,用而无用。然则无一德非其体,无一用非其功。寻其体也,离空离有,非阴非阳,视听不得,搏触莫辩。寻其用也,能权能实,可左可右,以小容大,以大容小。体既无已,故不可思而议之;用又无功,故随方不示见。[1]

臧玄静从孟智周禀业,而唐初道士王远知"从宗道先生臧矜"[2],王远知所习道法属正一派,于此可知孟、臧二人师承学宗为正一派。杜光庭说孟、臧明重玄之道,以其注老特点及其证论方式来看,确乎不越重玄之轨。

(4) 以非有非无为宗。梁武帝萧衍早年景仰道教,从陶弘景受经法,后来于天监年间下诏舍道皈佛,佛道二教于其身兼而有之。萧氏解老著作已佚,无从考见其思想面貌。然而,依其所禀佛教之宗系来看,不外风行六朝的中观学说。中观学说正是以"非有非无"的论辩及其双遣两边的方法来实现佛教的精神超越。杜氏说,罗什、图澄、梁武帝皆因因果之道,即谓其注老解老侧重因果道理,由因推果,由果溯因,由此引导出善恶有缘、死生轮回的结论。于此可知萧衍是以佛教观点与方法来解注《道德经》的。

(5) 以重玄为宗。杜氏举"明重玄之道"一家,却另以孙登标其宗,《隋书·经籍志》和陆德明《经典释文》皆言孙登有注老二卷,可惜已佚。孙登乃孙盛之侄,孙盛是东晋大思想家,学问渊博,"善言名理",孙登从学于孙盛。孙盛作《老子疑问反讯》,说:"《道经》云:'故常无欲以观其妙,故常有欲以观其徼,此两者同出而异名,同谓之玄,玄之又玄,众妙之门。'旧说及王弼解,妙谓始,徼谓终也。夫观始要终,睹妙知著,达人之鉴也。既以欲澄神昭其妙始,则自斯以已宜悉镇之,何以复须有欲得其终乎?宜有欲俱出妙门,同谓之玄,若然以往,复何独贵于无欲乎?"[3]这是对以虚无为宗的严君平、王弼于有欲与无欲、始与终、妙与徼中遣其一

---

[1]《道德真经广圣义》卷五,"释疏题明道德义",《道藏》第 14 册,第 338 页。
[2]《云笈七签》卷五,"经教相承部",《道藏》第 22 册,第 29 页。
[3]《老子疑问反讯》,《广弘明集》卷五,《大正藏》第 52 卷,第 120 页。

端、执着一面的有力批评。然而,孙登重玄学宗的双遣方法也于此初见端倪。蒙文通先生说:"重玄之说,实由'有欲俱出妙门,同谓之玄'之难诘而启之也。"①综上所述,杜氏分解老之学宗为五派,其中以无为为宗的顾欢偏于"非有非无"的义理阐释,反对以虚无为宗的玄学派"遣有归无"的论证方式及无为修身的式态,这在道派源流上亦并不独辟蹊径,故此,这一学派实际上归于重玄学宗。以道德为宗的孟智周、臧玄静本"明重玄之道",更不离重玄学宗之藩篱。这样一来,五派学宗实际上可归为三宗:以虚无为宗、以非有非无为宗、以重玄为宗。在杜氏看来,"宗旨之中,孙氏为妙矣"②。

杜光庭在整理前人注解《道德经》的理论要点、学脉宗承、论证方式之后,得出的结论是:"虽诸家染翰,未穷众妙之门,多士研精,莫造重玄之境。"③

## 二、"重玄"义旨

重玄学说应道教理论建设的需要而产生,应与儒、释争高低的需要而发展,它既是一个解释道教经典的思想流派,又是注重义理思辨的宗教思想体系,还是一种理论方法。魏晋时期,经学中衰,玄学勃兴,玄学代表人物何晏、王弼皆"祖述老庄立论",用改造过的道家学说阐释儒家经典,故以"儒道兼综"为基本特征,以名教与自然关系问题的论证为官方正宗哲学,又以围绕有无、体用、本末等范畴所展开的辩论别开一学术生面。佛教作为外来宗教,为求得生存之地,努力使自身中国化。所谓中国化,在魏晋时期就是玄学化,慧远说:"如令合内外之道以求弘教之情,则知理会之必同。"④佛教"本无义"即附会王弼的"贵无论","即色义"附会向秀、郭象的"独化论","心无义"有鉴于诠无释有偏于空形色不空心神,故提出"无者心无"的学说。僧肇则综述各义,品评得失,观其会

① 蒙文通:《古学甄微》,第350页。
②《道德真经广圣义》卷五,"释疏题明道德义",《道藏》第14册,第341页。
③《道德真经广圣义·序》,《道藏》第14册,第310页。
④《三报论》,《弘明集》卷五,《大正藏》第52卷,第34页。

通。因此说，"般若学派中的'六家七宗'乃是东晋时代玄学家的流派在佛教思想中的反映"①。佛教极力摄取玄学思想内容，自然是为了安身立命，但佛教思辨确与具有较高水准的玄学思辨相契合，玄学关心名教与自然问题，佛教关心世间与出世间问题，两种世界观虽有很大差距，其论证方法却确有相通之处。故佛学可借用玄学范畴阐扬佛教思想，也容易为人所接受。道教在理论上"杂而多端"，且"多巫觋杂语"，有"妖妄不经"之嫌疑。道教要取得生存权利和实现进一步发展，须为自己的宗教信仰建立哲学论证。葛洪适应这种需要，为从早期道教中游离出来的神仙道教营建一个理论系统，他所能利用的现成思想材料无非玄学，《抱朴子内篇》开篇说："玄者，自然之始祖，而万殊之大宗也。"在他看来，"玄"即是"道"，"道"即是"玄"，道—玄既可以是王弼的"无"，又可以是郭象的"有"，或者说是有—无的同一体："论其无，则影响犹为有焉；论其有，则万物尚为无焉。"（《抱朴子内篇·道意》）葛洪"精辩玄赜，析理入微"和"由小验知大效，由已然明未试"的致思方式已同早期道教的"苦妄度厄""用持杀鬼"等大相径庭。随着佛教在中国土壤扎根，大量佛经被译成汉文，而玄学则渐衰落，佛教不再依傍玄学，大乘空宗的般若学经鸠摩罗什及其弟子传授，泛滥中土。罗什师徒所传的中观学后成为三论宗的思想渊源。三论宗最著名的论证方式便是"中道"方法，如《中观论疏》说："非有非无，则是中道。"②《大乘玄论》卷四说："虽无而有，不滞于无，虽有而无，不累于有。不滞于无，故断无见灭；不累于有，故常著冰销。……不累于有，故不常；不滞于无，故非断。即中道也。"③这种论辩确比玄学更为玄远。佛教的兴盛与发展，对于道教来说，不仅使其产生了与佛教争高低的需要，亦为道教理论的发展提供了可借鉴的基础，北魏寇谦之、南梁陶弘景皆引佛入道。杜光庭说罗什、图澄、僧肇皆注《道德经》，正表明佛教向道教领域渗透，摄取道教理论成分，从而反过来说，道教摄取佛教

---

① 任继愈：《汉唐佛教思想论集》，第 43 页，北京：人民出版社，1994。
②《中观论疏》卷一〇末，《大正藏》第 42 卷，第 160 页。
③《大乘玄论》卷四，《大正藏》第 45 卷，第 55 页。

的中观学说以阐扬重玄思想也是应有之理。道教学者既主动引佛入道，当不远佛学流行的论题。陆希声说："王（辅嗣）、何（晏）失老氏之道，而流于虚无放诞。"①

这些正好表明道教理论家在与佛教论辩的过程中，已不满足于以玄学思想作为自身的理论基础，欲代之以思辨性更强的理论，这就是摄取了佛教中道原则的重玄学说。如上所述，杜氏服膺孙登，孙登是从"有欲无欲"的诘难中得到启发的，加上对佛教"中道"方法的运用，自然会产生非有欲、非无欲的观念。故此，蒙文通先生说："重玄之妙，虽肇乎孙登，而三翻之式，实始乎罗什，言老子别开一面，究源乎此也。"②

重玄学派至唐初，经成玄英、李荣及孟安排等人的彰显，俨然成一大宗。他们扬弃王弼玄学，认为玄学家未深了"玄"的意蕴。成玄英说："玄者深远之义，亦是不滞之名……既不滞有，亦不滞无，二俱不滞，故谓之玄。"③王弼以为遣有归无即是玄义，在成玄英看来，这恰恰是滞着于无，只有有无两不滞才是"玄"。很显然，成玄英是在佛教三论宗"有无两遣"的基础上来理解"玄"的。什么叫"又玄"呢？成玄英接着说："有欲之人，唯滞于有。无欲之士，又滞于无。故说一玄，以遣双执。又恐学者滞于此玄，今说又玄，更祛后病。既而非但不滞于滞，亦乃不滞于不滞。此则遣之又遣，故曰玄之又玄。"④意思是，在有无两遣的基础上再遣（"遣之以遣"），玄之又玄，即谓"重玄"。成玄英又批评佛教三论宗之中道思想未明重玄道理，说："学人虽舍有无，得非有非无，和二边为中一，而犹是前玄，未体乎重玄理也。"⑤李荣在成氏基础上进一步推演说："借玄以遣有无，有无既遣，玄亦自丧，故曰又玄。又玄者，三翻不足言其极，四句未可致其源，寥廓无端，虚通不碍，总万象之枢要，开百灵之户牖，达斯趣者，众妙之门。"⑥有、无—非有、非无—非非有、非非无，这是一个否定之

①《道德真经传序》，《道藏》第 12 册，第 115 页。
② 蒙文通：《古学甄微》，第 348 页。
③④⑥《道德真经玄德纂疏》卷一，《道藏》第 13 册，第 361 页。
⑤《道德真经玄德纂疏》卷二〇，《道藏》第 13 册，第 533 页。

否定的三翻式，每一次否定都表示了一次超越提升。并且，李荣还认为，三翻式也未必就穷极致源了，重玄之极是要做到"寥廓无端，虚通不碍"，方是"重玄之境"，也就是达到"道"所取法之"自然"，如成玄英所说的——"自然者，重玄之极道也。"①重玄学者把"重玄"义确定为《道德经》的核心内容："言教虽广，宗之者重玄。"②因而，隋唐的道教理论家几乎都接受了重玄观点，王玄览、司马承祯、唐玄宗等甚而从不同方面发展了重玄思想。从而，这些重玄观点也成了杜光庭重玄思想的直接理论来源。杜光庭说："寄又玄以遣玄，欲令不滞于玄，本迹两忘，是名无住，无住则了出矣。"③"本迹"譬犹"有无"，"本迹两忘"指非有、非无（玄）；"是名不住"指非非有、非非无（又玄）。经过这番遣之又遣的过程，做到"无住"，才可以"了出"，进入重玄之境。总之，既遣有无（玄学），又遣非有、非无（释学），不滞于有无，不滞于非有非无，一无所滞，乃可入重玄境界。从以上所述可以看出，重玄学宗是从魏晋玄学始，经佛学思辨阶段的否定，再扬弃玄学和佛学而建立起来的解经学派。作为重玄理论，它是一种注重义理思辨、企图超越世俗见识、追求宗教理想境界的思想体系。作为重玄方法，它是一种通过不断地遣除思想偏执以建构道教宗教哲学体系的思维方式。

重玄学者十数家，然而，在杜光庭看来，皆"莫造重玄之境"："谁能绝圣韬贤？""谁能含光遁世？"他觉得唯自己能"思抗迹忘机""思去奢去欲"，再造重玄之境。④

## 三、造重玄之境

如何造重玄之境呢？杜光庭说："教以无执无滞。"⑤对于重玄义蕴之

---

①《道德真经玄德纂疏》卷六，《道藏》第 13 册，第 412 页。

②《道德真经玄德纂疏》卷一八，《道藏》第 13 册，第 518 页。

③《道德真经广圣义》卷六，"玄之又玄众妙之门"义疏，《道藏》第 14 册，第 344 页。

④《道德真经广圣义·序》，《道藏》第 14 册，第 310 页。

⑤《道德真经广圣义》卷一，"叙经大意解疏序引"，《道藏》第 14 册，第 314 页。

领悟,杜光庭与成、李、孟氏等并无根本差异,差别在于,成、李、孟氏等运用了重玄的境界,以求超越儒、释;杜光庭则欲将重玄方法推及理论与践履的每一个方面,重心在于"无住了出",欲构造一个重玄的宗教哲学思想体系,以求超越世俗。这可从杜光庭对于现象界诸关系和主客体关系两个方面的论述窥其堂奥。

1. 现象界诸关系。

(1) 有无。杜光庭借用佛教的提法,认为平俗之人偏执于"有",未明"诸法性空",即不知现象界(法界)本性空无,圣人能够以无遣有,化有归无,却又偏执于无(道教以"仁为德之阶",圣贤为趋仙得真之次第),有鉴于此,老君立教"是令众生不滞于迹[疑为'有'],圣人不滞于空,空有两忘,尽登正观矣"①。亦即"无此有,亦无此无"。从上述看来,他借用佛教命题阐释道教思想,尚有未加消化之痕迹,不过,他立即又补充说:"非无非有,非名为道……空无之道,亦非自然……无无者无执也。"②即是说,万象也并非就是空无,空无并非万象的根本特性,把空无作为万象本体是玄学或佛教观点,不合道教的精神,道教所说的作为本体的自然之道,超乎有无之上,它既是有,又是无,既非有,又非无。玄学和佛学执于有无与非有非无,只表明在主观上的偏执。因而重玄学强调"无执"义,一无所执,才合乎道义。

(2) 本迹、因果。从现象界自身过程来看,有因有果,有本有迹,修因可趋果,显本可由迹。从重玄的高度来看,则无所谓因,无所谓果;无所谓本,无所谓迹。所以,不可偏执因果、本迹,而应当"因果双遣""本迹俱忘",然后又忘此忘,"此忘吻合乎道"。③

2. 主客体关系。如何把握主、客之间的关系,杜光庭同样依据重玄方法,提出"辩兼忘":"玄之又玄者,辩兼忘也。"④所谓兼忘,就是物我两

---

① 《道德真经广圣义》卷二九,"无名之朴亦将不欲"义疏,《道藏》第 14 册,第 454 页。
② 《太上老君说常清静经注》,《道藏》第 17 册,第 186 页。
③ 《道德真经广圣义》卷六,"玄之又玄众妙之门"义疏,《道藏》第 14 册,第 344 页。
④ 《道德真经广圣义》卷六,"道可道"章疏,《道藏》第 14 册,第 342 页。

忘,外以忘"境",内以忘"智"。"趋重玄之境"是相对于存在着的主体而言的,主体在致思存神的修炼过程中,不仅应当摆脱客体的困扰,更要超越自身,故此,忘我、非我至关重要,须"忘其所习,遣其所执,从寂于中,神化于外"①。在道教看来,纷繁杂陈的现象界是个大宇宙,人本身又是有心有形、有三尸八神的小宇宙,因此,"忘我""非我"也需有两忘,即"遗形忘我,无身无主",最后做到"心形俱无",然后"混然与大道冥通"。具体说来,表现在三个方面:

（1）有欲与无欲。杜光庭说:

> 为生欲心,故求无欲,欲求无欲,未离欲心,既无有欲,亦无无欲,遣之又遣,可谓都忘。②

意谓有人以为摈弃有欲、执着无欲就算超尘脱俗,其实未绝追逐物欲之心("放心"),只有连无欲的意识都没有了,才称得上超脱,杜光庭称这种超脱为"无欲于无欲者"。

（2）想与缘。杜光庭说:

> 随境生欲谓之缘,因心系念谓之想。……想缘俱忘,乃可得道。③

意谓不仅要泯灭"随意生欲"的感觉能力,还要排遣"因心系念"的思考能力,想缘两绝,乃可以非常状态契合道体。

（3）有为与无为。杜光庭认为,行仁积善、立功累德是符合于趋真归道的"有为",同时又要具有无为的意识,不矜持于功德,最后还要上升到重玄的高度,连无为的意识也遣尽:

> 为而不有,旋立旋忘,功既旋忘,心不滞后,然谓之双遣,兼忘之至尔。④

---

① 《道德真经广圣义》卷六,"道可道"章疏,《道藏》第14册,第342页。
② 《道德真经广圣义》卷六,"玄之又玄众妙之门"义疏,《道藏》第14册,第344页。
③ 《道德真经广圣义》卷四,"释御疏序下",《道藏》第14册,第332—333页。
④ 《道德真经广圣义》卷三六,"损之又损以至于无为"义疏,《道藏》第14册,第494页。

综上所述,杜光庭的重玄思想核心是"遣执",遣有之偏执,遣无之偏执,遣非有非无之偏执,外遣物境,内遣自我,遣之又遣,以归"无无"。即,有无、物我、心形等一切主观与客观现象经过连续不断的遣除,都可在主观上视为不存在,只有最高本体的道是存在的,它是不无之无,既能理有,又能理无:

> 道之为无,亦无此无;德之为有,亦无此有。斯则无有、无无执病都尽,乃契重玄,方为双绝。①

作为一种理论方法,它不仅容纳了玄学、三论宗,也吸收了禅宗"四照用"的方法。但作为一种思想体系,它又与佛学异趣。佛学以现实世界虚幻不实,重玄学视修炼为物象所牵累,讲究存思存神。这种区别在道佛关系史上始终存在。

## 第三节 "道通一气"

道家、道教皆以"道"作为本学派或本宗教的标帜,表明无论是作为一种学术派别,还是作为一种宗教,对"道"的论证都垂范于史,尽管道家支系错综(先秦时就有关尹,老聃,宋銒、尹文,彭蒙、田骈、慎到,以及庄周等若干派别),道教分流杂陈(汉末、魏晋时就有五斗米道、太平道、帛家道、李家道、上清派、灵宝派等教派),然而它们无不以论气说道、营构自己的宇宙本体论为首务。于是,自然而然地汇成一个文化传统。这也是道教作为本民族的宗教与世界其他宗教相区别的一个重要标志。

### 一、道与气

道、气是道教的两个基本范畴,两者形影相联,伴随着道教起伏兴衰之始终。

---

① 《道德真经广圣义》卷五,"释疏题明道德义",《道藏》第 14 册,第 338 页。

（一）道

道是老子哲学的起点，又是其归宿。它是极其空泛的绝对抽象，又是包含了潜在的、无限的丰富内容的实在。

在老子哲学中，道有多种含义和属性：

（1）本根义。其一是"有物混成，先天地生"（《老子》第 25 章），"似万物之宗"（第 4 章）、"万物之奥"（第 62 章），"可以为天下母"（第 25 章）的物质性实体，这种实体在混沌状态时，"其中有象……其中有物……其中有精；其精甚真"（第 21 章）；其二是"无状之状，无物之象"（第 14 章），是惚恍无定、绳绳不可名的精神性实体。

（2）法则义。老子云："道大，天大，地大，人亦大……人法地，地法天，天法道，道法自然。"（第 25 章）又云："天道无亲"（第 79 章），"独立不改，周行而不殆"（第 25 章）。即是说，道是自然而然、周而复始地运行着的法则，它既是自然法则（"天之道"），又是人类社会的最根本的法则（"人之道"），正所谓"孔德之容，惟道是从"（第 21 章）。

（3）变化动力义。老子云："反者道之动，弱者道之用。"（第 40 章）又云："道隐无名，夫唯道，善贷且成。"（第 41 章）意思是说，物质运动过程有始有终，终而复始，是由于隐于物质运动过程背后、不见形迹的道的推动。

（4）主宰义。老子云："以道莅天下，其鬼不神。"（第 60 章）"天之道，不争而善胜。"（第 73 章）此外，道还有"长生久视"之义。[①]

正是由于道具有精神与物质、整体与多义两种性质，才很容易被道教改造利用。

杜光庭对"道"有如下几种含义的界定：

（1）道在气物、形质之先。他说：

> 道之起也，无宗无祖，无名无形，冲而用之，渐彰于有其初也，示若无状之状，无象之象，无物之物，无名之名。天地未立，阴阳未分，

---

① 见《老子》第 59 章："深根固柢，长生久视之道。"

清沌未判,混沌圆通,含众象于内而未明,藏万化于中而未布。①

意谓道是自本自根、无因无待、完全绝对的自在之物,它虽含众象而藏万化,却非形名、言象所及,天地、阴阳、形名万象皆赖其孕育化生。杜氏改造了《道德经》中"有物混成"义,认为"有物"并非实有其物,而是"有妙物也,即虚极妙本也"②。"虚极妙本"也就是道。

(2)道超有无、时空。他说:

此妙本不有不无,难为名称,欲谓之有则寂然无象,欲谓之无则湛似或存……乃是无中之有,有中之无。③

意谓说它是有,却无形无象,来焉莫见,往焉莫追;说它是无,却似无中存有。实际是既存乎有无之中,又超乎有无之上。又说:道"后劫运而不为终,先天地而不为始,圆通澄寂,不始不终"④。意谓具体事物有始有终,道无始无终。

(3)道是万物运动之根源。杜氏说:

冬寒夏暑春生秋杀,万象运动皆由道而然。⑤

意谓道使万物有动有静,道自身则无动无静,它"通变无方",存亡自在。

(4)道可悟得。杜氏认为道非形非象,非名非实,非始非终,非感觉可览,非理性所识,却可通过修道体悟而得:

玄理真性,考幽洞深,可以神鉴,不可以言诠也。⑥

(5)道即老君。杜氏说:

老君乃天地之根本,万物莫不由之而生成,故立乎不疾之途,游于无待之场,御空洞以升降,乘阴阳以陶埏,分布清浊,开辟乾坤,悬三光,育群品,天地得之以分判,日月因之以运行,四时得之以代谢,

---

① ②《道德真经广圣义》卷二一,"有物混成先天地生"义疏,《道藏》第14册,第413页。
③ ⑤《道德真经广圣义》卷一九,"道之为物惟恍惟惚"义疏,《道藏》第14册,第402页。
④《道德真经广圣义》卷六,"道可道非常道"义疏,《道藏》第14册,第342页。
⑥《道德真经广圣义》卷四,"释御疏序下",《道藏》第14册,第332页。

　　五行得之以相生。①

凡道所具有的所有属性，老君同样都具有，他"生于无始，起于无因"，为万物之光，元气之祖。他以虚无为体，自然为性。莫能使之然，莫能使之不然，不知其所以然，不知其所以不然。一句话："大道之身，即老君也。"②杜氏还全面而系统地叙述了神化了的老君名号由起、降生年代、氏族事迹等。

　　（6）道即气。杜氏说：

　　　　道者，虚无之系也，混沌之宗，乾坤之祖，能有能无，包罗天地。③

　　以上杜氏所述"道"的六种含义，基本上是从宗教立场来看待"道"的，与《道德经》中"道"的意蕴相去甚远。同以前的道教理论家一样，杜氏要建构宗教哲学体系，也必定从"道"这个基础范畴开始，首先将道含义中的物质内容排遣掉，然后再把精神的内容神化、人格化。为实现这一过程，杜氏首要防范的是有物有实、有形有名、有始有终这些内容。因为在这些日常即可感觉到的内容基础上建立起超现实的神仙世界，是不可思议的。故，不妨把道直接称为"虚无"，只有如此，才能"圆通沉寂""通变无方"。但是另一方面，将道遣归虚无，确有可能流于空泛放诞，使道失去规定性，而与玄学无异，因此杜氏又强调道是"不无之无，不有之有"，进而又称道为气，以气充实虚无之道。

　　（二）气

　　气化论是我国的唯物主义传统，稷下道家首先改造了《老子》"冲气以为和"的命题，提出："气通乃生，生乃思，思乃知。"（《管子·内业》）甚至认为气之精者即是道，完全以一元性的物质的气替代老子二重性的道。《易·系辞》亦云："精气为物，游魂为交。"《越绝书》云："道生气，气生阴，阴生阳，阳生天地。"《淮南子·天文训》第一次提出"元气"概念，云："道始于虚廓，虚廓生宇宙，宇宙生元气。元气有涯根，清阳者薄靡而

①《道德真经广圣义》卷二，"释老君事迹氏族降生年代"，《道藏》第 14 册，第 317 页。
②《道德真经广圣义》卷二，"释老君事迹氏族降生年代"，《道藏》第 14 册，第 316 页。
③《太上老君说常清静经注》，《道藏》第 17 册，第 183 页。

为天,重浊者凝滞而为地。"一方面断定气化而有天清地浊,另一方面又肯定元气来源于"虚廓",把元气化生看做道生万物的一个阶段。王充以"疾虚妄,重效验"的实践精神,把元气上升为宇宙万物的最后本源,把道理解为事物发展的规律——"自然之道",从而确立元气唯物的地位。此后,王符的《潜夫论》进一步提出太素—气(阴气、阳气)—天地人的宇宙化序次,完善了气化论。即使充满谶纬迷信思想的《白虎通义》也承认:"天地,元气之所在,万物之主也。"

道教引气入道,一是道教自身理论发展的需要,二是源于早期道教创始人所能够直接继承的思想资料。《河上公章句》说:"元气生万物","天地含气生万物"。又说:"一生阴与阳","阴阳生和气清浊三气,分为天地人也"。①《太平经》说:"夫物始于元气","元气包裹天地八方,莫不受其气而生"。《抱朴子内篇·至理》说:"人在气中,气在人中,自天地至于万物,无不须气以生者也。"以上所运用的"气"概念都具有物质始基的意义。

对于"气"概念,杜氏用了几种名称予以描述,或直称为"气",或称做"元气",或称做"玄元始气",或称为"冲气",或称为"和气",还称为"道气"。事实上,除了"道气",其他都是在不同场景下的名称之异,其意蕴大体相同,皆指物质性的原始材料:

(1) 冲气。杜氏说:

> 一者冲气也,言道动出冲和妙气,于生物之理未足,又生阳气,阳气不能独生,又生阴气。积冲气之一,故云一生二,积阳气之二,故云二生三。②

即言冲气乃阴阳未分、混沌未判的微妙之气,是不杂的纯一,纯一的冲气分化为阴阳二气,阴阳二气生"三"(表示多样性),而后有万物。这是从混沌状态描述气。

---

① 《老子河上公章句》,《道藏》第 12 册,第 1、12—13 页。
② 《道德真经广圣义》卷三三,"道生一一生二二生三"义疏,《道藏》第 14 册,第 479 页。

（2）和气，又可叫做冲气。杜氏说：

> 道动出和气以生于物，然于应化之理犹自未足，更生阳气，积阳气以就一，故谓之二，纯阳又不能生，更生阴气，积阴气以就三，故谓之三。三生万物者，阴阳交泰。冲气化醇，则遍生庶汇也。①

意谓气在单一状态下不能生成万物，只有在交泰掺和状态下才能生成。这是受《易传》"天地氤氲，万物化醇；男女构精，万物化生"的思维模式的启发，从交合状态描述气。

（3）元气，又称玄元始气，三位而一体。元气生化过程是：

> 元炁分为二仪，二仪分为三才，三才分为五行，五行化为万物。②

在杜氏看来，气有无数，元气是其本根，"于九万九千九百九十亿万气之初，运玄元始三气而为天上，为三清三境"③。始气为玉清境，元气为上清境，玄气为太清。由于玄气始气的鼓冶，分阴分阳，无穷演化，从而有"三境四民三界"，即是说玄元始气不仅演化为俗界——三界（欲界、色界、无色界），而且演化为仙界——三清境、四人天（常融天、玉融天、梵度天、贾奕天）。这是吸收佛教三法界说，融会道教三清境说，从原初意义上描述气。

（4）道气。将道与气合称为"道气"，这是前人留下的思想遗产，又是杜氏重建道教宇宙本体论所直接碰到的、毋庸回避的重要问题。可以说，道教与佛教一个重大区别在于，佛教断定万象虚无不真，诸法寂灭，道教虽讲"诸法性空"，却认为"其中有精，其精甚真"。成玄英释"希、夷、微"时曾说道："明至道虽言无色，不遂绝无，若绝无者，遂同太虚，即成断见。"④杜氏在《常清静经注》中也说：

> 所说空相亦非空相，空相是道之妙用，应道用即有，不用即无，

---

① 《道德真经广圣义》卷三三，"三生万物"义疏，《道藏》第14册，第479页。
② 《太上老君说常清静经注》，《道藏》第17册，第184页。
③ 《道德真经广圣义》卷二，"释老君事迹氏族降生年代"，《道藏》第14册，第317页。
④ 《道德真经玄德纂疏》卷四，《道藏》第13册，第389页。

> 非无非有非名为道。道本无形之形,真之能名。德本无象之象,是
> 谓真象。①

成、杜的共同点是试图说明道教虽然推崇虚玄,但并不是讲"绝无"。既
要求虚,又要求真,这是道教理论难以克服的矛盾。求虚则欲以道为超
言绝象,无形无名,求真则欲引气实道,这乃是道教宇宙本体论的一般特
征。杜氏正是从试图解决这一矛盾入手来论述"道气"范畴的。

(三) 道气

在杜氏看来,道与气在穷根究底意义上是有区别的,虽则可以说"道
本包于元气",但依《道德经》"道生一,一生二,二生三"的生成次序,道在
气之先,"道动出和气","道动出冲气","大道吐气,布于虚无,为天地之
本始"。② 如前所述,倘若在此意义上构建道教哲学本体论,容易使道失
真,而如若在元气基础上构建本体论,则与唯物主义无异,可是宗教天生
就是唯心主义。为走出二难境地,杜氏提出"道气"概念,说"(混元)以其
道气化生"③,"知身是道气之子"④,以"道气"作为天地人的本体。杜氏
称道、气为"道气"。道与气皆有"万象之本原"义,道之称"朴"⑤,气之称
"元",都含"最初最小"义,按照自然数列,两者可以在"一"基础上统一起
来,故说"元者,道也"⑥。两者又都有"生成"义,元气造化而有天地万物,
冲和之气化醇而有阴阳之象。道乃混沌之宗,乾坤之祖,"一切物类无不
从道而生"⑦。更重要的是,老子所说的"道",本身就含有物质实体的因
素,道、气最早就有同一的根源。

道、气如何同一? 可以看到,唐以前"道气"概念,多以"道"与"气"两

---

① 《太上老君说常清静经注》,《道藏》第 17 册,第 186 页。
② 《道德真经广圣义》卷六,"无名天地之始"义疏,《道藏》第 14 册,第 343 页。
③ 《道德真经广圣义》卷四,"释御疏序下",《道藏》第 14 册,第 334 页。
④ 《道德真经广圣义》卷三七,"既知其子复守其母殁身不殆"注,《道藏》第 14 册,第 503 页。
⑤ "端寂无为者道之真也,故谓之朴。"《道德真经广圣义》卷二七,"朴虽小天下不敢臣"义疏,《道藏》第 14 册,第 441 页。
⑥ 《太上老君说常清静经注》,《道藏》第 17 册,第 184 页。
⑦ 《太上老君说常清静经注》,《道藏》第 17 册,第 186 页。

种概念简单地、直接地进行统一,并不解释统一的条件和内在因素,用中国古代之和、同殊致的说法,可以称为道、气"和而不同"。杜氏则不同,他具体地分析了道、气各自的特性,认为道的最根本特性在"通",气的最根本特性在"生",他说:

> 道,通也,通以一气生化万物,以生物故,故谓万物之母。①

以道通气,"通"与"生"两性结合,道—气则达于直接的无差别的同一。杜氏在做此种结合与同一的解释时,把气看做事物的运动,把道看做运动的规律,运动与规律当然是不可须臾分离的,是客观的同一。但在包括杜氏在内的所有道教学者的理论中,道不仅是规律,更是精神实体;气不仅是运动,首先是物质实体。所以,杜氏所说的"道气"乃是物质与精神结合的二元体。

以"道气"作为宇宙本体,既可说物质现象产生的根源在于无形无象的极微妙之气,亦即说明物不能生于非物这种"俗人"皆普遍接受的道理,又可说物质和精神现象所产生的共同根源乃在于超乎心物之上的超言绝象之道,亦即说明了道生心物的"道人"可悟得的玄妙道理。既能满足凡俗认识的需要,又能满足宗教认识的需要。既可满足道教理论中求虚的需要,又可满足求真的需要。说道气是物质性的亦可,说它是精神性的亦可,甚至可说它就是万神之主——老君。道气既是虚,又是实。虚实通变无方,圆融不碍,因而"道气"命题最终亦符合重玄精神。

## 二、道气与万物

杜氏在确立了道气二元体作为宇宙本体之后,就以此为始基推演出宇宙万象的存在,断定天地人皆由道气所生。

### (一)道气生物

杜氏说:

---

① 《道德真经广圣义》卷四,"释御疏序下",《道藏》第14册,第334页。

混元以其道化生,分布形兆,乃为天地。而道气在天地之前,天地生道气之后。①

混元乃天地未分、阴阳未判、名号未彰、言语路绝、混混无端的道气原始状态,由于道气的躁动,而后"分布形兆",有阴有阳、有天有地、有名有号。从发生学角度讲,杜氏首先明确了道气与天地万象之产生与被产生的关系,说明天地万象并非从来就存在,只是道气化生的结果,所以说:

阴阳虽广,天地虽大,非道气所育,大圣所运,无由生化成立矣。②

道气生化,自本自根,无须外力,它自身具有生物之一切条件,是形式与质料的统一,既是生物之本根,又自身具有运动的能力,人们无法感知道气生化事物的过程,却可知见它生化万物的功用。由于道气的蕴化,始有阴阳二气,"阳气在上而下感于阴,坤为阴也。阴气在下而上感于阳,二气交感而生万物。是则孤阴孤阳不能生化"③。显而易见,道气与阴阳二气殊异,道气未分阴阳,其蕴化之机难测,而阴阳二气有对立的两极,其交感的运动形式可知;道气是纯一,由纯一分化阴阳二气,而阴阳二气则须交和方能生化,孤阴孤阳都不能生成。这实际上是辨明道气与阴阳二气谁是产生者,谁是被产生者。依循这种思路,杜氏继续论证了道、形、器的关系。

(二) 道、形、器

"形而上者谓之道,形而下者谓之器。"这是《易传·系辞》用以表述法则与器物之间关系的命题,意谓未有形质的道称为"形而上",已有形质的器称为"形而下"。杜氏利用这一命题表述了他的宇宙生成观,他说:

①《道德真经广圣义》卷四,"释御疏序下",《道藏》第 14 册,第 334 页。
②《道德真经广圣义》卷二,"释老君事迹氏族降生年代",《道藏》第 14 册,第 318 页。
③《道德真经广圣义》卷三三,"三生万物"义疏,《道藏》第 14 册,第 479 页。

　　　　凡万物从无而生,众形由道而立,先道而后形。道在形之上,形
　　在道之下,故自形而上谓之道,自形而下谓之器,形虽处道器两畔之
　　际,形在器上不在道也,既有形质可为器用,故云形而下者谓之器。①

重要的是他改造了"形"的概念,认为形"处道器两畔之际",在道之下却
不是器物,在器之上却不是道,既非道,又非器,是什么呢? 考其原委,杜
氏所说的"形"乃是气凝结的一种状态,凝结的气已具有"形质",而形质
则可为器用。他又说:

　　　　无名天地始,无名无氏,然后降迹,渐令兆形,由此而天地生,气
　　象立矣。②

无名无氏(道或道气)—形—天地,照这个序次,形在道之下,又在天地之
上。它非抽象的道(道本身难为名称),又非具体的人之形、物之形(具体
的形称为器),实际也就是阴阳二气的交和形态,是具体的形之兆初,是
一种"形气"。杜氏既以道与道气通称,按照"有形有器皆合于道"的规
则,其宇宙生成图式又可表述为:道(道气)—形气(阴气、阳气)—器物。
形气为道气生化万物的中间过渡形态,或谓中介物。这样就把道气产生
万物的过程多层面化,凸显了"积"和"渐"的作用。

　　(三) 道气与人体

　　道气既是宇宙万物的本体,自然地,它也是人体之本体。杜氏说:

　　　　人之禀生本乎道气。③

从本根意义上讲的确如此,但由于杜氏将道气生化万物的过程多层面
化,经过"积""渐"过程,道气本身也在不断地分化,分化开来的气重新组
合又产生新的气。杜氏认为,这些从道气分化来的气不仅有量的区别,
也有质的差异,特定的气产生特定的对象。人体就是由阴阳、天地两种

---

①《道德真经广圣义》卷一一,"故有之以为利无之以为用"义疏,《道藏》第 14 册,第 371 页。
②《道德真经广圣义》卷六,"无名天地之始"义疏,《道藏》第 14 册,第 343 页。
③《道德真经广圣义》卷四〇,"我好静而民自正"义疏,《道藏》第 14 册,第 519 页。

对立性质的气交和而新生的"和气"而产生的,天清地浊,阴升阳降,而后出现和气。人禀和气,故人的特性亦是"和"。既然气有阴阳、清浊的属性,则所催生之人亦有智愚、男女等种差。杜氏说:

> 人之生也,禀天地之灵,得清明冲朗之气为圣为贤,得浊滞烦昧之气为愚为贱,圣贤则神智广博,愚昧则性识昏蒙,由是有性分之不同也。老君谓孔子曰易之生人及万物鸟兽昆虫,各有奇偶,谓气不同。……于和气之间有明有暗,故有贤有愚。愚欲希贤,即越分矣;暗欲代明,即妄求矣。①

我们知道,东汉王充曾以朴素唯物观论证过元气与人的关系,《论衡·幸偶》云:"俱禀元气,或独为人,或为禽兽。并为人,或贵或贱,或贫或富。富或累金,贫或乞食;贵之封侯,贱之奴仆。非天禀施有左右也,人物受性有厚薄也。"比较杜氏与王充各自所述,可以明确以下几点:

(1)都是讲气化生人,但王充所说的"气"是弥沦天地无差别的物质性的元气,杜氏所说的"气"亦可谓物质性的和气,但有物质和精神二元体的道气高耸其上。

(2)两人都执定气之生人有贵贱智愚差别,乃凭偶然因素,但王充强调学可至圣的后天努力,杜氏则强调贤愚贵贱未可越分妄求。

(3)两人都相信气不仅产生人之物质实体(人体),也产生思想行为,但王充所谓人禀之气,只有原薄等量的差异,杜氏则认为和气生人,不仅有量的差异,而且具有清浊、暗明之质的差异。

至此,可见宗教认识与唯物认识之殊致,以及杜氏在这方面所做的继承和发展。从杜氏的思维过程看,他是从宗教的价值取向出发,依恃"三一为归"的传统思维模式,来对古代气化论厉行改造和发挥的。

---

① 《道德真经广圣义》卷八,"不贵难得之货使民不为盗"义疏,《道藏》第 14 册,第 352 页。

（四）道气与心

在宇宙生成图式的论述方面，杜氏执定道通一气、道气化生万物的道—气本体说。另一方面，他在论及"心"的修炼过程时，意识到"心难理也"，于是又强调了心的地位和作用。他说：

> 心与天通，万物自化于下。……一切世法因心而灭，因心而生。①

这样便又有心本体的意味。道教理论本来是一种客观唯心的理论体系，讲求物我两忘，冥心契道，但又在讲求修道修心时，无意间突出了心的地位和作用，从而在某种程度上偏向主观唯心。这种偏向，绝非偶然，是道教理论发展的必然，显示着道教炼养理论的一个重大转向，即内丹道教逐渐取代外丹道教。此种转向从唐初成玄英就已显明。成氏摄取佛教修炼术，推崇"三业清净，六根解脱"，王玄览则有了"心生诸法生，心灭诸法灭"的命题，司马承祯的"安心坐忘之法"和"五渐门"之修次，讲的无非是"收心断缘""存思复性"。杜氏是这一过程的继续和总结。但是，在道气与心两者统一的问题上，杜氏还是坚持了以气统身、以道息心的路向。他说：

> 知身是道气之子，从道气而生。②

由此推出，修身即修心，修心以契道。

应当指出，杜氏所论述的气，从共相的"道气"，到殊相的冲气、和气、形气、阴气阳气，乃至人体中的精气，都无明确的界定，保持了较大的弹性，甚至常常含混模糊，我们实际上只能根据其致思趋向，在具体情形下领略其确定的含义，这亦是道教哲学思维的一大特点。然而，从无差异的"气"概念到有属种、性质区别的"气"概念，这不能不算是一种发展。

---

① 《道德真经广圣义》卷八，"虚其心"义疏，《道藏》第 14 册，第 353 页。
② 《道德真经广圣义》卷三七，"既知其子复守其母殁身不殆"疏，《道藏》第 14 册，第 503 页。

## 第四节 "体用相资"的辩证思维

世所公认,儒、释二家有自己的哲学思想。提起道教,人们多以为其"杂而多端",并无多少哲学思辨。其实这是历史偏见。《老子》一书本身具有较高的思辨水平,《庄子》继之,以"是非有无"之辩将思辨水平推至人"不可与庄语"的高度。魏晋孙登肇其始,唐初成玄英、李荣扬其波,五代杜光庭汇其成的重玄学派深发老庄之古义,采获释理以扶翼本教,引含玄学以补助自身。至此,道教总算凝炼成了自己的哲学思辨。

### 一、"道资于德""德宗于道"的"道德相须"说

"道""德"是道家和道教的最高范畴。老子云:"道乃久"(《老子》第16章),"德乃长"(第54章);"道莅天下"(第60章),"其德乃普"(第54章)。即从时空两维言道、德亘古绵延无终始,弥绝天地无涯际。杜光庭借此以张扬,全面而系统地论证了两范畴之间的辩证关系。

杜氏认为,道与德首先是一种对峙关系:道以无为居先,德以有为称次;道是无形,德是有形;道因生以立称,德由教以立名;道居先而处上,德居后而处下。道有三义:理也,导也,通也。德亦有三义:得也,成也,不丧也。道理贯生成,义赅因果;德任其自得,无不遂性。道以冥冥,德以昭昭,"由是分上下二经,亦犹天清而居上,地浊而处下尔"[1]。这显然是继承了《道教义枢》的思想,只是顺序稍有变动而已,《道教义枢》提出道有三义:理、通、导。这里是:理、导、通。不过,杜光庭在德的方面阐述具体化了,把德看做道的落实。

道德虽相对峙,却更相"因待"。杜氏说:

因待释者,明非德无以言道,非道无以言德。[2]

---

[1]《道德真经广圣义》卷四,"释御疏序下",《道藏》第14册,第335页。
[2]《道德真经广圣义》卷五,"释疏题明道德义",《道藏》第14册,第337页。

"待"，俟也，即《庄子·逍遥游》"若夫乘天地之正，而御六气之辩，以游无穷者，彼且恶乎待哉"之"待"。"因"，就也，即《庄子·齐物论》"因是因非，因非因是"之"因"。因待是讲对立着的任一方未可摆脱对立面而成为独立的、无依凭的自在，它自身的存在、性质、地位都要依就对立面才能取得规定，非德无以言道，非道无以言德。他接着说：

> 道非德无以显，德非道无以明。[1]

意谓道不仅依赖于德而存在，而且道的规定性只有依赖德才能得到合理的解释和说明。反之亦然。以道的生化过程为例，道主生，德主成；道在理、导、通，德在得、成、不丧。仅仅凭虚无之理、导、通不能生化万象，须恃有为之得、成、不丧："虚无不能生物，明物得虚无微妙之气而能自生，是自得也。任其自身，故谓之德也。"[2]换言之，无昭昭之得，冥冥之功亦难显示出来。[3] 应当承认，杜氏以一种体验的经验方式，以朴素的思辨水平，理解到了相互依据对方而相互得到说明和印证的内容，自我由非我得到说明和理解，道由德显其功用。杜氏这一思想的直接来源是成玄英，成氏云："道体窈冥，形声斯绝，既无因待，亦不改变。"[4]不过，成氏所谓因待，只在说明事物之间依赖、联系的性质，并无对立面双方互相印证与说明的意思。杜氏于此概念有所体悟而创发新义。

"互陈"是杜氏对矛盾同一性的另一种表述。如果说"因待"概念在于表述矛盾双方的依赖和印证情形的话，那么，"互陈"概念则意在表述矛盾双方的交叉情形，即你中有我、我中有你，你我不散不离。他说：

> 道资于德，德宗于道，是互陈也。互者，交也，差也；陈者，布也。

---

[1]《道德真经广圣义》卷四，"释御疏序下"，《道藏》第 14 册，第 335 页。
[2]《道德真经广圣义》卷四，"释御疏序下"，《道藏》第 14 册，第 334 页。
[3] 杜光庭的这种观点，使我们联想到德国人费希特"自我与非我统一的命题：'自我≠自我，而是自我＝非我，非我＝自我'"（引自北京大学哲学系外国哲学史教研室编译《西方哲学原著选读》下卷，第 343 页）。费希特认为，自我与非我之能统一，在于自我设定了非我，非我扬弃了自我，不仅非我为自我所设定的对立面，自我亦因非我而得到说明和印证。
[4]《道德真经玄德纂疏》卷七，《道藏》第 13 册，第 416 页。

> 互观其理，皆达精微，其所谓不可散也。①

道依恃德而获得自身的规定（资），德亦依恃道而获得自身的规定（宗），因而道与德是互交关系，道中有德，德中有道。所谓互观其理，在此并非说道、德作为有意识的行为主体互相观察对方，这里的"观"是显示的意思，《考工记·卓氏》"嘉量既成，以观四周"即其义。这里的"理"表示存在的根据、原则及其性质。因而"互观其理"意谓对立着的矛盾双方，交互显示对方所由以存在的根据，表现对方所具有的内涵。杜氏在发挥唐玄宗"不必定名于上下也"句的时候如此说：

> 外分道德之殊，而经有互陈之义。②

正是基于"道与德有相资相禀之义"③，才可以称言道德未可分为绝对离散之两体，杜氏将此种关系又称为"道德相须"。

## 二、"无所可同""无所可异"的"道德异同"之辨

既有道德之殊，则有道德之同，道德对立相峙是殊异，道德因待、互陈是合同，由其异而有同，由其同而有异，因而杜氏把道德对立而同一的关系又称为同异关系。他说：

> 道德不同不异，而同而异。不异而异，用辩成差。不同而同，体论惟一。不异异者，《经》云"道生之，德畜之"也；不同同者，《西升经》云"道德混沌，玄妙同也"。知不异而异，无所可异。不同而同，无所可同。无所可同，无所不同。无所可异，无所不异也。④

此番同异之辨颇绕口舌，细详玩味，大致有三层关系：

---

① ②《道德真经广圣义》卷四，"释御疏序下"，《道藏》第 14 册，第 335 页。
③《道德真经广圣义》卷五，"释疏题明道德义"，《道藏》第 14 册，第 337 页。
④《道德真经广圣义》卷五，"释疏题明道德义"，《道藏》第 14 册，第 338 页。

$$
(一)\begin{cases}不同不异\\而同而异\end{cases}
$$

$$
(二)\begin{cases}不异而异无所可异\\不同而同无所可同\end{cases}
$$

$$
(三)\begin{cases}无所可同无所不同\\无所可异无所不异\end{cases}
$$

第一层意思是同与异的基本关系是分析和抽象的结果。"不同不异""而同而异"意谓道与德既是有区别的对立面,又是相互因陈的同一体。就同中有异来讲,道与德可归结为"异"("不异异者"),譬如"道生之,德畜之",道、德各有所司,故言道德"不异而异"。就异中有同来讲,道与德可归结为"同"("不同同者"),譬如"道德混沌,玄妙同也",道德浑然一体,本根玄同,故言道德"不同而同"。

第二层意思是在"不同同者"与"不异异者"基础上的推演。从同中有异、异中有同这一基本点出发,可以逆推反命题。"不异异者"的反命题为"不异而异无所可异",既然异中含同,那么任何范围内的"异"都是"同"("无所可异")。"不同同者"的反命题为"不同而同无所可同",既然同中含异,那么任何范围内的"同"又都是"异"("无所可同")。

第三层意思是在"无所可同""无所可异"基础上的进一步推演。"无所可同"的反命题为"无所可同无所不同",既然任何范围内的"异"("无所可同")都包含着"同"的内容,那么任何意义上的"异"都是"同"("无所不同");"无所可异"的反命题为"无所可异无所不异",既然任何范围内的"同"("无所可异")都包含了"异"的内容,那么任何意义上的"同"都是"异"("无所不异")。

按照其思维的逻辑,可分为两组肯定—否定—再否定的命题式:

$$
(一)\begin{cases}不同而同(肯定、正)\rightarrow同\\不同而同无所可同(否定、反)\rightarrow异\\无所可同无所不同(肯定、合)\rightarrow同\end{cases}
$$

$$
(二)\begin{cases}不异而异　(肯定、正)\rightarrow异\\不异而异无所可异(否定、反)\rightarrow同\\无所可异无所不异(肯定、合)\rightarrow异\end{cases}
$$

同→无所可同→无所不同,异→无所可异→无所不异,这并非只是从正命题走向反命题,而是表示了抽象的上升,从具体的同异关系推演到普遍意义的同异关系,蕴含了概念的运动在更高程度上回归到出发点的哲学思想。就同一性与差异性之辩说的外观看,与惠施"大同异小同异"命题颇为相似,但其运思方式殊异:惠施是从物与物之间的同异关系出发进行推演的,运用的是形式逻辑的方式;杜氏则从道德对立统一范畴出发进行推演,其同异关系限定在构成矛盾的统一体内,主要运用的是辩证逻辑的方式,从同中求异,从异中求同,由肯定求否定。就辩证逻辑高于形式逻辑而言,杜氏的运思方式比惠施深刻,但就形式逻辑对古代自然科学的直接推动作用而言,杜氏并未超越惠施。在惠施那里尚有一些形式逻辑的雏形,道教理论家虽有点石烧金的实验经历,却是不懂得形式逻辑的。此外,应当承认,杜氏的同异之辨强化了道教的思辨能力,于此亦可窥见道教理论家在与佛教理论家互相诘难过程中努力提高自身理论素质的史影。

### 三、"道为德体""德为道用"的"体用双举"说

杜氏体用论的基本思想是以道为体、以德为用,以无为体、以有为用,体用同出而异名,体用相须而双举。

"体""用"是中国哲学的一对基本范畴,体有本体义、实体义,用有现象义、功用义。从《周易》提出体用范畴以来,其就成为一种运思模式。此运思模式作为认知结构,是一种开放性体系,不同的认知主体按此结构,依各自不同的立场进行选择、接收不同的认识内容,经过理论加工与整合,形成不同的认识:玄学以"无"为体,以"有"为用,以论证"不能舍无以为体";华严宗以"事"为用,以"理"为体,以论证"理事圆融无碍";宋代理学家以"理"为体,以"气"为用,以论证"无形而有理";张载以"气"为体,以物为用,以论证"气之为物",其聚其散"适得吾体","不失吾常"。此运思模式作为开放性体系,作为中国哲学认同的认知结构,它自身也必然是一个弃旧更新、不断完善的过程。先秦时期,体、用还只是未获得

稳定规定性的两个概念。《易·系辞》云:"神无方而易无体","显诸仁,藏诸用"。《荀子·富国》云:"万物用宇而异体,无宜而有用为人,数也。"此所谓体,盖指形体;用,盖指功用,尚未具体涉及体用关系。王弼、韩康伯谓:"必有之用极,而无功显。"韩康伯引王弼《太衍义》,认为将"有之用"发挥到极致,"无之功"就显示出来了,亦即由用以显体。僧肇有体用"同出而异名"的命题,禅宗慧能则说"定慧[体用]一体,不是二",至程颐提出"体用一源,显微无间",标志"体用不二"的传统思维模式已经完成。将杜氏的体用论置于"体用不二"模式的发展完善过程中,可看出其共性和独特的个性。

杜氏说:

> 有以无为本(体),无以有为用,道德相须为上下二经之目也。[①]

他推崇唐玄宗《御注道德经》。唐玄宗说:"知道者德之体,德者道之用。"[②]杜氏义疏曰:

> 真实凝然之谓体,应变随机之谓用。杳冥之道,变化生成,不见其迹,故谓之体也,言妙体也。……此妙体展转生死,生化之物任乎自然,有生可见而不为主,故谓之用,此妙用也。庄子曰"昭昭生于冥冥,有伦生于无形"是也。[③]

显然,杜氏所谓体指本体,用指现象。本体生化"不见其迹",现象因体而"有生可见",有伦可寻;本体冥冥,现象昭昭,故本体与现象谓妙体妙用。魏晋玄学家也是以无为体、以有为用,但玄学家的"无"由于缺乏规定而流于虚无,杜氏之"无"乃是"真实凝然"之体,虽然它绝乎言象,不见形象。由此推论,"真实"之体不是可以感知的形体,其"可见"之用亦不为具体形体的功用。这又与唐代崔憬的体用论相异,崔氏以"形质"为体,以"形质上之妙用"为用,即以物质实体为体,以物质实体的作用、功能为

---

①②《道德真经广圣义》卷四,"释御疏序下",《道藏》第 14 册,第 334 页。
③《道德真经广圣义》卷四,"释御疏序下",《道藏》第 14 册,第 334—335 页。

用。在杜氏看来，"体"可谓精、本、朴，"用"可称粗、末、器：

> 精粗先后可两言之，体精而为本朴也，用粗而为末器也。①

以精粗有别、本末有异、道器有别、有无有分而论，精、本、道、无未可简单地混同于粗、末、器、有，如此体用可"言散尔"；以粗由精生、有自无出、末源自本、器禀乎道而论，精、本、道、无与粗、末、器、有又未可绝对剖作两然。杜氏说：

> 妙体、妙用生于妙无是同出也，由精而粗是异名也。混而为一、是同，谓之玄也。②

即体与用虽则异名，却又同出一源，如同道与德异名而同出。因此，体用之间是可散而不可散的关系："体用虽异，是何散也？相资而彰，不可散也。"③这一思想契合于僧肇的体用论，僧肇以静为体，以动为用，主张"求静于诸动"，反对"释动以求静"，认为动静未始异，有无未始异，本体与现象不可截然分开，即动即静，即有即无，即体即用，他说："用即寂（体），寂即用，用寂体一，同出而异名，更无无用之寂而主于用也。"不过，杜氏与僧肇亦稍有异趣，僧肇之"异名同出"凸现"即"之同一，杜氏之"异名同出"凸现"生"之同一。此一分殊乃由佛道二旨所致，佛教以即万象、即动自身求得万象不真，动是假名；道教以万象之生，以有之所自出求得万象虽殊，其源始自"真实凝然"之道体。可以断定，宋代理学家体用"源"之同一的思想与道教这种"生"之同一的思想不无关系。

体、用既是同出而异名，那么体用关系又可演为分一为二和合二为一的形式，杜氏推论道：

> 分而为二者，体与用也，混而为一者，归妙本也。④

以道德为议：

---

①②③④《道德真经广圣义》卷四，"释御疏序下"，《道藏》第 14 册，第 335 页。

夫道为德体,德为道用,语其用则云常德乃足,语其体则云复归于朴。归朴则妙本清净,常德则应用无穷。……既富于德,则合于道。①

道、德虽则有二,却能合二而一。故此,他引臧玄静语云:"道德一体而具二义,一而不一,二而不二。二而不二,由一故二;一而不一,由二故一。"②即是说,道德体用从名义上讲是二异名,从实义上言是同一体。其异名乃同体所生,此谓"由一故二";反之,承认道德体用同一还不够,须理解一中涵二,即同一体涵有二异名,此谓"由二故一"。名义与实义,"由二故一"与"由一故二",杜氏更看重后者,即实义和"由一故二",如此类推,道德、有无既然合二而一,那么也就证实了体用不二的道理。

体用相资不散不仅有体用不二的意义,亦有体用相明、互为体用的意义。杜氏说:

可道可名者,明体用也。义云体用者,相资之义也。体无常体,用无常用,无用则体不彰,无体则用不立,或无或有,或实或权,或色或空,或名或象,互为体用,转以相明,是知体用是相明之义也。③

这实际上是将因待、互陈等表示的矛盾同一性的原理推及体用范畴。不过,杜氏并非机械地套用,而是因体用范畴而开矛盾关系之新义,有三点是可以肯定的。其一,体用无二致,体因用而彰,用因体而立,无体则无用,无用则无体。其二,体用相互转化,无与有、实与权、空与色、名与象等构成的矛盾关系皆可"互为体用,转以相明",对立的双方不是只能互相说明和印证,亦可相互转换其位置,所以说"体无常体,用无常用"。其三,体与用各自之肯定自身中蕴含着否定的因素,即蕴含着对立面的因素,这也就是他引臧玄静语所说:"无体为体,体而无体,无用为用,用而

---

①《道德真经广圣义》卷二四,"为天下谷常德乃足复归于朴"疏,《道藏》第 14 册,第 427 页。
②《道德真经广圣义》卷五,"释疏题明道德义",《道藏》第 14 册,第 338 页。
③《道德真经广圣义》卷六,"道可道"章疏,《道藏》第 14 册,第 341 页。

无用,然则无一德非其体,无一用非其功。"①体用双方之能够相互转换,其根源正在于此。在上述意义上,他提出了"体用双举"原则:

> 无为有为,可道常道,体用双举,其理甚明。②

他将体用双举列为五种情形:第一,以无为体,以有为用,可道为体("道,本也"),可名为用("名,涉有也")。第二,以有为体,以无为用,"室、车、器以有为体,以无为用","用其无也"。第三,以无为体,以无为用,自然为体,因缘为用,"此皆无也"。第四,以有为体,以有为用,天地为体,万物为用,"此皆有也"。第五,以非有非无为体,以非有非无为用。总体来看,杜氏亟欲表明,有无可以相为体用,在此一情形下为体,在彼一情形下为用,有无、道德之体用关系并无恒定的品格,倘若持住无为体、有为用,或有为体,无为用,都是有所执滞,不及圆通,因而不合重玄义旨。体用双举的合理因素在于考虑到了事物及其性质的多维性、复杂性和变化性,主体对其认识须不断地调整,或变换认识角度,或变换认知方式,在此一情形下以无为体、以有为用,在彼一情形下以有为体、以无为用(如室、车、器之为有,当其无乃有室、车、器之用)。基于这种认识,强调体用并举,不可偏废,未可舍"有"以求"无",亦未可弃"无"而逐"有"。但是,体用双举原则亦有重大缺陷,有泛体用主义的倾向,将体用的转换视为无须任何条件,容易忽视质的差异,"有"可说成"无","无"可说成"有",甚至缺乏规定性的"非有"与"非无"亦是体用关系。而且,他在这里所称的"体用"已不限定在本体与现象关系范围内,"室、车、器以有为体,以无为用"实指形体与功用的关系,这便与前面所谓精、本、朴——体,粗、末、器——用的基本性质的规定不一致了。

## 四、"随事立迹""寻迹悟本"的"无本无迹"思想

道与德、无与有亦称做"本迹"关系。杜氏以履喻本,以履之行迹喻

---

① 《道德真经广圣义》卷五,"释疏题明道德义",《道藏》第 14 册,第 338 页。
② 《道德真经广圣义》卷六,"玄之又玄众妙之门"疏,《道藏》第 14 册,第 344 页。

迹,强调不可混淆两个概念的差别,未可把行迹当做履:

> 迹者履之所出,而迹岂履哉? 迹出于履,以迹为履,而复使人履之,愈失道矣,明迹为末也。①

本与迹既有差异,则不可等量齐观,本与迹实则是产生与被产生的关系:

> 无名有名者,明本迹也。义云本迹者,相生之义也。有本则迹生,因迹以见本,无本则迹不可显,无迹则本不可求。迹随事而立,以为本迹。②

以相生相因而论,本不离迹,本由迹显;迹不离本,迹由本生。就认识过程来看,认识事物的本质当经现象始,认识某种实体,如果不拘限于外观的话,亦当由其功用始,因而杜氏"寻迹而本可悟"的主张是符合认识的辩证法的。由于本迹范畴"随事而立",因而外延极广,涵盖极其普遍,既涵盖了本质与现象,又涵盖了实体与功用。唯其"随事而立",杜氏担心人们于事事物物上去涉求,会为物事所累,于是他又强调"本迹俱忘",从主观上做到"无本无迹",然后才能清静无滞,了悟重玄之境。

本迹关系又可称做根末关系:"本者,根也;迹者,末也。"究其内核,本迹、根末范畴与体用范畴大同而小异,都是对本体与现象、实体与功用在不同意义上的概括和抽象。

此外,杜氏还论证了道气、性理、观行、境智及言象意等范畴和命题,毫无疑问,这些范畴和命题皆富有很强的思辨性,乃是道教文化中最有价值的部分,是值得深究的。

杜氏一方面看到道与德、有与无之间的矛盾、对执,另一方面又将其归结为因待、互陈,即把矛盾性完全归结为同一性;一方面将道德有无作为矛盾范畴加以阐释,另一方面又将其归结为体用、本迹关系,在体用不

---

①②《道德真经广圣义》卷六,"道可道"章疏,《道藏》第 14 册,第 341 页。

二、因迹见本的原则下消解了矛盾;一方面通过德有、道无范畴,论证了对执、因待、互陈、同异、体用、本迹等辩证原理,另一方面又从宗教立场和重玄观点出发,认为对执是"妄生对执",道德乃"强立假名","有无性空",同异、体用、本迹乃"强言立教"的人为设定。这乃是杜光庭作为宗教理论家所特有的立场决定的:看到对立的关系,却力图化解对立,以便实现宗教的圆融。

## 第五节 "穷理尽性"与"安静心王"

与传统的思维方式相联系,道教的思维方式属于重体得的经验思维方式,即在辨明客观现象时,总是掺和着主体的意识和行为,置主体于客体关系的氛围中,不离主体而言客体,推求主体在此氛围中的地位和作用。因而,一般说来,道教不远人以识天地,不离神以论形,不弃神明以谈精气。所谓经验思维方式,非谓只重感性、排斥理性的思维方式,这是一种创造性的思维方式,在思维过程中,贯穿其中的主体既是思维着的理性主体,又是感受着的行为主体,理性的主体与感性的主体结合客观外境,经过整合加工,形成这样或那样的认识——道教称此一过程为"明了"或"体悟"。杜光庭的认识观同样不外乎这一框廓,他的认识论与修炼方式难以截然分开,"穷理尽性"与"安静心王"相联结,物之理与己之性、心与道、悟与炼、识道与体道相联结。

### 一、"穷理尽性"

《周易·说卦》云:"穷理尽性以至于命。"唐以前,诠释者多以"性理"为物之性理,"穷理尽性"即言穷尽万物所禀之性理,"性"盖指物之自性、本质,"理"盖指物之所以得性之深妙道理。道教以客观世界为大宇宙,以一人之身为小宇宙,因而认识的主体面临两种既相区别又相联系的境界。杜光庭说:

> 穷极万物深妙之理,究尽生灵所禀之性。物理既穷,生性又尽,

以至于一也。①

明确提出认识的两重任务：万物之理、生灵之性，亦即认识客观外界和主观自身。这便与《说卦》古义大异其趣，杜氏所谓性已非物之自性，专指人之"性"。然而杜氏认为，万物之理、生灵之性尚不为认识的终极目的，客观外界和主观自身两者皆穷尽了，乃契于"一"——"道"，认识的真正对象实乃"一"——"道"，道超乎自然，却又总御万象，分殊出物之"理"和人之"性"，道以德显，德资于道。德者，"任其自得"，"各得生成，无不遂性"，万物因德资道而有其理，人因德资道而有其性，也就是说，道通过德使万物和生灵各有其理，各有其性，认识（"识"）之主体虽在于人，认识之引发虽在万象，认识的真实目的、对象唯在于"道"。

可是，道非文字能诠，非文句能述。老君曰："斯固非可言传也。"②同样，杜氏认为物之玄理、人之真性亦超言绝象，非言辩所及，非智虑所思，因而，"识之途"非博闻旁求，亦非"随境生欲"之"缘"和"因心系念"之"想"，识道之要妙在于了悟、神鉴。所以他说：

> 穷理者，极其玄理；尽性者，究其真性。玄理真性，考幽洞深，可以神鉴，不可以言诠也。③

如何了悟？如何神鉴？杜氏提出"闭缘息想"的方法。缘，指人们能够对外界事物产生各种感觉的能力；想，指人们能够对外物产生的感觉进行理性思考的能力。杜氏认为，外物纷繁杂陈，人的感觉追逐物象而不断迁移，必定为物所累，而感觉无限，理性思考亦无穷，如此"心"必定是不能清静定住，而躁动不安之心是谈不上了悟、神鉴的，因此必须"闭缘息想"。缘、想亦有善恶之分："意随善境而生善欲，谓之善缘"；"意随恶境而生恶欲，谓之恶缘"；"心系善念而生善想"；"心系恶念而生恶想"。④善缘善想有入道之愿望尚且不能入道，恶缘恶想则离道更远。故而，他说：

---

① ③《道德真经广圣义》卷四，"释御疏序下"，《道藏》第 14 册，第 332 页。
②《道德真经广圣义》卷四，"释御疏序下"，《道藏》第 14 册，第 333 页。
④《道德真经广圣义》卷四，"释御疏序下"，《道藏》第 14 册，第 332—333 页。

夫初修道者,即闭恶缘又息恶想,以降其心,心澄气定,想念真正,稍入道分。善缘善想亦复忘之,穷达妙理,了尽真性,想缘俱忘,乃可得道。故云:穷理尽性,闭缘息想也。①

显然,杜氏以闭缘息想为穷理尽性的前提,尽管善缘善想"稍入道分",但终究未尝穷达妙理,了尽真性,未尝入道,只有将善缘善想也排除在外,才能达到穷尽天下之理、人物之性,才能通于大道。在这一点上,杜氏与成玄英一脉相承。成玄英说:"前以无名遣有,次以无欲遣无,有无既遣,无欲还息,不欲既除,一中斯泯,此则遣之又遣,玄之又玄,所谓探微索隐,穷理尽性者也。"成氏也是将穷理尽性归结到主观感觉能力与主观意识能力的排遣上,强调"心不缘历前境而知",说"能体知诸法实相,譬悬镜高堂,物来斯照而无心也"。成氏的"体知"同杜氏的了悟、神鉴可谓异曲而同工,都是排斥正常的由感觉到理性思考的认识途径,坚持某种神秘的意会。杜氏将此一过程又称为"绝俗学","俗学"指有为之学,亦即《道德经》"为学日益"之学。为学之士不知守其本心,外以越分过而求之,遇物斯感,牵动心虑,悦而习之,也就是博闻旁求。在杜氏看来,俗学之士永远也达不到对道的体知,也是不可能完成穷理尽性的认识任务的,理由有二。首先:

道在乎知,不在乎博,知而行之者,至道不烦,一言了悟。②

知道、悟道既然不在博,不在烦,那么"绝俗学"亦就是损、玄之学。"损者,毁灭之谓也;玄者,深微之谓也。""损之又损,渐入玄微,玄之又玄,即阶真趣。"③其次,道在悟不在于求,故"绝俗学"又称为绝"日求而得"之学:

贵道之意不日求以得者,言道在于悟,悟在了心,非如有为之

---

①③《道德真经广圣义》卷四,"释御疏序下",《道藏》第 14 册,第 333 页。
②《道德真经广圣义》卷五〇,"知者不博"义疏,《道藏》第 14 册,第 565 页。

法,积日计年营求以致之尔,但澄心窒欲则纯白自生也。①

杜氏认为,积日计年地从事事物物上去营求,尽管劳神明竭思虑,尚去道甚远,何不如"一言了悟"来得直截了当,故此他嘲笑"日求而得"之学者"尚轻尺璧而重寸阴"。②

悟有渐悟、顿悟之分。渐、顿之悟出自佛教修养学说。魏晋南北朝时,支道林等人立小顿悟说,认为理可有分,慧可有二,悟有迟速,故须次第修行。先行渐修,"积德累功,损之又损,则由初地渐进以至七住"③。至于七住,则行顿修,即豁然开通,悟其全分。竺道生主大顿悟说,认为至理本不可分,悟亦不可有阶段,"夫真理自然,悟亦冥符。真则无差,悟岂容易"④。但是,道生又说:"大乘者,谓平等大慧,始于一善,终乎极慧是也。"⑤"大慧"谓顿悟,"一善"则谓渐修。由此以明,大小顿悟说都未放弃渐修说。杜氏援佛入道,却又结合儒学性品说,对渐、顿之说加以改造,以符合道教宗旨。他认为渐、顿之分乃由于悟道之士有利钝之根性,根性有殊,进而有权、实二教之区别:

> 圣人设教,分权实二门。上士利根,了通实教。中下之士,须示权门。⑥

所谓根性,指"智性之根",人所"禀受之性由其气也",气有清浊不同,则性有利钝差别。禀气清和者,生乃颖利,才智过人,明古达今,问一知十,此种人根性既利,了悟圆通,见可而进,知难而退;见善如不及,闻恶如探汤,故能见善则迁,有过则改,明方便之法,知进趣之途。故此,利根之人不俟权道,自悟得道。钝根之人禀气浊杂,生性顽钝,莫辨是非,不知善

①《道德真经广圣义》卷四二,"不日求以得有罪以免耶故为天下贵"疏,《道藏》第14册,第531页。
②《道德真经广圣义》卷四二,"不日求以得有罪以免耶故为天下贵"义疏,《道藏》第14册,第531页。
③ 汤用彤:《汉魏两晋南北朝佛教史》,第468页,北京:中华书局,1991。
④《大般涅槃经集解》卷一,《大正藏》第37卷,第377页。
⑤《法华经疏》卷上,《卍续藏经》第27卷。
⑥《道德真经广圣义》卷二九,"将欲翕之必固张之"句义疏,《道藏》第14册,第451页。

恶,故须示以权门次第修道,令其自悟。所以,杜氏作结说:

> 悟有渐顿之殊,顿悟者不假于从权,渐化者须资于善诱,乃有权实之别尔。①

这里所谓权门,指"善诱之教",从认识过程来说,就是渐悟。这里所谓实门,指"真实之教",从认识过程来说,就是顿悟。

从以上杜氏所说来看,他的认识论不是要人们从事事物物之理开始,终极普遍性的"道"之理,也不是要人们反省自身,达于自我认识,而是要人们悟得其道,而后凭道监照,以穷极万物之理,究尽生灵之性。杜氏所谓悟,非谓由感觉到理性之悟通,它排斥由缘而想的认识途径,靠神秘的契会,即超越感觉和理性思维的了悟、神鉴。他所谓渐悟,非假物有感、感而遂通的日进渐臻的认识途径,而是以摈弃感知为前提的勤久的修炼功夫,故谓:"悟而勤久,久而弥坚,则得道矣。"②他所谓顿悟,亦非在日进渐臻认识基础上的理性升华,而是与先天禀性相联系的超常感通。然而,透过其迷离的外纱,深入审定其命题,仍然可窥见其认识价值。从实质上讲,他所说的"悟"并非深不可识,悟亦即"体悟",是感性与理性的契会,是知与行的掺合,既是感觉又是思维,既是意志又是行动。正如他所说:

> 知而行之者,至道不烦,一言了悟。……知而求博,博而不修,言之于前,行之不逮,则失道矣。③

从这种意义上说,杜氏的"悟"本身是不排斥感性和理性的,杜氏所以要将"悟"提高到神秘难测的程度,其原因只能归结到他的宗教立场上去,因为理论须服从宗教,认识须服从神学。杜氏尽管公开拒斥缘、想,却又在一定程度上默认了它们的地位和作用。"想念真正,稍入道分"④,尽管

---

① 《道德真经广圣义》卷二九,"将欲翕之必固张之"句义疏,《道藏》第 14 册,第 452 页。
②③ 《道德真经广圣义》卷五〇,"知者不博"义疏,《道藏》第 14 册,第 565 页。
④ 《道德真经广圣义》卷四,"释御疏序下",《道藏》第 14 册,第 333 页。

杜氏渐、顿之说将感觉与理性排斥在外,但他意识到了认识由渐而顿的过程,意识到了感性积累和理性升华的过程。从中可以辨明杜氏所以陷于困惑的原因:一方面,他看到认识的途径须经由"渐"的过程,认为想缘为识道之径;另一方面,他又看到想缘、日求博闻之学有极大局限性,他从宗教立场出发,强调"无执无滞",因而高扬了作为物之理和人之性的道的超越性,以超理性的神秘悟通方式简单地抛弃了感性和理性认知阶段,认为"道之所以为天下贵者,顿悟而得,不在营求"①,并把"渐"改造成勤久的修炼功夫,把物之理、人之性理解为超言绝象的自在。

杜氏又援引王弼的言、象、意来论证理绝言象。他说:

> 理非言说所及,非心智所思,不异忘言绝虑之真体。故云:象似也。喻如临镜照影,影非骨肉之身,若执影为身,即失真影。若不因影,无以识其真身。镜喻言也,影喻象也,身喻意也。言得意者,但冥契真心矣。②

镜(言)是为了明影(象)的,影(象)是为了明身(意)的,得镜者非得影,得影者非得身,同样,得言非得象,得象非得意。身超镜影,意超言象,如若执着镜影以为得其身,执着言象以为得其意,则必陷于悖谬,而流失其真。在此意义上,杜氏所述完全合理,但他由此推论说"理非言说所及,非心智所思",则难免陷于悖谬,他认为得意无须由言及象,由象及意,"但冥契真心矣",也就是前面所说的灵心一动的悟通。在这点上,他与王弼同出一辙,王弼"言不尽意"论开始是不离言述象,不离象述意,由于意识到言、象的局限性,得出"得象而忘言,得意而忘象"的结论,把忘言忘象作为得意的前提;杜氏以身喻意,以镜影喻言象,意识到镜影的局限性,并对此局限性做了夸大。然而,杜氏与王弼也有区别,王弼从玄学观点出发,夸大言象的局限性,推论"言不尽意";杜氏从重玄观点出发,不

---

① 《道德真经广圣义》卷四二,"不日求以得有罪以免耶故为天下贵"义疏,《道藏》第 14 册,第 531 页。
② 《道德真经广圣义》卷二三,"善言无瑕谪"义疏,《道藏》第 14 册,第 421 页。

仅认定言象的局限,而且讲述不滞言象,推论"理绝言象"。杜氏说:

> 教必因言,言以明理,执言滞教,未曰通途。在乎忘言以祛其执,既得理矣,不滞于言,是了筌蹄之用也。……若执筌蹄,乃非鱼兔矣,若执于言,又非教意矣。①

重玄深于玄,教意高于玄意,神学胜于俗学,故言:"无言之言,穷理之理,庶乎神洞幽赜,了悟忘言,此故非文字可诠评也。"②从宗教与世俗不可通约的立场来说,杜光庭也只能这么去理解理与言象之间的关系。

"观"与"行"是杜氏认识论的一对重要范畴。他说:

> 观者所行之行也。以目所见为观(音"官"),以神所鉴为观(音"贯"),意见于外,凝神于内,内照一心,外忘万象。所谓观也,为习道之阶,修真之渐,先资观行方入妙门。夫道不可以名得,不可以形求,故以观行为修习之径。③

从这段话可以明确三层意思。第一,认识过程本身包含了两个阶段,即"以目所见为观"的感觉阶段,这一阶段的特点是"悉见于外";"以神所鉴为观"的理性阶段,此一阶段的特点是"凝神于内"。但在杜氏看来,既已"凝神于内",则须"内照一心,外忘万象",如若拘滞于以目所悉见之万象,就有碍于心之临照。他将"悉见于外"的感觉阶段和"凝神于内"的理性阶段统称为"观",即合感觉与理性为一体,区别仅仅在于:

> 目见者为观览之观[音"官"——引者]也,神照者观行之观[音"贯"——引者]也。④

经过如此合二为一,从理论上公开拒斥感觉阶段存在的合理性,即销"悉见"于"凝神"之中。第二,"观"又非纯粹的思想过程,"观"寓有"行"的内

---

① 《道德真经广圣义》卷二〇,"希言自然"义疏,《道藏》第14册,第407页。
② 《道德真经广圣义》卷四,"释御疏序下",《道藏》第14册,第336页。
③ 《道德真经广圣义》卷六,"道可道"章疏,《道藏》第14册,第341—342页。
④ 《道德真经广圣义》卷六,"玄之又玄众妙之门"义疏,《道藏》第14册,第344页。

容,神照既有贯行之义,"观者所行之行也",这里又把"观"直接理解为"行"了。经过如此合二而一,将"行"消融于"观"的过程中,从而公开拒斥了"行",即将身体力行的实践行为归结于思想行为。第三,合"目见"与"神鉴"为一,合观行为一,实质上是突出了神之观对于认识活动的决定意义,强调了识道无须循名责实或以形求名的"俗学"认识路径,只须以观为"习道之阶,修真之渐","先资观行方入妙门"。有了神鉴之观就无须观览之观,而有此神鉴之观,行也就在其中了。杜氏所说的"神鉴之观"包含了"观览之观"的感觉内容和"行"的实践内容,却以同一个"观"字模糊感觉性与理性的界限(区别仅仅在读音上),又以"所行之行"为观,消融了思维活动与实践活动的界限。他何不明快地承认感觉与实践的作用? 这只要联系他提出的了悟的思维方式就不难理解了。了悟、体悟、神鉴异名同实,皆指一种认识方式,如前所述,它既是感性又是理性,既是知又是行,可是为了使这种思维方式神秘化,就在名义上公开拒斥了感性和理性、思维和实践,则他的"神鉴之观"并非纯粹的理性活动,只是了悟的另一种表述。

　　杜氏还用"境、心、智、知"论证了悟、心照的认识作用。"境"指外界客观事物,"心"指人的思维器官,"智"指人用思维器官认识事物的能力,"知"指人们对外界所产生的认识。首先,"因境则知生,无境则知灭"[①]。境是知产生的前提,有境而后有知的可能,人"役心用智"才能产生知。在杜氏看来,境也有善恶之分,境正则心与知皆正,境邪则心与知皆邪,"万境所牵,心随境散"[②],心入虚室则欲心正,心入清庙则敬心生,故此,人须慎戒其心,避免为物所牵引。为慎戒其心,则须"反照内察,无听以心,了观其心,不生知法,能如此者是谓明了"[③],即用反照内察之法,清洁为外境所迁之心,心既清洁,则不生知法,知法不生则可了观,了观慧照无不周遍。故此,杜氏将"智"与"明了"对立起来,认为"智者役用以知

―――――――――

[①][②][③]《道德真经广圣义》卷二七,"知人者智自知者明"义疏,《道藏》第 14 册,第 444 页。

物,明者融照以鉴微,智则有所不知,明则无所不照"①,即肯定"智"以知物总是有限的("有所不知"),而且知是粗(物),而从心"明了"则洞幽察微,无所不知。在此,杜氏同样是颂扬"明了"的作用,贬低"智"的作用。

## 二、"安静心王"

在杜氏穷理尽性的认识论中,含有身心修炼的内容。了悟、神鉴是知与行的结合,其"行"的一个重要内容就是身心修炼活动,如果说前者是为了"尽性"的话,那么后者就是为了"修命"。识道与体道本乃是同一问题的两面,分别仅在于识道以"明了",体道以"登真"。

(一)修道即修心

杜氏说:

> 惟道集虚,虚心则道集于怀也,道集于怀则神与化游,心与天通,万物自化于下……修道即修心也……修心即修道也。②

在杜氏看来,"心"不仅是认识活动的关键,也是修炼活动的关键,一切世法因心而生,因心而灭,心生则乱,心灭则理。如前所述,悟道的前提是心清净无业,躁动之心不能入道,体道亦然,因为道的特点是集虚圆通,无所局滞,那么也要求体道之心虚怀若谷,一无所滞,以虚应虚,则能道集于怀,德充于体,至此,神可化游,出脱三世,长生久视,不随物类生生灭灭,正所谓"龙车凤辇非难遇,只要尘心早出尘"(《题平盖沼》)。故此,"心不可息,念道以息之;心不可见,因道以明之"③。杜氏以为,帝王制官僚,明法度,置刑赏,悬吉凶,正是认识到"心难理也"④,才用以劝戒人们不可生其乱心。他认为,做到无心不有、定心不惑、息心不为、制心不乱、正心不邪、净心不染、虚心不著等七个方面,才算达到修道的基本条件,"可与言道,可与言修其心矣"⑤。修道之士与不修之士有着根本区别,习道之士灭心契道,世欲之士纵心而危身。由此以明,杜氏所谓修道

---

① 《道德真经广圣义》卷二七,"知人者智自知者明"义疏,《道藏》第 14 册,第 444 页。
②③④⑤ 《道德真经广圣义》卷八,"虚其心"义疏,《道藏》第 14 册,第 353 页。

修身,其实质是修心,这不仅由于"心"是认识活动的关键,也是体道活动的关键,修心与不修心是习道之士与世俗之士区别之所在,而且由于一身之中,心为至要。他说:

> 理身者以心为帝王,脏腑为诸侯。若安静心王,抱守真道,则天地元精之气纳化身中为玉浆甘露,三一之神与已饮之,混合相守,内外均和,不烦吐纳,存修各处。玉堂琼室,阴阳三万六千神森然备足,栖止不散,则身无危殆之祸,命无殂落之期,超登上清,汎然若川谷之赴海而无滞着也。①

心与五脏六腑之间如同帝王与诸侯之间的隶属关系,心居支配地位,脏腑居从属地位,心如能修炼得好,就能很好地使五脏六腑运转不息,君王臣服,心静脏腑平和,如是,精气神谐和,天地人混一,身无危殆,命能长久。杜氏并非反对吐纳呼吸养生之术,也肯定通过吸后天之气,应合体内的先天之气,外固其形,内存其神,渐契妙无,然合于道,可以长一。只是在吸天地之气固精保神与安静心王两方面,他更偏重后者,即重视虚其心,而不是实其腹。在他看来,其心虚,其腹自实,只要做到外无所染,内无思虑,就会冲气不散,神不离身。这显然是受了司马承祯的影响。司马氏《坐忘论》提出"安心坐忘之法"的七个阶次,第三阶是"收心",他说:"所以学道之初,要须安坐,收心离境,住无所有,不著一物,自入虚无,心乃合道。"②即是强调修道须做到心无所著。《天隐子》提出入道"五渐门",第三门是"存想",说:"存谓存我之神,想谓想我之身,闭目即见自己之目,收心即见自己之心。心与目皆不离我身,不伤我神,则存想之渐也。"③即是强调修道须收心复性。杜氏"修道即修心"的思想是在"收心""存想"基础上的进一步发挥。

---

① 《道德真经广圣义》卷二七,"譬道之在天下犹川谷之与江海"义疏,《道藏》第 14 册,第 443—444 页。
② 《坐忘论·收心三》,《道藏》第 22 册,第 893 页。
③ 《天隐子》,《道藏》第 21 册,第 700 页。

修心之术的精要在于窒其欲心,以全其知。杜氏说:

> 修道之士不察察于存祝,不孜孜于漱咽,无为无欲自全其和,可
> 阶于道矣。①

存祝、漱咽之事并非杜氏所不为,《全唐文》所收杜文中,为人祈命消灾之
祝文最多,他贬抑存祝、漱咽等修道活动,意在抬举无欲无为的修心方
术。心有想的功能,如不主动窒息,它就会受万境所牵,散而不知归,因
而随境生欲是心的劣根性,修道也只能在窒欲心上下功夫。杜氏认为,
窒欲心应先用"无名之朴"以镇静苍生欲心,无名则朴质无华,朴质无华
将不生欲心,亦即不好美,不好声色口味,不贪功名,则欲心除,遂能殃身
不殆,终竟天年无危难之事。这个"无名之朴"实际上就是道的别名,以
无名之朴窒欲心,亦就是以道息欲心。如果说以无名之朴镇静苍生欲心
所产生的结果在于没身不殆、终竟天年的话,那是不够的,因为还没有超
脱此岸世界。故此,他进一步提出:"苍生欲心既除,圣人无名亦舍。"如
同以药理病,以舟济水,病除药忘,水济遗舟,若欲心已除,却还不舍无名
之朴,"岂唯不达彼岸亦复再生患累矣"。② 不舍无名之朴,也就是"有
心",只有"无心"才能登仙入道。担心人们把握不住分寸,杜氏又进一步
借"五时七候"说:

> 夫欲修道,先能舍事,外事都绝,无起于心,然后安坐内观,
> 心起若觉,一念心起即须除灭,随动随灭,务令安静,惟灭动心,
> 不灭照心。于此修心,务其长久,久而习者,则心有五时,身有
> 七候。③

"动心"指欲心,"照心"指"无名之朴"。心有五时:第一时心动多静少;第
二时心动静参半;第三时心静多动少;第四时心无事特静,事触运动;第

---

① 《道德真经广圣义》卷二四,"故大制不割"义疏,《道藏》第 14 册,第 428 页。
② 《道德真经广圣义》卷二九,"无名之朴亦将不欲"义疏,《道藏》第 14 册,第 454 页。
③ 《道德真经广圣义》卷四九,"是以圣人执左契不责于人"义疏,《道藏》第 14 册,第 561 页。

五时心与道冥,触亦不动心。这是表示修道渐次,修完五时始得安乐,了契于道。身有七候:第一候心得定已,觉无诸尘漏,举动顺时,容色和悦;第二候宿病普消,身心轻爽;第三候填补天损,迥年复命;第四候延数千岁,名曰仙人;第五候炼形为气,名曰真人;第六候炼气成神,名曰神人;第七候炼神合道,名曰圣人。这是表示修行所得之结果,修行功夫越深,得果越硕。按照修行次第,人们能务在长久:"去住任运,不贪物色,不著有无,能灭动心,了契于道。即契道已,复忘照心。动照俱忘,然可谓长生久视,升玄之道尔。"①

杜氏坚持认为,老君设教普拯无遗,不只上品之人可顿悟得道,中下品中的大多数亦可渐悟得道:

> 有欲无欲之人,同受气于天地,禀中和滋液则贤圣而无为,禀浊乱之气则昏愚而多欲,苟能洗心易虑,澄欲含虚,则摄迹归本之人也。人能修炼俗变淳和,则返朴之风可臻太古矣。②

洗心易虑、澄欲含虚,镇静苍生之论说,窒欲全和之议辨,基本思想在于为"教人理身,无为无欲"的宗教教义做论证,是为了完成"无心自化"的说教。

道教自晋时葛洪大倡金丹大药始,历经南北朝、隋唐五代,服食金丹为修道成仙的主要方式,吐纳、存思、炼精气等只是作为辅助方式。但炼丹服丹有极大弊端:一则炼丹条件要求很高,非道众所能施行;二则服丹往往致人命夭,使通向仙境的预言难以兑现。这也影响了道教势力的扩张。为摆脱困境,唐代道教理论家竭力探寻,刻意求新,孙思邈试图通过"要方""翼方"的医药实践为人解除病痛,扩大道教影响。成玄英、王玄览向佛教修养术求助,成玄英强调"能所两忘,境智双遣",王玄览则主张"识所知为大心,大心性空为解脱"。司马承祯更是于天台禀"三观"之法,引合道家"虚心实腹"之说,提出一个修心为主旨的七阶次的修炼之

---

① 《道德真经广圣义》卷四九,"是以圣人执左契不责于人"义疏,《道藏》第 14 册,第 561 页。
② 《道德真经广圣义》卷六,"同谓之玄"义疏,《道藏》第 14 册,第 344 页。

术。杜光庭承继前人,明确地提出"修道即修心""修心即修道"的命题,将修道众方术归结为修心的方术。虽则杜氏并未实现由外丹道教向内丹道教的转变,但他的修心术为张伯端的《悟真篇》和全真性命之说提供了必要的理论前提。

(二)神与形的关系

道教的修炼无论以哪种方式,其归宿点毕竟落在生死问题上,亦即形与神的关系问题。《太平经》云:"古今要道,皆言守一,可长存而不老。"①《老子想尔注》云:"道人……但归志于道,唯愿长生。"葛洪云:"道家所至密至要者,莫过于长生之方。"(《抱朴子内篇·黄白》)陶弘景云:"食元气者,地不能埋,天不能杀。"②道教是结合了秦汉神仙方术而产生的宗教,企求形神不离、长生成仙是其根本特征,与佛教以人生为寂灭,超脱轮回、进入涅槃的修养风格大异其趣,正所谓"佛家求死,道家求生"。唐懿宗时期,正值道教修炼方术由外丹修炼向内丹修炼转化,道教在生死、形神问题上也经历了一个转向。正如刘鉴泉《道教征略》言:"唐以远,道教诸名师皆明药之非草,长生之非形躯,不言白日升青天。"③但是,这还仅仅是一个转向,实际上"形神俱飞"并非成为过时之风尚,钟离权、韩湘子仍被人们奉为修真登仙之范式。转变过程中的新旧观念之杂陈必定投射到修炼理论上来,在杜氏修道论里,就有这样的反映。一方面,他承认气有穷极,人有岁数,禀生有分,赋命有常,未可越分以求生,应守命安常,如此才可以终竟天年,全和其生。相反,"有其生者累生,生之厚者死"④,故"守其分则可以永全,失其常必之死地,是以圣人垂戒不欲厚以求生,贤士知微自可任于天授"⑤。即是说,人可以外生死而不中途夭折,但人毕竟有生有死。不过他又认为,通过修炼,可"顺化无私,不

---

① 王明编:《太平经合校》,第716页。
② 《养性延命录》卷上,《道藏》第18册,第475页。
③ 刘鉴泉:《道教征略》,《图书集刊》1948年第7—8期。
④ 《道德真经广圣义》卷三六,"以其无死地"疏,《道藏》第14册,第499页。
⑤ 《道德真经广圣义》卷四八,"夫唯无以生为者是贤于贵生"义疏,《道藏》第14册,第555页。

以死为死"①，即形死神不死。他所说的遗形忘我、无身无主、融神观妙、返一归无、与道为一、常存不亡，指的就是精神的长存，而非形体长存。另一方面，他认为，通过修道修心，受精养气存神，可形神长存："受生之始，道付之以气，天付之以神，地付之以精，三者相合而生其形，人当受精养气存神，则能长生若一者。"②在他看来，人之生因道禀神而生其形，"形为神之宅，神为形之主"③。神（又称"神明"）托虚好静，人当洗心息虑以适合于虚静，如此则神不离身，神身不离，则形神长存，"修道者纵心虚漠，抱一复元，则能存已有之形，致无涯之寿"④。杜氏吸取佛教的三界说，认为欲界、色界、无色界之内，皆有生有死，有始有终。超越三界，入于四天——一常融天、二玉融天、三梵度天、四贾奕天，就能不生不灭，无年寿之数，无沦坏之期。这具有较大的诱惑性，它向人们表明，通过勤苦的修炼，可超越三界，入不死之福乡，登通仙之幽径。不过，在援引佛教形神观念时，他所说的"神"与佛教所说的"神"之意蕴有所不同，佛教所谓神指人的精神、意识，杜氏所谓神，不全指精神、意识。他不离精、气而论神，他说：

> 夫神者，阴阳之妙也；形者，阴之体也；气者，阳之灵也……神气全则生，神气亡则死。⑤

杜氏所说的"神"，有时指神明，有时指神气，有时指精神。在"神"范畴之外，还有个"心"范畴："心者，形之主；形者，心之舍。"⑥在此，心又表示精神、意识。与修道长生成仙论相配合，杜氏提出四种升仙阶次：（1）飞升，即云车羽盖，形神俱飞。此为神仙之上者。（2）隐化，即牧谷幽林，隐景潜化。（3）尸解，即解化托象，蚘蜕蝉飞。（4）鬼仙，即逍遥福乡，逸乐遂志，年充数足，升阴景之中，居王者之秩。冲天者为优，尸解者为劣，鬼仙

---

① 《道德真经广圣义》卷三六，"以其无死地"注，《道藏》第 14 册，第 499 页。
②③⑤ 《道德真经广圣义》卷四六，"无厌其所生"义疏，《道藏》第 14 册，第 549 页。
④ 《道德真经广圣义》卷三二，"天下之物生于有有生于无"义疏，《道藏》第 14 册，第 472—473 页。
⑥ 《太上老君说常清静经注》，《道藏》第 17 册，第 185 页。

者为最下。冲天者为形神俱存,其他几种皆为精神长存。

总的来说,杜氏在修道方式上看重修心炼形,却又不废精气的炼养,在长生成仙途径上主张仙道多途,这就是他所总结的:"神仙之道百数,非一途所限,非一法所拘。"(《墉城集仙录序》)

## 第六节 理身与理国

道教自创始起,就鲜明地表现了这样的特殊性:在体现创教者个人意识的同时,也体现了社会的意识;在体现宗教理想的同时,又要关心社会现实;在专一修道成仙的主张下,又具有"杂而多端"的形式。基于这样的特性,道教布道在勉励"出世"的同时,又主张"入世",不但欲求登仙,亦企望盛世,不但利己,亦要利人。如此便出现这样的矛盾现象:一方面逃避现实生活,委志虚无,兴宫观于山水林泉之间,思玄妙于无尘染之境;另一方面又有强烈的干预政治愿望,所谓十方丛林、大小洞天福地与历代朝政不无千丝万缕的联系,统治者假道教将其统治神圣化,道教组织则借朝廷势力扩展自己的影响,并努力为实现"太平盛世"的政治理想进行社会实践。道教所崇尚的"三一之道",亦即天地人三才统一,精气神三者合一,无非讲治国、治家、治身之道以及长生之术。因此,道教理论家建构理论体系必然选择这样的路向:外治其国,内治其身,外御其形,内修其心。《太平经》"专以奉天地顺五行为本,亦有兴国广嗣之术[1],被称为"致太平"之书。《河上公老子章句》主张"治身则有益于精神,治国则有益于万民",较早阐明了修身与治国的关系。葛洪提出"内以治身,外以治国"(《抱朴子内篇·明本》)。寇谦之主张"兼修儒教,辅助泰平真君"[2]。历代道教大师受朝廷礼遇的史事不胜枚举,杜光庭也享受"礼加异等,事越常伦"的特殊待遇。杜氏立《道德经》三十八教义,其中理国理身是其主旨。他的"理国理身"论既因承道教传统,又不泥前

---

① 《后汉书》卷三〇下,"郎顗襄楷列传",第1081页,北京:中华书局,1973。
② 《魏书》卷三五,"崔浩传",第814页,北京:中华书局,1974。

贤,有其独到见地。

## 一、"无为"理国

在三十八教义中,杜氏数次提及理国之要妙:"第一,教以无为理国";"第三,教以道理国";"第十一,教诸侯以正理国"。①"无为""正""道"意义等同,都是主张以自然和社会以及人的最高的、最普遍的法则——自然而然、无为而无不为的"道"作为治国的准绳。"无为"并非一无所为,亦即非无为而无为,或有为而无为,而是要通过无为实现"无不为";"自然"并非放任不理,而是要任其自然而达于"然"。"自然""无为"表示手段或路径,"然""无不为"表示目的或归向。理国本属有为,亦即有为乃理国应有之义,向统治者荐"致太平"之术,或"以道佐国""以德匡君"更是有所为之。故杜氏推崇"无为理国"不是要将人的意识、意志、目的排斥在外,而是有显明的宁国兴邦的目的性,是高扬"无不为"的主体实践精神。

其一,道倡自然,"理国者任物之性,顺天之时"②。治国者应当息苛暴、轻赋徭,做到事简不烦,全民之性,随民之愿。为此统治者须树立爱民的意识,"使之不暴卒,役之不伤性",使民能休养生息。相反,"政虐而苛则为暴也,赋重役繁则伤性也,使之不以时则妨农也,不务俭约则毂也"。③在杜氏看来,民君之间是本末关系,他借用荀子"水则载舟,水则覆舟"的哲言释民本原理,说:"君犹舟也,人犹水也。人非君不理,舟非水不行,舟水相须不可暂失,故理国之本,养人为先。"④一方面,"舟非水不行",水是行舟的前提,水为本,舟为末,"人惟邦本,本固邦宁",如此,"民弱则国危,民聚则国霸"。⑤另一方面,"人非君不理",因为王者通道,

①《道德真经广圣义》卷一,"叙经大意解疏序引",《道藏》第 14 册,第 314 页。
②《道德真经广圣义》卷三二,"反者道之动"义疏,《道藏》第 14 册,第 471 页。
③《道德真经广圣义》卷一一,"爱民理国能无为乎"疏,《道藏》第 14 册,第 367 页。
④《道德真经广圣义》卷三五,"天下有道却走马以粪"疏,《道藏》第 14 册,第 489 页。
⑤《道德真经广圣义》卷二六,"杀人众多以悲哀泣之"疏,《道藏》第 14 册,第 439 页。

"惟天为大,惟王则之,其德同天,而无不覆,故曰王乃天。王德如天,则无为而理,道化乃行,故云天乃道"①,"王德合天,乃能行道"②。就是说,王者御民统众,符合天地之德、道德之性。这实际上是在民本君末前提下的君上民下,美化了王者的统治,表明了道教与世俗政权之间的特殊联系。但这种民本思想自有其可取之处。它阐明了在封建社会条件下的君民关系——君民相须,喻之以客观存在——"舟水相须不可暂失",警告王者随时有背道弃德、违民之愿、反自然之性的危险,犯俗人易犯的错误,对王者的主观随意性加以客观限制,要求统治者恪守自然而然的原则,"斯可谓反俗顺道乎"!③ 可见,在与世俗政权关系上,杜光庭一方面坚持道教要向世俗政权靠拢,希求干预政治生活过程;另一方面,又坚持要引导世俗权力向宗教方面发展,使得世俗权力具有某些超越的性质。

其二,道贵柔弱、清静,理国者须谦逊,清静无为,"理国以谦静则万物从顺,如水之赴溪矣"④。为致谦静,则须外晦其明,内积其德。积德之要在乎"善结":"绳约之结可解可散,世之常法也;结人之心或离或合,世之常交也。理国之善结者,其德如天,物无不覆;其仁如地,物无不载;其明如日,物无不照;其利如水,物无不润。则六合之心,亿兆之众,可结而不可散也。"相反,"不善结者临之以威,峻之以令,检之以法,胁之以兵,人或畏之,暂结而散矣。其散也,虽诱之以赏,啖之以利,荣之以爵,贵之以位,已散之心不可复结矣"。⑤ 绳约可解可散之常法,人心或离或合之常交,清楚表明了一个历史辩证法,两个"常"即包含了无常的内容,杜氏从"常"中追寻无常,从"结"中看出"解""散",从"合"看出"离",把民心的离合、结散视为国家兴衰存亡的关键,"民散则国亡"。为使民心不散,则

---

① 《道德真经广圣义》卷一五,"天乃道"疏,《道藏》第14册,第387页。
② 《道德真经广圣义》卷一五,"道乃久"疏,《道藏》第14册,第387页。
③ 《道德真经广圣义》卷三二,"反者道之动"义疏,《道藏》第14册,第471页。
④ 《道德真经广圣义》卷二四,"知其雄守其雌为天下溪"义疏,《道藏》第14册,第426页。
⑤ 《道德真经广圣义》卷二三,"善结无绳约而不可解"义疏,《道藏》第14册,第422—423页。

须善结民心,善结不是以威临之、以令峻之之"暂结",而是要谦静守弱,尊道养德,行仁与义。在这种意义上说,杜氏"善结"的思想比董仲舒"天不变道亦不变"的政治说教毕竟高明一些。"晦明"之要在乎不恃其力:"为政不恃其力",不尚威武,不专用其事,无拓疆之欲,无兴兵之趣,如此则万物顺从,众德归凑。杜氏生活于唐末五代时期,目睹"泽国江山入战图,生民何计乐樵苏"(曹松《己亥岁》)的悲惨现实,饱尝流离颠沛之艰辛,故而他坚决反对武力用事,他说:

> 有道之君守在四夷,外无兵寇,戈盾不用,锋镝不施,却甲马于三边,辟田畴于四野,深耕浅种,家给国肥。①

> 今图功名而好战,贪土地而杀人,驱彼生灵,陷之死所,有道之士,君子之人,安得不哀伤之乎?②

所以,"若以政教理国,奇诈用兵,斯皆不合,唯无事无为可以取天下"③。他主张以道莅天下,肯定以道理天下,再三强调佐国者当以清静匡君,未可以兵谋辅国。

其三,道本朴无名,理国者须使民复朴还淳。他说:

> 理国执无为之道,民复朴而还淳。④

理国以自然而然、以谦静,在一定意义上,是为了促使民众复朴还淳,是道教的社会政治理想,"淳和既著,天下化之,于国则圣德无穷,于身则长生无极"⑤。如果说理国以自然而然、以谦静是为统治者考虑的话,那么使民复朴还淳则是为了道教自身,向统治者荐"致太平"之策,是与道教自身的功利意识和理想愿望密切相关的。在杜氏看来,民之所以不淳朴,原因在于人有"欲",因而使民复朴还淳应在解除人们欲望上着力,

---

① 《道德真经广圣义》卷三五,"天下有道却走马以粪"义疏,《道藏》第 14 册,第 489 页。
② 《道德真经广圣义》卷二六,"杀人众多以悲哀泣之"疏,《道藏》第 14 册,第 439 页。
③ 《道德真经广圣义》卷四〇,"以无事取天下"注,《道藏》第 14 册,第 517 页。
④ 《道德真经广圣义》卷一四,"能知古始是谓道纪"义疏,《道藏》第 14 册,第 380 页。
⑤ 《道德真经广圣义》卷二四,"为天下式常德不忒复归于无极"义疏,《道藏》第 14 册,第 427 页。

"凡人欲动作有为者,人君则将无名之朴而镇静之,今言于彼无名之朴亦将不欲者,夫所以镇无名之朴,为众生兴动欲心"①。以无名之朴镇静苍生,实质上是抑止"众生兴动欲心",欲心生动是一切社会矛盾冲突的根源。取得统治地位的理国者应致力于以无名之朴化民,民化则动心欲心不生,自然淳和朴质。"人化则道弥",民达于淳和朴质,至尚至美至善的道普照人间,无处不在,从而也就实现了道教的社会政治理想。对于理国者自身来说,"欲心既除,圣人无名亦舍","若复执滞无名,还将有迹,令此众生寻迹丧本,复入有为,则与彼欲心等无差别"。②即是说,理国者使天下复归于朴,实现了致太平之有为,切不可再执定有为,须树立功成不居的意识,若继续抱定有为,就等于使天下人放弃了欲心,而自己未弃欲心。有鉴于此,杜氏告诫道:"理国之道先弘德化,后忘其迹,所以成太平之基也。"③谦静以无名之朴本来是道教修炼的方式,所谓化民,就是将道教的意识、意志转化为广大民众的意识、意志,这种转化既有潜移默化的过程,也有强加的过程,因为这种转化符合统治者的利益,可得到统治者的支持和强化。而当要"化王",实现道教的更高意志和意识时,则只能靠说教的形式(包括升仙、长生、承负、惩诫等学说)来打动统治者的心了。

欲将道教意志转化为社会的意志,便涉及道与仁义礼智的关系,以杜氏看来,"道废则仁义遂行"④。即按时间顺序,道在仁义之先,上古淳朴,无仁与义。"兼爱"为仁,而行仁者未尝施而不求报,求报则小惠未孚,故此,仁义礼智各有偏私,仁独为仁,义独为义,不能兼而化之,"行仁者以慈爱为心,故无则断之用,是则义缺矣;行义者以决断裁非,有取有舍,是则仁缺矣"⑤。唯道可"统于仁义,合于礼乐,制于信智,囊括万

---

① ②《道德真经广圣义》卷二九,"无名之朴亦将不欲"疏,《道藏》第 14 册,第 454 页。
③《道德真经广圣义》卷三六,"为学日益为道日损"义疏,《道藏》第 14 册,第 493 页。
④《道德真经广圣义》卷三〇,"上仁为之而无以为"疏,《道藏》第 14 册,第 457 页。
⑤《道德真经广圣义》卷三〇,"上仁为之而无以为"义疏,《道藏》第 14 册,第 458 页。

行"①,圆融无碍,周济万类而无偏私,兼施众生而忘其迹,行仁忘仁,施义忘义。杜氏认为,礼义法度对于化民淳朴亦不可不用,教分权、实,权为实之阶,仁义礼智及其法度皆属权教:"理人为政,以权实化俗,理亦然哉!"②也就是说,化民权实并用,"先以道化之,次以德教之,复以文抚之,示以淳和,兼以仁育和"③。以此推论,道本儒末,道包儒法。

以上所述,已可辨明,杜氏的"理国"论无非是"帝王南面之术",为统治者提供了一个儒道法并用、以道为本根的治国之术。这是寓大有为于无为,强化了参与治理国家的实践功能,突出了对于政事的干预意识。理国强调自然而然任民之性,随民之愿,是从君民之间的利害关系着眼的,依矛盾对抗的形式而言,可简称为"外";理国谦静,是从统治者自身性情、品德着眼考虑问题的,依是否谦静引发或激化社会矛盾而言,可简称为"内";理国使民复朴还淳,是从国家的长治久安和道教自身社会政治理想着眼推求的,而且是从民众和君主更深层的心理结构着力的,因而可简称为"合"。由内而外,以至于合,是一个自我圆融的思想结构,每一步骤都融会了明显的主观目的性。理国的最高准则"道",也排除不了人的主观意识,"王乃天"(这里的"天"即谓道)就已沟通了道与人,同时也给道输入了人的主观意志,因而,道也正是客观的无意志和主观的有意志的统一。

## 二、"无欲"理身

三十八教义中,理身与理国同样重要,而且理身条文多于理国条文,兹综录如下:"第十九,教人修身,曲己则全,守柔则胜";"第二十,教人理身,无为无欲";"第二十一,教人理身,保道养气,以全其生";"第二十二,教人理身,崇善去恶";"第二十三,教人理身,积德为本";"第二十四,教

①《道德真经广圣义》卷三四,"不言之教无为之益天下希及之"义疏,《道藏》第14册,第483页。
②《道德真经广圣义》卷三二,"天下万物生于有有生于无"义疏,《道藏》第14册,第473页。
③《道德真经广圣义》卷四五,"古之善为士者不武"义疏,《道藏》第14册,第542页。

人理身,勤志于道";"第二十五,教人理身,忘弃功名,不耽俗学";"第二十六,教人理身,不贪世利";"第二十七,教人理身,外绝浮竟,不炫己能";"第二十八,教人理身,不务荣宠";"第二十九,教人理身,寡知慎言"。① 道教"即世"而"救世"的立教思想再现于杜氏的治身论中,他在《纪道德赋》中说道:

> 可以越圆清方浊兮,不始不终。何止乎居九流五常兮,理家理国。

理国不能不同时理身,利人也要利己,成人也须成己,兴国泰民安之事业,修道者自身也能长生久视、登真成仙。杜氏的修身论,既融前人所论,又有自家的创获,既有"俗人"修养功夫,又有"道人"超越意识,既有长生永存的目的,又有道德教化的内容。

其一,道既是最普遍的法则,理身须遵循道。遵道也就是遵行"无为无欲"。"无为无欲"本是道教徒个人修炼的内容,但杜氏为了强化道教的社会实践功能,就将"道人"的修炼内容,泛化为"道人"与"俗人"共有的修养内容。杜氏认定,铦锐之心、纷扰之事皆由人动心兴欲所生,王者贪欲疆土就会兴兵杀人,贪欲财货就会横征暴敛,贪欲珍奇就会骄奢淫侈。百姓欲望兴动就会互相侵夺凌辱,欲高就会贱下,欲贵就会贱贫。"俗人"兴动于知,就会博闻旁求,学流泛滥。以美与善而论,本无定在,亦是人欲所致,"美善者,生于欲心,心苟所欲,虽恶而美善矣。故云皆知己之所美为美,所善为善。美善无主,俱是妄情,皆由分执有无,分别难易,神奇臭腐,以相倾夺"②。即是说,美与善只是人的主观感觉,无客观的依据,一心所动,始有美善。这实际上是庄子"因其所下而大之,则万物莫不大;因其所小而小之,则万物莫不小"(《庄子·秋水》)的相对主义观点的再现,也是杜氏"修道即修心"观点的另一种表现。

---

① 《道德真经广圣义》卷一,"叙经大意解疏序引",《道藏》第 14 册,第 315 页。
② 《道德真经广圣义》卷七,"天下皆知美之为美斯恶已皆知善之为善斯不善已"注,《道藏》第 14 册,第 345 页。

　　因为人人都难免有欲，故修道理身之首务是窒欲，窒欲既是治国之方策，亦是治身之要妙，不过两者立足点不同，所通过的路径有异。前者是从统治者的利益和道教的最高理想来推求窒欲的，通过强制和兴社会风尚的潜移默化实现；后者是从每个人的切身利益关系来推求的，通过内心自觉的涵养实现。为要窒欲，首先要知足安分。知足的关键在于心知足，他说：

　　　　物足者非知足，心足者乃知足。知足者谓足在于心，不在于物。①

安分是要安其所禀之性，"自道所禀谓之性，性之所迁谓之情"②。断妄情、摄欲念以归于"正性"。以高下为例，"高下名空也，高下两名，互相倾夺。……高忘其高，下忘其下，各安其分，守以天常，则无倾夺之事"③。"安其所禀之分，则无过求之悦矣，若所禀之外越分过求，悦而习之，则致淫悖之患而伤其自然之和。"④可见杜氏无欲理身之术，实乃攻心之术，其实质类似于后来王阳明所言的"破心中贼"。

　　杜氏所谓理身无为，也就是"执无为之行"，不贪功，不好利，不妄求。无为与无欲，乃是一种内外关系，无为为外，无欲为内，外为内显，内为外根，内无欲即可外无为，外无为亦会反求诸内。"身修于内，物应于外，德发乎近而及乎远，一夫感应尚犹若此，况于帝国乎？"⑤执无为之行，则神全气王，气王者延年，神全者升玄；窒有欲之念，则"外无侵竞，内抱清虚，神泰身安，恬然自适"⑥。无为与无欲，相为益彰，互为补助，共同履行理身的职能。

　　其二，理身以积德为本，崇善去恶。这本非老子《道德经》固有之意，

①《道德真经广圣义》卷三五，"知足之足常足矣"义疏，《道藏》第14册，第491页。
②《道德真经广圣义》卷一九，"恍兮惚其中有物"义疏，《道藏》第14册，第403页。
③《道德真经广圣义》卷七，"高下之相倾"义疏，《道藏》第14册，第346页。
④《道德真经广圣义》卷一八，"绝学无忧"义疏，《道藏》第14册，第397页。
⑤《道德真经广圣义》卷三八，"修之天下其德乃普"义疏，《道藏》第14册，第510页。
⑥《道德真经集义》卷九，《道藏》第14册，第178页。

585

道教理论家为履行宗教劝善诫恶的社会职能,就假托老子之意,开其生面。道家主张无恶无善,早期道教创始者将儒家善恶注入道教,设定了道教的善恶说。《太平经》以承负说、夺算夺纪说劝导人们行善诫恶。张道陵"使民内修慈孝,外行敬让",并以"正一盟威之道、禁戒科律,检示万民逆顺,祸福功过,令知好恶"。[1] 葛洪主张"天地有司过之神,随人所犯轻重,以夺其算"(《抱朴子内篇·微旨》)。陆修静则明确提出:"禁戒以闲内寇,威仪以防外贼,礼诵役身口,乘动以反静。"[2] 寇谦之援佛教生死观入道,以"十善十恶"说、"生死轮转"说进行劝善说教。成玄英力主"三业清净,六根解脱"。杜光庭著《道门科范大全集》,更多地融摄佛教善恶观念,开示新义。他借用佛教的根业尘缘学说,认为人生而有三业十恶四缘:

> 人之禀生有三业十恶。三业者,一身二心三口业也。十恶者,身业有三恶……心业亦有三恶……口业有四恶……此三业十恶合为十有三矣……此十恶事又各有四缘,皆为罪恼之本……凡此十恶三业计五十三条,动罹此罪,即之死地。[3]

也就是说,人生来就俱有"原罪","人能制伏三业十恶则可得道长生,可谓生之徒"[4]。为要制伏此"罪恼之本",就须"积德为本""崇善去恶",而积德崇善就能修得善果,"得之生者,合于纯阳,升天而为仙;得以死者,沦于至阴,在地而为鬼。鬼中之一,自有优劣强弱,刚柔善恶,与世人无异也"(《洞渊神咒经序》)。鬼神的优劣强弱、刚柔善恶及其等级差别本是人间的反映,此种反映却可用来劝诫现世的人,诱导其修道行德,免于死后入地府再蒙磨难,行道者功德深厚还可轻举升天,永远摆脱三业十恶四缘的困扰,入不死之福乡,使三尸不能干,百邪不能扰。

杜氏认为,修道之阶渐臻其妙,立功积德乃入道门必经之途:

---

① 《道门科略》,《道藏》第 24 册,第 779 页。
② 《洞玄灵宝斋说光烛戒罚灯祝愿仪》,《道藏》第 9 册,第 822 页。
③④ 《道德真经广圣义》卷三六,"人之生动之死地十有三"义疏,《道藏》第 14 册,第 498 页。

夫立功之义盖亦多途，或拯溺扶危，济生度死，苟利于物，可以劝行；或内视养神，吐纳炼藏，服饵导引，猿经鸟伸，遗利忘名，退身让物，皆修之初门也。既得其门，务在勤久，勤而能久，可以积其善功矣。①

修炼和行善事并用，利物和内养双举，从小事做起，应功补过，积微成著。功不在大，遇物斯拯，过不在小，知非则悛，过在改而不复为，功在立而不中倦。功与德紧密相连，"善功"里自然寓有"德性"，积善功就能成德，累德者自然寓有善功。从修道渐次看，德高于功，太上有其德，其次有立功，因此，功为德之阶，善功越大，其德性越深厚。杜氏《题莫公台》诗言："将军悟却希夷诀，赢得清名万古流。"《赠蜀州刺史》又云："再扶日月归行殿，却领山河镇梦刀，从此雄名厌寰海，八溟争敢起波涛。"即是颂扬大功大德。

杜氏将行善积德的道德教化内容纳入道教修身范围，昭示了道教深刻的世俗根源，将行善积德与赎罪戒恶、在生升仙与死后免罚联系起来，能更好地履行道教的社会职能，在道教说教的背后，隐藏着很强的主观目的性，即试图培养后来《太上感应篇》所说的"善人"："天道祐之，福禄随之，众邪远之，神灵卫之。"②一夫感应尚犹若此，那么人人修此，国家可致太平。

其三，将个人修炼与道德教化相结合。杜氏以前的道教学者言治身多限于个人服养导引的修炼活动。《河上公老子章句》将道分为"经术政教之道"和"自然长生之道"，以自然长生之道为治身治国的理论基础，主张"无为养神，无事安民"的治身治国论，强调治身以长生为目的，不及功德之事，只把行善与恶的行为后果交予"天道"的"司察"。《太平经》认为修身就是"守一"："夫守一者，可以度世，可以消灾，可以事君，可以不死。……可以长生，可以久视。"把功德之事归属于治国范围。葛洪说：

①《道德真经广圣义》卷三六，"损之又损以至于无为"义疏，《道藏》第 14 册，第 494 页。
②《太上感应篇》卷五，《道藏》第 27 册，第 28—32 页。

"治身则身修长,治国则国太平。"(《抱朴子内篇·明本》)虽然他主张治身与治国双举,却分《抱朴子》为内、外篇,外篇言世事臧否,人间得失,内篇言修炼神仙之事,认为仙道"与世事不并兴"(《抱朴子内篇·金丹》),只有废得了人间事务,才能修炼成仙。司马承祯专言治身之术,其《坐忘论》"安心坐忘之法"论长生久视之道,不谈道德教化内容。杜氏则主张炼养与德性双举,既要修心养神,吐纳炼藏,服饵导引,也要拯溺扶危,济生度死。德业双修,才算功夫。人生俱来就有三业、十恶、六根、四缘等"罪恼之本",人欲制伏它们就要修道,而修道除了无为无欲、内视养神、服养导引,还需多立功德,多行善事,功德善行乃入道门之必经渐次,如此结合,比单纯讲立功为国、立德为家、修炼为己的说教能更好地履行道德教化的社会职能。

由于道教不能只局限于极少数人"白日飞升"的成功,道教欲求扩大自己在社会生活中的影响,欲将自己的意志外化为国家的意志、外化为全民的意志,欲将说教转化为内心自觉,就必须进行广泛的布道施教,劝善修道。如此便面临一个修道的层次问题,即涉及修道者自身素质问题。杜氏如何解决这一问题呢?他吸收和改造了韩愈的"性三品"说:

> 《师说》云,就人之品识大判有三,谓上中下也。细而分之则有九品,上上品者即是圣人,圣人自知,不劳于教;下下品者即是愚人,愚人不移,教之不入。所可教者,谓上中以下,下中以上,凡有七品之人可教之耳。……既有九品,则第五品为正中人也。其二、三、四为上,六、七、八为下。惟下下之士教而不移,闻道则笑矣。[1]

九品之中,上上品无须用教,自可悟道;下下品顽愚不化,不可施教;中间有七品,为人的大多数,是施教的主要对象,尽管其智愚程度差别很大,布道者亦须竭尽己能,诱而教之,因为"道无弃物,常善救人"。在杜氏看来,启迪昏蒙、参悟真正、琢玉成品、披沙得金乃布道者之责任。然而,智

---

① 《道德真经广圣义》卷三二,"上士闻道勤而行之"义疏,《道藏》第 14 册,第 473 页。

愚程度不同,施教方式亦当有分别,利根之人禀气清,了悟圆通;钝根之人禀气浊,智识不通。于是设权、实二教,利根者了通实教,不教而化,示以实门;钝根者智识不通,则示以权门,教而化之。"权门变通其法甚广",根据修道者智愚差别,采取循序渐进的方式诱而导之。知过则改、立功补过、积微成著皆渐进之路径。杜氏又说:"权教者,帝王南面之术也。"①这是明确地将修道之术与统治之术对等起来,仙道与王道合流了,因此任何统治策略也就是修道的步骤,所以他接着说:

> 权教者,先以善道诱之;不从,以恩赏劝之;劝之不从,以法令齐之;齐之不从,以科律威之;威之不从,以刑辟禁之。……故劝教之所不及而后用刑也。是故刑之使民惧,赏之使人劝,劝以趣善,惧以止恶。……理身者,体柔顺之道,去刚强之心,久而勤之,长生何远乎!②

儒家"道之以政,齐之以刑,道之以德,齐之以礼"的道德仁政学说被杜氏很自然地融合进修道理论中了。如是,上士修道或可成仙,中士修道亦能安身立命,各得其所,故谓"神道设教为中士"③。由此可明,以劝善诫恶和修心炼养为基本内容的个人修道理论就成为"老君设教"的主要内容了,而不是少数人服金丹妙药或服食饮气以成仙。这可说是道教理论发展的重大转向。后来的《太上感应篇》将道德实践直接作为追求现实利益和通向神仙境界的唯一手段,则是顺理成章的事了,以致宋元兴起的全真道乃"以忍耻含垢、苦己利人为宗"。

杜氏一方面讲修道无为无欲,另一方面又讲修道积功累德,看来似乎矛盾,但杜氏认为,这只是"俗人"的看法,"道与俗反",以"道人"看来,非但不矛盾,而且恰好圆通无碍,功德乃修道之必须路径,不能不立,只是"俗人"有了功德便容易居功自傲,矜持自伐,而不知克尽思道。"道

---

① 《道德真经广圣义》卷三二,"弱者道之用"义疏,《道藏》第14册,第472页。
② 《道德真经广圣义》卷三二,"弱者道之用"义疏,《道藏》第14册,第471—472页。
③ 《道德真经广圣义》卷三二,"上士闻道勤而行之"义疏,《道藏》第14册,第474页。

人"虽立功德,却功成不居,为而不恃,即不滞于功德,亦即具有超越的意识,一心求道,不为物类所累。拯溺扶危、济生度死本属有为,杜氏鼓励人们为此善行也就是鼓励人们有为进取;同时他又强调修道之人须有无为的意识,善于从有为中解脱出来,实现自我超越:"善功既积,不得自恃其功,矜伐于众,为而不有,旋立旋忘。功即旋忘,心不滞后,然谓之双遣,兼忘之至耳。"①

## 三、理身与理国

从上面的论述可以十分清楚地看到,杜氏的理国与理身理论,涵盖了道教理论中的许多重大理论问题,如有为与无为、有欲与无欲、己与人、道与俗、出世与入世、即世与救世、王教与道教以及修道成仙与社会教化等,难怪他在三十八教义中喋喋不休地重复理身理国的教条,其目的乃在于引起人们的重视。

(一)身与国的联系

三十八教义提出"无为理国""以道理国",又提出理身"无为无欲"、"理国修身尊行三宝"(慈、俭、不敢为天下先),即是断定身与国是统一的,理身与理国是密切相关的。《大学》提出正心、诚意、修身、齐家、治国、平天下,建树起儒家身与国的修身理论与政治抱负,为仕则有益于民,为民则独善其身,内修以成圣人,外仕以成王道,成己与成物被视为统一体的两面。道教沿用儒家这一思想,将它和《周易》"三才统一"思想结合,并进而推求身与国之能够统一的基础,如《太平经》以"三一"为宗,天地人三者合一以致太平,精气神三者合一以获长生。前者讲自然与社会的感应相通,后者讲形神呼应相通;前者合一达于太和,后者合一达于中和;前者合一的基础是"太和之气",后者合一的基础是"精气"。而天地人与精气神在"气"的基础上又能统一起来。《河上公章句》说:"天道

---

① 《道德真经广圣义》卷三六,"损之又损以至于无为"义疏,《道藏》第 14 册,第 494 页。

与人道同,天人相通,精气相贯。"①即是强调"气"贯通天人的基础作用。不过,《老子想尔注》将"气"又称做"道气",从而使贯通天与人、身与国的基质具有物质和精神二元意味。杜光庭进一步确立了"道气"概念,以二元体的道—气作为天道与人道统一的基础,在他那里,"道气"又被称做"道","道"贯天人,"道"贯身与国。他说:"理国执无为之道","理身执无为之行"。② 又说:"人化则道弥广,己修则德愈昌,道广德昌,理国理身之至要矣。"③"理国之道,理身之方,舒卷任时,因物之性。"④无为、无欲、自然,皆"道"的同义语,道与德则是"同出而异名"。在杜氏看来,老君历劫禀形,随方演化,或现身为现实生活中的人,如赤松子、王子乔之类,"因以示教",或理性化为道,无所不在,无所不能,既为自然之普遍法则,又为社会——身与国的普遍性法则。因而,身与国在道的前提下是能够统一起来的,理国之道、理身之方乃道的具体化,体现在理国方面主要强调无为,体现在理身方面则主要强调无欲。无为、无欲实乃道体的两个不同的方面,都服从于最高的意志——老君——道。理国"人化"表现了"道"普照无遗的特性,理身"己修"表现了"德"美好善良的特性。因此说,杜氏所推崇的理身与理国的统一,乃是在原则义和目的义上的精神性统一,这个原则就是自然而然、无为无不为的道,这个目的就是实现道广德昌的理想境界。

(二)身为国先

身理与国理虽为道的不同体现,在同一原则和目的下达于统一,但身与国毕竟有个先后、本末、内外关系问题。杜氏断定,身为国之先,有诸己而后有诸人,先成己而后成物,身理而后国理,他说:

> 未闻身理而国不理者,夫一人之身,一国之象也,胃腹之位犹宫室也;四肢之别,犹郊境也;骨节之分,犹百官也。神犹君也,血犹臣

---

① 《老子河上公章句》,《道藏》第 12 册,第 14 页。
② 《道德真经广圣义》卷一四,"能知古始是谓道纪"义疏,《道藏》第 14 册,第 380 页。
③ 《道德真经广圣义》卷二四,"为天下谷常德乃足复归于朴"义疏,《道藏》第 14 册,第 427 页。
④ 《道德真经广圣义》卷一〇,"动善时"义疏,《道藏》第 14 册,第 363 页。

也,气犹民也,知理身则知理国矣。爱其民所以安国也,弘其气以全身也,民散则国亡,气竭则身死,亡者不可存,死者不可生,所以至人销未起之患,理未病之疾,气难养而易浊,民难聚而易散,理之于无事之前,勿追之于既逝之后。①

将一人之身与一国之象进行比附,治国如同治身,气存身存,气竭身亡,民结国存,民散国亡,有气而有身,有身而有国,以身观身,身正天下皆正,身理天下皆理。这种主观比附虽然有点牵强,但辩证地阐明了气与身、身与国以及民与国之间的关系,其弘气全身、爱民安国的思想有着积极的意义。同时,强调"销未起之患,理未病之疾"也为统治者治理国家张目。由此以推,身为国之本,国为身之末,"理国之本如何"? 杜氏以为:

> 本在理身也,未闻身理而国乱、身乱而国理者。②

又说:

> 圣人理国,理身以为教本。夫理国者复何为乎? 但理身尔。故虚心实腹,绝欲忘知于为无为,则无不理矣。③

有本方有末,有末以显本,本末相须;身理方有国理,国理以彰身理,理身与理国相须。自然,身与国也就是内外关系,内以修己,外以化人,内圣外王,"夫理国者,静以修身,全以养生,则下不扰,下不扰则人不怨"④。身修生养为内,安定太平为外,无内则无外,没有修身,也就没有国家安定太平。

儒家始终执着身先国后、身本国末、身内国外,《大学》云:"欲治其国者,先齐其家;欲齐其家者,先修其身;欲修其身者,先正其心;欲正其心者,先诚其意。"杜氏在这一点上与儒家并无二致,如果说有差别的话,那

---

① 《道德真经广圣义》卷八,"是以圣人之治"义疏,《道藏》第 14 册,第 352—353 页。
②④ 《道德真经广圣义》卷三,"释御疏序上",《道藏》第 14 册,第 332 页。
③ 《道德真经广圣义》卷八,"是以圣人之治"义疏,《道藏》第 14 册,第 352 页。

就是儒家的修身只是一种道德修养,杜氏的修身是道德修养和修心存神以及吐纳导引等道教修炼活动的结合;儒家的修己在于成就圣人,杜氏的修己则在于成善成仙;儒家的治国是要实现王道,杜氏的理国则既要实现致太平的政治理想,又要善于从事事物物中超脱出来;儒家的修身治国是世俗的,杜氏的理身理国是超尘的。在这里,道教以宗教化的形式反映了世欲化的内容。

（三）理国理身所体现的主体能动精神

理身理国皆人之所为,是以人为主体的行为,无论是存思存想、去奢去欲的思想行为,还是建功立德、治国化人的身体力行的劳作行为,都离不开人的个人或社会活动,那么,人在这些活动中占据什么样的位置?即是以人为主体的行为,人的主体能动精神体现在哪里?杜氏从道教立场出发,执着于理国无为、谦静,理身无欲、雌柔,这种屈己柔弱、任其自然的立论与儒家养浩然之气、自强不息的进取精神适成反照。儒家高扬了人的精神,而道教窒息了人的主观能动性。从一般的外部特征来看是如此,然而执着于此尚不足以真正把握道教,尤其是不能真正地明辨杜光庭的思想实质。他的"理国"论,从主张任民之性经谦静到复朴还淳,每一步骤都渗透着显明的主观目的性,一则为帝王提供"南面之术",二则通过帝王的治国实现道教"致太平"的社会政治理想。他的"理身"论将个人修炼与道德教化内容糅为一体,力主为善戒恶,积功累德,故此他并不一味反对有为进取,而把进取有为、积功累德视为入道门的阶次。其无欲修身又与治国的目的相联结,修道先修己,己修而人化,人化则国安,而无欲攻心乃实现身修国治的根本点。他的理身与理国原则,并不是纯粹的道教修养论,他把"权教"直接等同于"帝王之术",将修炼活动混同于道德实践,即是说,不满足于有限的修道者的范围,将修道理论做了扩张,力求将道教的宗教意识上升为国家和全民意识,将宗教的意志转化为人们广泛的内心自觉。

仅就个人炼养方面讲,杜氏勉励人们务在勤久,终身不息,这一动一行皆是有为之举,主观意志在这些行为之中起着主导作用,行为中始终贯穿着道教的动机、目的。至于杜氏屡屡通过斋醮、符命、祝祷、长生术等干预朝政,以及几度为唐王朝、后蜀王朝的座上宾,则更直接地体现了道教有为的世俗化特点。

但道教毕竟有异于世俗,它究竟不愿将自己完全混同于世俗,它在鼓励深入世事的同时,又强调了超越的意识,这表现为:在理论方面推崇玄妙深微,在修道实践方面讲冥通神鉴。王道与仙道、入世与出世是道教产生便带来的理论难题。杜氏解决这一难题的办法是提出"重玄"原则,他告诫人们在建功立德的同时,又不可滞于功德;在深入世务时,未可累于世事;在有所为的同时,又未可忽视无所为,亦即无欲于功德,无为于有为,无欲于世事。然后再用双遣之则,外遣诸境,内遣诸己,既遣有为,又遣无为,遣之又遣。外境与内己、有为与无为都忘,方可入重玄之境,达众妙之门。

由此可见,杜氏奉行的是"执着以臻其妙""先弘德化,后忘其迹"的修道理论。在这里,有为寓于无为中,人的主观能动性、人的主体精神通过投射的形式反映出来。

# 第十五章 《无能子》与《化书》中的哲学思想

　　《无能子》基于道家的自然主义思想,继承了道教重玄学的传统,对道家的生死观、生命观与人生观进行了独特的解释,强调人生、生死、生命所应遵循的自然之道。谭峭的《化书》融摄了儒释道三教的思想,阐述了宇宙万象与社会人生的变化特性,从道教修炼的角度提出了"虚化"论,又进一步形成了以自然论为基础的社会批判思想。

## 第一节 《无能子》与《化书》

### 一、《无能子》及其作者

　　无能子,《无能子》作者的化名,其真实姓名及生卒年月皆不得知。《无能子·序》说:"光启三年,天子在褒,四方犹兵……"由此可知他是唐僖宗时人,其生活年月正值"黄巢乱"。因而"避地流转,不常所处,冻馁淡如也"。由于处于战乱年代,可谓饱尝艰难困苦,"寓于左辅景氏民舍,自晦也。民舍之陋,杂处其间,循循如也"。《唐书·艺文志》认定他是一个"隐民",而《四库总目提要》则认为"序中有'不述姓名游宦'语,则亦尝登仕籍,非隐民也"。王明先生依据《无能子·答通问》有"无能子贫,其昆弟之子且寒而饥,嗟吟者相从焉"语,断定他是前曾作吏的破落书生。[1]这种推断合乎情理,但从他的经历来看,随他同行的有"昆弟之子""兄之子""从父子弟"等等,可见是整个家庭都在辗转流徙,其出身可能不是庶族,而是望族。从与他交友并崇拜他的人,如华阳子、愚中子等的社会地位和学识水平来看,他是一位相当博学的学士。从他的言论所表现出的思想性来看,他不只是因为战乱才隐姓埋名的,而的确是一位淡泊名利、高尚其事、"不知所以饥寒富贵"的道家学者,如其所说:"吾汩乎太虚,咀乎太和,动静不作,阴阳同彼。今方自忘其姓氏,自委其行止,操竿投缕,泛然如寄,又何暇梏其肢体,愁其精神,贪乎强名,而充乎贪欲哉!"(《无能子·严陵说》)《无能子》书中的自然论和社会批判思想,应当不仅来源于道家思想传统,而且来源于他对社会动乱、人生疾苦的深刻体验和冷眼洞察。他在此书序言中说:"昼好卧不寐,卧则笔扎一二纸,兴则怀之而不余示。自仲春壬申至季春己亥,盈数十纸,卷而囊之,似有所著者。"显然,所"著"者也就是所见、所思、所得。

《无能子》3卷为《旧唐书·艺文志》著录,宋《崇文总目》将其列入"道家"类,晁公武《郡斋读书志》记"书三十篇"。明《正统道藏》将之收录于"太玄"部,仍分3卷,篇目为34篇,与序言所述相合,但实存内容只有23篇,其中卷上阙第六、八、九、十篇,卷中阙第五篇,卷下阙第七、九、十、十二、十三、十四篇。近有王明的《无能子校注》,为最新的字义诠解。

## 二、《化书》及其作者

谭峭,字景升,五代时人,出生地及生卒年月皆不详。有著作《化书》六卷,分道、术、德、仁、食、俭六化。

最早撰述谭峭生平活动的,是五代时人沈汾的《续仙传》,说他是唐国子司业谭洙之子,"幼而聪明,及长颇涉经史,强记,问无不知,属文清丽。洙训以进士业,而峭不然,迥好黄老诸子及周穆、汉武、茅君列仙内

---

[1] 王明校注:《无能子校注》,北京:中华书局,1981。本章以下所引《无能子》均据此本,不再加注。

传,靡不精究。一旦,告父出游终南山。父以终南山近京都,许之。自终南游太白、太行、王屋、嵩、华、泰、岳,迤逦游历名山,不复归宁。父驰书委曲责之,复谢曰:茅君昔为人子,亦辞父学仙,今峭慕之,冀其有益。父以其坚心求道,岂以世事拘之? 乃听其所从"。又说他师于嵩山道士十余年,得辟谷养气之术,唯以酒为乐,"常醉腾腾周游,无所不之。夏服乌裘,冬则绿布衫。或卧于风霜雪中经日,人谓其已毙,视之气出休休然"。其父常遣家童寻访,春冬必送些衣物及钱帛给他,峭把家童打发走,然后将这些衣物、钱帛分送给那些贫寒者,或寄留一些在酒家以充沽酒之资。人或问之,何为如此? 曰:"何能看得,盗之所窃,必累于人,不衣不食,固无忧矣。"有人说他已"疯狂",峭不以为然,而自行吟:"线作长江扇作天,靸鞋抛向海东边,蓬莱信道无多地,只在谭生拄杖前。""后居南岳,炼丹成,服之,入水不濡,入火不灼,亦能隐形变化,复入青城山而不出矣。"[1]

有关《化书》,《续仙传》没有提到谭峭作《化书》,《宋史·艺文志》中称"齐丘子撰",晁公武《郡斋读书志》仍题为"宋齐丘化书六卷",又引张耒语对宋齐丘其人做了"犬鼠之雄耳,盖不足道"的评价,但又对《化书》做了较高的评价:"文章颇高简,有可喜者。其言曰:君子有奇智,天下不亲,虽圣人出,斯言不废。"马端临《文献通考》述晁公武的说法,实际上同样对宋齐丘其人及其文表示了怀疑。《仙鉴》引陈景元《跋》明确讲:"宋仁宗嘉祐五年夏四月,碧虚子[即陈景元]题《化书》后序云:鸿蒙君曰:吾尝问希夷先生诵此书至稚子篇,掩册而语吾曰:吾师友谭景升始于终南山著《化书》,因游三茅,经历建康,见宋齐丘有仙风道骨,虽溺机智而异乎黄埃稠人。遂引此篇云:稚子弄影不知为影所弄,狂夫侮像不知为像所侮……齐丘终不悟,景升乃出《化书》授齐丘曰:是书之化,其化无穷,愿子序之,流于后世。于是杖靸而去。齐丘夺为己有而序之耳。"[2]据《四库提要》载,元陆友仁《砚北杂志》称"谭景升书世未尝见",《化书》在元代

---

[1] 《续仙传》卷下,《道藏》第 5 册,第 97 页。
[2] 《历世真仙体道通鉴》卷三九,《道藏》第 5 册,第 326—327 页。

"流传盖已罕矣"。明初时代王府曾经刊行,后又有刘氏、申氏诸本。由于陈景元提供有力的证据,后人公认《化书》为谭峭所作,而与宋齐丘无关,唯万历年间所刊行的景明刊本《子汇》仍题"齐丘子",但同时题宋景濂的话:"噫!是书之作非齐丘也,终南山隐者谭峭景升也,齐丘窃之耳。"明代以后,除了《正统道藏》《续道藏》,还有 20 多种类书收录了《化书》,明代杨慎曾评"化书六卷",清代王一清作"化书新声七卷"。

## 第二节 《无能子》中的自然论

《无能子》开宗明义地说:"其指归于明自然之理,极性命之端。自然无作,性命无欲,是以略礼教而外世务焉。""自然",在道家和道教典籍中,几乎是"道"的代名词,有时被视为神秘的最高本体,有时被看做自然而然的自然总规律。从无能子的思想倾向来看,他是一个无神论者,他所论述的"自然",乃是贯彻于自然和社会、人生和生命等全过程的行之一贯的客观规律性。从思想来源看,他是将道家唯物论者的自然观、抗迹尘外的人生观和道教长生久视的生命观熔诸一炉而自成一家的。他的自然论也从这三个方面展开。

### 一、自然生死观

#### (一)"混沌一炁"

与所有道教学者不同,无能子的自然生死观不是以抽象性的"道"作为出发点,而是以"混沌一炁"作为立论的始基。书中说:

> 天地未分,混沌一炁,一炁充溢,分为二仪,有清浊焉,有轻重焉,轻清者上为阳为天,重浊者下为阴为地矣。天则刚健而动,地则柔顺而静,炁之自然也。天地既位,阴阳炁交,于是裸虫鳞虫毛虫羽虫甲虫生焉。(《无能子·圣过》)

这段话包含三层意思:(1) 在天地万物之先,有一个充溢宇宙、弥漫无间的"混沌一炁"的存在,这个"炁"无数量的限定,却有轻清与重浊"二仪"的区别,亦即有质量的差异,这种差异随着时间的绵延伸展而扩大,重浊者下降成为有形有象的地,轻清者上升为无形无象的天,天地不仅有无形与有形的差别,还有阴与阳、静与动、刚健与柔顺的对立。从"二仪"的差异到两极的对立,是一个伴随着时间的漫长流逝的发展过程,其间并不存在上帝或"道"的有意推动。(2)形成对立两极的天地之"炁",借助阴与阳、静与动、刚健与柔顺相斥相交与相济,生化出气象多姿的现象界来。从"混沌一炁"到天地之"阴阳炁",虽则都是一个"炁"字,却有着抽象与具体的层次上的差别。从无形之"炁"到有形之物,又是一个从可能到现实的转化。(3)无论是从"混沌一炁"生化"阴阳炁",还是从"阴阳炁"生化现象世界,都贯彻着同一规律——"炁之自然"。

王充和柳宗元是东汉和中唐后期的两位著名的元气唯物论者。王充认为天地即是具阴阳二性的元气:"天覆于上,地偃于下,下气蒸上,上气降下,万物自生其中间矣。"(《论衡·自然》)在他看来,天地之元气自古如此,没有层次上的区别,也没有质量上的差异,人物禀气而生,只有厚薄的差异。柳宗元说:"彼上而玄者,世谓之天;下而黄者,世谓之地;浑然而中处者,世谓之元气。"(《天说》)同样肯定充塞天地间的只是物质统一基础——元气。柳氏同王充一样,除了坚持元气自动、万物自生观点,也没有分别出元气有其漫长的分演过程,以及元气的不同层次;柳氏虽则也提出了太虚、无极等范畴,但没有深入解析其内涵及其与天地间元气之间的深刻联系。对元气做了分演层次的精细区别的是带着宗教色彩的道教"道炁论"。杜光庭在《道德真经广圣义》中就把"炁"分称为"玄元始气""和气""冲气""形气"等,这些对"炁"的不同称呼,无非是要表示炁有数量、质量、有形、无形的区别,从"玄元始气"到形成具体的物质之象的"形气",乃是炁从抽象到具体、从混沌到有分、从无形到有形的无穷演化过程所致。无能子的气论正是在道教元气层次说与道家元气自动说融合基础上建立起来的,既肯定了元气唯物,又肯定了元气演化无穷。

（二）人之"自然"

无能子不仅认为自然物质界的生化循着"天之自然"，同样也认为人类社会的形成要有其"自然"，这种人之自然原则完全类同于"天之自然"。书中说：

> 人者裸虫也，与夫鳞毛羽虫俱焉同生，天地烝交而已，无所异也。或谓有所异者，岂非乎人自谓异于鳞羽毛甲诸虫者？岂非乎能用智虑耶？言语耶？（《无能子·圣过》）

就"智虑"方面来说，人有好生避死、营宫室、谋衣食、生育乳养及其男女而私之等欲望，而鸟兽亦有好生避死、营巢穴、谋饮啄、生育乳养及其同类而护之等欲望，"何可谓之无智虑耶"？就"言语"方面来说，"自鸟兽迨乎蠢蠕者，號鸣嘷噪皆有其音，安知其族类之中非语言耶"？人以不能通晓鸟兽语言而笼统地说动物不能言，实乃偏见，岂不知鸟兽等动物也可由不能通晓人的语言而判定人无语言呢？就"形质"方面来说，人与动物固然不同，但是"鳞毛羽甲中形质亦有不同者，岂特止与人不同耶？人之中形质亦有同而异者、异而同者，岂特止与四虫之形质异也"？总之，人与动物本质上没什么区别，区别只在于文明程度的高低。因而人与动物皆服从于同样的自然规律，书中说：

> 所以太古时裸虫与鳞毛羽杂处，雌雄牝牡自然相合，无男女夫妇之别，父子兄弟之序。夏巢冬穴，无宫室之制；茹毛饮血，无百谷之食。生自仆，死自驰，无夺害之心，无瘗藏之事，任其自然，遂其天真，无能司牧，濛濛淳淳。（《无能子·圣过》）

在这种自然状态中，人们没有私心，不相掠夺，人与人、人与动物甚至没有严格的区分，皆服从于最简单纯朴的规律——自然而然。虽然过着极其粗糙的生活，但人人从不受制于他人，任自然，遂天真。那么人类社会是如何形成的呢？无能子认为，在原始状态中：

> 繁其智虑者，其名曰人。以法限鳞毛羽诸虫，又相教播种以食

百谷,于是有耒耜之用。构木合土以建宫室,于是有斤斧之功。设婚嫁以析雌雄牝牡,于是有夫妇之别、父子兄弟之序。为棺椁衣衾以瘗藏其死,于是有丧葬之仪。结罝罘网罗以取鳞毛羽诸虫,于是有刀俎之味。濛淳以之散,情意以之作,然犹自强自弱,无所制焉。繁其智虑者,又于其中择一以统众,名一为君,名众为臣。一可役众,众不得凌一,于是有君臣之分、尊卑之节。尊者隆,众者同。降及后世,又设爵禄以升降其众,于是有贵贱之等用其物,贫富之差得其欲。乃谓繁智虑者为圣人,既而贱慕贵、贫慕富,而人之争心生焉。谓之圣人者忧之,相与谋曰:彼始濛濛淳淳,孰谓之人,吾强名之曰人,人虫乃分。彼始无卑无尊,孰谓之君臣,吾强建之,乃君乃臣。彼始无取无欲,何谓爵禄,吾强品之,乃荣乃辱。今则醨真淳、厚嗜欲,而包争心矣。争则夺,夺则乱,将如之何?智虑愈繁者曰:吾有术焉。于是立仁义忠信之教、礼乐之章以拘之。君苦其臣曰苛,臣欺其君曰叛,父不爱子曰不慈,子不尊父曰不孝,兄弟不相顺为不友不悌,夫妇不相一为不贞不和。为之者为非,不为之者为是,是则荣,非则辱,于是乎是耻非之心生焉,而争心抑焉。降及后代,嗜欲愈炽,于是背仁义忠信,逾礼乐而争焉,谓之圣人者悔之,不得已乃设刑法与兵以制之。小则刑,大则兵,于是缧绁桎梏鞭笞流窜之罪充于国,戈铤弓矢之伐充于天下,覆家亡国之祸绵绵不绝,生民困贫夭折之苦漫漫不止。(《无能子·圣过》)

这是何其生动的阶级社会形成过程的描述!在这个过程中,有着一系列合乎人类社会发展规律的阶段,笔者将此列为以下简明图式:

农业生产——生产工具的改进(耒耜、斤斧)——居住条件的改善(构木合土以建宫室)——男女夫妇之别、父子兄弟之序——社会精神生活(情意)——恃强凌弱——君臣之别(择一统众,众不得凌一)——尊卑贵贱、等级名分——争夺之心生——术之运用(仁义智信、礼乐)——刑法与兵 ——国破家亡、生民困贫夭折尽管《无能子》认定,人类的每一次嬗变都是"繁其智虑者"之所为,但它毕竟说明了这样一种现象:物质生活资料的生产是首要的条件,随着物质生活条件的改善,人才能与动物区别开来,才会产生羞耻、荣辱、礼节,才会有精神生活及其等级名分、行为规范、社会制度、军队、法律。在这点上,《无能子》与春秋时期的《管子》颇为相似,《管子》提出:"仓廪实而知礼节,衣食足而知荣辱。"但《无能子》比《管子》具体而丰富,其思想性更为明确,而且有一点是《管子》所没有的,即《无能子》向人们清楚地表露出这样一种思想:社会文明程度越高,不平等就越加剧,最后的结局必然是"覆家亡国","生民困贫夭折"。因为在《无能子》看来,一切不平等现象皆是人所"强立""强分""强为""强行",违背了"天真""自然",与其"不自然而人之",还不如"自然而虫之"。这实际上是将"动物的自然状态"描写为人类较为理想的选择。

## 二、自然生命观

无能子的生命观根源于《庄子》"生之来不能却,其去不能止"的生命观点,但又积极扬弃了道教性命论。书中说:

> 夫性者神也,命者气也,相须于虚无,相生于自然,犹乎埙篪之相感也,阴阳之相和也。形骸者性命之器也……形骸非性命不立,性命假形骸以显,则性命自然冲而生者也,形骸自然滞而死者也。自然生者虽寂而常生,自然死者虽摇而常死。今人莫不好生恶死,而不知自然生死之理,睹乎不摇而僵者则忧之,役其自然生者,务存其自然死者。存之愈切,生之愈疏。是故沉羽而浮石者也,何惑之甚欤?(《无能子·析惑》)

人皆"好生恶死",看到别人由活人变成死人("不摇而僵"),不免忧惧死期之终归要到来,于是挖空心思、想尽办法("役其自然生者"),求访仙迹,或服丹饵药,欲以保形骸之全,长生久视("务存其自然死者"),岂不知适得其反,厚其生愈是急切,反而"生之愈疏"。在无能子看来,这是

"不知自然生死之理",所谓自然生死,即自然冲而生、自然滞而死,这种自然生、自然死的常生常死无限交替循环,也就是无生无死。为了说明这个道理,无能子又说:

> 夫人大恶者死也,形骸不摇而偃者也。夫形骸血肉耳目不能虚而灵,则非生之具也。故不待不摇而偃则曰死,方摇而趋本死矣。所以摇而趋者,凭于本不死者耳,非能自摇而趋者。形骸本死,则非今死,非今死无死矣。死者人之大恶也,无死可恶,则形骸之外,何足洞吾之至和哉!(《无能子·无忧》)

人们通常以不动而卧者("不摇而偃")为死,以动而走者("摇而趋")为生,这只是个表象,其实能动而走者乃"本死"矣,因为能动而走者并非自身有此功能("自摇而趋"),而是依凭于"本死"。"本死",谓形骸自身即是"滞而死",形骸看起来是活的,能动能走,但其本性即是死("形骸本死")。在这里,无能子下了这样一个断语:"形骸本死,则非今死,非今死无死矣。"意谓形骸先在的是死,并非现实的死。既然早已是死,不是现实的死,那么也就无所谓死了。如何让人们感到自己的死不是死,而是有所存呢?或曰死中有生呢?这是单凭"非今死无死"的说理不能解决的问题。无能子回答这一问题的手段还是借助于道教的性命观。在道教内丹学说中,性命也就是神气,神与气相和而生形骸,形骸死而复归神气。在无能子看来,性命是形骸的内容,形骸是性命的形式,没有无内容的形式("形骸非性命不立"),也没有无形式的内容("性命假形骸以显"),两者互为显隐。人生而有形骸,无非是性命之"显",人死而无形骸,无非是形骸之"隐"。形骸与性命、显与隐的自然代谢与无限往复,即无能子所理解的"至和"。无能子又把这种"至和"叫做"自然之元":"舍神体虚、专气致柔者,得乎自然之元者也。"(《无能子·真修》)这已与道教神仙说相差无几了。而且无能子在处理性命、神气关系时,虽然也讲性命、神气"相须于虚无""相生于自然",但其归根处还是落在性、神上。其云:"夫水流湿,火就燥,云从龙,风从虎,自然感应之理也。故神之召气,气之从神,犹此也。知自然之相应,专玄牝之归根,则几乎悬解矣。"
(《无能子·真修》)因而"非今死无死",其实只是说形死、神不死。经过
这番处理,《无能子》的自然生死观也就圆通了。

## 三、自然人生观

无能子将自然主义的观点运用于人生处世上来,从而形成了唐代特
色的道家人生观。与早期道家无为的自然观点有所不同,无能子强调不
待思而为之"心之自然",书中说:

> 夫鸟飞于空,鱼游于渊,非术也,自然而然也。故为鸟为鱼者,
> 亦不自知其能飞能游,苟知之,立心以为之,则必堕必溺矣。亦犹人
> 之足驰手捉、耳听目视,不待习而能之也。当其驰捉听视之际,应机
> 自至,又不待思而施之也者。苟须思之而后可施之,则疲矣。是以
> 任自然者,久得其常者,济夫浩然而虚者,心之自然也。今人手足耳
> 目,则任其自然而驰捉听视焉,至于心,则不任其自然而挠焉。欲其
> 至和而灵通也,难矣。(《无能子·真修》)

意思是,人皆有"不待习而能之"的各种本能,如鸟之能飞、鱼之能游,这
些本能为人们所具备,但人们自身并不必通晓("不自知其能飞能游"),
这些本能的运用与发挥"应机自至",也无须人们有意识地运用、发挥、督
促("不待思而施之"),倘若人们有意识地运用发挥("立心以为之"),或
先用心考察人是否有些本能,而后再运用这些本能,反而"疲",失却此本
能。在这个意义上讲,"任自然者""久得其常者""济夫浩然而虚者",实
际上是任"心之自然",就是不是有意地去推动或限制某种行为,其行为
虽然看来是"有为",但任"心之自然",也就是"无为"了。这个道理就如
同镜子可用来反照妍丑、称可用来权衡轻重一样,原因在于"称无心而
平""镜无心而明"。下面这则对话较为生动明了地表述了无能子的这种
自然人生观:

> 无能子形骸之友华阳子为其所知,迫以仕。华阳子疑,问无能

子曰:"吾将学无心久矣,仕则违心矣,不仕则恣所知,如何其可也?"
无能子曰:"无心不可学,无心非仕不仕,心疑念深,所谓见瞽者临阱
而救之前也。夫无为者无所不为也,有为者为所不为也,故至实合
乎知常,至公近乎无为,以其本无欲而无私也。欲于中渔樵耕牧,有
心也;不欲于中帝车侯服,无心也。故圣人宜处则处,宜行则行。理
安于独善,则许由善卷不耻为匹夫;势便于兼济,则尧舜不辞为天
子。其为无心一也。尧舜在位,不以天子之贵贵乎身,是以垂衣裳
而天下治。……此皆不欲于中而无所不为也。子能达此,虽斗鸡走
狗于屠肆之中,搴旗斩将于兵阵之间,可矣。况仕乎!"(《无能子·
答华阳子问》)

华阳子在"学无心"与"仕"之间的关系上陷于困惑,不能自解。无能子的
回答言简意赅,意蕴深邃。他首先指出华阳子"学无心"本身即是糊涂的
观念,欲有所学,已是"有心",怎么谈得上"无心"呢?故他明言"无心不
可学",意谓无心即在不言之自然之中,顺应自然,即是"无心"。其次,他
进一步指出"无心非仕不仕",意谓"无心"并不在乎"仕"或"不仕",关键
在于仕而无欲,有"欲于中渔樵耕牧",虽然布衣庶民,远离仕宦,却已是
"有心";"不欲于中帝车侯服",虽是锦衣峨冠,当仕宦之位,倒是"无心"。
衡量"有心"与"无心"的标准是行为者内在的"至实""至公""无欲""无
私","以其本无欲而无私也"。在这个意义上,无能子对道家"无为而无
不为"的传统观念做了新的解释。在他看来,要达于"无不为"的目的,不
是通过无作为来实现,而是通过"有为"而"无心"来实现。有为而无心即
是"无为",故云"无为者无所不为",又叫做"不欲于中而无所不为"。人
们之所以积极"有为"却"有所不为",并不是"有为"本身的过错,而是没
有做到在"有为"过程中贯彻"无心",有心有为当然就"有所不为"了。因
此,人们"宜处则处,宜行则行",不必拘泥于仕或不仕的偏见。

　　无能子的自然人生观明显地接受了道教重玄学的思想影响。唐代
重玄学家成玄英、李荣、强思齐、杜光庭等并不笼统地反对人们"有为",

只是强调人们不可"滞于有",要善于超越,既不滞有,又不滞无,一无所滞,合于重玄。书中借西伯与吕望之间的对话,表述了有为而无滞无欲的思想:

> 夫无为之德包裹天地,有为之德开物成事。……无为则能无滞,若滞于有为则不能无为矣。(《无能子·文王说》)

为做到无滞无欲,他又借助庄子的坐忘观点:"夫鱼相忘于江湖,人相忘于自然,各适矣。"(《无能子·质妄》)意谓人们虽然有所作为,但只要善于超越,忘于自然,就能无欲无心、适得其所。而为有心者、情有所专者,"明者不为"。

## 第三节 《无能子》的社会批判思想

### 一、数"圣人之过"

对圣人和礼教的否定,是中国封建社会时期社会批判的主要形式。继魏晋社会批判思潮之后的唐末社会批判思潮,既是对早期道家和魏晋社会批判思想的合理承续,又有着极富时代特征的发展。

无能子的社会批判论是以自然状态为出发点的,认为合理的自然和平状态的社会任其自然,遂其天真,而讲求仁义忠信之教、礼乐之章的不合理的等级社会违其自然,背其天真。这种无等级的自然和平状态的社会"无所司牧",而等级森严的阶级社会乃是"繁其智虑"的圣人所为,如此,他便把一切的文明社会的罪恶皆归咎于"圣人"了,历数"圣人之过"与"圣人之误"。他说:

> 嗟乎! 自然而虫之,不自然而人之。强立宫室饮食以诱其欲,强分贵贱尊卑以激其争,强为仁义礼乐以倾其真,强行刑法征伐以残其生,俾逐其末而忘其本,纷其情,伐其命,迷迷相死,古今不复,谓之圣人者之过也。(《无能子·圣过》)

> 五兵者,杀人者也;罗网者,获鸟兽虫鱼者也。圣人造之,然后

人能相杀，而又能取乌兽鱼虫焉。使之知可杀，知可取，然后制杀人之罪，设山泽之禁焉。及其衰世，人不能保父子兄弟，乌兽鱼虫不暇育麛鹿鲲鲕，法令滋彰而不可禁，五兵罗网教之也，造之者复出其能，自已乎？（《无能子·固本》）

今人莫不失自然正性而趋之，以至于诈伪。激者何也？所谓圣人者误之也。（《无能子·质妄》）

人类与动物区分开来，标志着人类文明的开端，但这是以牺牲自然本性为代价。宫室饮食、贵贱尊卑、仁义礼乐、刑法征伐等等文明社会的产物固然有正面价值，但它们自出现起便同时携带着与之相抵的负面价值——诱其欲、激其争、倾其真、残其生、诈伪等等。文明社会的产物不仅没有使人获得更大程度的自由解放，相反，完全沦为文明社会的附属物。而且实际上其负面价值远远大于正面价值，文明社会给人类带来的灾难远远甚于给人类带来的好处。在无能子看来，这种由自然向文明的嬗递，并非合乎自然规律的过程，完全是人为所致，是"繁其智虑"的结果，"自古帝王与公侯卿大夫之号，皆圣人强名，以等差贵贱而诱愚人尔"（《无能子·严陵说》）。如同兵器、罗网，圣人凭借其超人的智识造出它们来，诱导激励人们取之用之，以致相互杀戮，然后圣人"复出其能"，设立种种制度限制，不过是彰显自己的智识才能而已。在这方面，无能子与谭峭不同，谭峭认为人类从自然到不自然是人之所不得已的自然而然的过程，由不自然的社会返归到自然的社会也是人力所不可遏的"势"；而无能子则认为由自然到不自然既然是人为的，那也就是可避免的，因此，他诅咒圣人所起过的历史作用。

## 二、非礼乐教化

首先，无能子对封建的宗法血缘关系提出了批判。他说：

古今之人谓其所亲者血属，是情有所专焉，聚则相欢，离则相思，病则相忧，死则相哭。夫天下之人与我所亲，手足腹背耳目口鼻头颈眉发——也,何以分别乎彼我哉?所以彼我者必名字尔,所以疏于天下之人者不相熟尔,所以亲于所亲者相熟尔。嗟乎!手足腹背耳目口鼻头颈眉发,俾乎人人离析之,各求其谓之身体者且无所得,谁谓所亲耶?谁谓天下之人耶?取于名字强为之者。若以各所亲之名名天下之人,则天下之人皆所亲矣;若以熟所亲之熟熟天下之人,则天下之人皆所亲矣,胡谓惟所专耶?夫无所孝慈者孝慈天下,有所孝慈者孝慈一家,一家之孝慈未弊,则以情相苦,而孝慈反为累矣。弊则伪,伪则父子兄弟将有嫌怨者矣。(《无能子·质妄》)

这段文字表达了三层意思:第一,人们所称之为亲疏者,是以血缘和情感关系作为基础的。第二,这种血缘和情感的亲疏关系实际上是以"彼我"的名称相区分的,所亲所熟者名之"我",在亲与熟之外的皆名之"彼"。既然是以"名"相区分的,而名之亲、名之疏只是人们"强为之者",那么照此类推,天下之人皆可名之"亲"、名之"熟",天下皆是亲人熟人,而应当"泛爱",相形之下,血有所宗,情有所专,岂不显得偏狭?第三,有所专必有所偏,有所孝慈必有所不孝不慈,孝慈一家必不能孝慈天下,肯定了此,就排除了彼,这是一个部分与整体的关系。儒家倡导的是"推己及人"的孝慈观点,如孟子主张的"老吾老,以及人之老;幼吾幼,以及人之幼"。这种孝慈观念实际上乃建立在血有所宗、情有所专的基础之上的。无能子正是针对儒家的伦常观点提出诘难的,在他看来,只有从总体上而不是从偏狭的血缘和情感的角度来理解孝慈,才无此偏弊,这即是"无所孝慈者孝慈天下"。而且,文中之隐义还在于指出儒家所推行的孝慈中有"伪"。无能子指出并批判了宗亲血缘关系的"弊"与"伪",应当说,无能子提出的疑问是深刻的,他怀疑儒家"推己及人"的普遍有效性——能否由己推及到天下人?对此,无能子依靠的批判手段还是庄子的相对主义,有所孝慈,必有所偏弊,无所孝慈,才无所偏弊。尽管人们把这种孝慈说成是没有偏弊,但实际上就是不诚实的了。不过,无能子看到这个道理,但他的解决手段仍然是苍白无力的。

其次,在指出"圣人之过"的同时,无能子还认定礼义等行为规范乃"妄作者"所为:

> 盖昔有妄作者文之以为礼,使人习之,至于今,而薄醨固醇酎也。(《无能子·纪见》)

在《老君说》中,无能子借孔子问礼于老聃的记载,编造了一个老子指责孔子的故事:

> 孔子定礼乐,明旧章,删诗书,修春秋,将以正人伦之序,杜乱臣贼子之心,往告于老聃。老聃曰:夫治大国者若烹小鲜,躁于刀几则烂矣。自昔圣人创物立事,诱动人情,人情失于自然,而夭其性命者纷然矣。今汝又文而缛之,以繁人情,人情繁则怠,怠则诈,诈则益乱,所谓伐其天真而矜己者也。

古之圣人"创物立事,诱动人情"已是过错,孔子又欲作之,伐人之天真,岂不更错? 古之圣人与孔子皆为后儒所称的"圣人",无能子在这里则一并斥之,谓其"矜己者也"。在这里,无能子不过是借编故事来阐述自己的社会历史观念,与《庄子》书中假借孔子与老聃的对话表述自己的历史哲学观一样。

## 三、"壮哉,物之力"

"人情"之所以可以物"诱动",是因为人有满足自身需要的物质欲望。虽说这种物质欲望是对人顺其自然、遂其天真的本性的否定,在无能子看来是不合理的,但是,这种欲望有着不可遏制的巨大驱使力,物质欲望得到满足的程度越高,越显得尊贵,越得人们的敬仰,反之,得到的满足越少,地位越贱。无能子说:

> 天下人所共趋之而不知止者,富贵与美名尔。所谓富贵者,足于物尔。夫富贵之亢极者,大则帝王,小则公侯而已。岂不以被衮冕、处宫阙、建羽葆警跸,故谓之帝王耶? 岂不以戴簪缨、喧车马、仗

> 旌旃钺铖,故谓之公侯耶? ……物足则富贵,富贵则帝王公侯,故
> 曰:富贵者足物尔。……以足物者为富贵,无物者为贫贱,于是乐富
> 贵、耻贫贱、不得其乐者无所不至,自古及今醒而不悟。(《无能子·
> 质妄》)

人们在追求物质欲望时,并非诚服,在很大程度上讲是不得已,却不得不
依其然。那么,无能子所说的人们"醒而不悟"作如何解? 无非说人们意
识到自己正在做的梦是个恶梦,却被这恶梦笼罩住了,有意识,却不能完
全醒过来。在他看来,真正醒过来的人,应当把个人的尊严、自由置于物
质欲望之上,因为从价值上来说,尊严和自由远远高于物质欲望。

> 棺椁者济死甚矣,然其工之心,非乐于济彼也,迫于利,欲其日
> 售则幸死。幸死非怨于彼也,迫于利也。医者乐病,幸其必瘳,非乐
> 于救彼而又德彼也,迫于利也。(《无能子·固本》)

棺材是用来安置死了的人,可是做棺材来卖的人并不是为了安置死的人
才做棺材,他只是为了赚钱,所以他希望有人死,可也不能说他对人都心
怀恶意,或者因为怨恨才希望人死,他只是受到利益的驱动;同样,医生
希望有人生病,又乐意治好人的病,他并不是想要治病救人而又使人感
激他,只是因为治病可以获利。人们毕竟不是生活在理想的自然状态
中,人们的行为皆受到物质利益关系的支配,合于利而动,不合于利而
止,尽管这种人与物的关系表示的是人为物所驱使,表示的是人的本性
的异化,但是人对此无能为力。故此,无能子惊叹物质力量不可抗拒:
"壮哉,物之力也!"(《无能子·质妄》)

在上述意义上来说,无能子在人类创世问题上是一种英雄(圣人)史
观,在人类社会发展问题上是一种唯物自然史观。当然,无能子在看到
后一个事实时表现得极不情愿,他的感叹意味着他洞察到了一个社会历
史的必然性,却显得对此无奈。然而他终究认识到这个事实。从这一点
来看,无能子并非缺乏现实时代感。

## 四、标立独立人格

冷静地观察、透视社会、历史、人生等,展开批判,在价值观上趋向于上古社会,似乎欲恢复到史前自然状态,其实这不过是表明了无能子的慕往而已,其真实的目的,乃在于通过否定性批判而逃离现实的社会关系,在主观上完善自我本性。通观《无能子》一书,可以看出,作者完全是一个庄学者,受庄子思想影响极深。同庄子一样,无能子追求人的自然本性的完善,追求个体精神自由和独立人格,而要做到这一点,就要把个体与社会的对立程度提升到极点,方能从中逃离出来。无能子所推崇的"衣冠不守,起居无常,失万物之名,忘家乡之礼"(《无能子·纪见》),即是在外表举止上表示了对现实社会的悖逆;"知之而反之者,则反以为不知"(《无能子·纪见》),表示了在认知态度和价值观上与俗人相反;而把朋友分为"形骸之友"("无能子形骸之友华阳子为其所知,迫以仕"[《无能子·答华阳子问》])与"心友"("无能子心友愚中子病心,祈药于无能子"[《无能子·答愚中子问》]),则表示了与其交友的人中有精神境界高低或曰体天真自由程度之区分。

在《严陵说》中,无能子编造了汉光武帝与严陵子的这样一段对话。光武帝找到在富春钓鱼的昔日布衣之友严陵,欲聘之为官,说:

> 吾有官爵可以贵子,金玉可以富子,使子在千万人上,举动可以移山岳,叱咤可以兴云雨,荣宗华族,联公继侯,丹艧宫室,杂沓车马,美衣服,珍饮食,击钟鼓,合歌舞,身乐于一世,名传于万祀,岂与垂饵终日、泪没无闻、校其升沉荣辱哉? 可为从于我也。

严陵子用严辞批驳了光武帝。其一说:

> 夫四海之内,自古以为至广大也。十分之中,山岳江海有其半,蛮夷戎狄有其三,中国所有一二而已。背叛侵凌征伐战争未尝恬息,夫中国天子之贵,在十分天下一二分中;征伐之中自尊者尔,夫

> 所谓贵且尊者不过于一二分中；徇喜怒、专生杀而已，不过一二
> 分中。①

意谓光武帝妄自称大，不知天下之广大。其二说：

> 天子之贵何有哉？所谓贵我以官爵者，吾知之矣。自古帝王与
> 公侯卿大夫之号，皆圣人强名，以等差贵贱而诱愚人尔。……夫强
> 名者，众人皆能为之，我苟悦此，当自强名曰公侯卿大夫可矣，何须
> 子之强名哉？……官爵实强名也，自我则有富贵之实，不自我则富
> 贵何有哉？

意谓官爵、富贵皆人为名之，人人皆有自以"名人"的权利，自我感觉到自
己是富贵的，自己认为自己是个官爵，这才是实在的；别人强加的富贵、
官爵，而自己并没有觉得这些是自己需要的，那么这样的富贵与官爵是
没有意义的。其三说：

> 子所诱我者，不过充欲之物而已。……况吾泊乎太虚，咀乎太
> 和，动静不作，阴阳同彼。今方自忘其姓氏，自委其行止，操竿投缕，
> 泛然如寄，又何暇梏其肢体，愁其精神，贪乎强名，而充乎妄欲
> 哉！……今子战争杀戮不知纪极，尽人之性命，得己之所欲，仁者不
> 忍言也，而子不耻，反以我渔为耻耶？

意谓超然物外者无其富贵，超然精神者无其妄欲，连太虚、太和、动静、阴
阳皆溟然无分，哪里还有什么富贵贫贱呢！在无能子看来，"战争杀戮"、
"尽人之性命"以填一己之贪欲本已是不仁德，"强名"之富贵贫贱亦是不
真，只有到达超越于物质和精神之上的无我境界，才能找回失去的真实
的自我。因而，他坚决拒斥官爵、富贵的引诱驱使。自我本性的完善即
是对权威、社会人伦的否定、泯灭，"前无圣人，上无玄天"（《无能子·答
鲁问》）。

---

① 《后汉书》有严陵事迹记载，其云："严光字子陵，一名遵，会稽余姚人也。少有高名，与光武同
游学。及光武即位，乃变名姓，隐身不见。"《后汉书》卷八三，"严光传"，第2763页。

## 第四节 《化书》中的"虚化"论

谭峭的"虚化"论是以老子的运动转化观、庄子的齐物泯差论和《黄庭经》的内修涵养论为理论渊源,又广泛吸收了佛、儒观点和道教神仙理论实践,但绝非简单的袭用,而是重新加以整合发展,其中浸润着谭氏本人的创造性见解。如果说以前的道教理论家倾向于宇宙本体论的建构与界说的话,那么谭峭则明显倾向于宇宙万象、社会人生的变化观。谭氏有诗云:"云外星霜如走电,世间娱乐似抛砖。"(《句》)十分真切地道明了他的理论倾向性与价值选择。

### 一、"虚化"论的基本特征

(一)"来不可遏,去不可拔"——"化"的绝对性
谭峭说:

> 虚化神,神化气,气化形,形化精,精化顾眄,而顾眄化揖让,揖让化升降,升降化尊卑,尊卑化分别,分别化冠冕,冠冕化车辂,车辂化宫室,宫室化披卫,披卫化燕享,燕享化奢荡,奢荡化聚敛,聚敛化欺罔,欺罔化刑戮,刑戮化悖乱,悖乱化甲兵,甲兵化争夺,争夺化败亡。其来也,势不可遏,其去也,力不可拔。①

这是谭氏"虚化"论的一个总的表述。其为"虚化",则有以下基本特性:(1)"虚"。以虚为出发点,经过一系列的运动变化,又恢复到原出发点("败亡"即是"无")。(2)"化"。含有运动、变化、转化之义,既有形貌外表特征的变化,亦有内在本质的变化,而且,是一切现象的自生自化自返,无须外在力量的推动。(3)普遍性。这种运动、变化、转化非个别现象或某一类现象,而具有最大的普遍性,从微观世界(神、气)到宏观世界(各种物形),从自然(神、气、形)到人类社会(揖让、升降、尊卑、分别、冠

---

① 《化书·道化·大化》,《道藏》第36册,第298页。

冕、车辂、宫室、掖卫、燕享、奢荡、聚敛、欺罔等等社会现象),从物质(形体)到精神(精、顾眄),无不遵循"化"的原则。(4)绝对性。包罗万象的运动转化,皆是一个自然而然的历史过程,生生不已,化化无穷,来"不可遏",去"不可拔",富有精神、意志特征的主体的人在这个自然过程面前是无能为力的,主体实际上只是自然客体的一个部分,依随自然客体流行运化。

为了说明人必然服从自然客体的运化,他进一步说明:

> 稚子弄影,不知为影所弄;狂夫侮像,不知为像所侮。化家者不知为家所化,化国者不知为国所化,化天下者不知为天下所化。三皇,有道者也,不知其道化为五帝之德;五帝,有德者也,不知其德化为三王之仁义;三王,有仁义者也,不知其仁义化为秦汉之战争。醉者负醉,疥者疗疥,其势弥颠,其病弥笃,而无反者也。[①]

"弄影"的主观感觉与"侮像"的主观行为看似属主体的人的自控行为,其实被非自控的客体的无意识行为所支配,"自为"实际上是顺从于"物"。同样,化家者、化国者、化天下者自以为家化、国化、天下化属于自己的行为带来的后果,却不明自己本身即为家、为国、为天下所化。这不仅是主体行为的物化与异化,而且在其本来意义上讲,主体的行为是服从并纳入了自然物化的行为过程中的,三皇之道化为五帝之德,五帝之德化为三王之仁义,三王之仁义化为秦汉之战争,这个自然历史变化虽非三皇、五帝、三王的主观行为,却属于绝对的必然,只不过这个客体行为不为主体行为者所了知罢了。这即是谭氏所要标立的"变化之道"。于此可见,他是一个决定论者,而且在他看来,主体的行为意识越强,越适得其反,如同醉者负醉,疥者疗疥。

(二)"化"有其则

"化"既是体现客观现象界运动变化的绝对必然性,就有其一定的规

---

① 《化书·道化·稚子》,《道藏》第 36 册,第 299 页。

定性。谭氏说：

> 道之委也,虚化神,神化气,气化形,形生而万物所以塞也。道之用也,形化气,气化神,神化虚,虚明而万物所以通也。是以古圣人穷通塞之端,得造化之源,忘形以养气,忘气以养神,忘神以养虚。虚实相通,是谓大同。故藏之为元精,用之为万灵,含之为太一,放之为太清。是以坎离消长于一身,风云发泄于七窍,真气熏蒸而时无寒暑,纯阳流注而民无死生,是谓神化之道者也。①

用图式表示此一运化规则,即是:

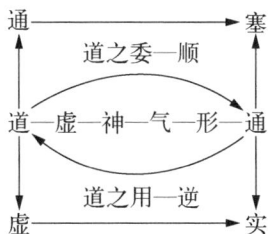

道—虚—神—气—形,乃"道之委",表现了"顺化"的过程,即从抽象化为具体、精神化为物质的过程。委者,随也,顺也,含顺化之意。如阳固《演赜赋》云:"既听天而委化兮,无形志之两疲。"形—气—神—虚—道,乃"道之用",表现了"逆化"的过程,即从具体化为抽象、物质返归精神的过程。其为"用"者,乃道动而返归其根的作用。道与形、虚与实、通与塞,处于一种动态互流的双向运动中,道、虚、通,委顺而变为形、实、塞,而形、实、塞又逆返为道、虚、通。虚、通是道的两种特性,实、塞是形的两种特性。这里谭氏意在指出,抽象与具体、精神与物质皆可在"化"的自然原则下相通,相互之间并不存在不可逾越的障碍。人的自觉能动性在于"穷通塞之端,得造化之源",亦即了彻"化"的道理,抓住化机,顺应并促进运动转化,返归道体,达到"虚实相通"的"大同"境界。显而易见,谭氏的"虚化"论是从抽象

---

① 《化书·道化·紫极宫碑》,《道藏》第36册,第297页。

精神出发,经过一系列物化过程又复归精神的本体论。有人以为谭氏所论的宇宙本体即是"虚",从虚出发又复归于虚。这种说法其实未切准谭峭的原意,在他那里,"虚"只是道的本然状态,并不是道本身,化之源是道,顺逆互化的基础在于道之"委"与"用",虚亦只是"道之委"。

谭峭"虚化"论的直接理论来源是老子的运动转化观。老子说:"反者道之动,弱者道之用。"(《老子》第40章)又说:"夫物芸芸,各复归其根。"(第16章)"其上不皦,其下不昧,绳绳兮不可名,复归于无物。"(第14章)在老子看来,道本身化为物,物复归于"无物"之状的道,皆属道自身周而复始的运动作用,任何物质现象都不是永恒的存在,而只是道在运动转化过程中不同阶段的变现,只有道本身才是永恒的自在,正所谓"道乃久""德乃长"。谭氏在这些方面与老子一脉相承,而且在本来意义上讲,谭氏的"虚化"论与老子的观点一样,也是一种循环转化论。但《化书》也有不同于《道德经》的地方:首先,老子的"道"乃是含有物质成分的,谭氏的"道"则是彻底的精神体,这是由于后者寓有宗教神学的蕴义,前者则没有;其次,老子讲的转化是不讲任何条件的转化,谭氏的转化则一方面是绝对无条件的转化(化的趋势),另一方面又是讲转化条件的,他要求人们"穷通塞之端",把握化机,即是喻明转化是有一定根据条件的。在道家和道教发展史上,几乎每一理论大家都要围绕宇宙本体论的论证讲述运动变化与转化问题,但像谭峭这样以如此明了的方式、酣畅的笔墨来突出"虚化"论,则是自老子之后所未有的。

二、"化"的根据

作为一种宗教哲学的论证,"虚化"论仅仅宣布一切皆"化"是不够的,还须回答"化"的内在根据,说明物质与精神、自然与社会、宏观与微观是如何实现转化交替的。

谭氏说:

> 形气相乘而成声。……声导气,气导神,神导虚;虚含神,神含

气,气含声。声气形相导相含……①

　　虚含虚,神含神,气含气,明含明,物含物。达此理者,情可以通,形可以同。②

"乘"在此指利用、运载;"导"在此指引导、开通。不仅两种物质现象(形、气)相互利用,而且又可引发另一种现象(声、气、形、虚之递相"导"),之所以能够递相引发("导"),在于一种现象本身涵育着另一种可引发的现象(虚、神、气之递相"含")。这里列举的各种现象之间并不存在根本的障碍(无论是物质的还是精神的)。如果说前一段话尚且表述得不够彻底的话,那么后一段话则是彻底明了的,不仅各种现象之间递相涵育,而且同类现象也叠相涵育。既然虚虚相含,神神相含,甚而物物也相含,那么相互转化、变现也就没有什么问题了,"至淫者化为妇人,至暴者化为猛虎"③,"马可使之飞,鱼可使之驰,土木偶可使之有知"④。谭峭将各类变现、转化现象总体分为两类情形:一是"自无情而之有情也",如"老枫化为羽人,朽麦化为蝴蝶";二是"自有情而之无情也",如"贤女化为贞石,山蚯化为百合",等等。⑤

　　物质的东西与精神的东西、无情与有情之间相互变现转化,中间有无某种东西作为中介呢? 或者说不同质的东西可以互换位置,其中是否具有某种同质的东西呢? 显然,如果回避这样的问题,就不能做到谭峭本人所要求的那样:"穷通塞之端,得造化之源"。谭氏的回答是肯定的,他说:

　　太上者,虚无之神也;天地者,阴阳之神也;人虫者,血肉之神也。其同者神,其异者形。⑥

---

① 《化书·道化·大含》,《道藏》第36册,第299—300页。
② 《化书·术化·大同》,《道藏》第36册,第302页。
③ 《化书·术化·心变》,《道藏》第36册,第301页。
④ 《化书·术化·蠳蜴》,《道藏》第36册,第301页。
⑤ 《化书·道化·老枫》,《道藏》第36册,第297页。
⑥ 《化书·道化·神道》,《道藏》第36册,第299页。

> 太虚,一虚也;太神,一神也;太气,一气也;太形,一形也。命之
> 则四,根之则一,守之不得,舍之不失,是谓正一。①

> 云龙风虎,得神气之道者也。神由母也,气由子也,以神召气,
> 以母召子,孰敢不至也?②

以上所述包含了三层意思:第一,各类现象虽然千差万别(形异),但其中有着同一不二的东西——神,太上域、天地域、人虫域皆有同质的神。第二,虚、神、气、形分殊而异,名实有别,但贯彻其中的"正一"之神则是其"根",亦即根同由③殊。这个相同之"根"不可以具体事物的得与失来权衡,不管各类现象如何实现转化,它始终贯穿其中,"神可以分,气可以泮,形可以散。散而为万,不谓之有余;聚而为一,不谓之不足"④。第三,"神"与"气"的关系犹如母与子,子由母生,母召子至,亦即万象万类虽有丰富的表现与特性,却皆可以"神"来统摄号令。在以上三种意义的基础上,他肯定地说:

> 以一镜照形,以余镜照影。镜镜相照,影影相传,不变冠剑之
> 状,不奇黼黻之色。是形也,与影无殊。是影也,与形无异。乃知形
> 以非实,影以非虚,无实无虚,可与道俱。⑤

谭峭没有进一步说明作为万象同质的"神"究竟是什么,但从其逻辑语义分析来看,这个"神"乃是最高、最普遍意义的道在某一运化层次上的变现和具体化,它与道具有直接的同一性,是广泛意义上的现实存在,却又非可感的生动具体的存在,包含属于具体可感的存在物中,又超越具体的有限物形,它的每次超越便外在化为每一个"转化",而无限的转化又都以它作为中介、枢纽,故此它又称做"神化之道"。谭氏显然接受

---

① 《化书·道化·正一》,《道藏》第 36 册,第 299 页。
② 《化书·术化·云龙》,《道藏》第 36 册,第 300 页。
③ 《博雅》:"由,用也。"
④ 《化书·道化·正一》,《道藏》第 36 册,第 298 页。
⑤ 《化书·道化·形影》,《道藏》第 36 册,第 297 页。

了佛教华严宗"理事无碍"学说的影响,但更直接的理论来源则是唐代道教的义理化倾向和内丹学说,这一点我们在后面还要谈到。

### 三、齐物等差的相对主义方法论

在隋唐五代时期,借老庄哲学以加深道教宗教哲学论证是道教历史发展的时代要求,《庄子》被敕封为《南华真经》虽然较晚,但唐初就已有广为流布的成玄英《庄子》注疏本,《新唐书》中就录庄子注解者十四家、百余卷。谭峭在展开"虚化"论哲学时,显然借用了庄子的相对主义方法论。

#### (一)在承认物差的前提下齐物等差

这方面谭峭同庄子如出一辙,他们只有一点细微的差别。庄子先着力揭示事物之间的差别矛盾现象,然后又从相对主义观点出发,认定这些差别与矛盾只是有限的,是主体有限的视角所造成的,在道的标准看来,这些差别与矛盾是不存在的。如《庄子·秋水》所云:"以道观之,物无贵贱;以物观之,自贵而相贱;以俗观之,贵贱不在己。以差观之,因其所大而大之,则万物莫不大;因其所小而小之,则万物莫不小……"谭峭则不在提示差别、矛盾现象上做文章,只在承认差别、矛盾的基础上着力去泯灭事物之间的界限、差别与矛盾,其基本做法是把一切事物放在一个"化化不间""环环无穷"的绝对运动状态中来考察。他说:

> 龙化虎变,可以蹈虚空,虚空非无也;可以贯金石,金石非有也。有无相通,物我相同,其生非始,其死非终。[1]

> 枭夜明而昼昏,鸡昼明而夜昏,其异同也如是。或谓枭为异,则谓鸡为同;或谓鸡为异,则谓枭为同。孰枭鸡之异昼夜乎?昼夜之异枭鸡乎?孰昼夜之同枭鸡乎?枭鸡之同昼夜乎?夫耳中声我自闻,目中花我自见,我之昼夜,彼之昼夜,则是昼不得谓之明,夜不得

---

[1]《化书·道化·龙虎》,《道藏》第36册,第298页。

谓之昏,能齐昏明者,其唯大人乎?①

即在无限的"化"的链条上,一切对立与差别皆消融了,龙虎、金石、枭鸡、同异、有无、物我、彼此等等,也都在始而终、终而始、昼而夜、夜而昼的无限反复循环的变动中互换、互化、互生,因而人们不必也不应该执着于某一具体的物质形态,而应从"化"的高度把一切看做齐同无异。

(二)心、神、物泯合无差

谭峭在运用相对主义的方法论时,自然地运用了庄子"心斋""坐忘"的方法。他说:

> 唯无心者火不能烧,水不能溺,兵刃不能加,天命不能死。其何故? 志于乐者犹忘饥,志于忧者犹忘痛,志于虚无者可以忘生死。②

> 万物可以虚,我身可以无。以我之无,合彼之虚,自然可以隐,可以显,可以死,可以生,而无所拘。夫宫中之尘若飞雪,而目未尝见;穴中之蚁若牛斗,而耳未尝闻,况非见闻者乎?③

> 术有火炼铅以代谷食者,其必然也。然岁丰则能饱,岁俭则能饥,是非丹之恩,盖由人之诚也。则是我本不饥而自饥之,丹本不饱而自饱之。饥者大妄,饱者大幻,盖不齐其道也。故人能一有无,一死生,一情性,一内外,则可以蜕五行,脱三光,何患乎一日百食,何虑乎百日一食。④

在谭峭看来,人世间的忧乐、痛苦、性情、内外、饥饱、生死皆依心之所适。心志于诚时,就可以产生"忘"的效应,飘在空中大如飞雪的尘埃可以视而不见,在巢穴中的蚂蚁争斗之如牛斗,可以听而不闻;百日一食与一日百食皆可置之不顾;火不能烧,水不能溺,兵刃不能相加,从而生与死之疆界也可以合,生而无生,死而无死,生即是死,死即是生。既然

---

① 《化书·道化·枭鸡》,《道藏》第 36 册,第 298 页。
② 《化书·术化·虚无》,《道藏》第 36 册,第 301 页。
③ 《化书·道化·射虎》,《道藏》第 36 册,第 298 页。
④ 《化书·道化·铅丹》,《道藏》第 36 册,第 297 页。

可以外生死,什么五行、三光亦皆随之齐同。所谓诚,即是要努力使自己内心一尘不染,一念不生,无心无欲,达到至虚境界,以心之无合万物之虚,从而显隐自在,生死无拘。以主观上的有来衡量、解释客观现象界的有无,这带有明显的心学倾向,如谭峭所明确表述的那样:

> 非物有小大,盖心有虚实。……人无常心,物无常性。[①]

从相对主义走向主观的心学,并不为怪,因为此间本来就存在着由此达彼的桥梁。隋唐佛教,尤其是天台宗和禅宗大量地吸收庄子哲学,也是根源于这一点。而道教自唐初以来所实现的义理化过程中就带有心学的倾向,却又终究没有完全演变为心学,它自始至终只是带有主观心学的倾向。以上情形在谭峭的"虚化"论中也有明显的表现,这种表现也是谭峭与庄子相区别的一个重要方面。庄子是在相对的有限主体与无限客体的认识基础上主张"坐忘"的,试图将有限的主体泯化在无限的客体之中去,从而以有限个体分享到无限的整体。谭峭同样是在庄子认识论基础上,试图解决有限主体与无限客体之间的矛盾,但是在他看来,以心之无合物之虚是解决问题的方式。这还只是问题的一面,而问题之能解决,心之无之能够合物之虚,还在于有着某种根源。他说:

> 土木金石,皆有情性精魄。虚无所不至,神无所不通,气无所不同,形无所不类。孰为彼? 孰为我? 孰为有识? 孰为无识? 万物,一物也;万神,一神也。[②]

这是说万物皆为虚、神所通,万物皆有同一无差的神寓其中(万神一神),万物虽殊,却无不合于类(万物一物),因而有识(神)与无识(物)皆融为一体,主体与客体相合和,有限的个体也就同一于无限的整体了,然而,认为土木金石皆有情性精魄,则又附着上了泛神的特色。

(三)泛神特色

从万物皆有同一不二的神及万物可以互化互生,必然引出"土木金

---

①《化书·术化·虚实》,《道藏》第 36 册,第 301 页。
②《化书·道化·老枫》,《道藏》第 36 册,第 297 页。

石,皆有情性精魄"的结论。谭峭说:

> 涧松所以能凌霜者,藏正气也;美玉所以能犯火者,蓄至精也。①

涧松所藏之"正气"、美玉所蓄之"至精"与人的"浩然正气""精诚之心"并无原则的区别,对于人来说,"神全则威大,精全则气雄。万惑不能溺,万物可以役。是故一人所以能敌万人者,非弓刀之技,盖威之至也;一人所以能悦万人者,非言笑之惠,盖和之至也"②。故而"五行之精""万物之灵"与人的精神情性可以互为因果,交相表现。在《化书》中,谭峭列举了许多这样的情形,有"自无情而之有情者",如"老枫化为羽人,朽麦化为蝴蝶"③,"粉巾为兔,药石为马"④,"土木偶可使之有知"⑤;有"自有情而之无情"者,如"六尺之躯可以为龙蛇,可以为金石,可以为草木"⑥;还有"自有情而之有情者",如"婴儿似乳母"⑦,"至淫者化为妇人,至暴者化为猛虎"⑧,如此等等。

谭峭的这种泛神论思想倾向在中世纪广为流传,对同一历史时期兴起的唐末传奇小说产生了巨大影响,如《太平广记》中就记载了秦始皇丢在海里的"算袋"后来变为"乌贼鱼"的故事。对明清小说的影响更大,《西游记》中的灵猴、白骨精、树精,《红楼梦》里的宝玉、灵草皆是"万物有灵"在文学上的表现。至于《聊斋志异》,则完全充满着物类有灵有情的生动故事情节。

### 四、谭峭的论证与道教内丹学的关系

唐末五代正是道教修仙理论急剧嬗变时期,外丹学逐渐式微,内丹学方兴未艾,这个时期的道教理论家一方面对道家传统的存思存神、吐

---

① 《化书·术化·涧松》,《道藏》第36册,第302页。
② 《化书·术化·猛虎》,《道藏》第36册,第300页。
③ 《化书·道化·老枫》,《道藏》第36册,第297页。
④ 《化书·道化·环舞》,《道藏》第36册,第297页。
⑤⑦ 《化书·术化·蠼螋》,《道藏》第36册,第301页。
⑥⑧ 《化书·术化·心变》,《道藏》第36册,第301页。

纳导引等杂多之术加以精炼归纳与提炼,又广泛摄取佛儒修养理论成分,拿来与原先的外丹理论加以整合,重建了一套系统完整的类似外丹烧炼过程的内丹学说,出现了《入药镜》《灵宝毕法》《钟吕传道集》《西山群仙会真记》《还丹内象金钥匙》等内丹道书。另一方面又展开了内丹学说的哲学论证,这种论证既表现为对传统外丹理论的"证伪",又表现为对内丹学说逻辑理论的"证实"。这种批判中的创造是在道教内部自行实现的,却也是源于在外丹术靡费无效的严肃事实面前找寻出路。唐代道教界出现了许多宗教哲学大师,如唐初成玄英、李荣、王玄览,中唐司马承祯、吴筠、李筌、晚唐钟离权、吕洞宾、杜光庭等等。内丹修仙术提出了宗教哲学论证的需要,宗教哲学加深了内丹修仙术的理性思维水平,完善了它存在的合理性与可靠性,而内丹修仙术则又反过来使宗教哲学的论证更加神秘化。这个过程在开始时是分途而同向地进行的,到后来北宋张伯端《悟真篇》的出现,则标志着两种努力的完全合流。

作为五代时期的宗教哲学大师,谭峭的论证有其独到之处和划时代的意义。

(一)神可不死,形可不生

道教的一个基本理论观点是通过修炼或服丹,达到全神保形的目的。如陶弘景说:"形神合时,是人是物;形神若离,则是灵是鬼。"[1]在外、内丹术相嬗替的唐代,这种观念开始动摇。唐太宗曾说过:

> 神仙事本是虚妄,空有其名。秦始皇非分爱好,为方士所诈,乃遣童男童女数千人,随其入海求神仙。方士避秦苛虐,因留不归,始皇犹海侧踟蹰以待之,还至沙丘而死。汉武帝为求神仙,乃将女嫁道术之人,事既无验,便行诛戮。据此二事,神仙不烦妄求也。[2]

白居易《海漫漫》中同样表现出这种倾向:

---

[1]《答朝士访仙佛两法体相书》,《华阳陶隐居集》卷上,《道藏》第 23 册,第 646 页。
[2]《贞观政要·卷六·论慎所好》。

> 海漫漫,风浩浩,眼穿不见蓬莱岛。不见蓬莱不敢归,童男丱女
> 舟中老。徐福文成多诳诞,上元太一虚祈祷。君看骊山顶上茂陵
> 头,毕竟悲风吹蔓草。何况玄元圣祖五千言,不言药,不言仙,不言
> 白日升青天。

但是,人们并没有完全放弃对肉体超举飞升的想像,中唐时期的吴筠尚
且相信"形神合同,不必金丹玉芝,可俟云軿羽盖矣"①。相传中唐以后的
唐武宗、唐宣宗等服丹中毒即是在追求形神俱飞的过程中付出的代价。
唐初孙思邈主张"神能性慧",成玄英主张"应感赴机",司马承祯主张"心
安而虚则道自来",杜光庭主张"安静心王""以心合道",都是试图说明形
不与神俱升。然而以最明了的命题突破形神关系的是谭峭,他说:

> 载我者身,用我者神,用神合真,可以长存。②
>
> 我为形所昧,形为我所爱,达此理者,可以出生死之外。③
>
> 彼知形而不知神,此知神而不知形,以形用神则亡,以神用形
> 则康。④
>
> 虚化神,神化气,气化血,血化形,形化婴,婴化童,童化少,少化
> 壮,壮化老,老化死。死复化为虚,虚复化为神,神复化为气,气复化
> 为物。化化不间,由环之无穷。夫万物非欲生,不得不生;万物非欲
> 死,不得不死。达此理者,虚而乳之,神可以不化,形可以不生。⑤

上述无非表示:(1) 人们通常为形体所昧,只知爱形体,不知形体终究是
要消亡的。(2) 就具体的人的形神关系来说,神为主,形为用,以神来役
使形体则健康长寿,以形体役使神则不免神疲形亡。(3) 形的特点是
"塞",不能合真(道),只有以"虚"为特点的神才能合虚通之道,故此,"用

---

① 《玄纲论·学则有序章第十一》,《道藏》第 23 册,第 677 页。
② 《化书·道化·阳燧》,《道藏》第 36 册,第 299 页。
③ 《化书·道化·爪发》,《道藏》第 36 册,第 299 页。
④ 《化书·术化·用神》,《道藏》第 36 册,第 300 页。
⑤ 《化书·道化·死生》,《道藏》第 36 册,第 299 页。

神合真,可以长存"。(4)在以上意义上可以肯定,神合永恒的道,故可以不死;形不为人所爱,故可以不生。"数可以夺,命可以活,天地可以反覆。"①谭峭的形神论是与内丹道教互为表里的,符合道教发展的要求。

(二)"神化之道"

在形神关系辩论的基础上,谭峭进一步探讨了修炼成仙的途径问题,他说:

> 以其心冥冥兮无所知,神怡怡兮无所之,气熙熙兮无所为,万虑不能惑,求死不可得。是以大人体物知身,体身知神,体神知真,是谓吉人之津。②

"心"与"神"语殊义同,心动谓之神,神静谓之心,意思是人们如能做到身安心静,身心高度合一,外无所惑,内无所忧,那么就离仙境不远了。具体做法是:从事事物物的体验中察知自己的存在,从自己的形体中察知本心的存在,从本心中察知道(真)的存在,道存于心,心神存于形体,形体存于物事,知身应当忘物,知心应当忘身,知神应当忘心,外忘物事,内忘身心,此为通仙之幽径。"津"者,指由此岸达彼岸的济渡处。在谭峭看来,登真成仙不过是得道,而道基本的特性是虚通,物事是塞滞不能通的。人们如果在事事物物上去追求,则永无臻期,因而"召之于外,不如守之于内"③,"用神合真,可以长存"④。在道教理论中,神为阳性,气为阴性,内丹学说是要通过炼养形气,化为纯阳的神性,然后无死期。谭峭同样如此,他把这样修炼登仙的途径叫做"神化之道":"纯阳流注而民无死生,是谓神化之道者也。"⑤神化合道,则形之存亡显得无关紧要,只要内养成神,"然后用之于外,则无所不可"⑥,即内神则外物应化,无所不宜,这也即是儒学"内圣外王"之道在宗教理论上的翻版。而在形神关

---

① 《化书·术化·转舟》,《道藏》第36册,第301页。
② 《化书·道化·蛰藏》,《道藏》第36册,第297页。
③⑥ 《化书·术化·云龙》,《道藏》第36册,第300页。
④ 《化书·道化·阳燧》,《道藏》第36册,第299页。
⑤ 《化书·道化·紫极宫碑》,《道藏》第36册,第297页。

系上，从形神俱飞到形亡神存的转变，又与佛教"形静神驰"的说法相差无几了。不断地汲取佛、儒等其他文化养分以丰富完善自己，此即是道教杂取兼容、融合创新的理论特色。由此亦可洞见儒释道三教合流的内在基础。

可以看出，谭峭"虚化"论有两个未能克服的矛盾：第一，他试图说明"道"超有无，"无实无虚"，"虚实相通"，它是"有"，却不是具体形态的有，它是"无"，却不是没有内容的、缺乏规定性的无。在有与无的矛盾关系中，由于突出超越以及宗教神学的需要，他不自觉或自觉地倾向于无，确有虚无化的倾向，如云："万物本虚，万物本无"①，"人无常心，物无常性"②，"能师于无者，无所不之"③。第二，他在谈到万物皆"化"时，是包括形神在内的，形神也要随着道化的一体性周而复始地运动转化，但他在谈到以心合真、登仙成神时，又宣布"神可以不化，形可以不生"，这种不化不生的理想追求便与"化化不间""环环无穷"的事实相抵牾了。两种矛盾说到底，乃是理想与现实之间的矛盾。

然而，正是在这种矛盾中，谭峭求得了超越前人的"深解"。他的"虚化"论以其明彻的语言、深刻的思辨以及生动形象的表述，概括出了道家、道教辩证法的总特征，是对老庄道家辩证思想的发展。他的形神论结束了道教"形神俱飞"的理论垄断，具有清新的划时代意义。

## 第五节 《化书》的社会批判思想

### 一、"大化之往"——自然论基础上的社会发生论

谭峭以"虚化"论淋漓尽致地描绘并论证了宇宙自然的衍生运化。同样地，他也以此来审视、权衡、品评历史领域的广泛社会现象，由此形

---

① 《化书·术化·水窦》，《道藏》第 36 册，第 300 页。
② 《化书·术化·虚实》，《道藏》第 36 册，第 301 页。
③ 《化书·术化·狐狸》，《道藏》第 36 册，第 301 页。

成他以自然论为特色的社会批判论。

首先,谭峭从自然主义的观点出发,认定自然在先,道德伦常在后;道在先,名理在后。他说:

> 旷然无为之谓道,道能自守之谓德,德生万物之谓仁,仁救安危之谓义,义有去就之谓礼,礼有变动之谓智,智有诚实之谓信,通而用之之谓圣。道,虚无也,无以自守,故授之以德;德,清静也,无以自用,故授之以仁;仁用而万物生,万物生必有安危,故授之以义;义济安拔危,必有臧否,故授之以礼;礼秉规持范,必有凝滞,故授之智;智通则多变,故授之以信;信者,成万物之道也。①

从"无为"之道、"自守"之德,到"生万物"之仁、"救安危"之义、"去就"之礼、"变动"之智、"诚实"之信,是一个自然而然的过程。自然的原则先于人伦的原则而存在,人伦的原则只是自然的原则自在、自好、自化的结果,既非"王道设教",又非"圣人化性起伪",圣人在这里只能对普通原则(道、德)的具体化(仁、义、礼、智、信)正当合理地运用罢了("通而用之之谓圣"),在"化"的链条上没有"圣人"的地位。在此,谭氏还亟欲表明,道、德、仁、义、礼、智、信皆有其负面价值,道"无以自守",德"无以自用",仁有"安危",义有"臧否",礼有"凝滞",智"则多变",这些负面的东西皆为其自身所不能克服,道须借助于德、德须借助于仁……如此,道—德—仁—义—礼—智—信之递相嬗变,也是"来不可遏,去不可拔"的"势"。

为了说明社会政治、人伦规范对于自然的从属性、派生性,以及与自然关系的一体性,谭峭进而以道、德与天、地相匹配,以五常(仁、义、礼、智、信)与五行相匹配。他说:

> 道德者,天地也。五常者,五行也。仁,发生之谓也,故均于木。义,救难之谓也,故均于金。礼,明白之谓也,故均于火。智,变通之谓也,故均于水。信,悫然之谓也,故均于土。仁不足则义济之,金

---

① 《化书·仁化·得一》,《道藏》第 36 册,第 305 页。

伐木也；义不足则礼济之，火伐金也；礼不足则智济之，水伐火也；智不足则信济之，土伐水也。始则五常相济之业，终则五常相伐之道，斯大化之往也。①

自董仲舒以四时五行配合四情（喜、怒、哀、乐）、五常（仁、义、礼、智、信）以来，这种"天人感应"的思想不仅为儒学所沿袭，道教也根据自身理论化建设的需要进行利用。但是，道教并不是在儒学那样广泛的意义上的认同，而是在宇宙、人生的终极目的上，亦即在宇宙本体上，在人何以契真通道、何以以有限的自我泯合最高的无限本体上认同了"天人感应"论。谭峭在这里也并不愿意说明自然之天对于社会、人生的干预作用，而是倾向于一种自然发生论：仁、义、礼、智、信类似于土、木、金、火、水，五行相生如同五常"相济"，五行相克如同五常"相伐"，无论是"相济"的产生过程，还是"相伐"的克服过程，都依自然而然的原则，无须凭借任何外力的有意促动。这种融自然与社会为一炉的整体协调的发生论，谭氏称做"大化之往"。据此，他批判儒学执着分殊五常而不知"五常之道"，是"日暮途远，无不倒行"，是难以行得通的：

> 儒有讲五常之道者，分之为五事，属之为五行，散之为五色，化之为五声，俯之为五岳，仰之为五星，物之为五金，族之为五灵，配之为五味，感之为五情。所以听之者若醯鸡之游太虚，如井蛙之浮沧溟，莫见其鸿濛之涯，莫测其浩渺之程，日暮途远，无不倒行。殊不知五常之道一也，忘其名则得其理，忘其理则得其情，然后牧之以清静，栖之以杳冥，使混我神气，符我心灵。若水投水，不分其清；若火投火，不问其明。是谓夺五行之英，盗五常之精，聚之则一芥可饱，散之则万机齐亨。其用事也，如酌醴以投器；其应物也，如悬镜以鉴形。于是乎变之为万象，化之为万生，通之为阴阳，虚之为神明。所以运帝王之筹荣，代天地之权衡，则仲尼其人也。②

---

① 《化书·仁化·五行》，《道藏》第 36 册，第 305 页。
② 《化书·德化·五常》，《道藏》第 36 册，第 303 页。

在谭峭看来,儒者所讲五常之理繁多,使人听之如醯鸡之游太虚,井蛙之浮沧溟,不切实用,原因在于儒者知其五,而不知其一——"五常之道"。此"一"夺五行之英,盗五常之精,充之一芥不为小,放之万机不为大,其理一,分殊而万,人能得之,应物鉴形,通变自在。这个"一"——"五常之道"也就是"大化之往"。如何能得其"一"呢?他提出了一个近似王弼"得意忘象,得象忘言"的方式:"忘其名则得其理,忘其理则得其情。""一"之所以能够御"五",不仅在于"五"生于"一",而且在于"五"依大化之则,能返于"一",从实际情形来说,这种由五返一的体认方式乃根源于老子"和光同尘"的体知方式。谭氏这段话,十分明了地突出了一个价值判断:道高于儒。儒家重人伦轻自然,道家重自然而轻人伦,自然的原则高于社会的原则,社会的原则不仅根源于自然的原则,而且终归要返回到自然的原则。在这种原则指导下,谭峭所论述的社会伦理,始终是以自然为终极原则。

其次,谭峭认为人类社会的伦常规范最早即存在于动物活动之中。他说:

> 夫禽兽之于人也何异?有巢穴之居,有夫妇之配,有父子之性,有死生之情。鸟反哺,仁也;隼悯胎,义也;蜂有君,礼也;羊跪乳,智也;雉不再接,信也。孰究其道?万物之中,五常百行无所不有也,而教之为网罟,使之务畋渔。且夫焚其巢穴,非仁也;夺其亲爱,非义也;以斯为享,非礼也;教民残暴,非智也;使万物怀疑,非信也。夫膻臭之欲不止,杀害之机不已。羽毛虽无言,必状我为贪狼之兴封;鳞介虽无知,必名我为长鲸之与臣黾也。胡为自安?焉得不耻?吁!直疑自古无君子![①]

鸟兽无言无知,然而其活动的内容与人类社会同样具有丰富性,有配偶,有情性,有仁义礼智信,而且动物生活中这些内容比人类还要纯朴真切。

---

① 《化书·仁化·畋渔》,《道藏》第36册,第305页。

社会生活中的人们虽然彼此充满仁义道德,却凭借物力对同样充满社会生活内容的鸟兽动物施行非仁非义非礼非智非信的迫害,以一类仁义道德有意践踏破坏另一类仁义道德,早已是非仁义道德的了。显然,谭氏将动物的自然性与人类的社会性混同了,将动物的本能反应与人类的精神生活内容齐同了,这是一种不言而喻的浅显的错误。但不可由此断定谭氏浅陋。首先,谭氏只不过是借这些事例表述道家、道教历来如此的价值观。尽管其对自然状态的社会生活,或重新树立起来的自然道德价值准则的理解及描绘是在缺乏考古、实证材料基础上的臆测推断,因而粗浅、朦胧,甚至荒诞不经,但这毕竟是对现实生活的扬弃。其次,在上述意义上讲,谭氏并不只是醉醺醺的呓语,也不是不食人间烟火的异想天开,相反,他的论述是建立在对社会生活的深刻透视和对人生的切身体验基础之上的,是一个先入世而后出世的冷峻观察者的超尘脱俗之论。

最后,谭峭以自然原则为基础,形成善恶是非判断。他剖析了为恶与为善的内心世界:

> 为恶者畏人识,必有识者;为善者欲人知,必有不知者。是故人不识者谓之大恶,人不知者谓之至善。好行惠者恩不广,务奇特者功不大,善博弈者智不远,文绮丽者名不久。是以君子惟道是贵,惟德是守,所以能万世不朽。[①]

作恶者唯恐为人所知,行善者生怕不为人所知,然而客观效果恰恰是怕人知者偏偏有人知,怕人不知者常常有人不知。同样,“好行惠者”“务奇特者”“善博弈者”“文绮丽者”等等,主观愿望与客观效果总是差距很远。因为作恶者怕人知,行善者怕人不知,行惠者示人恩报,务奇特者求功绩,善博弈者欲表现自己的聪明,文绮丽者务名声,这种主观欲望本身就限制了自己的行为,狭窄的动机不可能引发出广大的行为。解决这一问

---

① 《化书·仁化·善恶》,《道藏》第 36 册,第 307 页。

题的方法在于泯灭主观动机与客观效果之间的联系,主客两忘,唯道德清虚是守。谭峭于是推论:

> 救物而称义者,人不义之;行惠而求报者,人不报之。民之情也,让之则多,争之则少,就之则去,避之则来,与之则轻,惜之则奇。故大义无壮,大恩无象。大义成,不知者荷之;大恩就,不识者报之。①

在这里,主观动机与客观效果不仅是存在落差,而且相反了,主观意识越强,得到的效果越差,反之,不求称义者,人们不自觉地以之为"义",不求恩报者,却有人无意识地为之感恩戴德。此即是主观动机与客观效果的辩证法。

谭氏还分析了"智愚"问题:

> 夫智者多屈,辩者多辱,明者多蔽,勇者多死。②
> 无所不能者,有大不能;无所不知者,有大不知。夫忘弓矢然后知射之道,忘策辔然后知驭之道,忘弦匏然后知乐之道,忘智虑然后知大人之道。是以天下之主,道德出于人;理国之主,仁义出于人;忘国之主,聪明出于人。③

凡玩弄聪明者必有屈穷之时,玩弄善辩才能者必自招辱,自以为明达者必有不达之蔽,自恃勇敢者必因勇敢而死。在谭氏看来,越是自以为有能耐的,越是自以为聪明的,其实越无能耐,越无智识。因为有能则有所不能,有知则有所不知,人们越矜夸自己大能大知,带来的危害越大。与其这样,还不如在主观上忘却自我,顺应"万物之情",在道的高度上临照统协,这样才能超越无能与万能、智与愚的区别,于己无害,于物无损。

显然,谭氏在理论上借助了庄子"大辩不言"的相对主义方法论,试

---

①《化书·仁化·救物》,《道藏》第 36 册,第 306 页。
②《化书·仁化·海鱼》,《道藏》第 36 册,第 306 页。
③《化书·德化·聪明》,《道藏》第 36 册,第 303 页。

图超越有限契合于无限,超越片面合于完整。这一方面表现了道教理论家宽阔的理论视界,同时也暴露出他在理想与现实之间的一厢情愿。尽管如此,应当肯定他对"民之情"的洞悉是透彻的。

## 二、"反覆之道"——对社会矛盾的揭露与批判

首先,谭峭揭露了君臣与民之间的利害关系。

统治者与被统治者处在不同的政治地位,但具有同样的物质欲望:"君之于民,异名而同爱。君乐驰骋,民亦乐之;君喜声色,民亦喜之;君好珠玉,民亦好之;君嗜滋味,民亦嗜之。其名则异,其爱则同。"①在谭峭看来,君权并非"神授",君王所居"高台崇榭"与所享之"金根玉辂"并非平民所不欲,只不过依仗着武力与等级制度才使得君临于上、民迫于下。谭氏警告说,这种情况并非亘古不变,于是他提出个"反覆之道":

> 天子作弓矢以威天下,天下盗弓矢以侮天子。君子作礼乐以防小人,小人盗礼乐以僭君子。有国者好聚敛、蓄粟帛、具甲兵以御贼盗,贼盗擅甲兵、踞粟帛以夺其国。②
>
> 所以民道君之德,君盗民之力。能知反覆之道者,可以居兆民之职。③

统治者用以维护自身物质利益的种种手段,被统治者亦可因以反而施行之,以其人之道还治其人之身,统治者与被统治者之间不存在某种先定的、不变的从属关系,上可欺下,下亦可犯上。"上以食而辱下,下以食而欺上,上不得不恶下,下不得不疑上,各有所切也。夫剜其肌、啖其肉,不得不哭,扼其喉、夺其哺,不得不怒。"④上与下或辱或欺,或恶或疑,统治者的欲望满足建立在对他人欲望的侵夺基础之上,"主者以我欲求

---

①《化书·俭化·君民》,《道藏》第 36 册,第 310 页。
②《化书·德化·弓矢》,《道藏》第 36 册,第 303 页。
③《化书·德化·酒醴》,《道藏》第 36 册,第 304 页。
④《化书·食化·雀鼠》,《道藏》第 36 册,第 309 页。

人之欲,以我饥求人之饥"①。统治者与被统治者处于物质利益的对立冲突之中,只是这种冲突被仁德之类的外纱掩盖了罢了,在本质上不存在什么上对下仁爱、下对上事忠的关系。谭氏发扬了庄子"窃钩者诛,窃国者为诸侯"的思想,认为上与下冲突的根源在于上,在于统治者对于民众的肆意剥夺与猎取:"非兔狡,猎狡也;非民诈,吏诈也。慎勿怨盗贼,盗贼惟我召,慎勿怨叛乱,叛乱禀我教。"②这实际上是在唐末农民起义的动荡年月里对农民义军行为进行合理辩解,将社会动乱的原因归咎于统治者的荒虐无度,"夫禁民火不如禁心火,防人盗不如防我盗"③。谭峭进一步描述了统治者对被统治者的掠夺情景:

> 王取其丝,吏取其纶;王取其纶,吏取其綷。取之不已,至于欺罔;欺罔不已,至于鞭鞑;鞭鞑不已,至于盗窃;盗窃不已,至于杀害;杀害不已,至于刑戮。欺罔非民爱,而哀敛者教之;杀害非民愿,而鞭挞者训之。④

在这里,统治者不仅是一切社会矛盾的根源,而且直接就是欺罔、鞭挞、盗窃、杀害、刑戮的唆使者,这种唆使始于统治者对被统治者物质利益的剥夺和无限制的贪婪,取之不已,才导致民众反其道、效其行。谭氏列举了民众承受的七种盘剥:

> 民事之急,无甚于食,而王者夺其一,卿士夺其一,吏兵夺其一,战伐夺其一,工艺夺其一,商贾夺其一,道释之族夺其一,稔亦夺其一,俭亦夺其一。所以蚕告终而缲葛苎之衣,稼云毕而饭橡栎之实。王者之刑理不平,斯不平之甚也;大人之道救不义,斯不义之甚也。⑤

在层层沉重的掠夺下,织者不得衣、耕者不得食,连最起码的生活需求都

---

① 《化书·食化·燔骨》,《道藏》第 36 册,第 308 页。
② 《化书·仁化·太和》,《道藏》第 36 册,第 306 页。
③ 《化书·德化·养民》,《道藏》第 36 册,第 305 页。
④ 《化书·食化·丝伦》,《道藏》第 36 册,第 308 页。
⑤ 《化书·食化·七夺》,《道藏》第 36 册,第 307 页。

得不到保证,哪里还会听从统治者的教化,"行切切之仁,用蹙蹙之礼"①?"民服常馁,民情常迫,而论以仁义,其可信乎?讲以刑政,其可畏乎?"②尽管民众本不愿为盗为暴,然而死且不免,还有什么顾忌的呢?"性命可轻,无所不为"③,一夫揭竿,万夫影从,"天下遂乱"。

到此,谭峭似不像泛泛而论天下兴亡之道,倒像是对王仙芝、黄巢农民大起义社会背景的叙述,可见谭氏并非一般方外之士,而是具有时代感的。

其次,谭峭以"反覆之道"的方法论对温情脉脉的社会表象做了深层的矛盾解析。

他对感、喜、怨、怒现象做了分析:

> 感父之慈,非孝也;喜君之宠,非忠也。感始于不感,喜始于不喜。多感必多怨,多喜必多怒。④

感激父母的慈爱、喜欢君主的优宠,自古以来已成价值定式,然而在谭氏看来,人们在有感激行为之前,肯定存在一个不曾感激的行为状态,只是在得到慈爱与优宠之后才产生感激与欢喜之情的。既然如此,那么在得到慈爱、优宠之前,本来不感激父母、不喜欢君主,也就意味着对慈孝、忠诚的否定了。因此,有感则有怨,有喜则有怒。对个人来说,感、喜之情源于慈爱、优宠,慈爱、优宠有轻重,感、喜也有浅深。慈爱、优宠重则多感喜,轻则怨怒生。对他人来讲,慈于此则疏于彼,宠于此则薄于彼。感激愈多,怨恨愈多;欢喜愈多,愤怒愈多。在此意义上,他断定仁、义、礼、智、信等五常也并非有益无害,用之不当,也会适得其反:

> 仁义者常行之道,行之不得其术,以至于亡国;忠信者常用之道,用之不得其术,以至于获罪;廉洁者常守之道,守之不得其术,以

---

① 《化书·食化·七夺》,《道藏》第 36 册,第 307 页。
② 《化书·食化·战欲》,《道藏》第 36 册,第 308 页。
③ 《化书·食化·燔骨》,《道藏》第 36 册,第 308 页。
④ 《化书·德化·感喜》,《道藏》第 36 册,第 304 页。

至于暴民；材辩者常御之道，御之不得其术，以至于罹祸。①

过于强调仁义而不言利，会忽视民众的物质生活需求；一味忠信，不知回避之术，会因此得罪人，获罪于君；清廉而不知宽容于人，会因此严苛暴施于人；善辩不得其要，也会陷入不能自拔的矛盾之中，总之，"不得其术"，皆因"不得化之道"。因而，谭氏警告统治者：

> 赏不可妄行，恩不可妄施。其当也，由为争夺之渐；其不当也，即为乱亡之基。故我自卑则赏不能大，我自俭则恩不得夺。历观乱亡之史，皆骄侈恩赏之所以为也。②

这乃是治乱兴亡的历史辩证法，是刻骨铭心的警世恒言。

同时，谭氏剖析了誉、谤、疑、信等社会生活内容的"反覆"关系。他说：

> 誉人者人誉之，谤人者人谤之。是以君子能罪己，斯罪人也；不报怨，斯报怨也。所谓神弓鬼矢，不张而发，不注而中。天得之以假人，人得之以假天下。③

对别人的赞誉就表现了自己对别人长处的慕往，表现了自己不矜不伐的谦逊态度，这种态度本身就值得别人赞誉；反之，爱诽谤别人的人，本身就暴露出自己行为的不端正，自然，也会反招来诽谤。同样，坚持严于律己而不苛求于人，就树立起了"君子"的风范，高风亮节会感化他人，引起"罪人"的社会效益，而以德报怨，也会起到相反的效果。

谭峭又说：

> 抑人者人抑之，容人者人容之。④
> 是故疑人者为人所疑，防人者为人所防。君子之道，仁与义，中

---

① 《化书·德化·常道》，《道藏》第 36 册，第 304 页。
② 《化书·德化·恩赏》，《道藏》第 36 册，第 304 页。
③ 《化书·仁化·神弓》，《道藏》第 36 册，第 306 页。
④ 《化书·德化·酒醴》，《道藏》第 36 册，第 304 页。

与正,何忧何害!①

对别人不信任,别人会反过来对自己不信任;对别人时时提防,别人也会反过来对自己处处加以提防。还不如以堂堂之心,坦而荡之,既不忧己,又不害人。

人们之所以陷入这种种矛盾不得自拔,谭峭认为,根本原因是"知往而不知返":

> 知往而不知返,知进而不知退。而但知避害而就利,不知聚利而就害。夫贤于人而不贤于身,何贤之谓也? 博于物而不博于己,何博之谓也?②

何谓"往"? 何谓"进"? 感、喜、行、用、守、御以及施恩行赏、誉人谤人、疑人防人等意识和行为即其意。何谓"返"? 何谓"退"? 由以上意识和行为引来的相反的结果即其意。人们知道运用种种手段"避害而就利",却不知这些手段会带来与初衷相违的效果,亦即"聚利而就害"。谭峭在此还欲向人们说明:第一,一物两面,事物的正面就蕴含着反面,对于正面的运用"不得其术",会转向反面,这是说一物之有"反覆";第二,事物皆"化化不相间""环环无穷",任何行为皆只有暂时的性质,最终都会遵循自然的原则,向反面转化,这是说物物之运化有"反覆"。于此可见,谭峭在对社会各种矛盾展开揭露与分析批判时,是以"反覆之道"的方法论作为指导的,是建立在冷静观察、深沉思考基础之上的,是道家思想在新历史条件下的理性升华。这与因对社会不满而感情用事的社会批判是有区别的。

## 三、"太和"之道——治世思想

谭峭在对社会、政治进行了深入剖析和强烈批判之后,又提出了一

---

① 《化书·德化·黄雀》,《道藏》第 36 册,第 303 页。
② 《化书·德化·飞蛾》,《道藏》第 36 册,第 303 页。

套治理社会的政治主张。本来前面的批判与庄子"圣人不死,大盗不止"
的批判思想几无区别了,已是"非圣无法",这里却又生出一套拨救社会
危难、解决社会矛盾的思想,有时甚而完全站在统治者的立场说话,岂不
自相抵牾? 其实这种情形并不奇怪,只要回顾道教在隋唐的发展,就知
道道教在隋唐时期已不安于逍遥于"十方丛林"、在"洞天福地"中陶醉,
不满足于憧憬治太平之世的社会政治理想,而是跃跃欲试,积极参与和
插手社会政治事务,像著名道教理论家王远知、李荣、叶法善、吴筠、杜光
庭等皆已涉足政治,并且在教义教理上也肯定了"入世"亦"出世"的观
念。谭峭同样践行着这种观念,但是,他为疗治社会"疾痼"所开出的"处
方",既不是高贤纳谏,也不是法制术势,而是要求统治者"吃素",看似为
统治者着想,实际只是欲借此进行治太平政治理想的实践。

(一)"均其食"

通过对社会现象的洞悉和对社会矛盾的分析,谭峭明白了这样一个
道理:"自天子至于庶人,暨乎万族,皆可以食而通之。"所谓食,泛指衣食
等物质生活资料,"我服布素则民自暖,我食葵藿则民自饱"。[①] 在一切社
会生活中,"食"是最基本的生活,精神生活依存于物质生活。他说:

> 君无食必不仁,臣无食必不义,士无食必不礼,民无食必不智,
> 万类无食必不信。是以食为五常之本,五常为食之末。[②]

五常是施行社会教化的手段,又是衡量人们道德水准的标志,而在谭峭
看来,较之于食,五常是末,食为本,应当崇本息末,这是《管子》道家学派
提出的"仓廪实而知礼节,衣食足而知荣辱"思想在唐末经过大规模农民
起义洗礼后所获得的新发展。

食为本,却民腹常馁,民情常迫,这是"王者之刑"最大的不平,"大人
之道"最大的不义。解决本末倒置的方法应当是"均其食":

①《化书·食化·无为》,《道藏》第 36 册,第 309 页。
②《化书·食化·鸱鸢》,《道藏》第 36 册,第 309 页。

夫君子不肯告示人以饥，耻之甚也。又不肯矜人以饱，愧之甚也。既起人之耻愧，必激人之怨咎，食之害也如是。而金笾玉豆，食之饰也；钟鼓戛石，食之游也；张组设绣，食之感也；穷禽竭兽，食之暴也；滋味厚薄，食之忿也；贵贱精粗，食之争也。欲之愈不止，求之愈不已，贫食愈不足，富食愈不美，所以奢僭由兹而起，战伐由兹而始。能均其食者，天下可以治。[①]

苟其饥也，无所不食；苟其迫也，无所不为。斯所以为兴亡之机。[②]

依谭氏的看法，怨咎、奢僭、战伐等一切社会对立冲突都根源于物质利益的不均衡（食不均），物质利益对人的诱惑导致人们的行为冲突，只要人们"不贵难得之货"，平衡利益关系（均其食），一切矛盾悉归于无，"天下可以治"。这个思想实际上是"不患寡而患不均"的农民均平意识在道教理论上的反射。

（二）"纯俭之道"

对于广大民众而言，由于不劳而食者层层盘剥，几于"剡其馁""夺其哺"，本来已是"瘠"不可言，从而更无所从"俭"。所谓俭，专指统治阶级而言。前面讲"均其食"，是政治主张，而落实处却要归于统治阶级，要求其"纯俭"。他说：

君俭则臣知足，臣俭则士知足，士俭则民知足，民俭则天下知足。[③]

王者皆知御一可以治天下也，而不知孰谓之一。夫万道皆有一：仁亦有一，义亦有一，礼亦有一，智亦有一，信亦有一。一能贯五，五能宗一。能得一者，天下可以治。其道盖简而出自简之，其言非玄而人自玄之。是故终迷其要，竟惑其妙。所以议守一之道，莫

---

①《化书·食化·奢僭》，《道藏》第 36 册，第 308 页。
②《化书·食化·兴亡》，《道藏》第 36 册，第 308 页。
③《化书·俭化·三皇》，《道藏》第 36 册，第 311 页。

过于俭,俭之所律,则仁不荡,义不乱,礼不奢,智不变,信不惑。故心有所主而用有所本,用有所本而民有所赖。①

同样,他对"俭"与"五常"的关系做了对比论证:"一能贯五,五能宗一",即"俭"贯彻于"五常"的内涵之中,"五常"之理归宗于"俭",并由"俭"的问题上升到治国平天下的高度,这样便把王弼的"执一统众之道"改写成"执俭治天下之道"。显然,谭氏欲以"俭"来约束统治者,其约束力不是董仲舒所说的天的谴告,而是近乎道德自律般的天下存亡兴衰的危机感:"垂礼乐、设赏罚教生民,生民终不泰。夫心不可安而自安之,道不可守而自守之,民不可化而自化之,所以俭于台榭则民力有余,俭于宝货则民财有余,俭于战伐则民时有余。不与之由与之也,不取之由取之也。海伯亡鱼,不出于海;国君亡马,不出于国。"②仁义礼智信及刑罚等,都不过是用来教化生民的,用以巩固一定的统治秩序,然而在谭氏看来,这些外在手段从根本上讲是无济于事的,一切事物之"化"都是"自化",民情亦无须"教"而化,只要统治者从自身做起,以"俭"律己,从而藏富于民,便国泰民安,生民不教而化,反之,则虽教而不化。为了把"俭"变成统治阶级的内心自觉,谭氏还从身心健康上论述"俭"的重要性:

> 俭于听可以养虚,俭于视可以养神,俭于言可以养气,俭于私可以护富,俭于公可以保贵,俭于门阁可以无盗贼,俭于环卫可以无叛乱,俭于职官可以无奸佞,俭于嫔嫱可以保寿命,俭于心可以出生死,是知俭可以为万化之柄。③

如果说,强调"俭"对于治理国家的重要性不能入统治者之耳的话,那么从养生长寿的方面规劝统治者从"俭",倒是可以为其所接受的。道教从早期的民间道教上升为后来的神仙道教,即是统治者接受了道教的养生长生之术,在经济文化繁荣的唐代,养生长寿之术有广泛的社会基础。

---

① 《化书·俭化·御一》,《道藏》第 36 册,第 311 页。
② 《化书·俭化·雕笼》,《道藏》第 36 册,第 311 页。
③ 《化书·俭化·化柄》,《道藏》第 36 册,第 311 页。

谭峭提出"俭"的原则欲以约束限制统治阶级的穷奢极欲,是有积极意义的,其对统治者的揭露与批判是深刻而有力的,但他所谓"纯俭之道",乃是源于老子"小国寡民"的思想。在价值取向上,他倾向于自然状态的小农经济社会,在这种自然状态中,却又裹挟着阶级社会的劣迹:"于己无所与,于民无所取,我耕我食,我蚕我衣,妻子不寒,婢仆不饥,人不怨之,神不罪之。"①经济上的自然状态,政治上的等级社会,这类理论上的矛盾表明了谭峭治太平之世的理想根本不可能付诸实施。像这样对于社会问题分析时的现实主义与解决社会问题时的理想主义,乃是中世纪社会批判思想的共同特性。

(三)"不逆万物之情"

谭氏要求统治者要在"禁心火"上着力,即设法泯灭民众心理上的不平衡,设身处地为民众着想,与民心相通。他说:

> 心相通而后神相通,神相通而后气相通,气相通而后形相通,故我病则众病,我痛则众痛。怨何由起?叛何由始?斯太古之化也。②
> 我怒民必怒,我怨民必怨,能知其道者,天下胡为乎叛?③

显然,这种由心、神、气、形之相通而导致的思想情绪和政治态度之相通,乃是道家自然原则的具体运用,"太古之化"的原则亦是现实民情教化的原则。在谭氏看来,自然原则与社会原则本质上是相同的,故而他在论述社会政治问题时,所引用的例子多为动物活动的自然现象。

既然自然定律同时就是社会定律,或曰社会定律最终都服从于自然定律,那么尊尊、亲亲、恩恩、爱爱以及仁义礼智信也就成为多余的了,故此,他说:

> 无亲、无疏、无爱、无恶,是谓太和。④

---

① 《化书·俭化·悭号》,《道藏》第 36 册,第 310 页。
② 《化书·仁化·蝼蚁》,《道藏》第 36 册,第 306 页。
③ 《化书·食化·燔骨》,《道藏》第 36 册,第 308 页。
④ 《化书·仁化·太和》,《道藏》第 36 册,第 306 页。

同样地,一切为解决社会各种矛盾所采取的策略、手段皆是多余之举,他说:

> 止人之斗者使其斗,抑人之忿者使其忿,善救斗者预其斗,善解忿者济其忿。是故心不可伏,而伏之愈乱;民不可理,而理之愈怨。水易动而自清,民易变而自平,其道也在不逆万物之情。①

人之斗、人之忿乃是社会矛盾和心理不平衡的外在化,既然已经表现为现实,欲止之、抑之已属徒劳,此日抑止明日又起,明日抑止后日又起,此处伏而彼处起,久而久之,矛盾积累越多,爆发出来的冲突越烈,与其行太劳无用之功,还不如使斗者疲于斗,忿者泻其忿,从而重新趋向和平与平衡。看来,谭氏不赞成在社会冲突已经爆发出来后再寻求解决方案,而主张防患于未然,其基本原则是遵循自然,因势利导,顺应万物之情,使怨不积,忿不起,民之平如水之清。

---

① 《化书·仁化·止斗》,《道藏》第 36 册,第 307 页。

# 第十六章　罗隐的哲学思想

罗隐将道家的自然哲学与儒家社会伦理政治融合,被视为糅合儒、道的道家思想"异端"。在《谗书》中,罗隐提出了以"道""时""位"为特征的自然历史论和"化于内外"的社会治世论,同时对统治阶级及圣贤、英雄提出了尖锐的批判。

## 第一节　罗隐的生平与著述

罗隐,字昭谏,自号江东生,杭州新城(今浙江杭州市富阳区西南)人,《吴越备史》卷二称他"本名横。凡十上,不中第,遂更名"。生于唐文宗大和七年(833年),卒于五代梁开平三年十二月(910年)。"家门寒贱"(罗隐《投秘监韦尚书启》),"少而羁窘"(罗隐《答贺兰友书》)却极"聪敏","自道有言语"(罗隐《谗书序》),《唐才子传》说他"少英敏,善属文,诗笔尤俊拔"。唐大中十三年(859年)"即圣贡籍",咸通元年(860年)赴长安应进士试,十上不第,逗留京师至于十一年(870年)。十二年(871年),得湖南衡阳县主簿之任,"已至界首,回望旌棨"(罗隐《谢湖南于常侍启》),又不幸因人中途作梗,说他"不宜佐属邑"(罗隐《湘南应用集序》),终未成。遂乞归故里。后得吴越王钱镠鉴识,《吴越备史》云:"及来谒王,惧不见纳,遂以所为《夏口诗》标于卷末,云'一个祢衡容不得,思量黄祖漫英雄'之句。王览之大笑,因加殊遇。"遂奏授钱塘令,后又任镇海军掌书记、节度判官、盐铁发运副使、著作佐郎、给事中。

罗隐一生著述宏富。据《全唐诗》云,有《歌诗集》14 卷、《甲乙集》3卷、《外集》1 卷,《全唐诗》编其诗 11 卷。郑樵《通志·艺文略》载《罗隐集》20 卷、《后集》3 卷,又有《吴越掌记集》3 卷。陈振孙《直斋书录解题》则说《甲乙集》仅 10 卷,《后集》5 卷,《湘南集》3 卷,又有《淮海寓言》及《谗书》等。其书多已散佚,《四库全书·别集类》采康熙初彭城知县张瓒所辑诸集,包括《两同书》10 篇,及诗、赋、疏、序、记、论、碑、铭、记事、启、表(一卷九篇,皆为《谗书》所存之篇)等,合编为《罗昭谏集》。此外,《丛书集成初编》录嘉庆年间吴骞校刊的《谗书》5 卷 60 篇。罗隐本是一位颇具才思的儒生,有着强烈的功名进取意识,"常以先师之道,干名贡府"(罗隐《东安镇新筑罗城记》),然而怀才不遇,如他所自述:

> 某也,江左孤根,关中滞气。强学虽亡其皮骨,趋时久困于风尘。福星不照于命宫,旅火但焚其生计。徘徊末路,惆怅危途。览八行之诏书,空仰圣人在上。咏五言之章句,未知游子何之。兴言而几至销魂,反袂而自然流涕。(《投郑尚书启》)
>
> 自出山二十年,所向摧沮,未尝有一得幸于人。故同进者忌仆之名,同志者忌仆之道。(《答贺兰友书》)

唐兴科举制度,目的在于破除六朝以来的门阀仕进制度,广开门路,使寒贵有才之士皆具登科及第的机会。罗隐既怀经世之才,却屡试不中,其原因有二:其一,出身寒微,朝中无靠山。"前窥而四海清平,内顾而一身流落"(罗隐《投同州杨尚书启》),故而"营生则饱少于饥,求试则落多于上"(罗隐《投盐铁裴郎中启》)。儒学传统的人生追求促使他决意仕进,但他又缺乏必要的媒梯。这样一种进退两难的处境正如他在《西京崇德里居》中所描述的:

> 进乏梯媒退又难,强随豪贵靡长安。风从昨夜吹银汉,泪凝何
> 门落玉盘。抛掷红尘应有恨,思量仙桂也无端。锦鳞报尾平生事,
> 却被闲人把钓竿。

其二,不愿沉浮流俗,不合当时世态。在《陆生东游序》中,他记述了这样的事实:

> 俱以所为道请于有司,既不能以偷妄相梯,又不能挟附相进,果
> 于数百人中,不得吏部侍郎意。

唐代科举取士,虽有抑制权贵、奖拔寒俊的作用,而且也偏尚文辞,然而其科试文体,内容与形式皆有所拘泥。罗隐不愿循规蹈矩,又不肯追随时尚,趋炎附势,落榜亦是自然之理。有关这一点,他自己总结道:

> 不惟性灵不通转,抑亦进退间多不合时态。(《投知书》)

在《答贺兰友书》中表述得更为明了:

> 仆之所学者,不徒以竞科级于今之人,盖将以窥昔贤之行止,望
> 作者之堂奥,期以方寸广圣人之道。可则垂于后代,不可则庶几致
> 身于无愧之地。……去就流俗不可以不时,其进于秉笔立言,扶植
> 教化,当使前无所避,后无所逊,岂以吾道沉浮于流俗者乎!……苟
> 利其出处,则傀俛从事,亦人之常情也,在不枉其道而已矣。道苟不
> 枉,以之流离可乎?……非仆之不可苟合,道义之人皆不合也。而
> 受性介僻,不能方圆,既不与人合,而又视之如仇雠,以是仆遂有狭
> 而不容之说。……彼山也水也,性之所适也,而眷眷不去者,以圣明
> 之代,文物之盛,又安可以前所忌者移仆初心,苟不得已,仆亦自有
> 所处。大凡内无所疾,外无所愧,则在乎命也天也,焉在仆与时
> 人乎?

尽管清醒地认识到如要利于进退,须趋合时态,但如同追求山水之自然正性一样,罗隐宁愿"流离",甘受"介僻""狭而不容"之讥,也终不肯"移

仆初心"。如此笃行践履，理想追求与客观现实之间的矛盾是无法解决的。

自然，罗隐不服气自己在仕途上的失意，他感叹道：

> 呜呼！大唐设进士科三百年矣，得之者或非常之人，失之者或非常之人。若陈希孺之才美，则非常之人失之者矣。德行莫若敦于亲戚，文章莫若大于流传……（《陈先生集后序》）

这既是为陈希孺所感，又是针对自己的。罗隐这种对科场弊端的不满甚而达到了愤激的程度，疾呼"九泉应有爱才人"（《经张舍人旧居》），从而也不免使他对"修齐治平"的人生追求与"天将大任于斯人"的政治抱负产生了疑问：

> 得相如者几人？得王褒者几人？得之而用之者又几人？……良时不易得，大道不易行。（《投知书》）

仕途上的困顿，生活上的窘迫，这些复杂的经历及其痛苦的体验，促成他在思想上产生了一个变异，即出儒入道。尽管他常常还以儒学的本位，自诩"小儒"，对释、道家二家进行抨击："释氏宝楼侵碧汉，道家宫殿拂青云。"（《代文宣王答》）然而，他的思想面貌全然非儒学者，而是一个道学家了。这可以从两方面看出来：

首先，他对归隐生活产生强烈的慕求，如在《晚眺》中写：

> 凭古城区眺晚晴，远村高树转分明。天如镜面都来静，地似人心总不平。雾向岭头闲不彻，水流溪里太忙生。谁人得及庄居老，免被荣枯宠辱惊。

又，《寄剡县主簿》写道：

> 金庭养真地，珠篆会稽官。境胜堪长往，时危喜暂安。洞连沧海阔，山拥赤城寒。他日抛尘土，因君拟炼丹。

又，《答宗人衮》诗亦云：

> 昆仑水色九般流,饮即神仙憩即休。敢恨守株曾失意,始知缘木更难求。鸰原谩欲均余力,鹤发那堪问旧游。遥望北辰当上国,羡君归棹五诸侯。

又,《归五湖》云:

> 江头日暖花又开,江东行客心悠哉。高阳酒徒半凋落,终南山色空崔嵬。圣代也知无弃物,侯门未必用非才。一船明月一竿竹,家住五湖归去来。

而从罗隐将名中"横"字改为"隐"字一事,亦可窥见他的思想转变之一斑。

其次,罗隐对人、物、时事的讽讥与抨击,早已越乎儒者行为规范,俨然是一个异端思想家了。据《唐诗纪事》载,昭宗看过罗隐的一首诗,很是看重,"欲以甲科处之,有大臣奏曰:'隐虽有才,然多轻易。明皇圣德,犹横遭讥,将相臣僚,岂能免乎凌轹。'帝问讥谤之词,对曰:'隐有华清诗曰:"楼殿层层佳气多,开元时节好笙歌。也知道德胜尧舜,争奈杨妃解笑何。"'其事遂寝。"[1]罗隐的《两同书》即是合道、儒两家之言,至于《谗书》则全然是道家者言,与韩愈《论佛骨表》在思想格调上有显著的区别。称罗隐"轻易""介僻""恃才傲物",实质上是切中实际的。因为这正是异于流俗的道家风范。罗隐亦"自谓是非颠倒,不复见其人"(《陆生东游序》),"开卷则惴惴自负,出门则不知所之"(《投知书》)。这种处世态度与同时代的谭峭、无能子如出一辙。

有一点应当指出,罗隐崇奉的是道家的人格,却不是道教里的鬼神说。他竭力反对道教中的术士玩弄装神弄鬼的骗术,在《广陵妖乱志》中,他对信奉吕用之、诸葛殷等术士的高骈进行了强烈的批判。[2]

总体来说,罗隐是一个糅合道、儒且以道家思想为基本面貌的道家

---

[1] 转引自〔清〕王士禛原编、〔清〕郑方坤删补《五代诗话》。
[2] 《广陵妖乱志》云:"高骈末年,惑于神仙之说,吕用之、张守一、诸葛殷等皆言能役使鬼神,变化黄白,骈酷信之,遂委以政事……"

思想异端,正是从异端思想立场对社会历史的深入洞悉和尖锐批判,实现了其思想的历史价值。

## 第二节　"贵贱之理著之于自然"

晁公武《郡斋读书志》评价罗隐的《两同书》说:"隐谓老子养生,孔子训世,因本之著内、外篇各五。其曰'两同书'者,取两者同出而异名之意也。"《四库全书》序《两同书》亦说:"其说以儒道为一致,故曰两同。"《两同书》计十篇,其篇目其实无内、外之分,前五篇借老子之言阐述贵贱、强弱、损益、敬慢、厚薄之哲理,后五篇借孔子之言阐述理乱、得失、真伪、同异、爱憎之哲理,道家与儒家的言论不分轻重主次,皆在统一的理性尺度下合而论之,确乎是异名而同出。自然,表现罗隐会通道儒思想的,不局于《两同书》,也散在《谗书》诸篇及其词赋诗文中。

从道儒会通的内容来看,突出地表现在罗隐将道家自然哲学与儒家社会伦理政治融会起来了。道家与儒家的一个基本区别是,道家对社会、人生等等的解释皆是建立在一种自然论的哲学基础之上,在老子那里,社会的原则服从于自然的原则;儒家则将对自然、社会的解释建立在宗法人伦的基础之上,在孔子那里,自然的原则服从于人伦的原则。罗隐融合二者的方法是,在道家的自然哲学中注入仁义礼智等道德人伦的内容,又将儒家的人伦道德注入自然哲学的内容中。《两同书》的第一篇《贵贱》,一开始就提出"贵贱之理著之于自然也"。老子的"道""德"本来都是自然性的,无人伦道德之义蕴,而罗隐则将这种自然性与人伦道德等同起来,认为老子所谓德即是儒学崇尚的"皇天无亲,惟德是辅"的"德",说:"岂皇天之有私,惟德佑之而已矣。故老氏曰道尊德贵,是之谓乎!"①在罗隐看来,尊崇自然之性,也就是全和仁义之礼:"顺大道而行者,救天下者也;尽规矩而进者,全礼义者也。"(《辩害》)同样,他所理解

----

① 〔唐〕罗隐:《两同书·贵贱》,雍文华校辑《罗隐集》,北京:中华书局,1983。本章以下所引罗隐《两同书》均据此本,不再加注。

的"圣人",不只是"克己以复礼",而是顺道体物:"彼圣人者,岂违道而戾物乎?"(《道不在人》)儒家主张刚健进取之仁,道家主张战胜刚强的柔弱之性,罗隐将这种柔弱之性与进取之仁结合起来,提出"妇人之仁",说:"张良若女子,而陈平美好,是皆妇人之仁也。外柔而内狡,气阴而志忍,非狡与忍则无以成大名。无他,柔弱之理然也。"(《妇人之仁》)在《庄周氏弟子》一文中,他编造了这样一则故事,说:"庄周氏以其术大于楚鲁之间,闻者皆乐以从之,而未有以尝之。"有一个鲁国人欲率族而从其学,庄周戒之曰:"视物如伤者谓之仁,极时而行者谓之义,尊上爱下者谓之礼,识机知变者谓之智,风雨不渝者谓之信。苟去是五者,是吾之堂可跻,室可窥矣。"此人受其教,"一年二年而仁义去,三年四年而礼智薄,五年六年而五常尽,七年其骨肉虽土木之不如也"。当此人以此学教化其族人时,却遇到了全族的抵制:"吾族儒也,鲁人以儒为宗。今周之教,舍五常以成其名,弃骨肉而崇其术,苟吾复从之,殆绝人伦之法矣。"罗隐从而总结道:"故周之著书摈斥儒学,而儒者亦不愿为其弟子焉。"显然,罗隐欲借此说明一个道理:道、儒不必互斥,本来是互相补益的,"违道而戾物"自然不能行,而摈弃仁义礼智亦行不通。

## 一、以"道""时""位"为特征的自然历史论

### (一)"道不在人"

罗隐在《道不在人》一文中说:

> 道所以达天下,亦所以穷天下,虽昆虫草木,皆被之矣。

这是说,"道"贯彻于宇宙间的一切事物和过程之中,既贯彻于社会人事之中,又被泽于自然物事之中,并不因人之好恶而兴废,故曰:"道不在人。"在这里,罗隐所说的"道"乃是一个自然之道,与老子所说的"道"无甚区别。然而,他又说:

> 善而福,不善而灾,天之道也。用则行,不用则否,人之道也。
> 天道之反,有水旱残贼之事;人之道反,有诡谲权诈之事。(《天机》)

初看起来,这种说法与老子的说法无异,细玩文意,则分殊已明。老子讲到过"天之道"与"人之道",他说:"天之道,损有余而补不足。人之道则不然,损不足而奉有余。"(《老子》第77章)在老子看来,自然之道与人治之道不相一致,行"人之道"就要逆"天之道",反之亦然。而罗隐则欲将两者结合起来,"天之道"和"人之道"在畅达时,天无"水旱残贼"之灾,人无"诡谲权诈"之祸,只有在发生紊乱时("反"),才会有天灾人祸。因此,"天之道"和"人之道"在本来意义上是一致的。正是在此意义上,他说:

> 古之明君,道济天下,知众心不可以力制,大名不可以暴成,故盛德以自修,柔仁以御下,用能不言而信,治垂拱以化行,将乃八极归成、四方重译,岂徒一邦从服、百姓与能而已哉!(《两同书·强弱》)

道家的"柔仁"与儒家的"盛德"皆在"道"的基础上统一起来了。显然,罗隐所言的"道"既非道家的自然之道,又非儒家的人伦之道,而是以自然为基本规定性、涵儒家社会人伦内容的道。

隋唐道教理论家在将宗教世俗化的过程中,其基本做法便是将儒家仁义礼智等内容排列在"道"的范畴之下,如同成玄英、李荣、吴筠等所做的那样。罗隐明显地受到了道教的这种影响,尽管罗隐反对任何形式的宗教(包括道教、佛教),但是对道、佛所推动的三教合流的学术风气,他不是采取拒斥态度的。

(二)"道"与"时"

"道"既是万事万物普遍的法则,人们尊道行事就应该是"善而福,不善而灾",而实际上其结果常常是事与愿违。罗隐从这中间的疑难中得出了一个"时""机"的概念:

> 善而福,不善而灾,天之道也。用则行,不用则否,人之道也。天之道反,有水旱残贼之事。人之道反,有诡谲权诈之事。是八者谓之机也。……苟天无机也,则当善而福,不善而灾,又安得饥夷齐而饱盗跖?苟人无机也,则当用则行,不用是否,又何必拜阳货而劫

> 卫使？是圣人之变合于其天者，不得已而有也。故曰："机"。
> (《天机》)

在罗隐看来，道虽然达济天下，但道乃是高度抽象的原则，对具体的事事物物未见得周济有效。他说：

> 故天知道不能自作，然后授之时。时也者，机也。在天为四气，在地为五行，在人为宠辱忧惧通厄之数。故穷不可以去道，文王拘也，王于周。道不可以无时，仲尼毁也，垂其教。彼圣人者，岂违道而戾物乎？在乎时与不时耳。岂以道为人困，而时夺天功。(《道不在人》)

道不能"自作"，须借助于"时""机"，通过四气五行、宠辱忧惧通厄之数来贯彻其作用。这实际上是依缘于道家宇宙生成图式立论，道分演为四气五行，而四气五行皆体现道的原则。此"时""机"虽然只是"天道、人道一变耳，非所以悠久"(《天机》)，但要是无"时""机"，则道不能起到规范万事万物的作用。在罗隐看来，道既是普遍的法则，人们不能不遵循，这种遵循决心甚而须达到执着的地步，不可因时机的变化而动摇，"穷不可以去道"，文王拘于羑，而不弃其道，终能"王于周"。同样，人们欲行其道，又不可忽视时机，"道不可以无时"，抓住时机，适时行道，可以大有作为，反之，时机不好，勉而行之，终不见功。孔丘行道至于"知其不可而为之"的地步，屈原秉忠履直，"楚存与存，楚亡与亡"，爱国之心非不切，然而孔子"毁"，屈子"死"，皆在于时机不好，所以说"道为人困，时夺天功"。在对"道"与"时"的理解中，罗隐贯穿了这样一种思想，一是顺应天道，这乃根据道家的思想；二是在时机好的情形下，人能行道，这乃有取于儒家的思想。罗隐正是在道家和儒家的互补中得到了认知的提升。

(三)"道"与"位"

人有弘道的愿望，又有了好的时机还不够，还须有能弘道的权位。罗隐说：

> 禄于道，任于位，权也。食于智，爵于用，职也。禄不在道，任不

　　在位,虽圣人不能阐至明;智不得食,用不及爵,虽忠烈不能蹈汤火。
　　先王所以张轩冕之位者,行其道耳,不以为贵。(《君子之位》)

罗隐认为,权、位只是行道的方便,不是用来昭显贵富的。没有这些方便,即使再圣明的人,也会同一般人一样无所作为,舜不得其位,只不过是历山上的一个耕夫,谈不上"能窜四凶而进八元";吕望不得其位,亦只是棘津一个垂钓的穷叟,谈不上"能取独夫而王周业"。所以说:"勇可持虎,虎不至则不如怯;力能扛鼎,鼎不见则不如羸。"(《君子之位》)再以周公与孔子这两人来说,都称为圣人,但周公生之时能使天下治理,而孔子生之时却天下大乱,既然都是圣人,"岂圣人出,天下有济不济者乎"? 其实只是时机好坏、有其位与无其位的差别:"周公席文武之教,居叔父之尊,而天又以圣人之道属之,是位胜其道,天下不得不理也";孔子所处之时代,"源流梗绝,周室衰替,而天以圣人之道属于旅人,是位不胜其道,天下不得不乱也"。位胜其道者,可以此显尊,以此跻康庄,以此致富贵;位不胜其道者,只得叹息时运不佳,只能处困厄之境。周公得其时、其位,故能居相位于生前;孔子不得其时,不居其位,故只能落个死后人们为其立庙的结果。(《圣人理乱》)因此,罗隐感叹道:"噫! 栖栖而死者何人? 养浩然之气者谁氏?"(《君子之位》)这既是感古,又是对个人人生体验的咏叹,这种咏叹又如诗中所述:"地寒谩忆移暄手,时急方须济世才。宣室夜阑如有问,可能全忘未然灰。"(《孙员外赴阙后重到三衢》)罗隐多次写到孔子、屈子、夷齐的生平遭遇,就是由于有着与他们同样的人生经历。

　　罗隐对道、时、位关系的解悟无疑是深刻的,总的来说,这种解悟合乎客观实际过程。但要指出,他所理解的借助时、位以弘道的人,不是一般的普通人,是某种圣明的人,圣明之人不得其时、位,可能混同于耕夫、渔夫,而不能弘道。而他所理解的时、位又主要表现为人的活动的时机、地位,因而这无异是说道对人的活动有着某种依赖关系,自然历史的规律性离不开活动着的历史的人,但活动着的历史的人如何通过自己的活动体现历史的规律性呢？对此,罗隐是不甚明了的。他主张的借助时、位以从道,实际上只是个人在历史上作用的发挥、价值的实现而已,没有说明人如何弘其道。在这里,道成了缺乏规定的抽象而模糊的观念,有违于他对道的客观性为基质的原初解释。这即是他在融合道家与儒家思想过程中未能融化掉的两种不同思想内容的痕迹。

## 二、化于内外的社会治世论

罗隐在《三帝所长》一文中说道:

> 尧之时,民朴不可语,故尧舍其子而教之,泽未周而尧落。舜嗣尧理,迹尧以化之,泽既周而南狩,丹与均果位于民间,是化存于外者也。夏后氏得帝位,而百姓已偷,遂教其子,是由内而及外者也。然化于外者,以土阶之卑,茅茨之浅,而声响相接焉。化于内者,有宫室焉,沟洫焉,而威则日严矣。是以土阶之际万民亲,宫室之后万民畏。

化于外与化于内,不同的治化方式体现了不同的社会发展阶段。《庄子·知北游》说:"古之人外化而内不化,今之人内化而外不化。"庄子崇尚古朴时代,但毕竟所处时代不同了,因而罗隐所主张的乃是内外皆化的社会治世论。这集中体现在他的《两同书》中,其中包含了对社会各种矛盾的深刻分析。

### (一)贵与贱

孔子说:"富与贵,是人之所欲也,不以其道得之,不处也。贫与贱,是人之所恶也,不以其道得之,不去也。"(《论语·里仁》)在《两同书·贵贱》中,罗隐认为,贵与贱并非一成不变,处贵之位者未必一定贵,处贱之位者未必一定贱,"贵贱之途未可以穷达论也"。殷纣王处九王之位,齐景有千驷之饶,孔子则为鲁国之逐臣,伯夷为首阳山之饿士,然而殷纣、齐景终为人所贱,孔子、伯夷终为人所贵,所以说:"处君长之位非不贵矣,虽莅力有余而无德可称,则其贵不足贵也。居黎庶之内非不贱矣,虽贫弱不足而有道可采,则其贱未为贱也。"贵与贱作为高下悬殊的地位差别,也并非不可变易。"昔虞舜处于侧陋,非不微矣,而鼎祚肇建,终有揖让之美;夏桀亲御神器,非不盛矣,而万姓莫附,竟罹放逐之辱。""以虞舜之微,非有穀帛之利以悦于众也;夏桀之盛,非无戈戟之防以御于敌也。"贵贱易位的条件以是否有"道"、有"德"为则,"故贵者荣也,非有道而不能居;贱者辱也,虽有力而不能避也。苟以修德,不求其贵,而贵自求之;苟以不仁,欲离其贱,而贱不离之"。这里,罗隐实际上是将观念形态上的贵贱与实际地位的贵贱结合起来考虑的,谈到观念上的贵贱时,偏重从价值和美学观来予以判定,在这个意义上,贵与贱只是人们的不同看法;而谈到实际地位的贵贱时,又以地位得失与人的行为的实际效果来予以判定,在这个意义上,贵与贱是现实地位差别。两方面内容的共同点是,贵贱非恒定不变,"贵者愈贱,贱者欲贵,求之者不得,得之者不求。岂皇天之有私,惟德佑之而已矣。故老氏曰道尊德贵,是之谓乎"!

（二）强与弱

老子说:"天下莫柔弱于水……弱之胜强,柔之胜刚,天下莫不知,莫能行。"(《老子》第 78 章)罗隐《两同书·强弱》继承"柔弱胜刚强"的思想,说:"夫金者天下之至刚也,水者天下之至柔也。金虽刚矣,折之而不可以续;水虽柔矣,斩之而不可以断,则水柔能成其刚,金刚不辍其弱也。"晏婴、甘罗弱如侏儒、童子,却可以做齐、秦的宰相,而侨如、长万虽是成人、壮士,却终遭椿其喉、醢其肉的结局,这即是"乾以健刚终有亢极之悔,谦以卑下能成光大之尊"的明证。同时,罗隐发扬了老子"反者道之动,弱者道之用"的转化思想,进一步阐明了强弱的依赖及其转化关系。他说:

> 夫强不自强,因弱以奉强,弱不自弱,因强以御弱。故弱为强者所伏,强为弱者所宗,上下相制,自然之理也。

强、弱互为其根,皆可以从对面找到自己存在的根据。那么,什么是强?什么是弱?他说:"所谓强者,岂壮勇之谓耶? 所谓弱者,岂怯懦之谓耶?盖在乎有德,不在乎多力也。"显然,罗隐避开了正面回答,只是说壮勇不是真正的强,怯懦不是真正的弱,并由此引出"德""力"的概念:"所谓德者何?唯慈唯仁矣。所谓力者何?且暴且勇耳。"以仁慈为内涵的德乃是"兆庶之所赖",以暴勇为内涵的力乃是"一夫之所恃",然而"矜一夫之用,故不可得其强;乘兆庶之恩,故不可得其弱"。因此,他主张"盛德以自修,柔仁以御下",反对"舍德而任力,忘己而责人"。他说:"壮可行舟,不能自制其嗜欲;材堪举鼎,不足自全其性灵。至令社稷为墟,宗届无主,永为后代所笑,岂独当时之弱乎!"到这里看得出来,罗隐对老子"柔弱胜刚强"的思想已经做了修正,老子主张处慈守弱、不敢为天下先,罗隐却不是要永处柔弱地位,而是要促成柔弱到刚强的转化,他要的是真正的强,而不是永远的弱。以德化下,可由暂时的、表面的弱达到长久的、实质性的强;以力御下,只能由暂时的、表面的强转变为"永为后代所笑"的弱。显然,他的这种强弱关系的论证乃是道家和儒家精神的糅合。

(三)损与益

"损""益"本乃《易经》里的两个卦名,也是一对对立的范畴。对"损",《易经·象传》解释道:"损下益上,其道上行。"对"益",《易经·象传》解释道:"损上益下,民说无疆。自上下下,其道大光。……凡益之道,与时偕行。"损、益作为一对抽象的范畴,表示的是一种普遍的关系,而且按其最初意义讲,表示的是某种自然关系,或损或益,皆"与时偕行",在损益的双向流动中达到自然关系的平衡。这也就是老子所论证的"天之道,损有余而补不足"。但在老子看来,"人之道"是不可能损益平衡的,"人之道"是"损不足而奉有余"。罗隐则沿用这一范畴来论证社会政治生活的关系,欲达到两种对立关系的平衡,从而缓解社会矛盾。他的《两同书·损益》说:

> 盖人君有所损益也,然则益莫大于主俭,损莫大于君奢。奢俭之间,乃损益之本也。

罗隐在这里自然是站在统治者的角度说话的,但他的损益观确是建立在对社会矛盾的深入了解基础之上的:他认为"益"不应是更多地聚敛财富,而应是"俭";穷奢极欲,这才是"损"。损益的关系是可以用俭与奢来表示的。统治者"俭"则天下无为,万姓受其赐,这个行为也就是"损一人之爱好,益万人之性命",效果是明"于日月亦已大矣";统治者"奢"则天下多事,万姓受其毒,这个行为也就是"损万人之性命"以"益一人之爱好",其效果是害"于豺狼亦已甚矣"。统治者的行为甚于豺狼,则民"不畏其死矣","夫死且不畏,岂得畏其乱乎"? 反之,"生且是忧,岂不悦其安乎"? 罗隐于此警告说:"人主欲其己安而不念其人安,恐其人乱而不思其己乱,此不可谓其智也。"通过两种行为的分析,罗隐认为,人主损己益人,人必共益之,"则君孰与其损哉";人主损人益己,人必共损之,"则君孰与其益哉"。"是故损己以益物者,物既益矣,而己亦益之……益己以损物者,物既损矣,而己亦损之。"① 由此,罗隐进一步总结道:

> 彼之自损者,岂非自益之道欤? 此之自益者,岂非自损之道欤? 损益之道固安明矣。嗟夫! 性命者至重之理也,爱好者不急之事也。今我舍一身之不急,济万姓之至重,不言所利,广遂生成,永居南岳之安,常有北辰之政,则普天率土,孰为我损乎? 夫以嗜欲无厌,贪求莫止,士饥糟糠,犬马余其粟肉,人被皮毛,土木荣其锦罽,崇虚丧实,舍利取危……则九州四域,孰为益乎?

自损即是自益,自益即是自损,益彼即益己,损彼即损己,这就是唐末五代道家思想家对老子"正言若反"的辩证法的灵活运用与发展。

(四) 厚与薄

厚与薄是专指人们的养生而言的。罗隐在《两同书·厚薄》中说:

> 夫大德曰生,至贵唯命。故两臂重于四海,万物少于一身。虽禀精神于天地,讬质气于父母,然亦因于所养以遂其天理也。

松柏有凌云之操,然而若养之失其所,"壅之以粪壤,沃之以咸流","则不

---

① "物既益矣,而己亦益之……物既损矣,而己亦损之"句的原文为"物既益矣,而物亦益之……物既损矣,而物亦损之",这里据上下文意改。

及崇朝,已见其憔悴矣";冰雪无逾时之坚,若养之得其道,"藏之于阴井,庇之于幽峰","则苟涉盛夏,未闻其消解也"。对于人来说也是同样,"寿之有长短,由养之有厚薄"。然而养之厚就一定长寿,养之薄则一定夭折吗? 他说:

> 饮食男女者,人之大欲存焉。人皆莫不欲其自厚,而不知其厚之所以薄也;人皆莫不恶其为薄,而不知薄之所以厚也。

以厚养生者其生反而薄,以薄养生者其生反而厚。纵长夜之娱,淫酒色之乐,极情肆志者,终逢夭折之痛,"自殒于泉垅之下,是则为薄亦已甚矣"。修延年之方,遵火食之禁,拘魂制魄者,终能得长久之寿,"自致于云霄之上,是则为厚亦已大矣"。人的性命是有限的,而嗜欲之心是无穷的,"以有限之性命逐无穷之嗜欲,亦安可不困苦哉"? 若以嗜欲之心求其厚养,通常是"养过其度",因而反为"丧生之源"。正当的养生方法则是外其身,薄其养,"夫外物者养生之具也"。

关于养生的厚薄对于人的寿命长短的影响,道家和道教学者早已有详细论证,然而罗隐重新把这一问题拿出来予以论证,则具有时代的内容。他并不想泛泛地谈论这个问题,他实际上是专门针对唐朝统治者而言的,他说:

> 神大用则竭,形大用则劳,神形俱困而求长生者,未之闻也。为人主者,诚能内宝神气,外损嗜欲,念驰骋之诚,宗颐养之言,永保神仙之寿,常为圣明之主,岂不休哉? 故老氏曰:外其身而身存。其是之谓乎!

以养生长寿之方来劝导统治者过清淡的日子,不要穷奢极欲,此是罗隐的真实用心。罗隐曾奔竞仕途,落魄于长安,对于上层社会的骄奢与下层社会的疾苦,对于"朱门虎狼性"与路途饥民情不无体查。

(五)真与伪

这是专指统治术而言的,分析统治者在用人上如何区别真伪。其《两同书·真伪》对真伪关系的解剖,不乏精当之处。统治者要治化天下，然而"主上不能独化也，必资贤辅"。但是，在众人之中如何才能区别真伪善恶呢？这实际上是一种工心之术。人心之动，"情状无形象可见，心虑非视听所知"，所以说"物心不为易治也"。按照事物本身的辩证法来说，善恶相生，是非交糅，形彰而影附，唇竭而齿寒，真中有假，假中有真，真假混杂，"苟有其真，不能无其伪"，况且生活中人们有意地"以真为伪，以伪为真"，如同山鸡无灵，卖之者却谓之凤，野麟嘉瑞，伤之者却谓之鹿。故此，罗隐说：

> 所是不必真，所非不必伪也。故真伪之际有数术焉，不可不察也。夫众之所誉者不可必谓其善也，众之所毁者不可必谓其恶也。我之所系者不可必谓其贤也，我之所疏者不可必谓其鄙也。

罗隐在此实际上提出了鉴别真伪的两条警策：其一，不可为真伪的表象所迷惑，表象千差万别，然而其真伪的实在性要靠人去鉴察；其二，鉴察不仅要排除个人的主观意见，还要排除别人的偏见，因为真伪关系不是以认可其的人数的多少来确定的，所以说"众议不必是，独见未为得"。在排除表象和情绪的影响干扰之后，又如何有效地鉴别人的真伪善恶呢？罗隐提出了一个观察方法，即"试之以任事，则真伪自辨"。他说：

> 远使之而观其忠节，近使之而察其敬勤，令之以谋可识其智虑，烦之以务足见其材能，杂之以居视以贞滥，委之以利详以贪廉，困穷要之以仁，危难思之以信，寻其行而探其性，听其辞而别其情……则伪者去而真者得者矣。故孔子曰：众善者必察焉，众恶者必察焉。其是之谓乎！

不管罗隐是站在什么立场上谈论这些问题，他提出的对真与伪、善与恶、贤良与不肖的鉴别方法，是合乎社会认识的辩证法的。在他那个时代，取得这种见识极其难得。

（六）同与异

杜光庭的同异之辨是在最普遍、抽象的意义上展开的，罗隐在《两同书·同异》中所展开的同异之辨则主要以社会生活为内容。在他看来，异类可以有其同,同类可以有其异,"父子兄弟非不亲矣,其心未必同;君臣朋友非不疏矣,其心未必异"。这个道理"犹烟灰同出,而飞沉自分;胶漆异生,而坚固相守"。他分析了社会生活中的种种同异情形:

> 有面同而心不同者,有外异而内不异者,有始同而终异者,有初异而末同者,有彼不同我而我与之同者,有彼不异我而我与之异者。

这不只是说同中有异、异中有同的一般性的问题,而是进入到同异的具体情况的解析,他要求从外表的同异关系进入到内心的同异关系的分析,从同异发展的过程考察同异关系,从同异的交叉情况考察同异关系。总体来说,同与异并不是一成不变的,同异之分是"随时之宜,唯变所适"。

对于如何处理社会生活中的同异关系,罗隐理所当然地异于惠施的那种"泛爱万物"的方式,他认为,应当"因其可同而与之同矣,因其可异而与之异矣"。在这里,罗隐喻明,同异关系不能臆断,不能混同,应根据实际情形分别对待,可同则同,可异则异。然而,罗隐并不是想为一般人提供一套辨同异的方法,从实质上讲,他的目的是为统治者提供"南面之术":

> 卫青竖耳,汉武委之以军旅;由余虏耳,秦穆授之以国政。夫以卫青、由余敌于秦汉,非不疏矣,犹知可同而同之,况于父子兄弟之亲,而有可同者乎?且管叔兄耳,姬旦诛之以极刑;石厚子矣,石碏死之以大义也。夫以管叔、石厚比之以旦、碏,非不亲矣,犹知可异而异之,况夫君臣、朋友之疏而明可异者乎!故能同异者为福,不能同异者为祸。

作为统治之术,毫无疑问,这的确是很精明的。这种统治之术之所以精明,乃在于其中有着哲学的分析,而且这种哲学的分析确乎至于精微的地步。正如罗隐所总结的那样:"同异之际,不可失其微妙也。"

罗隐在《两同书》中还广泛谈到敬与慢、理与乱、得与失、爱与憎等多对范畴,其中不乏哲学思辨,如谈到"敬慢"时说道:"向之所敬者,岂徒敬人而已哉,盖以自敬之;向之所慢者,岂徒慢人而已哉,盖以自慢也。"
(《两同书·敬慢》)等等。

## 第三节 《谗书》的批判性质

### 一、"自谗"说

从思想正统转向思想异端,这其中伴随着许许多多个人的思想困惑
和人生体验,这些困惑与体验通常又以尖刻和愤激的文字洋溢在文章、
词、赋中。这类文章、词、赋被罗隐集中起来,称为《谗书》。在《谗书序》
中,他写道:

> 丁亥年春正月,取其所为书诋之曰:"他人用是以为荣,而予用
> 是以为辱。他人用是以富贵,而予用是以困穷。苟如是,予之旧乃
> 自谗耳。"目曰《谗书》。卷轴无多少,编次无前后,有可以谗者则谗
> 之,亦多言之一派也。

在《谗书重序》中,他又写道:

> 文章之兴不为举场也,明矣。盖君子有其位则执大柄以定是
> 非,无其位则著私书以疏善恶,斯所以警当世而诚将来也。自扬孟
> 以下,何尝以名为? 而又念文皇帝致理之初,法制悠久,必不以虮虱
> 痒痛遂偃斯文。今年谏官有言,果动天听,所以不废谗书也,不亦
> 宜乎!

从这两篇序言以及其他文章所述及的内容可以看出:第一,《谗书》非一
时所作,"丁亥年"即 867 年,是罗隐进京赴试的第八年,也正是其仕途困
穷、徘徊末路、惆怅危途之时,在徘徊、惆怅之中逐渐酝酿出对仕途超越
的思想。将平日所写的内容相关的文章集于一册,即是实现思想超越的
一个标志。以后又写"重序",说明《谗书》已经流布朝野,再次誊抄时,篇
目、内容不泥于初,随着阅历的丰富,肯定会将新作纳入其中。第二,在

文体上,《谗书》以小品、文章为主,兼收赋、诗。"卷轴无多少,编次无前后",表明编排中主要考虑到内容的一致性,而文体非纯一不杂。在《投郑尚书启》中,罗隐写道:"咏五言之章句,未知游子何之。兴言而几至销魂,反袂而自然流涕。"《全唐诗》题罗隐诗说:"其诗以风刺为主。"这类诗赋按理当收在《谗书》中的。第三,《谗书》是嫉世讽世、批判社会的道家者言。《庄子·渔父》云:"好言人之恶谓之谗。"罗隐自谓用其文以致困、辱,乃言《谗书》是"自谗"。这实际上只是一种借喻托词而已,既然言"有可以谗者则谗之",既然为文"不为举场",不"以名为",既然是"疏善恶""警当世"而"诚将来"的"私书",当然就不只是"自谗",而是谗于世的"多言之一派"。在《投秘监韦尚书启》中他说:"某月日,以所著谗书一通,寓于阍吏。退量僭越……某由是反袂兴怀,扪心注恨……"在《投郑尚书启》中说:"十五年之勤苦,永有所归。"在《谢大理薛卿启》中说:"中间辄以所著谗书,上干阍吏……"可见他的文章的批判锋芒是掩不住的。

## 二、"谗于世"说

### (一)批判统治阶级的昏聩

《屏赋》写道:

> ……吴任太宰,国始无人,楚委靳尚,斥逐忠臣。何反道而背德与,枉理而全身?尔之所凭,亦孔之丑,列我门闾,生我妍丑。既内外俱丧,须是非相紊。屏尚如此,人兮何知?在其门兮恶直道,处其位兮无所施……吾所以凄悒者在斯。

这里显然是作者欲借"屏障"之感,指斥当道者反道背德、颠倒是非、逐陷忠良、欺骗内外的劣迹。《市赋》则借晏婴对齐王的劝导,喻明官场如同市场,揭露官场上的"市侩"搬弄是非、混淆善恶、诱其所好、兴风作浪、无信义操守的面目:

> 其名曰市……先己后人,惟贿与赂,非信义之所约束,非法令之所禁锢。市之边无近无远,市之聚无蚤无晚,货盈则盈,货散则散。

贤愚并货,善恶相混,物或戾时,虽是亦非。工如善事,虽贱必贵……舍之则君子不得已之玩好,挠之则小人不得已之衣食……

《题神羊图》写道:

> 尧之庭有神羊,以触不正者。后人图形象,必使头角怪异,以表神圣物。噫!尧之羊,亦由今之羊也。但以上世淳朴未去,故虽人与兽,皆得相指令。及淳朴销坏,则羊有贪狠性,人有刲割心。有贪狠性,则崇轩大厦,不能驻其足矣。有刲割心,则虽邪与佞,不能举其角矣。是以尧之羊,亦由今之羊也。贪狠摇其正性,刀匕割其初心,故不能触阿谀矣。

这不只是对古朴之风尚的向往,也是借古喻今,讽刺御史一类的谏官,指斥其贪图利益,丧失本性。

在《风雨对》中,罗隐写道:

> 风雨雪霜,天地之所权也;山川薮泽,鬼神之所伏也。故风雨不时,则岁有饥馑;雪霜不时,则人有疾病。然后祷山川薮泽以致之,则风雨雪霜果为鬼神所有也,明矣。……复何岁时为?复何人民为?是以大道不旁出,惧其弄也;大政不问下,惧其偷也。

罗隐在此不只是指民众蔽于鬼神之说,主要是指统治者惑于鬼神之说。在《清追癸巳日诏疏》中,他就曾劝说皇帝不必靠祈祷得雨,云:"彼蒲萧辈复何足以动天。国之兴也听于人,亡也听于神。"高骈晚年惑于神仙之说,大兴土木,营构庙宇,罗隐为此写了《广陵妖乱志》一文,批判了高骈的荒唐,其中录有其在庙成时所题的讽刺诗,云:

> 四海兵戈尚未宁,始于云外学仪形。九天玄女犹无圣,后土夫人岂有灵?(《后土庙》)

罗隐不止是具有鲜明的现实时代感,其历史感也是十分突出的,对历史上发生过的重大事件,他都以自己的目光重新审视,予以评价。《西施》一诗写道:

> 家国兴亡自有时,吴人何苦怨西施。西施若解倾吴国,越国亡来又是谁?

人们惯于从表面上理解历史事件,而不去追踪其背后的原因。吴国为越国所灭,自然是与夫差迷于女色有关,岂不知吴国统治阶层内部早已腐烂。如果说吴国亡于女色,那么后来灭掉吴国的越国又是怎样被灭掉的呢?同样,人们习惯将安史之乱归罪于杨贵妃,那么,唐僖宗时爆发的社会动乱又归罪于谁呢?毫无疑问,罗隐的寓意及其诘问都是超乎常人所解悟的程度。又如《迷楼赋》就借隋炀帝兴构的大型建筑——迷楼,批判了统治者的荒淫奢侈,同时又一针见血地道出,隋朝之亡,责任不在炀帝一人:

> 君王欲问乎百姓,曰百姓有相。君王欲问乎四方,曰四方有将。于是相秉君恩,将侮君权,百姓庶位,万户千门。且不知隋炀帝迷于楼乎?迷于人乎?若迷于楼,则楼本土木,亦无亲属,纵有所迷,何爽君德?吾意隋炀帝非迷于楼,而人迷炀帝于此,故曰迷楼。

这类词、赋、文章很多。针对汉武帝封禅一事,他提出:"东封之呼,不得以为祥,而为英主之不幸。"(《汉武山呼》)

(二)揭露战乱中人民的痛苦

罗隐生活于唐末五代,目睹了一代王朝末期的腐烂,饱尝了战乱的痛苦,这类经历自觉或不自觉地表现在他所写的文章和词、赋中,正如《四库全书总目提要》所云:"其诗如《徐寇南逼感事献江南》一首、《即事中元甲子》一首、《中元甲子以辛丑驾幸蜀》四首,皆忠愤之气溢于言表。"《即事中元甲子》云:

> 三秦流血已成川,塞上黄云战马闲。只有赢兵填渭水,终无奇事出商山。田园已没红尘内,弟侄相逢白刃间。惆怅翠华犹未返,旧痕空滴剑文斑。

《中元甲子以辛丑驾幸蜀》其一云:

　　子仪不起浑瑊亡,西幸谁人从武皇。四海为家虽未远,九州多事竟难防。已闻旰食幸真将,会待畋游致假王。应感两朝巡狩迹,绿槐端正驿荒凉。

中和元年(881 年),黄巢义军攻克长安,僖宗皇帝在田令孜统领的五百神策军的护卫下,仓皇出逃兴元(今陕西汉中)、成都,自此,唐王朝失去对全国的有效控制。农民军、官府军阀、西北异族军遂逐鹿中原,掠夺、杀戮之事不绝,土地荒芜,城阙焚毁,尸骨蔽野,罗隐的诗正是当时情景的生动写照,与杜甫记述安史之乱之诗恰好相映。有许多诗不明写作年月,却可从不同的侧面、不同的时间反映五代战乱的情形,如《秋江》云:"兵戈村落破,饥俭虎狼骄。吾土兼连此,离魂望里消。"又《遁迹》云:"遁迹知安住,沾襟欲奈何。朝廷犹礼乐,郡邑忍干戈。华马凭谁问,胡尘自此多。因思汉明帝,中夜忆廉颇。"这类词、赋当然不只是对历史景象的记述,而是混合着作者对统治阶级的批判。尽管罗隐对农民义军存有种种历史的偏见,但他善于从农民起义带来的社会大动乱中反省社会矛盾,追溯统治者的罪责,如上述《西施》所诘问的那样。又如《钱》和《雪》中所表述的,其《雪》云:"尽道丰年瑞,丰年事若何? 长安有贫者,为瑞不宜多。"如果说罗隐对农民义军有所怨恨的话,那么他对官军的怨恨有时则甚于义军,如在《上招讨宋将军书》中他写道:

　　自将军受命,迄今三月,关东之惨毒不解,杀伤驱辇之不已,乃将军为之,非君长、仙芝之所为也……以愚度之,将军之行,酷于君长、仙芝之行也。

(三) 对圣贤、英雄的诘难

罗隐对社会的批判也表现在他对经典、圣人、英雄的怀疑与反诘上。他在《丹商非不肖》一文中对陶唐、虞舜乃至孔子提出了责难,他说:

　　理天下者,必曰陶唐氏,必曰有虞氏;嗣天下者,必曰无若丹朱,无若商均。是唐虞为圣君,丹商为不肖矣。天下知丹商之不肖,而不知丹商之为不肖不在丹商也,不知陶虞用丹商于不肖也。

在罗隐看来,陶唐、虞舜既不能使其子"肖",则已是有过,而欲推不肖子继嗣天下,更是有罪。所以他说过错"不在丹商之肖与不肖矣",而"仲尼不泄其旨者,将以正陶虞之教耳"。同样,孔子篡改历史,不能不算是一种过错。在《三叔碑》中,他对周公提出了责难:

> 当周公摄政时,三叔流谤,故辟之囚之黜之,然后以相孺子泊。召公不悦,则引商之卿佐以告之。彼三叔者固不知公之志矣,而召公岂亦不知乎?苟不知,则三叔可杀而召公不可杀乎?是周公之心可疑矣。向非三叔,则成王不得为天子,周公不得为圣人。

这是指责周公实行两种道德标准及其弄玩权术。在《解武丁梦》一文中,他对武丁"假梦征象以活商命"的作为提出了批评:

> 呜呼!历数将去也,人心将解也,说复安能维之者哉!武丁以下民之畏天命也,故设权以复之。唯圣能神,何梦之有?

在《惟岳降神解》文中,他对孔子删《诗》的行为提出疑问:

> 三百篇亦删于仲尼,而岳降申甫不删者,岂仲尼之前则其事信,仲尼之后则其事妖?……是必以国之兴也听于人,亡也听于神。当申甫时,天下虽理,诗人知周道已亡,故婉其旨以垂文,仲尼不删者,欲以显诗人之旨。苟不尔,则子不语怪,出于圣人也?不出于圣人也?未可知。

孔子一方面不语怪、力、乱、神,另一方面在删《诗》时却又保留了神妖之说,岂不是言行不一吗?同样,他对董仲舒附和灾异之说、玩弄阴阳方术的做法表示了不屑一顾的态度:

> 灾变儒生不合闻,谩将刀笔指乾坤。偶然留得阴阳术,闭却南门又北门。(《董仲舒》)

按照传统的观念,英雄是不能与盗贼混为一说的,而罗隐在《英雄之言》一文中提出完全相反的看法:

> 夫盗亦人也。冠履焉，衣服焉。其所以异者，退让之心、贞廉之
> 节不恒其性耳。视玉帛而取者，则曰牵于寒饥，视国家而取者，则曰
> 救彼涂炭。牵于寒饥者，无得而言矣，救彼涂炭者，则宜以百姓心为
> 心。而西刘则曰居宜如是，楚籍则曰可取而代。……为英雄者犹若
> 是，况常人乎？是以峻宇逸游，不为人之所窥者，鲜矣。

即是说，英雄之言与盗贼之言、英雄之心与盗贼之心无不相通，人们通常
称之为英雄者，在某种意义上讲，也就是盗贼。此说与《庄子·胠箧》"窃
钩者诛，窃国者为诸侯""圣人不死，大盗不止"的说法正好相为表里。

　　罗隐批判社会的内容远不止以上这些，不仅他的许多著述已经亡
佚，而且其现存的作品由于涉及社会面宽、背景复杂、典故繁多，加上文
字多有隐语、转意，即令当时人也难以明了。恰如他自己所云："劝君不
用分明语，语得分明出转难。"(《鹦鹉》)尽管如此，他的批判已足够锐利，
其未明谕的东西又给后代留下了咀嚼的余地，譬如鲁迅就显然受到了他
的小品文体及其批判社会方式的影响。

# 第十七章 隋唐重玄学说与内丹学说

重玄学是隋唐时期道教哲学的重要思潮。它是对东晋孙登以来重玄思想的继承和发展。隋唐重玄学者如成玄英、李荣、吴筠、杜光庭等，皆借重对《老子》《庄子》的注疏阐发重玄之方法及重玄之境思。隋唐道教内丹学的勃兴，一方面表现于内丹学的理论基础及思想内容趋于成熟，另一方面也表现于道教内丹学经典的逐渐完善。

## 第一节 道教的重玄学说

隋唐时期出现的"重玄"哲学思潮，以唐初成玄英开释老庄为显要，以唐末五代杜光庭述《道德经》注疏"宗趣旨归"、明"重玄为宗"为总结。国内外学者围绕有无一个"重玄学派"已有聚讼。那么到底历史上有没有一个道教重玄学派呢？

### 一、重玄思潮之辨

关于有没有一个重玄学派的讨论，自然涉及对"学派"的界定，但其实质问题还是有没有一个重玄思潮。如果有，那么它有怎样的历史起源、承传脉络与思想特征呢？

"重玄"，乃取自《道德经》"同谓之玄，玄之又玄"。然而，就其历史意义来说，它并非《道德经》"玄之又玄"的简单重复，而是包含了自魏晋玄学、佛学至道教数代学者的创见在内的翻新与回归。"玄，深妙也。"①重玄，也即深妙之深妙。唐初孟安排《道教义枢·七部义》说道："太玄者，重玄为宗。"又说："太玄为大乘，太平为中乘，太清为小乘。"②意谓在三乘之教中，"重玄"乃是最高修炼境界。故而，重玄也就是一种宗教超越，围绕宗教超越而展开的道教哲学论证，就是重玄哲学。

杜光庭在《道德真经广圣义·释疏题明道德义》中总结说："道德真经，包含众义，指归意趣，随有君宗。"又说："诸家禀学立宗不同。严君平以虚玄为宗，顾欢以无为为宗，孟智周、臧玄静以道德为宗，梁武帝以非有非无为宗，孙登以重玄为宗。宗旨之中，孙氏为妙矣。"③同时，杜光庭在"重玄之道"条中又说，梁朝道士孟智周、臧玄静，陈朝道士诸糅，隋朝道士刘进喜，唐朝道士成玄英、蔡子幌、黄玄赜、李荣、车玄弼、张惠超、黎元兴皆"明重玄之道"。姑且不论杜光庭所做的分宗是否准确，重要的是我们能否根据他的提示找出一个前后有序的重玄学宗。

就时间次序来说，孙登为先。《隋书·经籍志》以及陆德明《经典释文》皆言孙登有《老子注》二卷，可惜已佚。孙登乃东晋思想家孙盛之侄，从学于孙盛。孙盛曾研习佛学书籍，作《老子疑问反讯》，其中针对"有欲""无欲"提出难诘："宜有欲俱出妙门，同谓之玄，若然以往，复何独贵于无欲乎？"④近人蒙文通先生据此断言："重玄之说，实由'有欲俱出妙门同谓之玄'之难诘而启之也。"⑤尽管如今我们未能尽睹孙登的注本，但杜光庭以孙登标重玄学宗之始，他肯定看到了孙氏的注本。⑥孟智周、臧玄静、诸糅的著作也都亡佚，但在唐初道士孟安排的《道教义枢》及杜光庭

---

①《唐玄宗御注道德真经》卷一，《道藏》第 11 册，第 716 页。

②《道教义枢》卷二，《道藏》第 24 册，第 815 页。

③《道德真经广圣义》卷五，"释疏题明道德义"，《道藏》第 14 册，第 337 页。

④《老子疑问反讯》，《广弘明集》卷五，《大正藏》第 52 卷，第 120 页。

⑤ 蒙文通：《古学甄微》，第 350 页。

⑥ 岷山道士张君相所集《三十家注老子》卷八中收录有隐士孙登之注，可惜未能流传下来。

《道德真经广圣义》中有其言论的部分引述。《道教义枢·有无义》说："《本际经》云：'无无曰道，三者具如。'孟法师[即太平法师孟智周]释亦是有无之名相待，故有四者，体了有无，毕竟清静，俱不思议，故并无名近顺物情。"①可见，孟智周吸收了佛教绝待、相待之说，从有无关系论证方面强调"体了"，即超乎有与无的相对性差别，以达于重玄的绝对性玄同。《道教义枢》又说：

> 玄靖法师[即臧玄静]解云：夫妙之一本，绝乎言相。……三一圆者，非直精圆，神炁亦圆。何者？精之绝累即是神，精之妙体即是炁。亦神之智照，即是精神之妙体，即是炁。亦气之智照，即是精气之绝累，即是神也。三一既圆，故同以精智为体，三义并圆而取精者，名未胜也。②

《道德真经广圣义》亦记述了臧玄静类似的话，其曰：

> 不可说言有体无体，有用无用。盖是无体为体，体而无体；无用为用，用而无用。③

可见，臧玄静是以精气神三一为归为圆为实和体用两橛的方式，表述重玄超越的思想的。

隋唐解老著作甚多，只是被唐末连绵的战火焚毁大半，除了成玄英、李荣的著述因敦煌遗书及强思齐等人集注而保存下来，刘进喜、车玄弼、蔡幌等人的著述只在托名"顾欢"的《道德真经注疏》及宋代李霖《道德经取善集》中存有部分言论。即在这所存言论中也可窥见重玄思想的踪影。顾欢《道德真经注疏》引蔡幌的话说："有身者执著我身，不能忘遗，为身愁苦，忧其勤劳，念其饥寒，即大患。故知执有生累，存身患起，贵我身者与贵大患不殊。"④这是从遗除我身我执方面讲述重玄超越思想。

---

① 《道教义枢》卷一〇，《道藏》第 24 册，第 835 页。
② 《道教义枢》卷五，《道藏》第 24 册，第 825—826 页。
③ 《道德真经广圣义》卷五，"释疏题明道德义"，《道藏》第 14 册，第 338 页。
④ 《道德真经注疏》卷二，《道藏》第 13 册，第 284 页。

　　实际上,杜光庭所条列的重玄学宗仅限于解注《道德经》系列,而此系列中也有未收罗者,如唐玄宗就是一位典型的宗奉重玄者,其《御制道德真经疏》说:"法性清净,是曰重玄,虽藉勤行,必须无著,次来次灭,虽行无行,相与道合。"①专门纂集重玄观点的强思齐和著《老子道德经论兵要义》的王真也是重玄学者。在《道德经》的解注范围之外,还有大量重玄学者:孟安排在《道教义枢》中从各个角度反复地申述重玄思想,司马承祯从修炼方法上申述重玄思想,卢重玄解注《冲虚经》也贯以重玄思想,张志和的《玄真子》从"真无之域"的境界方面讲论重玄思想,甚至五代时谭峭的《化书》也讲求"非玄而入自玄玄"。此外,盛行于隋唐的《升玄经》《本际经》《常清静经》等道教经典所提出的范畴,如道意、道体、道性、真一、真性、道心及性命等,也无不贯以重玄的踪影。足见"重玄"思想是贯乎六朝、隋唐之始终的一种哲学思潮。它有所宗奉,有所流转,并在不断地获得内容的丰富性。它没有一种明确的宗派传法系统,却有着精神宗旨传承的一致性。我们知道,隋唐时期,道教重教阶,不重派别,"各派混而为一,已不相非毁"②,因而上清、灵宝、正一各派皆可接受同一的思想。又依六朝以降派系承传的实际情形,上清派最盛,"太平无传,灵宝不见,正一亦微"③,因而在一定意义上来说,重玄哲学思潮主要是通过上清派得以兴起与阐扬的。既然不同派别可以混同,那么同一大宗派宗奉《道德经》"玄之又玄"而创重玄学宗也是自然之理。在道教史上,有一些学派并非当事者自己所标立,而属后人谥加,如宋以后张伯端的"南宗"、王喆的"北宗"、李道纯的"中派",本无其"宗""派"。在这层意义上来说,将重玄学宗称为"重玄学派"亦无不可。

　　由于史料的原因,我们难以确切地了解孙登的思想全貌,但我们可以肯定,孙登代表了东晋以后道教理论建设的历史趋势。这个趋势又是由两种历史因素导致的。首先,魏晋时期,经左慈、葛玄、郑隐、葛洪等人

①《唐玄宗御制道德真经疏》卷四,《道藏》第11册,第769页。
②③刘鉴泉:《道教征略》,《图书集刊》1948年第7—8期。

的努力,早期除病祛邪的民间道教被改造为希求长生的神仙道教,而这种神仙道教的理论基础不外"假求外物以自坚固"的外金丹论以及以"玄"为道宗的玄学论。然而,外金丹论主张"金液入口,则其身皆金色"(《抱朴子内篇·金丹》),一来能够服食金丹的人毕竟有限,有违普教无遗的宗教精神;二来服外金丹的危险性难以使人安得身、立得命,当然也就谈不上普遍实现宗教的超越。玄学固然有助于道教的理论化,但玄学的有、无本体论有流于实在或虚无的倾向,不够抽象,也就不够超越。而且,自东晋僧肇肇始,吸收了玄学的佛学也在努力摆脱其影响,佛教所倡导的"非有非无"的中道观显然就越乎玄学之上,如道教仍抱守玄学观点,岂不与佛教自然地分出优劣来了!其次,佛教自传入中国,便与本土生长的道教有着优劣高下的对抗,顾欢写《夷夏论》指斥佛教为西戎之法,甄鸾著《笑道论》则贬斥道教道法浅陋。后者对前者的攻斥更为尖刻。因而,无论是为了对付异教的挑战,还是为了自身的发展,道教都有着加强理论化建设的需要,重玄学说正是适应这种需要产生的。重玄学者们一方面大量地研习佛教经典,另一方面则重读老、庄、文、列,力求在开新的基础上归宗返本。他们把道教的核心精神概括为在"玄"的基础上的"重玄",其意正在于此。

## 二、重玄之方法

重玄思潮既是一种追求宗教超越的哲学,它就有一套实现超越的方法。这种方法既是辨思的方法,又是修养与认知的方法;既讲物事间的同异与相对、绝对关系的辩证,又讲究我执与他执、主体与客体关系的分析;既要超越物事,又要超越自我。其中包含了从具体到抽象、从个别到一般的思想意义。

重玄学者从佛学的思想方法中受到启示,却欲在更高思辨基础上向老庄复归,因而,他们对"玄""重玄"有着自己的一套见解。成玄英说:

> 玄者,深远之义,亦是不滞之名。有无二心,原乎一道,同出异

> 名。异名一道,谓之深远。深远之玄,理归无滞。既不滞有,又不滞
> 无,二俱不滞,故谓之玄。①

即是说,以有、无释"玄"皆不切当,有、无皆有所滞著,不够"深远",只有既不滞有,亦不滞无,才是"玄"。什么是"重玄"呢? 成玄英又说:

> 有欲之人唯滞于有,无欲之士又滞于无,故说一玄以遣双执。
> 又恐行者滞于此玄,今说又玄更祛后病。既而非但不滞于滞,亦乃
> 不滞于不滞,此则遣之又遣,故曰玄之又玄。②

即谓佛教的"双遣""中道"是滞于不滞("非有非无"),或曰滞于玄,正所谓"行人虽舍有无,得非有非无,和二边为中一,犹是前玄,未体于重玄理也"③。而道教是要"离一中道",不滞于不滞,在双遣基础上再遣,方是重玄境界。稍后于成氏的李荣说得更深入:

> 又玄者,三翻不足言其极,四句未可致其源,寥廓无端,虚通不
> 碍,总万象之枢要,开百灵之户牖,达斯趣者,众妙之门。④

即谓"三翻""四句"的遣除功夫也还没穷尽,须经过多次反复的遣除,达到主客一切不著,才是"重玄"。但是,讲有无不著,非有非无不著,非非有非非无不著,三翻、四句皆不著,并非说无须有无、非有非无等等,而是说不断地竭其两端,又超越两端,也就是不断地摄取个别达于一般,掠过相对趋于绝对。所谓不玄者,乃是人之心有所滞著而不玄,所以说,重玄的方法是使修养、认知的自我逐渐达到玄与重玄境界的方法。有关这一点,孟安排在《道教义枢》中说得明白:"直趣重玄之致"⑤,"重玄之心既朗,万变之道斯成"⑥。因而,重玄学者在运用重玄方法教人们修炼去执时,认为这种方法与庄子教人"坐忘"之法有着本来意义上的一致性。

---

① 《道德真经注疏》卷一,《道藏》第 13 册,第 275 页。
②③ 《道德真经注疏》卷一,《道藏》第 13 册,第 276 页。
④ 《道德真经玄德纂疏》卷一,《道藏》第 13 册,第 361 页。
⑤ 《道教义枢》卷五,《道藏》第 24 册,第 826 页。
⑥ 《道教义枢》卷二,《道藏》第 24 册,第 815 页。

成玄英说：

> 行人但能先遣有欲、后遣无欲者，此则双遣二边，妙体一道，物
> 我齐观，境智两忘，以斯为治理无不正也。①

"有欲"是对外物有心，"无欲"是对外物无心，但"无欲"还是对外物有一
个无欲之心，主客、物我、境智俱不存，方是坐忘重玄。《天隐子》说：

> 坐忘者，因存想而得也，因存想而忘也。行道而不见其行，非坐
> 之义乎？……道果在我矣，我果何人哉？天隐子果何人哉？于是彼
> 我两忘，了无所照。②

这里并没完全否定"存想而得"，而是还要在此基础上"存想而忘"，从而
形泯心寂，彼我两忘，以至于忘无所忘，也就是《常清静经》所说的"心无
其心"。杜光庭称之为"辩兼忘"："玄之又玄者，辩兼忘也。"③"照"，又称
为"观"。佛教讲求"二观"，即观身身空，观心心空。《道教义枢》将"二
观"与定慧结合起来，联系到道教的存思存想方术，也提出"二观义"，曰：
"二观者，一者气观，二者神观。既举神气二名，具贯身心两义。身有色
象宜受气，名以明定；心无难测宜受神，名以明空慧。故《本际经》云：炁
观神观，即是定慧。"又说："观有为炁观，观无为神观。"④观有之炁观容易
落于实在，观无之神观容易落于空无，因而"正观"当先资炁观以观有，后
资神观以观无，"有无既非，非亦非非"⑤。炁观、神观之关系是如此，本迹
关系也是如此。唐玄宗说：

> 摄迹归本，谓之深妙。若住斯妙，其迹复存，与彼异名等无差
> 别，故寄又玄以遣玄，欲令不滞于玄，本迹两忘，是名无住，无住则了
> 出矣。……正观若斯，是为众妙。其妙虽众，若出此门，故云'众妙

---

① 《道德真经注疏》卷一，《道藏》第 13 册，第 279 页。
② 《天隐子》，《道藏》第 21 册，第 700 页。
③ 《道德真经广圣义》卷六，"道可道"章义，《道藏》第 14 册，第 342 页。
④ 《道教义枢》卷五，《道藏》第 24 册，第 826 页。
⑤ 《道教义枢》卷五，《道藏》第 24 册，第 827 页。

　　之门'也。①

　　"正观"并非排除本迹、境智，怰观与神观，而是要无住超越。这与道教由渐到顿修炼、认知的一贯主张是完全契合的。

　　重玄学者们还把重玄方法运用在有为与无为关系的论辩上。杜光庭认为，无为不排除有为，而且有为是通向无为的必经途径，因而人们应当行仁积善，积功累德。但是，在有为的同时，又应具有无为的意识，努力遣除有为，促使有为向无为过渡。按重玄的观点，仅此还不够，还需连无为的意识也遣尽。"为而不有，旋立旋忘。功既旋忘，心不滞后，然谓之双遣，兼忘之至尔。"②"功行既忘，忘心亦遣。"③有为与无为问题是困扰道教的一个老问题，在引入重玄方法后，这个问题便合理地解决了。

　　重玄学说讲求无累无滞，自然是适应道教的修炼方术要求的，同时也与其宗教的认识论相关联。在通常意义上来说，宗教哲学的认识论直接就是宗教修养论。非有非无，非非有非非无，不滞于滞，不滞于不滞，其认识论意义是不断遣除片面性。道家、道教一贯坚持把道体（真理）看做全面的、整体的，这在《庄子·齐物论》中早已清楚地表述过了。因而以"有"或"无"或"非有非无"的观点来理解道体都是不正确的，只要尚有一息的偏执就不可能达到对道的认知，只有将认知的对象连同认知着的自我都排遣了，才可以"达观"道体——真理。达观显示整体性，以整体性的主体达观整体性的道。所以，在道教学者看来，感觉印象（他执）不能识道，抽象思维（我执）也不能识道，只能靠合感性与理性、思维与行动的体认。重玄学者都推崇这种体认方式，又如"了悟""了照""神鉴"等等，皆异名同实。唐玄宗说："知者，了悟也。言者，辩说也。夫至理精微，玄宗隐奥，虽假言以诠理，终理契而言忘，故了悟者，得理而忘言。辩说者滞言而不悟，故曰知者不言，言者不知。"④杜光庭也说："玄理真性，

---

①《唐玄宗御制道德真经疏》卷一，《道藏》第 11 册，第 750 页。
②《道德真经广圣义》卷三六，"损之又损之以至于无为"义疏，《道藏》第 14 册，第 494 页。
③《道德真经广圣义》卷三六，"无为而无不为"义疏，《道藏》第 14 册，第 494 页。
④《唐玄宗御制道德真经疏》卷七，《道藏》第 11 册，第 793 页。

考幽洞深，可以神鉴，不可以言诠也。"①其意都不过表明：经过日积月累的勤苦修炼，反复地排除各种偏失，以玄玄之心去体知那重玄之道，洞见重玄之境界。

### 三、重玄之境界

重玄学者反复地申述"重玄境界"。成玄英提出"重玄之道""重玄之域""重玄之境"，张志和提出"真无之域"，杜光庭提出要"造重玄之境"。这个"重玄境界"到底是什么？实际上，从宗教体验上来说，境界是不可以说的，但从理论上说，这个"重玄境界"就是用重玄方法建立起来的宗教哲学体系，包括以重玄方法展开的宗教哲学论证及其宗教神灵世界。对于道教来说，道的境界就是宗教哲学的境界，道的境界要靠人的宗教哲学来塑造与神化，而在建构道的境界时，却不能不关心道境与人境、神灵世界与世俗世界的关系，以至于将两种世界以某种同质的东西来加以会通，以表示两个世界之间既严格区分，又可以特殊的方式由此岸到达彼岸。

所谓道的境界、神灵的境界，也就是道体的境界，整个重玄学说都是以此为核心而展开的。道教一方面认为道是神秘不测的，另一方面又认定道有个道体，并对这个"体"给予界说。所谓体，也即宇宙本体。这个本体被道教学者赋予多种异号。

第一，为了表明道体极其幽深玄远，《本际经》讲"无无曰道"，《道教义枢》讲"玄玄道宗"，并依次提出了多层次的境界，如太易、太初、太虚、太始、太无、太素、太空、太极、太有、太神、太眇、太玄、太上、太一等等。《玄真子外篇》讲"真无""玄真""真玄"，其曰：

> 无自而然是谓玄然，无造而化是谓真化，之玄也，之真也，无玄而玄是谓真玄，无真而真是谓玄真。②

①《道德真经广圣义》卷四，"释御疏序下"，《道藏》第 14 册，第 332 页。
②《玄真子外篇·卷上·碧虚》，《道藏》第 21 册，第 719 页。

第二,为了表明道体是高度抽象的,不同于具体实物,成玄英认定道体即"妙理":

> 道者,虚通之妙理,众生之正性也。①

李荣进而明确地称道体即是"理体":

> 道者虚极之理体,不可以有无分其象,不可以上下极其真。所谓妙矣,难思,深不可识。②

强思齐则强调:

> 道是虚通之理境,德是忘忘之妙智。③

在中国哲学史上,把宇宙的本体确定为"理体",这是具有历史意义的。

第三,为了避免理本体带来的空疏的偏颇,表明道体不仅表现为某种永恒的客观精神,而且有实在的内容贯彻其中,重玄学者称道体为"道炁"。成玄英说:

> 炁,道也。④

这是明确地以炁的实在特性来限定道体。《升玄经》说:"人之若鱼,道之若水。鱼得水而生,失水而死。炁不居人身,人身则空,人身既空,何得长久?"唐玄宗进一步肯定:"身是道炁之子。"⑤人身与宇宙本体的关系是如此,道体与宇宙万物的关系更是如此,杜光庭说:"阴阳虽广,天地虽大,非道气所育,大圣所运,无由生化成立矣。"⑥如果说早期道教所称"道炁",只是不自觉地、偶然地将道与炁合起来的话,那么,到了隋唐时期重玄学者将道与炁合称为"道炁",则是完全自觉的、深思熟虑的。道、炁相贯是道教的根本点,从道、炁互释到道炁合成二元绝对体,表现了道教文

---

①《道德真经注疏》卷六,《道藏》第 13 册,第 337 页。
②③《道德真经玄德纂疏》卷一,《道藏》第 13 册,第 358 页。
④《道德真经玄德纂疏》卷三,《道藏》第 13 册,第 380 页。
⑤《唐玄宗御制道德真经疏》卷七,《道藏》第 11 册,第 789 页。
⑥《道德真经广圣义》卷二,"释老君事迹氏族降生年代",《道藏》第 14 册,第 318 页。

化的本位意识,这一点并不因为重玄学吸收佛教大乘空宗的思想而有任何改变。重玄学家在做道体的抽象提升时,援引了佛教的空论,但正如王玄览所表明的,"道体实是空,不与空同"①,不同处就在于道体中有"炁"。因而《升玄经》在论及"道根"时说:"请问道根。……夫道玄妙,出于自然,生于无生,先于无先。挺于空洞,淘育乾坤,号曰无上玄老太上三炁。三炁,玄元始也,无上正真道也,神奇微远,不可得名。"

第四,为了表明"道不远人"、道与人之间有着相通之处,重玄学者摄取了佛教的"佛性"说,称道体为"道性""真性"。《太玄经》说:"道性众生,皆与自然同。"《道教义枢》说:"道性者,理存真极,义实圆通,虽复冥寂一源,而亦备周万物。"②唐玄宗说:"道之为法,非复仿法自然也。"③又说:"道性清净,妙本湛然,故常无为也。"④道性既抽象地表现为宇宙万物的本体——道体自身,又能生动具体地表现为人的本性,正所谓"无极大道,众生正性"⑤。当它作为宇宙本体时,"道性常一不异"⑥;当它作为人的本性时,称为"众生道性","其道无常性,所以感应众生修"⑦。因而宇宙道性与众生道性有着直接的同一性,故道性又称"真性"。《升玄经》说:"思维分别,得其真性。"成玄英说:"修道善人达见真性,得玄珠于赤水,故能宝而贵之。"⑧杜光庭《常清静经注》说:"道性既清静,乃得真性。既得真性,返归于无得之理也。如此清静,渐入真道。"又说:"凡欲得成真性,须修常性而为道性。得者动也,动其本性谓其得性也。"⑨其谓"真性",意在说明人性之中有不变之真常道性,不过这种真常道性须经过修炼才能得到。在这个意义上,《升玄经》大倡"真一之性",其曰:

① 〔唐〕王玄览:《玄珠录》,朱森溥《玄珠录校释》,第 114 页,成都:巴蜀书社,1989。
②《道教义枢》卷八,《道藏》第 24 册,第 831 页。
③《道德真经玄德纂疏》卷七,《道藏》第 13 册,第 418 页。
④《唐玄宗御制道德真经疏》卷五,《道藏》第 11 册,第 777 页。
⑤《道德真经注疏》卷一,《道藏》第 13 册,第 274 页。
⑥《道性论》,《云笈七签》卷九三,《道藏》第 22 册,第 641 页。
⑦ 〔唐〕王玄览:《玄珠录》,朱森溥《玄珠录校释》,第 79 页。
⑧《道德真经注疏》卷六,《道藏》第 13 册,第 337 页。
⑨《太上老君说常清静经注》,《道藏》第 17 册,第 187 页。

真一之一,不能不一。不能不一,则有二。有二,非一之谓。不一之一,以不见二故,则无一。无一者,是无二义。

念一者,想不散。一念者,心得定也。心定在一,万伪不能迁,群邪不能动,故谓真一。

实际是说,以真一不二之心守一,就能得到那不变的真一之性,即"真性常一"。"道性"说在六朝、隋唐时期甚为流行,这个时期的道教文献几乎都要就道性问题讲论一番。就外在因素来说,道教受佛教的影响。东晋以后,佛教中佛性论流行,逐渐摆脱玄学本体论的影响。与佛教争高下的道教,在佛教大量摄取老庄哲学的同时,也大量地吸收佛教的观念。就内部因素来说,"道性"说根源于《老子想尔注》"道性不为恶事"的说法,却又是重玄哲学兴起的产物。把道体理解为"理""性",并把道性与人性联系起来,包含了从早期道教的空洞的抽象到具体的抽象的意义,也包含了从本体论向认识论深化的内容。认识自我,就已隐含了对道性的认识,从而也找到了从个体通向道体、从世俗通向仙境的超越之路径。自此仙境不仅是高深玄妙,又似是天涯咫尺,如同谭峭所说的:"蓬莱信道无多路,只在谭生拄杖前。"此外,"道性"说与道教内丹学说关系甚为密切。六朝到隋唐,也正是道教从外丹学转向内丹学的时期,内丹学说在形成过程中的一个重要内容便是心体与道体的关系问题。"道性"说在将宇宙精神本体的道性与人性联系起来考虑时,实际上执着人与道所同之"心",心作为同质的东西可以沟通天人,如《道教义枢》主张的"神凝于重玄"。《常清静经》主张道性只是清静之心,《升玄经》称此心为"道心","盖是修善,行合道心"。"道心"又叫做"道意",正如《道教义枢》所说:"道意者,谓是正道之心。"①

对于道教来说,一切学说都是为如何成仙服务的。唐后期,外丹学说逐渐被内丹学说代替,重玄学逐渐与内丹学合流。重玄哲学的本体论融化、落实在内丹学说中了,这突出地表现在两个方面:第一,作为宇宙

---

① 《道教义枢》卷三,《道藏》第 24 册,第 821 页。

本体学说的"道炁"论逐渐占支配地位。道炁是道（理）与炁的绝对同一体，道炁就蕴含着理。第二，作为道与人之间终极关怀的"性命"说取代了"道性"说，性命是人的整体表现，性命当中就隐含了道性。这两个方面又关联一致，在内丹家看来，"性"即是"神"，即是"道"，"命"即是身，即是"炁"。修炼性命，就是要从后天返还先天的道炁，道炁长存，人则不亡。至于说重玄的方法，则作为内丹修炼的方法融会在内丹修炼的过程中了。因此，重玄学在唐以后不是衰落，而是发生了转化。

如果说重玄学说中尚有未曾泯灭的受佛学影响的痕迹的话，那么，在重玄学实现了向内丹学的转化之后，便醇乎又是道教特色的学说了。这既不失道家文化开放、兼容的特性，又不失却文化本位特性。

## 第二节　道教内丹学与神学思辨

道教的修仙方术从外丹学转向内丹学，乃是道教发展过程中的重大转变，这种转变一是由于药石等外物的烧炼"靡费"而"无效"，道教理论家转而向体内探求通仙之路径，二是道教传统的服气、导引、辟谷、存思等内养方术的发展以及道教善于采获别家之长的兼容特性所致。如果说外丹学尚有一些科学实证意义的话，那么内丹学则把道教本来具有的神秘特征理论化、系统化了，其道"无问无应"，"不可秘禁，又不可妄泄"。[①] 然而，一种不可忽略的现象是：伴随这种修仙方术的神秘主义化，道教所特具的思辨哲学应运而生，显示出本国特色的宗教理论的成熟。

### 一、内丹学的宇宙论基础

与佛教相比，道教的一个突出特点是善于建构自己的宇宙本体论。古今道教理论家无不论气说道，无不把建立道、气、人一致，天、地、人相

---

① 《悟真篇·陈观吾序》，〔宋〕张伯端撰、〔清〕仇兆鳌集注《悟真篇集注》，第 210 页，上海：上海古籍出版社，1989。

通,精、气、神一贯的哲学论证作为营构理论体系的首要任务。这种现象当从两个方面去理解:一是要从道教发轫的理论基础来看,二是要从道教内丹发展的需要来看。

我们知道,道教是以先秦两汉的道家思想作为理论基础的,老庄的"道",宋尹、《淮南子》以及王充的"气"乃是道教创始人得以进行精神创造活动的出发点,道家思想的最基本范畴同样也是道教思想的最基本范畴,《太平经》《老子想尔注》《老子河上公章句》皆充满了道、气的论证。只不过道教作为一种宗教,它不可能简单地搬用道家现成的思想材料,因而要对道、气做适应性的改造。道教创始者首先抽取了《道德经》"道"中的物质性内容,不仅将"道"理解为不生不灭的永恒宇宙精神,而且将"道"人格化为有情信、有意志、显隐自在的神,以求实现其宗教超越性,甚至将"道"界定为"玄"。但他们又担心过于虚玄而失去规定性,于是又援"气"来充实"道"。《太平经》云:"元气行道,以生万物,天地大小,无不由道而生者也。"《老子河上公章句》云:"道生万物。"①又云:"元气生万物。"②《老子想尔注》则云:"道气常上下,经营天地内外。"③《抱朴子内篇·至理》亦云:"自天地至于万物,无不须气以生者也。"在生成意义上道与气已等同使用,不过在早期道教思想家那里,道与气的等同还未上升到理论自觉的程度。他们没有真正弄清楚道与气是一种什么关系,如若肯定道是最高的本体,虽然实现了宗教的超越,却难免与现实脱节,找不到由凡俗通向仙境的路径,亦即缺乏中间媒介,那个至上的道最终也流于虚无放诞;如若肯定气是最高本体,虽然真实可信却无异于唯物主义,而无法实现宗教超越,也谈不上成仙的问题。这乃是一个两难选择。然而,道教在很长时期盛行的是外丹术,外丹术的基本思想是以丹炉模拟宇宙,以加速的药物反应过程模拟整个宇宙的漫长生成过程,以丹道

---

① 《老子河上公章句》,《道藏》第12册,第14页。
② 《老子河上公章句》,《道藏》第12册,第1页。
③ 饶宗颐:《老子想尔注校证》,上海:上海古籍出版社,1991。

合天地自然之道,炼出的"还丹"乃是"固化了的道"。① 人服用了"还丹"就能冥契于道,长生久视。气在此过程中不具突出的意义,因为运用药物炼成的"还丹"直接通于道,而不必经过气的环节,从而吐纳、导引、服气等修炼方术只作为金丹大药的辅助,它们能使人延年,不能使人通仙。如汉末阴长生所说:"不死之要,道在神丹。行气导引,俯仰屈伸,服食草木,可得延年,不能度世,以至乎仙。"可见,外丹道教学者此时尚未深究道与气的关系问题,而到了唐末外丹学日渐衰落、内丹学兴起时,道与气的关系就成为道教理论家不可回避的问题了。

精、气、神的气功修养在我国源远流长,道教以长生成仙为目的,因而很早就将之纳入修道范围,《太平经》有"爱气、尊神、重精"的思想,《老子想尔注》和《老子河上公章句》皆主张精气神合一,陶弘景总结内养实践编制了《导引养生图》,只是精气神的炼养在隋唐以前不被视为"丹道"。隋开皇年间,苏元朗著《旨道篇》,道教才开始有内丹之说。内丹术是以身为鼎炉,以精气神为药物,以神的运用程度为火候,经过阳火阴符、取坎填离、抽铅添汞、龙降虎伏、通三关、运周天的"烧炼"功夫,使精气神凝结不散,化为纯阳之物,结成圣胎,"其用则精气神,其名则金液还丹",复加九年面壁之功,守一抱朴,达于"形神俱妙",亦称"金液大还丹",至此,"大修之事毕矣"。② 道—气—阴阳—天地人,体现了道生万物及人的演生程序,称"顺";事物演化必然回到出发点,即"返"于道的过程,称"逆"。人通过修炼,实现精气神—圣胎—虚的反演就是模拟自然物质"还"的过程。老子曾说:"反者道之动"(《老子》第40章),"夫物芸芸,各复归其根"(第16章)。内丹学正是以老子矛盾转化论及其循环论作为其哲学基础。内丹学的另一个哲学基础是天人感应论,《老子河上公章句》最早表明:"天道与人道同,天人相通,精气相贯。"③内丹学以一人之身为小宇宙比附身外大宇宙,以肺肝肾心脾比附自然中的金木水火

---

① 参见胡孚琛《魏晋神仙道教》,第237页,北京:人民出版社,1989。
②《悟真篇·陈观吾序》,〔宋〕张伯端撰,〔清〕仇兆鳌集注《悟真篇集注》,第19页。
③《老子河上公章句》,《道藏》第12册,第14页。

土,以精气比附自然中的铅汞,以心肾等部分比附乾坤坎离,以精气及身体各部分的灵适运用和高度协调比附乾坤坎离卦变所代表的自然现象的阴阳交媾变化和有机统一,以月候之大运(春夏秋冬)及日候之小运(子卯午酉)比附心、肺、肾等部分的运转与制衡关系,"以爻度合天度,以日用参年用"①。整个过程则是以炼精化气、炼气化神、炼神还虚的主观潜能的发挥应合道生万物、万物复归于道的演化过程,大宇宙与小宇宙相对称,内在修炼过程与外在变化规律相呼应,后天之气与先天之气相配合。天与人既相感应,人通过修炼即能通仙,那么感应之机在哪里? 通仙之幽径在哪里? 这是道教理论家不能不解决的问题。从道教"三一为归"的致思模式来看,天地人之能合一,精气神之能同一,其统一的基础还是要落实到"气",天地万物乃至人,都是由阴阳二气的不断分化而产生的,因而对这一问题的解决须回到早期道教一开始就提出来的道、气关系问题。我们知道,西汉时的董仲舒"天人感应"论就提出"爱气""乐气""怒气""哀气"的观念,以为气体现了天喜怒哀乐等性情。《太平经》提出"神气""心意气""善气""恶气""正气""邪气"等,强调天人一体,"相去远,应之近"。但《太平经》并没说明在亿万具象气之上的元气具有物质的或精神的属性,因而也没说明道与气是怎样的关系。《老子河上公章句》和《老子想尔注》做到了道与气的等同却只限于生成意义,没有广泛证道、气关系。因而总的说来,早期道教很好地改造了"道"范畴,但没能对直接从元气论那里利用过来的"气"范畴进行适应性的改造。

随着道教养生学的发展,尤其是上清派内修大师的阐扬,道、气理论有了重大发展,《黄庭经》"存思还神"的修炼方法突出了体内八景神、二十四真及其通仙的内在条件,即肯定构成人的气本体自身具有的特性。陶弘景断定"仙是铸炼之事极,感变之理通也"②,认为通仙包含了精神性

①《西山群仙会真记》卷四,《道藏》第 4 册,第 438 页。
②《答朝士访仙佛两法体相书》,《华阳陶隐居集》卷上,《道藏》第 23 册,第 646 页。

感通活动的内容。隋唐是道教内丹学兴起的时期,相应地,对道、气的哲学论证亦日臻深入和成熟。吴筠说:"闻大丹可以羽化,服食可以延龄,遂汲汲于炉火,孜孜于草木,财屡空于八石,药难效于三关,不知金液待诀于灵人,芝英必滋于道气。"①这是肯定成仙须凭借"道气"这个桥梁。又说:"修真未合其真,且须宗玄一炁。"②这种道气、宗玄一炁又同于"真精",所指皆非纯粹单一的物质或精神,而是兼有物质和精神两种特性。在他看来,"人受道炁则剖得神,分得一"③,禀受这种道气而生的人自身就蕴含了与道相通的能力。杜光庭提出"玄元始气",亦即"道气",认为玄元始气不仅演生凡俗世界(欲界、色界、无色界),而且演生仙界(三清境、四人天)。显然,以物质性的气演生仙未免生"越分"的嫌疑,只有带有精神和物质两种特性的气才能够演生两种世界。杜光庭正是为了解决一开始就摆在道教理论家面前的二难选择,于是着手来确立并重新界定"道气"范畴的,他断定:"混元以其道气化生,分布形兆,乃为天地。而道气在天地之前,天地生道气之后。"④"人之禀生本乎道气。"⑤在他看来,道的最根本特性在"通",气的最根本特性在"生":"道,通也,通以一气生化万物,以生物故,故谓万物之母。"⑥以道通气,"通"与"生"两性结合,道—气则达于直接的无差别的同一。这样,"道气"就被赋予物质和精神二重属性,乃是精神与物质绝对同一的二元体。人即是"道气"之子,则人先天就禀受了与道同一的内涵,经过艰苦的修炼就能契真合道。如此,人与道相通的桥梁在带有物质和精神两性的气的基础上搭成了,气和神就是精气神的基本内核,内丹学中的"炼神还虚"实际上就是通于道气的本然状态。自此后,道冠羽流凡言内丹者,莫不"以生身受气之初,求返本还元之药"⑦。

---

① 《神仙可学论》,《宗玄先生文集》卷中,《道藏》第 23 册,第 660 页。

② 《形神可固论·金丹》,《宗玄先生文集》卷中,《道藏》第 23 册,第 665 页。

③ 《形神可固论·养形》,《宗玄先生文集》卷中,《道藏》第 23 册,第 664 页。

④⑥ 《道德真经广圣义》卷四,"释御疏序下",《道藏》第 14 册,第 334 页。

⑤ 《道德真经广圣义》卷四○,"我好静而民自正"疏,《道藏》第 14 册,第 519 页。

⑦ 《悟真篇集注序》,〔宋〕张伯端撰,〔清〕仇兆鳌集注《悟真篇集注》,第 23 页。

从以上所述可以看出,先秦两汉的道家思想为内丹成仙提供了有益启示,道家的道、气宇宙观奠定了内丹学的理论基础,而道教内丹学则在修道成仙的宗旨下深化了对道与气的论证,又在这种论证下透露出一个完整的宗教神学宇宙观。

## 二、内丹学的心论基础

外丹学和内丹学的一个共同点是都想通过特定的修炼手段,达到与道的契合。如司马承祯所说:"夫人之所贵者生也,生之所贵者道也,人之有道,如鱼之有水……长久者,得道之质也。"①道教在追求"得道之质"、与道同体的目标下,其修炼方式已呈现出多样性特征。

隋唐道教理论家在谈到修仙方式时多不废精气神,但更重炼心的功夫。成玄英认为道是"虚无之理境",德是"志忘之妙智",②人们只要善于排除各种偏私,穷理尽性,"体兹重玄",就能至于"虚无之理境",契合于道,骨肉同飞有日。王玄览认为"道与众生亦同亦异"③,其同在众生禀道生,"众生中有道",其异在众生有生灭,其道无生灭。故此,"恬淡是虚心,思道是本真"④。司马承祯认为,人常失道,而道不失人,道潜藏在人体中,人人具有内在与道相通的能力,道在人体内的存在要靠心去体验,"心满则道无所居",故"心不受外名曰虚心,心不逐外名曰安心,心安而虚道自来居"。因而他断定:"学道之初,要须安坐,收心离境,住无所有,不著一物,自入虚无,心乃合道。"⑤吴筠说:"道德之体,神明之心,应感不穷。"⑥也是相信心与道有内在感应关系。杜光庭提出"安静心王"的修炼方式:"若安静心王,抱守真道,则天地元精之气纳化身中,为玉浆甘露,三一之神与己饮之,混合相守,内外均和,不烦吐纳存修,各处玉堂琼室,

①《坐忘论》,《云笈七签》卷九四,《道藏》第22册,第643页。
②〔唐〕成玄英:《道德经义疏》,蒙文通《道书辑校十种》,第375页。
③〔唐〕王玄览:《玄珠录》,朱森溥《玄珠录校释》,第77页。
④〔唐〕王玄览:《玄珠录》,朱森溥《玄珠录校释》,第143页。
⑤《坐忘论·收心三》,《道藏》第22册,第893页。
⑥《玄纲论·元气章第二》,《道藏》第23册,第674页。

阴阳三万六千神,森然备足,栖止不散,则身无危殆之祸,命无殒落之期,超登上清,泛然若川谷之赴海,而无滞着也。"①在他看来,"虚心则道集于怀",心与道合就能超凡登真,因此,他的结论是:"修道即修心也,修心即修道也。"②隋唐修炼论皆以心为感通的契机,盖受两种影响:一是道教传统内养方式的影响,二是佛学禅定方式的影响。

为了确立"心"具有通道契真的能力,并使人在行修心术过程中笃信不疑,就有在宗教哲学上论证的需要,使之有强说服力。成玄英从"守三一之神"的观点出发,认为"守"的功夫依赖于心,人之生存虽恃精气神,而心为之主宰,"欲得虚玄极妙之果者,须静心守一中之道,则可得也"③。而心有外驰之根性,游心于外物而不知守中,就难以返根归朴——道,故此,他对心的地位和作用做了无限夸大,肯定万事万象皆由心的起灭而有兴生与寂灭,甚至借用佛教六尘六根说,"体知六尘虚幻,根亦不真"④,强调只有按他所倡导的双遣方法,外遣物事,内遣身心,做到"外无可欲之境,内无能欲之心"⑤,才能与道合真。王玄览对心物、心道关系做了更彻底的论证,他认为,"心之与境,常以心为主","心生诸法生,心灭诸法灭",只因"法本由人起,法本由人灭",只要一心不生,则万法无咎。⑥ 不仅广漠的空间,而且久远的时间,在他看来,只在一念之生灭:"一心一念里,并悉含古今,是故一念一劫,非短亦非长;一尘一世界,非大亦非小。"⑦这是将人的主观精神无限吹胀了,由于这种主观精神的生灭,始有宇宙万象的生生灭灭。那么,心与道之间是什么关系? 他说:"人心之与

①《道德真经广圣义》卷二七,"譬道之在天下犹川谷之与江海"义疏,《道藏》第14册,第443—444页。

②《太上老君说常清静经注》,《道藏》第17册,第185页。

③《道德真经玄德纂疏》卷四,《道藏》第13册,第395页。

④《道德真经玄德纂疏》卷一四,《道藏》第13册,第478页。

⑤《道德真经玄德纂疏》卷七,《道藏》第13册,第422页。

⑥〔唐〕王玄览:《玄珠录》,朱森溥《玄珠录校释》,第129、144、153页。

⑦〔唐〕王玄览:《玄珠录》,朱森溥《玄珠录校释》,第100页。

道连,是亦如之。"①人们只需在心上做功,使一切凡俗"知见灭尽,乃得道矣"②。这种心与道的连接,实际上是无限膨胀了的主观精神与永恒的客观精神的连通。司马承祯和杜光庭皆从认识论的角度论证了心与道的感通关系,执定修炼过程即是"悟"的认识过程,体悟了道,即是契合了道。司马承祯提出的"安心坐忘之法",其核心是要论证"心体以道体为本",人们只要按照他所设计的"敬信、断缘、收心、简事、真观、泰定、得道"七个阶次循序渐进地修炼,就能修成仙。他并根据修道者智愚根性的差异,提出"渐""顿"两种悟通方式。杜光庭提出了"了悟""神鉴"的认识方式:"知而行之者,至道不烦,一言了悟。"③"以目所见为观(音'官'),以神所鉴为观(音'贯'),意见于外,凝神于内,内照一心,外忘万象。"④他相信人在心神不染一尘、极度虚静的境况下能够产生一种超常的感通能力,"心与天通,万物自化于下"⑤,借助"安静心王"修炼方术的论证,表述了"穷万物之理""尽生灵之性""寻迹悟本"等命题,分析了缘与想、观与行,以及境、心、知、智等辩证关系,在其神秘的外观下包蕴了一个包括感性、理性以及在感性、理性基础上的超感活动的完整的道教认识观。道教本来是把"道"物化为客观的精神实体,但在寻求主观精神通往客观精神的路径的过程中,由于遇到"心难理"的难题,因此在处理心(意识)与人体各器官以及心与外物关系时,膨胀了主观精神——心的地位和作用,附着上了主观唯心论的色彩。然而,不可由此断定道教理论家在外丹向内丹转变中放弃了自己的宗旨,或者说其简单地搬用佛教的佛性论或儒家的心性论。

这里便产生一个问题:肇兴于隋开皇年间,确立于唐末五代,成熟于宋元、以精气神为修炼内容的内丹学是否弃隋唐修心论不顾,而独辟修

①〔唐〕王玄览:《玄珠录》,朱森溥《玄珠录校释》,第119页。
②〔唐〕王玄览:《玄珠录》,朱森溥《玄珠录校释》,第88页。
③《道德真经广圣义》卷五〇,"知者不博"疏,《道藏》第14册,第565页。
④《道德真经广圣义》卷六,"道可道"章疏,《道藏》第14册,第342页。
⑤《道德真经广圣义》卷八,"虚其心"义疏,《道藏》第14册,第353页。

仙之蹊径呢？考镜内丹学之源流，不能不说隋唐修心论融摄在内丹学说中了，成为其不可分割的部分。内丹学经籍中包含了大量对"心"的描述。而从内丹学精气神的基本概念看，其"神"实质上指的是"心"，心与神共为一物，其静谓之心，其动谓之神，故曰："动神者心。"①由于内丹学中对概念、范畴的界定缺乏严格定量、定性，因而它们变得难以捉摸。"神"亦称"神气"，"精"亦叫"精气"，然而经过深入解剖，仍可见其底蕴，如前所述，自吴筠、杜光庭重新界定"道气"范畴之后，内丹学上的"气"皆有精神的韵味，因而"神"亦可称"气"，神、气互训，如吴筠所言："炁者，神也。"②又如杜光庭所言："神气全则生，神气亡则死。"③精气神之能相互转化正是体现了这一特点。再以心——神在内丹修炼过程中的地位和作用来看。内丹托诸乾坤鼎炉、龙虎铅汞，其名不可胜举，稽其实，无过虚心实腹——性功命功。《悟真篇提要》七条第一条即"凝神定息"，强调心息相依，外静内澄、一念规中、万缘放下，然后经过"运气开关""保精炼剑""采药筑基""还丹结胎""火大符温养"等阶段，最后归于"抱元守一"。前面六个阶段即"炼精化气、炼气化神"，皆有为、有作之功，"其凝神定息丹法始终用之"。至"抱元守一"，"炼神还虚"，"乃绝虑忘机之候，斯时，虚极静笃，内外两忘，以逍遥自在之身，观大化流行之妙人也"。④ 整个修炼过程，始于虚心，终于忘心。这样，炼心既是出发点，又是整个内炼过程的保证，还是最终目的。

在上述意义上讲，道教内丹经书不应将隋唐许多理论大家的道书排除在外，外内丹转变过程中的理论恰恰是十分重要的环节，因为它们为内丹学提供了理论依据，而内丹学不过是实现了理论到方术的转变。

---

① 《心目论》，《宗玄先生文集》卷中，《道藏》第 23 册，第 661 页。
② 《形神可固论·服炁》，《宗玄先生文集》卷中，《道藏》第 23 册，第 664 页。
③ 《道德真经广圣义》卷四六，"无厌其所生"疏，《道藏》第 14 册，第 549 页。
④ 〔清〕仇兆鳌：《悟真篇提要》，〔宋〕张伯端撰，〔清〕仇兆鳌集注《悟真篇集注》，第 137 页。

### 三、道教的形神观

"人之所生者神,所托者形。"①无论外丹或内丹,最后都要落实到形神关系问题,"形神俱妙"是道教各种修炼方式所追求的目标。道教认为形神相合,是人是物,形神相离,是灵是鬼,主张形神俱升以超俗越尘,摆脱生死,身得道神亦得道,身得仙神亦得仙,以形神合同作为升仙的先决条件。道教在将神仙分为天仙、地仙、尸解仙等级时,也始终是将形神联系起来的。葛洪在《抱朴子内篇·论仙》中云:"上士举形升虚,谓之天仙;中士游于名山,谓之地仙;下士先死后蜕,谓之尸解仙。"其"尸解"似断定人死形去神留。其"形"亦叫"形气",其"精"亦叫"神气",精气神在本来意义上讲是合一的。既然形神在最初意义上是同质的,那么人们经过修炼在最终意义上也是可以同时举升的。这种神仙观念影响深远,即在隋唐时期,人们仍然奉行这种观念,道教理论大师潘师正以"蜕化"卒,司马承祯称"受职玄都","已蜕形关",吕岩、韩湘被时人誉为形神俱飞之范式。

然而,道教内部滋生的内丹学所阐扬的形神问题,毕竟有了一些新的内容和特性。司马承祯说:"道有深力,徐易形神,形随道通,与神合一,谓之神人。神性虚融,体无变灭,形与道同,故无生死。隐则形同于神,显则神同于气……然虚心之道,力有浅深,深则兼被于形,浅则唯及于心。被形者,神人也;及心者,但得慧觉而身不免谢。"②这是把神仙分为两类:功力深厚者成为"神人",形神俱"被",形神同于道体,显隐自在,"人怀道形体,得之永固";功力浅薄者形神不能兼"被",形去身谢,其神可合道。吴筠著《形神可固论》,认为人剖道气而有形神,"有一附之,有神居之,有炁存之","身含形神",人应于形神"常思养之",使神不劳、形

①《心目论》,《宗玄先生文集》卷中,《道藏》第 23 册,第 661 页。
②《坐忘论·得道七》,《道藏》第 22 册,第 896 页。

不弊、心宁气远，①然后"形存道同，天地之德也"②。在此基础上，他讲而提出性全—形全—气全—神全—道全，以及神王—气灵—形超—性彻的顺逆两行的修炼方式，这是承认形可不亡，神可同道。同时他又认为契合于道体靠的是"心"：神明之心，应感无穷。这同"形存道同"论似有异趣。然而，实际上并无矛盾，因为在他看来，"形"也即"形气"，而气即神："夫形气者为性之府，形气败则性无所存，于我何为？"③同样，他也认为"身者，道之器也"④。形—气—神既然可以相通，那么心神合道，也可以是形神合道，形与神均无损亏，因为形神在"虚"的意义上是同质的；身既为道之器用，那么器（身）是归于道的，器归于道，而器（身）亦并无损亏，因为器（身）、道在其本来意义上讲是同一的。杜光庭认为，"形为神之宅，神为形之主"。人们通过修道修心，受精养气存神，可形神长存："受生之始，道付之以气，天付之以神，地付之以精，三者相合而生其形，人当受精养气存神，则能长生若一者。"⑤在他看来，神既为形之主，修道就是洗心息虑，使神适于虚静，如此神不离身，形神不离则长存："修道者纵心虚漠，抱一复元，则能存已有之形，致无涯之寿。"⑥但是，他肯定形神俱存并非每个修道者都能实现，他将人分为九等，上上等人自悟得道，不假于渐修；下下士愚冥不移，教之不入；中间七等为中士，是教化的主要对象，因而他宣称"神道设教为中士"⑦。与此相应，他将仙分为四等：飞升、隐化、尸解、鬼仙。除了极少数人能够实现飞升，大多数人只能实现形谢神存，而"神道"恰恰是为大多数人设立的。正是基于这种观念，他主张人们不应厚其生，而应遗形忘我，无身无主，"无私顺化"⑧，不以死为死，返

---

① 《形神可固论·养形》，《宗玄先生文集》卷中，《道藏》第 23 册，第 664 页。
② 《玄纲论·超动静章第六》，《道藏》第 23 册，第 675 页。
③ 《神仙可学论》，《宗玄先生文集》卷中，《道藏》第 23 册，第 660 页。
④ 《形神可固论·守神》，《宗玄先生文集》卷中，《道藏》第 23 册，第 664 页。
⑤ 《道德真经广圣义》卷四六，"无厌其所生"义疏，《道藏》第 14 册，第 549 页。
⑥ 《道德真经广圣义》卷三二，"天下之物生于有有生于无"疏，《道藏》第 14 册，第 472—473 页。
⑦ 《道德真经广圣义》卷三二，"上士闻道勤而行之"义疏，《道藏》第 14 册，第 474 页。
⑧ 《道德真经广圣义》卷三六，"以其无死地"疏，《道藏》第 14 册，第 499 页。

朴归元,与道为一,常存不亡,亦即精神长存。谭峭从他的"虚化"论观点出发,认为"虚化神,神化气,气化血,血化形,形化婴,婴化童,童化少,少化壮,壮化老,老化死,死复化为虚"乃是一个"环之无穷"的自然过程,因此,人之生不为得,人之死亦不为失,而且人之有形反而有累于神明,"神至明而结形不明"。[①] 如若神不为形累,就能适志虚无、逍遥自在了。他甚至把"形"视为赘疣:"惟神之有形,由形之有疣,苟无其疣,何所不可。"[②]他相信,人们通过精气神的勤劳修炼,可以达到这样一个目的:"神可以不化,形可以不生。"[③]显而易见,各家所述体现了一个由隐到显、由微至著的理论论证过程,即逐步实现形神不必俱飞的理论转变。谭峭是这一转变的完成者。这种转变是同内丹学的兴起与发展同步的,为成熟形态的内丹学提供了形神观方面的理论基础。

总的来说,内丹神学提出了宗教哲学论证的需要,而宗教哲学的论证则深化和完善了内丹神学,这两者的结合便标志着中国形式的宗教的成熟。

## 第三节 《周易参同契分章通真义》的"还丹"说与"数"论

东汉魏伯阳所撰《周易参同契》"辞隐道大,言奥指深",历经两晋、六朝、隋唐,皆无注本。唐玄宗时四川绵州昌明县令刘知古著《日月玄枢论》,称:"道之至秘者,莫过还丹;还丹之验者,必先龙虎;龙虎所自出者,莫若《参同契》。"表明刘知古已窥见《参同契》之大要。唐后期出现的《钟吕传道集》《灵宝毕法》中已明言内还丹修炼的数度关系,但不言《参同契》。因此,后蜀彭晓所著的《周易参同契分章通真义》被《四库全书总目》称为解注《参同契》的"最古"本。其另一著作《还丹内象金钥匙》在内容上乃是《通真义》思想的进一步展开与延伸。

彭晓(生卒年不详),字秀川,自号"昌利化飞鹤山真一子",永康(今

---

① 《化书·道化·神道》,《道藏》第 36 册,第 299 页。
② 《化书·道化·耳目》,《道藏》第 36 册,第 297 页。
③ 《化书·道化·死生》,《道藏》第 36 册,第 299 页。

重庆)人,活动于五代孟蜀时期,做过地方官员。据《三洞群仙录》所引《野人闲话》及《历世真仙体道通鉴》,他曾注《阴符经》《周易参同契》,著《还丹内象金钥匙》《真一诀》,现仅存《周易参同契分章通真义》和《还丹内象金钥匙》(节本),为考察其思想的基本依据。彭晓的思想集中在丹道修炼及其火候法度方面。

## 一、元精、元气生纯粹的"还丹"说

彭晓是从注《参同契》开始,进而发挥"还丹"思想的。《参同契》虽则由于铅汞药物烧炼外丹的需要而产生,却包含了大量人体内修炼以配合外丹炼造的内容,尤其重要的是,《参同契》合三圣于一体,以人工造化模拟天地自然造化的运思方式,不仅适合于修炼外丹,也适合于修炼内丹,故《参同契》可以从外、内丹两个方面进行诠释。自然,诠释者在诠释过程中又多投注着包含自身体验的再创造。有一种观点认为,彭晓是从炼外丹的角度解释《参同契》的。这是一种误解。的确,《通真义》中有许多论铅、汞、水、金的,并以之作为"大药之基",如说:

> 巍巍尊高者,谓真铅。未有天地混沌之前,铅得一而相形,次则渐生天地阴阳五行万物众类,故铅是天地之父母,阴阳之本元。盖圣人采天地父母之根而为大药之基,聚阴阳纯粹之精而为还丹之质,殆非常物之造化也。则修丹之始,须以天地根为药根,以阴阳母为丹母。如不能于其间生天地阴阳者,即非金液还丹之道。①

彭晓还有诗云:

> 至道希夷妙且深,烧丹先认大还心。日爻阴耦生真汞,月卦阳奇产正金。女妊朱砂男孕雪,北藏荧惑丙含壬。两端指的铅金祖,莫向诸般取次寻。(《参同契明镜图诀诗二首》)

然而,值得注意的是,他所说的真铅、真汞、正金,已与《参同契》所说铅

---

① 《周易参同契分章通真义·采之类白章第二十五》,《道藏》第 20 册,第 139 页。

汞、正金异趣。在《参同契》中,铅汞、金水是非常之物,它们有不变之质
和善变之形,能夺天地之造化于炉火之中,但《参同契》从未称之为"真
铅""真汞"。真铅、真汞的运用,乃是内丹学说兴起、丹家为区别内丹炼
养的药物与外丹炼造药物而提出来的。内丹家所指称的"真铅""真虎"
即是元气,"真汞""真龙"即是元神。再看彭晓所说的"真金""真铅"
"真汞":

> 真金是天地元气之祖,以为万物之母。……天地之先,一气为
> 初而生万象,金是水根,取为药基。①

> 夫黑铅水虎者,是天地妙化之根,无质而有气也,乃玄妙真一之
> 精,为天地之母,阴阳之根。……无名天地之始,有名万物之母,即
> 是真一之精,圣人异号为真铅。则天地之根、万物之母是也。岂可
> 以嘉州诸铅、硫黄、硐砂、青盐、白雪、雄黄、雌黄、消石、铜、铁、金、
> 银、水垢、水精、凡砂、凡汞、桑霜、楮汁、松子、柏脂秽污之物,白石、
> 消石、夜霜、朝露、雪水、冰浆、其渚、矾土杂类之属,草木众名之类,
> 已上皆误用不可备载也。……黑铅者非是常物,是玄天神水生于天
> 地之先,作众物之母,此真一之精元是天地之根,能于此精气中产生
> 天地五行万物,岂将天地之后所生之杂物呼为真铅,即误之甚矣。②

> 红铅火龙者,是天地妙用,发生之气,万物因之以生,有气而
> 无质。③

很显然,彭晓称为"真汞""真铅"的,正是元气、元精,两者的共同点是"有
气而无形",只有"金是太阴之玄精,能长养万物,有气而有质,故号曰金
华也"。④ 这样一来,《参同契》中所运用的铅、汞、金、水等,只是内丹学说
中元精、元气的代名词而已,进而"黄芽""河车""姹女"等外丹名词也为

---

① 《周易参同契分章通真义·巨胜尚延年第三十二》,《道藏》第 20 册,第 141 页。
②③ 《还丹内象金钥匙》,《云笈七签》卷七〇,《道藏》第 22 册,第 486 页。
④ 《周易参同契分章通真义·太阳流朱章第六十八》,《道藏》第 20 册,第 150 页。

内丹所借用："河上姹女者,真汞也。……黄芽即真铅也。"①后来俞琰、陈显微等内丹家在解注《参同契》时,也都沿用彭晓解注的思路。

人如何运用元精、元气、元神这些"药物",在人体内进行类似外丹烧炼的运炼呢?彭晓说:

> 青龙既能吐气,白虎因得吸精,精气相含,共生纯粹。②

"纯粹",即指纯阳之物,亦即还丹。这种还丹乃是阴阳"精气相合"而成就的,其云:"金液还丹,莫不合日月阴阳精气而成也。"③精气为何物?何以能够造就还丹?这便涉及道教的宇宙本体观念。彭晓说:

> 太易、太初之前,虽含虚至妙,则未见兆萌。太始、太素、太极之极,因有混成,乃混沌也。中有真一之精,为天地之始,为万物之母。一气既形,二仪斯析,然后有乾坤焉,有阴阳焉,有三才五行焉,有万物众名焉。④

又说:

> 元精者,是鼎中神灵真精,天地之元气也。搏之不得,视之不见,而能潜随化机生成万物。⑤

即谓元精(又谓真一之精)也就是元气。元精与元气的差别只是在宇宙生成的层次上,按照太易、太初—太始、太素、太极—元精(真一之精)—元气(阴阳二气)—五行之气—万物的衍生模式,元精在先,元气在后。在先的元精已包孕了在后的元气,在后的元气则彰显了本已在元精中潜藏的阴阳二气,而且在运用中阴气通常被称为太阴之精,阳气则称为太阳之气,从而,精气相合,才可造就还丹。元精,抑或元气,按其本性来说,都是某种亘贯宇宙无始末的物质性的东西,因为无始末,故无寿夭。

---

① 《周易参同契分章通真义·河上姹女章第七十二》,《道藏》第20册,第151页。
② 《周易参同契分章通真义·子当右转章第六十九》,《道藏》第20册,第151页。
③ 《周易参同契分章通真义·易者象也章第六》,《道藏》第20册,第135页。
④ 《周易参同契分章通真义·乾坤易之门户章第一》,《道藏》第20册,第133页。
⑤ 《周易参同契分章通真义·元精眇难观章第十六》,《道藏》第20册,第136页。

在彭晓看来,人生禀精气,人生来就具有与超乎寿夭的精气的同一性,只是人之生亦禀有阴阳短促浊乱之气,故有生有死。他说:

> 却死期者,须知得身之始末。始末者,元气也。喻修还丹,全因元气而成,是将无涯之元气,续有限之形躯。无涯之元气者,天地阴阳长生真经,圣父灵母之气也。有限之形躯者,阴阳短促浊乱凡父母之气也。故以真父母之气,变化凡父母之身,为纯阳真精之形,则与天地同寿也。……古歌曰:炼之饵之千日期,身既无死那得死。故纯阳之精气无死坏也。①

可见,彭晓称为纯阳之物的"还丹",乃是去掉"短促浊乱"之气的精气混合体。但是,作为一种内修还丹理论,彭晓有着未能制驭的混乱:第一,他在使用"精气"范畴时,对这对范畴的界定与其在修炼中的作用时常混淆不清,既称真一之精为真铅、真金、太阴之玄,又称之为纯阳精气,而作为基本性别的"阴"与阴中所包含的阳(阴中之阳)及其运用中的阴阳互化,是应加以明确的。第二,他并未摆脱外丹学说的影响,仍然把内还丹的修炼视为某种实物的结果。尽管他在个别地方也讲"存神气而于有中炼妙全身",也提出了有形与无形的关系问题,但总的说来,道教内修炼中的三宝——精、气、神,他主要运用了精、气观念,物质性的精气如何能转化为永恒的神呢? 如此,便不能解决宗教精神超越的问题。外丹修炼讲求服不朽之物——金丹,从而身形不朽长寿。内丹修炼讲求精化为气,气化为纯阳之神,以神感通道体,进而神登仙径。宋代以后的内丹家虽也称"内金丹",但在丹家的眼里,内金丹既是有形的,又是无形的。彭晓在这方面的困惑,表明了内丹理论在五代时期还是不够成熟的。

## 二、"阴阳互含"与"以无制有"

彭晓在述《参同契》一书的大意时说道:

---

① 《周易参同契分章通真义·将欲养性章第六十二》,《道藏》第 20 册,第 148 页。

> 托易象而论之,莫不假借君臣以彰内外,叙其离坎,直指汞铅;
> 列以乾坤,莫量鼎器;明之父母,系以始终;合以夫妇,拘其交媾;譬
> 诸男女,显以滋生;析以阴阳,导之反复;示之晦朔,通以降腾;配以
> 卦爻,形于变化;随之斗柄,取以周星;分以晨昏,昭诸刻漏。①

道教内丹学说的成熟,乃是这种宗教的成熟,因为内丹学说是建立在人
体、自然、天人、思维、心理、意志等多方面关系的论证基础上的,这些论
证系统的展开与完备,便是宗教思辨哲学的建构。在彭晓的论证中,阴
阳关系便是内丹学说始终萦绕的一对范畴,乾坤、铅汞、男女、夫妇、晦朔
等,都是阴阳两性在不同方面的体现。彭晓在解释时说:"先立乾坤既济
鼎器,然后使阴阳合精气于其中。"②又说:"谓水火阴阳二气双闭相须而
成神药,余无别径也。"③意谓炼丹的过程就是使相关联的阴阳二气和合
于鼎器(人体)之中,使金之情、气之性发生合乎自然法则的变化。这种
变化的内在根据在于阴阳两性的相互蕴含,他说:

> 坎戊月精者,月阴也,戊阳也,乃阴中有阳,象水中生金虎也。
> 离己日光者,日阳也,己阴也,乃阳中有阴,象火中生汞龙也。故修
> 丹采日月之精华,合阴阳之灵气,周星数满,阴阳运终尽归于土德,
> 而神精备矣。④

阴中包含着阳性,阳中亦包含着阴性,这种阴阳互含的本性已经潜藏
着阴阳交合所能发生作用的内在根据,故能阴来阳往,阳伏阴施,东西
之气相交,夫妇之情相契,"孤阴寡阳,不能自成"⑤。陈抟作《太极图》
《无极图》所依据的正是这种思想。至于宋代张伯端以后的内丹家,则
又进一步发展为取阴中之阳、阳中之阳、阴阳中之阳,合为三阳纯粹

---

① 《周易参同契分章通真义·序》,《道藏》第20册,第131页。
② 《周易参同契分章通真义·乾坤刚柔章第四十一》,《道藏》第20册,第143页。
③ 《周易参同契分章通真义·上德无为章第二十二》,《道藏》第20册,第138页。
④ 《周易参同契分章通真义·言不苟造章第九》,《道藏》第20册,第134页。
⑤ 《周易参同契分章通真义·物无阴阳章第七十三》,《道藏》第20册,第151页。

之体。

修丹不仅在体内有阴阳顺逆变化,体外也有阴阳顺逆变化,体内的阴阳关系契合体外的阴阳关系,体外的阴阳关系则与体内相和顺呼应。彭晓说:

> 神胎居中宫,喻君处明堂如北辰也。阴阳五行之气,臣下也,但君臣理内如北辰正天之中,则阴阳五行之气顺和,鼎室金水之液滋生。……三光者,即阳火、阴符、金胎,以象日、月、星也。外运亦有三光,分在动静爻克之内、阴阳符火之中,变化而成也。缘内外各有阴阳变易之体,不可备论。①

> 阳火自子进符,至巳纯阳用事,乃内阴求外阳也。阴符自午退火,至亥纯阴用事,乃外阳附内阴也。②

不仅体内外存在着"内阴求外阳"和"外阳附内阴"的过程,体内阴阳之中,阴中之阳和阳中之阴之间也存在着类似过程,内中之内、外中之外皆存在着如同连锁反应般的阴阳变化关系。内丹家强调年中择月,月中择日,日中择时,时中择刻,以及先天炁应合后天炁,皆是阴阳关系的具体实践运用。

由于真铅、阴虎、金水乃是"有气而有质",故彭晓称之为"有";真汞、阳龙、木气是"有气而无质",彭晓称之为"无"。修炼中的阴阳关系,又是一个有无关系,彭晓说:

> 无者龙也,有者虎也。无者汞阳之气也,有者铅阴之质也。铅汞处空器之中,而未能自生变化。因坎离升降,推运四时,遂见生成,盖用空器而以无制有也。③

意谓人体内阴阳俱足,但只有在升降坎离、推运四时的运炼过程中才能

---

① 《周易参同契分章通真义·辰极受正章第二〇》,《道藏》第20册,第137页。
② 《周易参同契分章通真义·春夏据内体章第五》,《道藏》第20册,第134页。
③ 《周易参同契分章通真义·以无制有章第八》,《道藏》第20册,第134页。

促成发生合乎丹道要求的变化。而变化实乃"龙虎交媾",进而"虎伏龙降",最终达到阳龙胜乎阴虎,阴尽阳纯,所以说"以无制有"。北宋张伯端以性命、神气表示阳龙阴虎、汞阳铅阴的关系,从凝神定息到炼神还虚,主张炼性贯彻修炼始终,以纯阳之神体合大道,乃是成熟的内丹有无论的表述。彭晓没有明确地把阳龙认定为阳神,这是他的局限,但他毕竟以某种辩证的论证把有无关系表述了出来,并且又以有形与无形的论证进一步深化了这种表述。他说:

> 神仙之道贵有形,故弃阴而炼阳。阳气积而动,动即返阳,阳即归生,生即得仙不死者,故名曰上升。上者,轻也,飞也。仙者,升也,举也。仙道贵有形,蓋运气于真有中炼妙无,为上天九阳中清真妙灵之神仙,即非常之无也。①

道教主张的是有形成仙。但如何得成仙? 彭晓认定的仙径为:弃阴炼阳,阳动而生,"生即得仙不死者"。然而,生为形生? 抑或神生? 彭晓没有讲明,从表述过程看,似是仙道所贵的形生,但形生是以阳气的形式获得的。他在前面既已讲到阳气是有气而无形的,在这里却等于说无形的阳气可以成就有形的神仙,这便陷入难以自圆其说的矛盾。彭晓解决这个矛盾的方法是把这个矛盾交给神仙去回答,即神仙可以显化,可以隐没,当其显化是有形,当其隐没是无形,从而"形而入无形",所以说阳气乃是"妙无",神仙则是"非常之无"。如此,便既保全了"仙道贵有形",又默认了无形升仙。

最后,便是前面已经提到的有限与无限的关系论证。形躯是有限的,有限的形躯自身不能实现无限之寿。元气是无涯的,它超乎始末,但元气自身并不体现某种主体意识,因而无所谓寿夭。在彭晓看来,可以借助无涯之气来"续有限之形躯",使寿限有数变为"寿限无数",即超乎寿限之数。但是,如何把无意识的元气变成有意识的人,实现以无限延

---

① 《还丹内象金钥匙》,《云笈七签》卷七〇,《道藏》第 22 册,第 488 页。

续有限呢？彭晓的回答只是元气本身的差异，"圣父灵母之气"可以续无限之寿，"短促浊乱凡父母之气"只能成就有限的形躯。这无异于对自己提出来的一个深刻的问题做了简单粗俗的答复，而且恢复到了西晋时期葛洪"仙人有种"的结论上去了。唐初王玄览以"道性"方式来解决有限与无限的关系问题，中唐司马承祯以心性的形式来解决这个问题，五代谭峭以"道化"的方式来解决这个问题。可以说，彭晓虽然以鲜明的方式把有限与无限关系问题提了出来，但在解决这个问题时，没能超过前人。

## 三、修丹之"大数"

修丹既是"与天地造化同途"，那么人之所为就要与天地自然之所为相符合。彭晓说：

> 是故修金液还丹，若非取法象天地造化，以自然之情，则无所也。[1]

天地自然造化有其自身的运数，春夏秋冬四季一循环，子午卯酉一周天，阴阳刑德一交会，圆合天符三百六十度，彭晓称之为"万物生成之数"。冬至以后、夏至以前半年一百八十日，子后午前半日六辰，动静盈缩，此为"造化万物之数"。夏至以后、冬至以前半年一百八十日，午后亥前半日六辰，天符进退，周星造化，此为"万象生成潜运之数"。[2] 修炼内丹也有自身的运数，阳进为"火"，阴退为"符"。修丹的进火退符须以天地之大数为法度，这叫做"应天符"。彭晓说：

> 依天地之大数，协阴阳之化机，其或控御不差，运移不失，则外交阴阳之符，内生龙虎之体。……盖喻修丹之士，运火候也。[3]
>
> 是以设法象，采至精，具鼎炉，运符火，循刻漏，行卦爻，定时辰，

---

① 《周易参同契分章通真义·赏罚应春秋章第六》，《道藏》第 20 册，第 134 页。
② 《还丹内象金钥匙》，《云笈七签》卷七〇，《道藏》第 22 册，第 486—487 页。
③ 《周易参同契分章通真义·牝牡四卦章第二》，《道藏》第 20 册，第 133 页。

分节候,以尽天地之大数也。①

"内生龙虎之体"的修炼之所以要以"外交阴阳之符"为则,不仅在于"内生"是对于"外交"的模拟,而且在于内炼的火进符退之候及其纤细的心理、生理变化极其不易把握,如纤毫差迟,都有毁炉焚鼎的危险。故此,从防危虑险的角度来看,也当以天符为法度。这里借用的同样是类推方法,即以大验小,在大参考系统中找到小的方所,在大数中实现对小数的定位,所以说:"年与月同,月与日同,日与时同。"②以至循其刻漏,以人数应天数。

彭晓在试图为内炼还丹建立一个系统的火候法度的过程中,以《周易参同契》为依据,遵循汉魏象数易学诸法式,并结合隋唐以来内修内炼的经验,把四象、五行、八卦、十二辟卦、十二辰、二十八宿、三十圆缺、七十二候、百刻之数融合为一个整体的系统,并制成《明镜之图》:

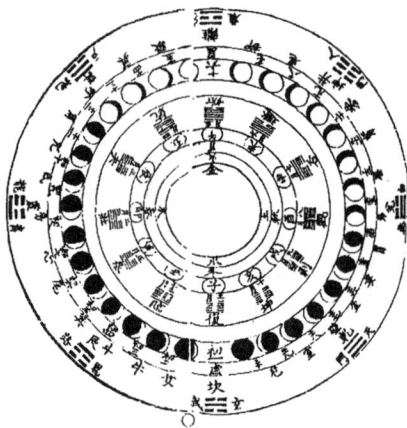

参同契鼎器歌明镜图③

其具体做法是:

首先,于年中寻月,月中寻日,日中寻时,时中寻刻。"以一年十二月

①《周易参同契分章通真义·圣人不虚生章第十二》,《道藏》第 20 册,第 135 页。
②《周易参同契分章通真义·火记六百篇章第三十六》,《道藏》第 20 册,第 142 页。
③《周易参同契鼎器歌明镜图》,《道藏》第 20 册,第 159 页。

气候，蹙于一月之内；以一月气候，陷于一昼夜十二辰中。定刻漏，分二弦，隔子午，按阴阳，通晦朔，合龙虎。"①以一月/360时象一年之数，以月中五日/60时象一月之数，以两日半/30时象半月十五日之数。又以十二辰象一年之数，以六辰象半年/180日之数，其中春秋二分、冬夏二至皆在十二辰之中。以此表示内炼与外运每每应合相通。

其次，以卦气关系规范火进符退的刻度。"有阴鼎阳炉，刚火柔符，皆依约六十四卦，周而复始，循环互用。又于其间运春夏秋冬，分二十四气，擘七十二候。"②即以坎离震兑四正卦象春夏秋冬四季、子午卯酉四时；以八卦、十二辟卦象八维、十二月、十二辰；以六十卦、三百六十爻象五日六十时、三百六十日，"每日朝暮两卦，计六十卦，每卦六爻，合计三百六十爻，凡五日为一周，合六十时，应一月六十卦，用事六十时，系卦三百六十爻，便应三百六十日"③。又以卦爻变化表示的爻辰象二十四气、七十二候，"每一辰内于二十四气中分得二气，七十二候中分得六候"④。其中每一爻的添减表示的不仅是时辰的消长，也是内炼火符进退的刻度：自复卦一阳始生到乾卦六爻皆阳，表示进火之候；自姤卦一阴始生到坤卦六爻皆阴，表示退符之候，周而复始，循环往复，始成还丹。彭晓说："还丹之道，要妙在震巽，起阴阳之中，复遘分进退之符。十二卦周行一年，气足坎离，运用龙虎生成，数满周星，神精水火进气而出，即非常药也。"⑤唐宋以后的内丹家进求"法轮六候"，大概就是从彭晓这里得到的启示。

最后，运用五行说，又吸收甲子、月体、星宿之说。彭晓说道：

> 列阴阳五行万象入鼎中，辅助金水龙虎离女坎男交姤，共生真砂真汞而成还丹也。⑥

---

① ②《周易参同契分章通真义·牝牡四卦章第二》，《道藏》第20册，第133页。
③《还丹内象金钥匙》，《云笈七签》卷七〇，《道藏》第22册，第486—487页。
④ ⑤《还丹内象金钥匙》，《云笈七签》卷七〇，《道藏》第22册，第487页。
⑥《周易参同契鼎器歌明镜图》，《道藏》第20册，第160页。

内丹家皆以肾比水，以心比火，以肝比木，以肺比金，以脾比土，金情木性相恋，坎水离火既济，皆须经戊己之土的媒合，所以这里说五行"辅助"铅汞龙虎交媾而成还丹。子、丑、寅、卯、辰、巳、午、未、庚、申、戌、亥等十二地支，虚、女、牛、斗、箕、尾、心、房、氐、亢、角、轸等二十八宿，以及月体三十圆缺皆每每与年、月、日、时、刻及其内炼的升降进退相关联。

彭晓的《明镜图》可以说是一种以系统关联式表示的内炼还丹的火候法度图，其核心是说明人体与自然环境、内炼火候与天地之阴阳消长的符应关系。其依据虽然是《参同契》，却是以内丹的观点加以发挥了，并以明了的方式把《参同契》中隐含之义表达了出来。后来俞琰《周易参同契发挥》虽则进一步地"发挥"了，并把《明镜图》分解为若干图式，却毕竟不出《明镜图》的框廓。

然而，以人体修炼的法度符合天地之大数、运数、时数，并不意味着彭晓所代表的道教学者主张宿命的观点，相反，在符天数的原则下伏藏着极强的主体能动精神，即"合天符"是为了"夺天符"。把一年蹙于一月中，把一月蹙于一日内，把一日蹙于一时内，把一时蹙于一刻内，目的在于把天地大数浓缩于人体内炼的火符之中，人炼一时功，可相当于一月、一年的自然造化功。彭晓说：

> 凡一时夺得三百六十年正气，一日夜夺得四千三百二十年正气，一月夺得一十二万九千六百年正气，一年夺得一百五十五万五千二百年正气也。[1]

将天地变化、万物生成、晦朔阴阳、刑德交会之大数投注人体"鼎炉"之中，就是为了以人为夺天为。炼内丹讲求七返九转、十月胎圆、三年温养、九年面壁，人为所夺天为之数无以胜计，如此，人的寿命不仅可以不可胜计地延长，而且也能发生宗教修养所企望的境界升

---

[1]《还丹内象金钥匙》，《云笈七签》卷七〇，《道藏》第22册，第487页。

华——成仙。而这正是《阴符经》已经表述出来的基本哲学思想：盗天地之化机。

以退为进，以柔制刚，以弱胜强，这是道家、道教蹈之一贯的原则，守弱处雌并非不有能动精神。彭晓以应合天数来夺天数，以无制有，以有限之形躯达于无限之寿命，正是在内丹学说中表述出来的主体能动精神。

# 第十八章　隋唐时期的三教关系

儒道释三教是中国传统文化的主体,三教之间的冲突和融合是三教关系的主旋律。隋唐时期,佛道论争的过程中,道教与佛教亦相互摄取,从而形成了中国化的佛教和融入佛教思想的道教重玄哲学。同样,道教与儒家也相互借重,以至于儒道两家在心性论、修行论等领域多有契合。

## 第一节　佛与儒的关系

隋唐时期的儒家哲学主要局限在经学的形式中进行开展,儒家经学没有建立精密的形上学论辩,这方面却一直是佛学的擅场。隋唐之际的颜之推、王通等稍涉性理玄学,而多援佛入儒,借用佛学在哲学方面的成果来融合、丰富儒家的心性理论,总体而言,其哲学思想的创获不多,并没有形成儒家特有的哲学论述。隋唐中国佛教哲学的发展,可以说是在六朝佛教各派论师所建立的教义基础上,推陈出新,更为系统地展开了中国化佛教哲学的论辩。三论、天台、华严等诸家义学试图从更为中国化的佛教思想的角度去融合与发挥印度大乘佛教教义之中观、如来藏思想的法流,形成了独具特色的哲学思想系统;玄奘为代表的新唯识学派则致力于纠正六朝佛教唯识学的旧义,以恢复印度瑜伽行派的思想路线为己任,这一新的唯识法相思想与其他宗派的中国化佛教思想之间形成了批判性的互动。隋唐时期最具中国化特色的佛教宗派无疑要数禅宗了。禅宗无论是在对经教的理解与处理,还是在对于佛教禅定方式的革命性论述等诸多方面都取得了相当大的思想突破,慧能《坛经》的出现标志着中国化佛教思想达到巅峰,从此而形成了"天下凡言禅,皆本曹溪"的局面。隋唐中国哲学思想的论究,佛教哲学成为最有标志性的典范。

隋唐哲学的主流表现在佛门之中,出现了儒门淡薄、收拾不住的局面,无怪乎韩愈慨叹唐代周孔之道衰败,而道德仁义之说"不入于老,则入于佛"①。有学者指出,初唐的士学者还没有三教共存的困扰,他们设定儒家士人与僧侣、道士各有不同的社会领域(儒士处理社会生活的经验领域,而僧侣、道士处理方外的玄秘之域)。于是,初唐学者原则上没有把排佛作为其学统的基本要义,但是从韩愈开始,儒家士大夫开始寻找一种包罗万象的"道",这种道已经不再局限在世俗社会政治生活的领域,而是把经验世界关联到形上学的领域来做整体的思考。② 于是,士大夫有关"外王"的制度性与社会政治的考虑,就必须关涉到文化传统,特别是道体的源流与属性方面来进行。这种道事不二一体的哲学思维方式,正是唐宋之际开始流行于中国精英思想界的一种潮流。

儒学的道统,孔孟之后,汉儒止于传经之学,性道微言之学已经几乎中绝,隋唐儒家对于性道精微的论述,又大多无法绕过"异端"之学,而要借佛教为援手。可以说,从韩愈开始,隋唐儒家试图重建儒家独立的哲学传统——道统。韩愈的道统论述中"酷排释氏",他的《原道》对于佛教的批判就是出于这一思考。《原道》批判老、释两家之道"非吾所谓道也",认为老、释之道只停留在虚无的形上境界,缺乏贯彻于日常人伦与政治生活的内涵,"必弃而君臣,去而父子,禁而相生相养之道,以求其所谓清净寂灭者"。这种"去仁与义"所言之道,在他看来就是"一人之私

---

① 〔唐〕韩愈撰,马其昶校注,马茂元整理:《原道》,《韩昌黎文集校注》卷一,第14页。
② 参见[美]包弼德《斯文:唐宋思想的转型》,刘宁译,第22—23页,南京:江苏人民出版社,2001。

言"，一己之解脱，而非普遍性的道。韩愈提出，儒家之道由尧、舜、禹、汤、文、武、周公、孔子一脉相承，都是如《大学》所明之道，由修心治身而贯穿于天下的，"以之为心，则和而平；以之为天下国家，无所处而不当"。① 韩愈标举大旗，想为儒家建立起独创的性命天道之学，但由于他本身缺乏哲学的创思，对于佛教的批判虽然涉及道体哲学的方面，但还没有发挥出义理之精微。即是说，他对于佛教的批判"终不离乎文字语言之工"，"而于本然之全体，则疑其所未睹"。②

　　韩愈之辟佛，代表了唐代儒佛论辩的一种思想类型。然而其"急于功名，无甚精造"，对于隋唐中国哲学论述的建构还没有深入到性微玄理的层面来开展，正如苏辙所批评的那样："从事于仁义、礼智、刑名、度数之间，自形而上者，愈所不知也。"③苏轼也批评他的辟佛论"于理而不精，支离荡佚"④。唐代韩愈所开创的儒佛论辩，虽然还没有完成精微的哲学论述，却为宋代理学的哲学论辩提供了一个重要的思想方向。唐代所开展的儒释之辨，成为宋代理学哲学建构的一个活水源头。

## 第二节　道与佛的关系

　　道佛两教，在中国差不多有着共同的兴衰经历。东汉是佛教传入中国的时期，也是道教发生的时期，二者又都经魏晋南北朝时期的酝酿发育，至隋唐而繁荣并盛。佛教自隋代智𫖯倡"五时八教"的判教理论、创立天台宗后，三论、法相、华严、禅宗等宗派相继产生，有着难以羁勒的发展势头。道教在两晋时已有灵宝、上清等派系，但派系之间的界限并不显明。隋唐时期，道教虽在总体上势力不及佛教，但由于自觉实行了革新，加上李唐王朝的庇护，也同步进入了繁荣期。道佛两教，一个是中土

① 〔唐〕韩愈撰，马其昶校注，马茂元整理：《原道》，《韩昌黎文集校注》卷一，第 14—18 页。
② 朱熹校《昌黎集》中"与孟尚书书"评语，见〔唐〕韩愈撰，马其昶校注，马茂元整理《韩昌黎文集校注》卷三，第 213 页。
③ 〔唐〕韩愈撰，马其昶校注，马茂元整理：《原道》，《韩昌黎文集校注》卷一，第 13 页。
④ 〔宋〕苏轼：《韩愈论》，《苏轼文集》第 1 册，第 114 页，北京：中华书局，1986。

文化,一个是外来文化,这两种文化的本然身世决定了两者互不相让与互相融摄的历史情形。

## 一、道与佛的论争

隋唐两代的佛道论争,除在《老子化胡经》的真伪这个老问题上继续以外,最激烈的还是在初唐武德、贞观年间傅奕、李仲卿、刘进喜所代表的道家、道教与法琳、李师正、道宣所代表的佛教之间进行的。道士出身的太史令傅奕在《废省佛僧表》之后又多次上书,力主废佛。道士李仲卿写了《十异九迷论》,道士刘进喜写了《显正论》。道教所陈述的理由主要依据夷夏之论,强调中土与西土文化冲突的利害关系。这些争论从内容上来看,与魏晋、六朝时期的佛道论争无大差别,但侧重不同。过去的论证主要在对比差异,从理上去说,如老子与佛陀谁在先、谁在后、谁教化了谁,又如沙门该不该敬奉王者、华夏与佛教文化是不是相违逆等等。现在虽然还是这些东西,但论证的重点集中在文化与社会冲突上,以及这种冲突给王权政治带来了怎样的直接危害。我们来看傅奕在武德年间写的这篇《废省佛僧表》:

> 臣闻羲农轩顼,治合李老之风;虞夏汤姬,政符周孔之教。虽可圣有先后,道德不别;君有沿革,治术尚同。……当此之时,共遵李孔之教,而无胡佛故也。自汉明夜寝,金人入梦,傅毅对诏,辩曰胡神。后汉中原,未有之信。魏晋夷虏,信者一分。笮融讬佛斋而起逆,逃窜江东;吕光假征胡而叛君,時立西土。降斯已后,妖胡滋盛,太半杂华。缙绅门里,翻受秃丁邪戒;儒士学中,倒说妖胡浪语。曲类蛙歌,听之丧本。臭同鲍肆,过者失香。……伏惟陛下定天门之开阖,更新宝位;通万物之屯否,再育黔黎。布李老无为之风,而民自化;执孔子爱敬之礼,而天下孝慈。且佛之经教,妄说罪福,军民逃役,剃发隐中。不事二亲,专行十恶,岁月不除,奸伪逾甚。臣阅览书契,爰自庖牺,至于汉高,二十九代,四百余君,但闻郊祀上帝,

官治民察,未见寺堂铜像,建社宁邦。请胡佛邪教,退还天竺,凡是沙门,放归桑梓。令逃课之党,普乐输租,避役之曹,恒忻效力。勿度小秃,长揖国家,自足忠臣,宿卫宗庙。则大唐廓定,作造化之主;百姓无事,为羲皇之民。[1]

不用说,傅奕在向皇帝陈述这番道理的时候,态度是很犀利的,他并不去论道与佛的学理差别,而是直接从佛教的社会作用说起,这里面有两条理由:一是在佛教传入中国之前,老子和孔子的学说发挥了很好的社会作用,而在佛教进入中国之后,中国并没有因此变得更好,反而使民情变得不纯正了;二是佛教的广泛传播带来了巨大的社会问题,如逃避国家赋税、不侍奉父母等等。为此,傅奕提出了"益国利民十一条"。这十一条在官方的文书里已经亡佚,只在佛教的典籍中保存了下来。为了反击傅奕的指责,《广弘明集》中部分保留了傅奕的言论,其中就有"佛法来汉,无益世者""人家破家,入国破国""寺多僧众,损费为甚"[2]。在《请除释教疏》中,傅奕加强了上述指责,说:"佛在西域,言妖路远。汉译胡经,恣其假托。故使不忠不孝,削发而揖君亲;游手游食,易服而逃租赋。演其妖书,述其邪法,伪启三途,谬彰六道。恐吓愚夫,诈欺庸品,凡百黎庶,通识者稀。"[3]说全国有僧人十万以上,如果给这十万僧人匹配婚姻,可以成十万之户,生养儿女,可使国家人口大为增长。

对这样的指责,佛教当然不能接受,法琳针锋相对地写了《对傅奕废佛僧事》《辨正论》,李师正写了《内德论》《正邪论》,道宣写了《集古今佛道论衡》《广弘明集》,对道教的观点逐条地进行反击,当然,反击言论中也不会客气,甚至把老子贬为一般的"贤人",而非圣人。佛教攻斥道教的主要观点集中在:(1)释迦在老子之先,老子乃释迦的大弟子迦叶菩萨,若诽毁释迦,则"太昊文命,皆非圣人;老子文王,不足师敬"(法琳《对

<hr>

① 《唐上废省佛僧表》,《广弘明集》卷一一,《大正藏》第52卷,第160页。
② 见《广弘明集》卷一一,《大正藏》第52卷,第166、165、163页。
③ 《佛祖历代通载》卷一一,《大正藏》第49卷,第564页。

傅奕废佛僧事》）；（2）佛法有真应二身、权实二智，非但不"无益于世"，而且"教人舍恶行善，佛法最先，益国利民，无能及者"（法琳《对傅奕废佛僧事》）；（3）道教主"道本自然"，说明"道有所待；既因他有，即是无常"（法琳《辨正论·九箴篇》），"佛经无叙于李聃，道书多涉于释训"，道教"才用薄弱，不能自立宗科"（道宣《广弘明集·辨惑篇序》）。①

武德年间的这场论争以道教的获胜而终结，高祖下令限制佛教。法琳虽然不服，但也无可奈何。只不过，因为玄武门之变，唐王朝的政治权力发生变更，高祖的诏令还没有得到执行，就在太宗那里得到了纠正。太宗力主三教并行，所以儒释道各自都得到了良好的发展空间，以致这种主张成为唐朝的基本国策确定了下来。只是法琳的个人命运却没有因此改变，他因为强烈反对道教的立场，有些话不免说得过头了，他的《辨正论》有对老子不敬之嫌，并且在贬低老子的同时，连孔子也一起贬，被道士秦世英告到了太宗那里。太宗拿过《辨正论》仔细看后，认定法琳有诽毁祖宗之罪，大理寺因此定罪法琳流放，最终，法琳死在了去益州的路上。

这种论争谈不上公正，道教死死抓住佛教的异土性，抓住佛教不敬王者、无助教化，试图将佛教挤出中国文化圈。佛教则死死抓住"老子化胡"说的荒诞，及释迦比老子年代更早的记载，竭力贬低道教。这类论争的胜负并没有直接引起朝廷对其中任何一方的兴与废，李唐王朝始终奉行三教并行的政策，这一点并不因哪一代皇帝对佛或道的偏爱而有根本的改变。无论是高祖一并削减僧尼、道士及寺、观的数量，还是高宗、玄宗对道教的偏重，抑或是武后对佛教的厚爱，并没改变其基本格局。历史上把法琳遭黜、武宗废佛事件归咎于秦世英与赵归真，是对历史现象过于简单的判定。法琳遭黜，除他在攻斥道教时连孔子也一同骂之外，还因为法琳卷入了李唐王朝内部的权力之争，李建成在政治上的失败自然也累及了他。当然，在唐朝的整个历史中，因为皇帝的偏好，佛教与道

① 以上见《广弘明集》卷一一，《大正藏》第 52 卷，第 163、166 页；卷一三，第 187 页；卷五，第 118 页。

教在朝廷里的地位会有起伏变化,但这些喜好没有动摇唐朝宗教政策的根基。唐朝的皇帝们清楚道佛两教的分野,既愿意它们彼此保持这种分野,又把分野限制在一个适当的范围内。各朝皇帝也还要经常采取一些措施及时调整宗教政策,如贞观年间的《道士女冠在僧尼之上诏》、显庆年间的《僧尼不得受父母拜诏》、天授年间的《释教在道法之上诏》、圣历年间的《条流佛道二教制》、景云年间的《僧道齐行并进制》、开元年间的《令僧尼道士女冠拜父母敕》、太和年间的《条流僧尼敕》等等。[①]

除此之外,皇帝也亲自主持三教论坛,儒释道三教领袖对谈,谁说的有理就采取谁的。日久天长,三教的关系逐渐平和了起来,除了彼此说话的时候讲究仪则风范,也注意吸收对方的长处,于是有了三教融合的倾向,而且道教和佛教也的确在言论与著述当中彼此承认。

既然如此,为何武宗年间的废佛事件还是发生了呢?历史上有一种意见,把这次废佛诏令的出台归咎于赵归真,认为因为他向武宗进了谗言,才发生了这场灾难。这种观点实际上过高估计了赵归真的作用。真正的原因还是在于佛教自身。我们来看看武宗废佛的这道诏令:

> 朕闻三代已前,未尝言佛,汉、魏之后,像教浸兴。是由季时,传此异俗,因缘染习,蔓衍滋多。以至于蠹耗国风,而渐不觉;诱惑人意,而众益迷。……今天下僧尼,不可胜数,皆待农而食,待蚕而衣。寺宇招提,莫知纪极,皆云构藻饰,僭拟宫居。晋、宋、齐、梁,物力凋瘵,风俗浇诈,莫不由是而致也。况我高祖、太宗,以武定祸乱,以文理华夏,执此二柄,足以经邦,岂可以区区西方之教,与我抗衡哉!贞观、开元,亦尝厘革,划除不尽,流衍转滋。朕博览前言,旁求舆议,弊之可革,断在不疑。而中外诚臣,协予至意,条疏至当,宜在必行。惩千古之蠹源,成百王之典法,济人利众,予何让焉。其天下所拆寺四千六百余所,还俗僧尼二十六万五百人,收充两税户,拆招提、兰若四万余所,收膏腴

① 〔宋〕宋敏求编的《唐大诏令集》及李希泌主编、毛华轩等人编的《唐大诏令集补编》(上海:上海古籍出版社,2003)中收录了大量类似的诏令。

上田数千万顷,收奴婢为两税户十五万人。隶僧尼属主客,显明外国之教。勒大秦穆护、祆三千余人还俗,不杂中华之风。[①]

文化上的冲突是个长期的问题,却不见得会立即引起武宗皇帝下决心废佛,倒是佛教势力的快速扩张引起了世俗政权与佛教王国的对立。表面上是从文化冲突说起,落脚处却在社会问题:从废除佛教寺院的数量和下令还俗的僧侣人数来说,佛教的扩张是引起了王朝政府紧张的主要原因。如此庞大的寺院经济却不向朝廷纳税,如此众多的人出家,在经济上、政治上对朝廷造成了不小的压力,必然引起朝廷对佛教的限制。有关这一点,白居易的诗中就已有表露:"寺门敕榜金字书,尼院佛庭宽有余。青苔明月多闲地,比屋疲人无处居。忆昨平阳宅初置,吞并平人几家地。仙去双双作梵宫,渐恐人间尽为寺。"(《两朱阁》)处在京城的白居易都感受到了佛教扩张的压力,连他都担心人间的房屋都变成了寺院,可知佛教扩张的程度了。

不过,武宗的废佛政策也不是要铲除佛教,还是规定保留一定的寺庙。[②] 而且,废佛令没有持续多久,就因为他的离世而终止了,代之而来的是宣宗皇帝的《复废寺敕》,认定武宗的废佛令"厘革过当,事体未宏",于是全面恢复佛教的寺院。[③]

既然佛教并不因道教的诋毁被挤出中土,道教也不因佛教的贬低而失去生命力,那么,结果只能是相互承认对方存在与发展的合理性。因而唐中后期,佛道之间虽仍有论争,但多不再相互诽毁,从白居易《三教论衡》的记载来看,儒释道三家对御论谈的内容多为"自叙才能,及平生志业",不相攻斥。裴休为佛教大师圭峰宗密的《华严原人论》作序时表

---

① 《旧唐书》卷一八上,"武宗本纪上",第605—606页。

② 会昌五年(845年),武宗敕令上都、东都每街留两寺:"上州合留寺,工作精妙者留之;如破落,亦宜废毁。其合行香者,官吏宜于道观。其上都、下都每街留寺两所,寺留僧三十人。"李希泌主编,毛华轩等编:《唐大诏令集补编》,第1403页。

③ 李希泌主编,毛华轩等编:《唐大诏令集补编》,第1404页。

示:"孔、老、释迦皆是至圣,随时应物,设教殊途,内外相资,共利群庶。"①道教理论的集大成者杜光庭表示:"三教圣人所说各异,其理一也。"②佛道二教的相互承认,也包括了对儒学的认同,最终导致了三教的合流。

## 二、佛道之共殊关系

佛道两教之间的交往历史久远而错综复杂,而交往史又根源于两教之间的共殊关系。这种共殊关系既存在于原始的本然状态,又根据时代的变迁存在于交往的过程中。尽管每个时代的特殊社会文化背景使两教交往表现出交叉融通以至合流的情形,但两教之间的共殊关系依然如故,只是有显隐的差别罢了。之所以有此不泯的共殊关系,则要归结为文化功能。只要佛道二教任何一方不为另一方同化,那么各自就要别其殊致。同样,双方都有发展的欲望,那就要认其同趣。别殊与认同,认同又别殊,如此反复,就形成了佛道交往的基本格局。

在分析具体时代的佛道关系时,首先须弄清两教之间的基本共殊关系,否则说不清楚两教交往表象下的实质内涵。

其一,佛教从西土传播而来,道教发轫于中土,这种最简单、最显明的差异包含了以后所有矛盾对立的根源。然而,两者都是宗教,这种同样最简单、最显明的相同包含了以后所有交往认同的基础。无论道教怎样造出老子西去流沙以化胡的动人故事,佛教怎样造出老子乃释迦大弟子迦叶的神话,毕竟不能说服人。靠造经造神话来吞噬、同化异教是不可能的,而在中国的历史环境下,也没有发生宗教征伐的可能,那么,结果只能是对峙并存与相互承认。

佛道都是宗教,又都把世界分为此岸与彼岸相隔离的两个境界。然而,佛教认定一切现实世界皆虚妄不真,有"法我皆空"说。谢镇之《析夷夏论》说:

---

① 《原人论序》,《大正藏》第 45 卷,第 708 页。
② 《太上老君说常清静经注》,《道藏》第 17 册,第 187 页。

佛法以有形为空幻,故忘身以济众;道法以吾我为真实,故服食以养生。

这类别殊异之论产生于佛教努力摆脱老庄及玄学思想影响、独立标帜的时期,因而比较真切地反映了佛道二教的本然特征。这种本然特征并不随佛道儒三派文化以后的交融而有根本的改变,无论是印度小乘佛教的有宗,还是十六国六朝时期盛行的大乘空宗,抑或是隋唐时期盛行的大乘有宗,在这个根本点上没有两样。

道教在把世界分成两个境界时,一方面把天国描绘得活灵活现,如陶弘景《真灵位业图》中所表述的仙班品位如同人间的官阶品位,另一方面并不否认现实生活的实在性,差别在于现实生活有生有灭而"无住",由此带来肉体的痛苦与灵魂的纷扰,而仙界则"常住"无生灭,因而无人间的哀怨苦愁。在道教看来,天国是道的境界,人间是气的境界,道无生灭,气有聚散生灭。因此,不像佛教主张"物无自性",须依他而缘生,道教主张物皆有自性,只是自性中存着通于道体的根源。道教虽也讲空无,但"空、虚、无"乃是道的一种存在状态,而"有"不仅是道之有,也是现实之有。道教修养中讲求遣有归无,只是要求达到自我的虚静灵明,并不否定自我及周围世界的现实性。

其二,佛道二教对待现实世界的不同态度,引起在出世超越问题上的分野。虽然佛道都要出世超越,但超越的方式与路径殊异。佛教的超越以否定一切现实性为代价,认定周围现象界皆是虚妄,佛教各个宗派无论有多大差别,都以不同的方式论证"法界"(现象)虚妄不实。相传释迦牟尼"弃国学道","释其须发,变其章服",表示彻底断绝俗缘的决心,因而佛教不认六亲,也不认帝王之尊,甚而舍身以求佛,即以心神追求"真如法界"。在佛家看来,儒家与道家因为有身与国的牵累,还停留在凡俗界,唯佛教无身无国,才称得上超越。慧远的《沙门不敬王者论》,其基本观点也同于此。在修炼方式上,佛教只讲修心,不讲修身。道教不仅不否弃现实性,而且其所追求的超越境界还偏偏要在现实性中去寻找。既然道可以混迹于气当中,那么于平实的气当中是可以找到至上的道的,功夫在于以身炼身,就心炼心,身心合一、性命双修的提升,即能达于仙境,故而道教不离世亲,有"天地君亲师"的尊奉。《太平经》曾被看做"帝王南面之术",保持着较强的世俗特性。修炼得道者,被称为"真人",即从现实中活生生的凡人升格为活生生的仙人。因而道教的修仙术又称为"长生久视之道"。

其三,佛道两教各有自己的一套精深的思辨哲学,然而思维的方式殊异。中国的佛教有着整套精巧繁富的名相术语与思辨技巧,其中融涵着印度的因明逻辑方法,又加上吸收中国哲学的范畴术语,更博大精深。佛教不仅时常与道教、儒家辩难,其内部也时常思想交锋,相互辩驳,佛教的破相破执论就是在此类辩难中发展起来的。因而,就原本意义讲,从印度传译过来的佛教的思维方式乃是一种纯粹理性思维的,玄奘从印度搬来的唯识学就突出地带有这种特色。道教的思辨哲学以老庄哲学作为底子。老庄哲学精深玄远,属于中国哲人的智慧,然而老庄哲学的方式并非纯粹的理性思维,而是蕴含着感性体验与理性思维的创意思维,讲究"契思",而非"辨思",所以是寓辨于不辨之中。在庄子看来,辩论引起"道隐于小成,言隐于荣华",道昭而不道,言辨而不及,故他推崇"大道不称,大辩不言"。所以说,道家的哲学确乎有着非理性、非逻辑的一面。道教在把老庄哲学拿来作为其宗教哲学思想基础时,正是发展了非理性非逻辑的这一面。尽管道教也吸纳了墨学思想成分,甚至《道藏》也将《墨子》收入其中,但道教吸收的是墨学中博爱、任侠与苦己利人的方面,并不曾继承与发扬墨学中的逻辑思想。在很长的时期内,道教只有自然的哲学,没有真正的思辨哲学,不仅没有自己的思辨范畴体系,甚至老庄的现成范畴也没有运用起来,根本无力与佛教哲学相抗衡,故而在与佛教的聚讼中总是处于被动局面。但这只是六朝及其以前的情形。隋唐时期,迫于与佛教争衡的需要,道教建立起了自己的思辨哲学,而这种思辨哲学的建构不免借鉴了许多佛教术语。

道佛两教之相共者,则互相征引、仿效;两教之相殊者,则互相攻斥、难诘,其中在相反之论中又根据自身的需要悄悄地摄取涵纳。因此,明为水火不容,暗则有潜流互动。隋唐奉行的宽松的宗教与学术政策,使两教能够并立发展,同时相互之间的交往更加频繁,在谁也不能同化谁的情况下,最终导致了相互的认同,及由此而产生的合流倾向。

### 三、道教摄取了佛教的范畴术语

道教在建构自己的思辨哲学时,大量地吸收了佛教的方法和范畴,然而这些范畴却是根据道教自身的需要进行过改造的。隋唐的道教学者一方面发挥道教的兼容特性,深入纳佛;另一方面道教主体意识也很强,要在精研老庄的基础上吸收佛教思想,也就是先固其本,再博采他说。他们的主旨是,借佛教的名相术语阐扬老庄的思想,进而使老庄思想根据宗教发展的实际需要得以提升,达到安身立命的目的。

（一）"佛性"说

道教有"道性"说,佛教有"佛性"说。把宇宙本体作为某种抽象的本质来看,并非佛教的独创,早期道家把"道"确定为万物的最高规定性,已经具备了这种抽象力。然而,"道法自然",道"出于自然",当"自然而然"被理解为道的最基本特性,并与人性论联系起来时,"道性"说便应运而生。"道性"即指人生之"自然",这在东汉时产生的《老子想尔注》中就明确地表述出来了:

　　　　道性不为恶事,故能神,无所不作,道人当法之。[1]
　　　　道性于俗间都无所欲,王者亦当法之。[2]

"不为恶事""于俗间都无所欲",就是要顺其自然而至道生,"道常无欲,乐清静,故令天下常正"[3]。

道教发明了"道性"说,却没有很好地发挥,被六朝时期蓬勃兴起的

---

[1] 饶宗颐:《老子想尔注校证》,"道常无为而无不为"注,上海:上海古籍出版社,1991。
[2] 饶宗颐:《老子想尔注校证》,"无名之朴亦将不欲"注。
[3] 饶宗颐:《老子想尔注校证》,"无欲以静天地自正"注。

中国哲学通史·隋唐卷

"佛性"说取而代之了。自竺道生倡"一阐提人皆有佛性"说以来,加上《大般涅槃经》被翻译过来,"佛性"说逐渐成为佛学主流思想。其谓"佛性",乃指"真如法性",即抽象的宇宙本体。作为一种本体论学说,它是将印度诸法实相说结合魏晋玄学本体论而产生的。作为一种修道论,它关心终极的抽象宇宙本性与有生灭的具体的人物有何关系。六朝与隋唐,道教大讲"道性"说,确实是接受了"佛性"说的影响。但道教并不是在本体论意义上,而是在修养论方面接受了"佛性"说。魏晋六朝,道教奉行外丹学说,其中虽有修炼身心的内容,但其主要目的只在于以清静不动之心神迎受永恒不朽的道,并没有明确地认定客观的道与主观的精神有着某种直接同一性,而"佛性"说完成了这方面的论证。道教本来讲道体论,但为了说明道体与人性之间的关系,也提倡"道性"说。孟安排《道教义枢·道性义》明白地表明了"道性"说与"佛性"说之间的内在联系:

> 道性以清虚自然为体,一切含识,乃至畜生果木石者,皆有道性也。究竟诸法正性,不有不无,不因不果,不色不心,无得无失,能了此性,即成正道。自然真空即是道性。①

这不仅说明一切物类都具道性,也明确提出,人如能反躬自修,了却本性,就能通道成仙。王玄览《玄珠录》既讲"道体",又讲"道性":

> 诸法若起者,无一物而不起。起自众生起,道体何曾起?诸法若忘者,无一物而不忘。忘自众生忘,道体何曾忘?道之真实性,非起亦非忘。②

道体是道之本然体,道性是道体潜在于人与物中的具体属性,故人能修性,就能全道。不过,道教的"道性"说不仅吸收了"佛性"说,也吸收了儒家的"心性"说。儒家讲尽心知性知天,基本立意是主张从一念之初的本心达知本性,达于本性则通天。道佛两教在阐扬心性时,都借鉴了儒学,

① 《道教义枢》卷八,《道藏》第24册,第832页。
② 《玄珠录》卷上,《道藏》第23册,第622页。

714

把客观的抽象本质与主观的心体等同起来,心动不能体知道性、佛性,心不动就能体知道性、佛性。道教把一念之初的本心称为"常清静心",佛教也讲清静之心,也即寂灭之心。司马承祯、吴筠在倡导修心契道时,就是把心与性直接同一起来的,至于唐末五代以后的内丹修炼学说,则都主张心性一体。

道教吸收了儒学和佛学,但并不能由此断定"道性"说即是"佛性"说或"心性"说,道教是按照自身的需要来吸收异派文化养分的,不仅"道性"说在道教经典中有此根芽,而且道教对佛儒的吸收也是采用涵化的方式。这表现在:其一,道教提出"畜生果木石者有道性",这种明显带有泛神论色彩的观点,正是道家、道教的本色,《庄子》主张"致道者忘心"(《让王》)、"两忘而化其道"(《大宗师》),就是以冥化自然作为体知道的途径。而这在时间上先于佛教天台大师湛然提出的"无情有性"说。其二,道教主张以常清静心识性体道,即是把常清静心作为常清静之道的同一体来看待的。在早期道家看来,常清静、自然而然乃是道的最根本特性。故而,人心能常清静,自能识道性。其三,道教在讲求"道性"说的同时也讲求"道体"说,还讲心与身的一致,不像佛教那样舍身求性。

（二）论辩术

道教在发展自己的思辨哲学时,从佛教中借用了许多术语。如"智境",王玄览说:

> 道在境智中间,是道在有知无知中间。①

成玄英说:

> 道是虚通之理境,德是志忘之妙智。境能发智,智能克境,境智相会,故称道德。②
> 圣人空慧明白,妙达玄理,智无不照,境无不通。③

---

①《玄珠录》卷上,《道藏》第 23 册,第 620—621 页。
②《道德真经玄德纂疏》卷一,《道藏》第 13 册,第 358 页。
③《道德真经注疏》卷一,《道藏》第 13 册,第 280 页。

又如"本迹",唐玄宗说：

> 摄迹归本,谓之深妙,若住斯妙,其迹复存,与彼异名等无差别,故寄又玄以遣玄,欲令不滞于玄,本迹两忘,是名无住,无住则了出矣。①

再如"观照""定慧",孟安排说：

> 二观者,一者气观,二者神观。既举神气二名,具贯身心两义,身有色象,宜受气名以明定;心无难测,宜受神名以明空慧。故《本际经》云:炁观神观,即是定慧。②

唐代的道家、道教不仅借用佛教范畴,也运用道家、道教固有的术语展开论辩,如张志和关于"同乎时""异乎时"的论辩：

> 今有之忽无,非昔无之未有,今无之忽有,非昔有之未无者,异乎时也。若夫无,彼无有连。既往之无,有而不殊。无此有无,合将来有无而不异者,同乎时也。异乎时者,代以为必然会有不然之者也。同乎时者,代以为不然会有必然之者也。③

又如杜光庭关于同异关系的论辩：

> 道德不同不异,而同而异,不异而异,用辩成差。不同而同,体论唯一。……知不异而异无所可异,不同而同无所可同,无所可同无所不同,无所可异无所不异也。④

诸如此类的论辩颇为饶舌,在格调上不仅类似庄子、公孙龙的辩术,也足可与佛教的论辩相匹敌。唐代的许多道家奇书,如《化书》《无能子》《谗书》等,都具此特点。道教还发展了一些自己的新术语,如因待、互陈、体用双举等等。

---

① 《唐玄宗御制道德真经疏》卷一,《道藏》第 11 册,第 750 页。
② 《道教义枢》卷五,《道藏》第 24 册,第 826 页。
③ 《玄真子外篇·卷下·涛之灵》,《道藏》第 21 册,第 725 页。
④ 《道德真经广圣义》卷一,"释疏题名道德义",《道藏》第 14 册,第 338 页。

（三）双遣方法

"非有非无，不落两边"的双遣方法是龙树《中论》所阐述的基本思想，意谓执着于有是滞于有，遣有归无是滞于无，既非有，又非无，才是中道。运用在主客关系中，就是既遣他执，又遣我执，两边不落。这种方法在六朝、隋唐的佛教中有着广泛的影响。道教在根据《老子》"玄之又玄"阐扬重玄哲学思想时，借用了这种方法，成玄英、李荣把佛学的非有非无称为"玄"，把非非有、非非无称为"重玄"。《天隐子》阐发《庄子》"坐忘"观点时，也借用了双遣方法，外遣物境，内遣心智，两边不落，心泯合于道，说"彼我两忘，了无所照"①。

隋唐道家、道教学者在建立自己的形上学时，借用了佛教的术语与方法，发展了自己的术语，不仅有了思辨的外观，的确也有了思辨的高水准。但从严格意义上讲，道教虽然有了思辨的哲学，却仍然没有运用印度佛教的因明逻辑方式，尤其是没有采纳佛教的立破辩术，道家、道教原先的非逻辑特性并无根本改变。而且，随着内丹学说的兴起，隋唐形成的思辨哲学没有沿着"辩"的方向继续发展，而是服务并融注在内丹学说中，进一步朝着"契思"与神秘主义方面发展了，其结果仍然是寓辨于不辨之中，这是道教徒在与佛教徒的论辩中总是"辩"不过佛教徒的一个基本原因。

## 四、佛教摄取了道教的冥通精神

佛教在魏晋时期，曾以格义的方式大量地袭取了道家的概念、范畴，带有明显的玄学思想色彩。东晋以后，佛经被大量翻译过来，佛教努力摆脱玄学的影响，尽可能地少用道家典籍的范畴、概念，同时攻斥道教袭取佛学的范畴术语。至隋唐，佛教宗派林立，不仅气象博大，也显得根底深厚。从表象上看，佛教于道家、道教无所取焉，其实不然。除唯识宗属于原本的印度佛教之外，其他几派皆是在中国文化土壤上生成的，它们用以标其思想宗奉的是中国文化与印度文化的混合再生品，这是佛教中

---

① 《天隐子》，《道藏》第 21 册，第 700 页。

国化的历史必然。仅仅从范畴征引上难以看出佛教从道教那里袭取了什么,但从思想内涵及其思维方式来看,则可清楚了彻佛教从道教那里袭取了什么东西。对此,梁启超曾说:

> 惟有一义宜珍重声明者,则佛教输入非久,已寝成中国的佛教,若天台、华严、禅宗等,纯为中国的而非印度所有;若三论、法相、律、密诸宗,虽传自印度,然亦各掺以中国的特色。此种消化的建设的运动,前后经数百年而始成熟。①

## (一)"出世"中的"在世"

原本的印度佛教乃是一种高蹈出世精神的宗教,把"不得参预世事,结好贵人"的佛陀遗训作为代代相因的传统,因之,出世就是要断绝一切俗缘,不得对现世有丝毫的回眸,不认六亲,不敬王侯。然而,当佛教传入中国并要立根中土时,它就不能不做出让步,慧远《沙门不敬王者论》中已有调和中土与西土、方内与方外矛盾的意愿。在弘教中与中国固有文化传统的反复冲撞,使佛教学们得出了一个结论:"不依国主,则法事难立。"而在宗教教义上公开认同的,便是在中土产生的经典《大乘起信论》。其最基本思想是"一心二门"论,"一心"即"众生心","二门"即"真如门""生灭门"。《大乘起信论》说:

> 摩诃衍者,总说有二种。云何为二? 一者法,二者义。所言法者,谓众生心。是心则摄一切世间法、出世间法。依于此心,显示摩诃衍义。②

> 显示正义者,依一心法,有二种门。云何为二? 一者心真如门,二者心生灭门。是二种门皆各总摄一切法。③

此"众生心"不是单指佛性、真如,也非单指个体之心、生灭现象,而是佛

---

① 梁启超:《饮冰室专集之五十八·佛教教理在中国之发展》,江苏广陵古籍刻印社影印。
②《大乘起信论》,《大正藏》第 32 卷,第 575 页。
③《大乘起信论》,《大正藏》第 32 卷,第 576 页。

性与人心、本体与现象（用）、圣与凡、净与染、绝待与相待、出世与在世等的和合。在这种和合精神原则下，佛教徒既可追寻超越的、形而上的终极境界，也可"随顺"对世间表示出普遍的关怀。《大乘起信论》自隋初流布开来，对隋唐诸宗派产生了深远的影响，天台、华严、禅宗等立宗分派多从中秉承一端，如天台的"性具"论，华严的"理事圆融""功德本具"与"随缘不变"论，禅宗"真如是念之体，念是真如之用"的体用论，都普遍地带有和合世俗的特点。

　　佛学与儒学，一个是彻底的出世的学问，一个是彻底的入世的学问，《大乘起信论》在调和出世与入世关系时，显然撷取了儒学"叩其两端而竭焉"的中庸观点，但它们一者作为一种出世的宗教学说、一者作为一种入世的官方正统学说，相距甚远。然而佛教与道教的关系不同，一来两者都是主张出世的宗教，二来两者又都希望获得国主的支持，在民间争地盘，因而既要互相攻斥，又要互相效仿。道教虽也常为出世与入世问题困扰，但道教先天地带有世俗的特点，老庄"无为"与"离世异俗"的学说根本上不曾放弃"无不为"，不曾放弃此岸世界，道教的早期经典《老子想尔注》《老子河上公章句》及《太平经》都蕴含了"道不遗人"的精神内质。《大乘起信论》作为中国化的佛教的产物，自然极方便合理地从道家、道教那里袭取这种精神内质，而且，在互争高低的过程中，它们也竞相表现出对现世的关注情怀。

　　（二）相对主义的方法论

　　华严宗宗奉《华严经》，然而经杜顺、智俨、法藏等阐扬出来的华严思想与本经已大有异趣，华严诸师在发挥"理事无碍"观点时，接受了法相宗从印度译过来的《庄严经论》和《佛地经论》的影响，[①]又接受了《大乘起信论》的影响，还接受了庄子思想的影响，是中印佛学在新的历史条件下的产物。隋唐诸宗派中，除了法相宗，就是华严宗最讲究辩术，它是把印度的方法拿来论辩一些具有中国特色的问题，如体用、理事等。理事圆

---

① 参见吕澂《中国佛学源流略讲》，第 354 页。

融的观点依据物无自性、依他缘生的观点：

> 依他中虽复因缘似有显现，然此似有，必无自性，以诸缘生，皆无自性故。①

从物无自性中，引出事事无碍、理事无碍，从而一多相即、远近相即、小大相即，如法藏所说：

> 且如见高广之时，是自心现作大，非别有大。今见尘圆小之时，亦是自心现作小，非别有小。②

这与《庄子·齐物论》的小大之辩如出一辙。《庄子》从相对主义观点出发，认定一切事物的一切性质只具有相对性、暂时性，皆属观察、认知的角度不同而造成的，"因其所大而大之，则万物莫不大；因其所小而小之，则万物莫不小"（《秋水》）。也就是说万物自身没有确定的规定性。华严宗接受了《庄子》思想，这是毫无疑问的。

（三）整体性原则与"悟"的思维方式

禅宗的兴起，乃是一次佛教的革新，意味着佛教中国化的完成。从菩提达摩的"藉教悟宗"，到慧能的"不立文字"，再到"德山棒""临济喝"，贯穿着一个基本的思想路线，即从印度佛教的繁琐逻辑论证与主客二元对立中解脱出来，以简洁明了的悟通方式实现主客体的绝对同一。如铃木大拙所说的那样："禅宗与依靠逻辑与分析的哲学体系全然不同，甚至可以说它是建立在二元对立思维方式基础上的逻辑哲学的对立物。"③禅宗之所以诽毁逻辑，是因为在禅宗看来，逻辑的方式不仅使主客二元对立，而且也将真理肢解了。真理（佛性）是统一的整体，需用一种非逻辑的、超常的、整体的悟通形式才能认知。所以禅宗突出"明心见性"，认定主体之心与客体之性本来同一，能识得整体之心即能见得整体之性：

---

① 《华严一乘教义分齐章》卷四，《大正藏》第 45 卷，第 499 页。
② 《华严经义海百门》，《大正藏》第 45 卷，第 630 页。
③ ［日］铃木大拙：《通向禅学之路》，葛兆光译，上海：上海古籍出版社，1989。

　　　　故知一切万法,尽在自身中,何不从于自心,顿现真如本性。①

而要做到这一点,靠逻辑的理性的方式是永远也做不到的,此岸与彼岸虽都只存于心性,却要靠一个"悟",而悟则顿悟顿见,即整体性地一次性把握。正所谓"法无顿渐,人有利钝,故名顿渐"②,即是说,真如法性是一个整体,只能整体地体知,人有利钝差别,须行渐修,但渐修并不是把整体的真理分次认知,而是经过渐修,提高、开导其智识,令其开悟,一次完成。"棒喝"的目的正在于此。道教一向持天地人的"三一"模式,主张天人一体、道气一贯,道教修炼的目的在于泯合主客、感通道体。在老子、庄子那里,最高的本体——道——乃是不可分的整体,无论老子讲"道者同于道",还是庄子强调"正容以悟",都是要求以整体的心态把握完整的道体。这与禅宗有着明显的一致性。为了达到悟的境界,庄子主张"吾丧我",禅宗要求"无念无相无往",这也有着相承关系。此外,禅宗为了表明佛性与人心的同一性并非外在力量使其然,也借用道家的"自然"观念,如神会说:

　　　　僧家自然者,众生本性也。③

　　　　一切万法皆因佛性故,所以一切万法皆属自然。④

总之,禅宗与老庄及道教有着非表面的深刻历史联系。但禅宗仍不失其佛教本色,这从以下三点可以明白看出:第一,禅宗的整体性悟通方式包含着印度佛学精于思辨的特点,它通过辨达到了不辨。庄子哲学虽寓辨于不辨,但庄子是要放弃辨术的。第二,禅宗在泯合主客时,强调以心合性,身是"臭皮囊",不能与心同于佛。庄子主张坐忘、丧我,则是要以身心合一的方式契合道本。第三,禅宗的"悟"是本心与佛性的一种直接同一,道教的"悟"虽也是道体与本心的同一,却包含着"感通"的特点。

　　至于中国第一个佛教宗派天台宗,作为"纯粹之中国佛教",其中自然也不难找出与道家、道教的思想联系。

────────────

① 〔唐〕慧能著,郭朋校释:《坛经校释》,第71页。
② 〔唐〕慧能著,郭朋校释:《坛经校释》,第37页。
③④《荷泽神会禅师语录》。

## 第三节　道与儒的关系

隋唐之世,社会开放,文化隆盛,各种源流的思想派别皆可申明宗旨,讲疏理论,作为三大思想文化主流的儒道释适成鼎足之势,亦即"三教无阙",唐朝多任皇帝亦主持过"对御三教谈论"。这既是各家扩大影响、发展势力的机会,又是它们面临社会历史对其遴选、沙汰的严肃局面。实际情形是,各派都须经历继承、转捩、吸收、整合的理论过程,谁缺乏竞争的本事和变异的功能,谁就会失去存在和发展的合理性。人所共知,佛学在这段历史的前后经历过"三武一宗"的"法难",但它并没有因为是外来文化而被挤出中国文化圈,相反,它获得了一个大发展。那么,同是本土文化而发端于不同思想派别的儒家和道家,它们自身的精神面貌如何? 它们在文化对峙与交汇中处于什么样的方位? 它们经历过怎样的理论转型? 除了与佛学的关系,它们之间的关系又是怎样?

### 一、唐代儒学基本面貌

由孔子创立的儒家学派,以其倡导入世进取、讲求道德理性,标立"达则兼善天下,穷则独善其身"(《孟子·尽心》)的功利意识和独立人格,在先秦诸学派中独具品格,又因其与古代典籍文献的特殊因缘关系(删诗书、削春秋),成为古代文化继承者的象征。而孔子注重教育,又为儒学的承传培养了大批学者。儒学经曾参、子思、孟轲等后学者的弘扬,俨然自成"一以贯之"的思想体系。自汉武帝"独尊儒术"以后,儒学思想便成为代代相因的官方正统思想,成为知识分子学而通仕的唯一可靠途径。虽则隋唐帝王有佞道者、佞佛者,但儒学始终处于正宗地位,如罗隐诗中所指出的:"三教之中儒最尊。"(《代文宣王答》)唐太宗曾宣称:"朕今所好者,惟在尧、舜之道,周、孔之教……失之必死,不可暂无耳。"[1]"唐

---

[1]《贞观政要·卷六·论慎所好》。

制,取士之科,多因隋旧"①,即是说,隋唐二代皆废九品中正制,取缔了门阀士族的仕进特权,行明经取士的科举制度。而所设科目大多属儒学经典,唐太宗诏孔颖达等撰成《五经正义》,"自唐至宋,明经取士,皆遵此本"②。因此,隋唐时期的儒学正宗地位非但不曾削弱,反而比魏晋六朝大大地加强了。但是,自孔子删诗书开始,便以"思无邪""一以贯之"的思想方法作为始基的儒学,从一开始就不具开放性,如王充所说:"世儒学者好信师而是古,以为圣贤所言皆无非。"(《论衡·问孔》)又如韩愈所肯定的:"合于道者著之,离于道者黜去之。"(《读荀》)故此,汉代今古经文之争演至谶纬神学的困厄境地,亦是自然之理。至隋唐时期,在开放与沙汰的情势下,儒学的面貌如何呢? 试举数端以议之:

（一）儒学的泛化

所谓泛化,意谓儒学在外延愈膨胀时,其内涵就愈缩小。从一个学术派别的团体意识上升到统治阶级的国家意识,其外延扩大了,同时其儒学内涵就减少了。此种情形,虽正统儒学者所不欲,却实属历史之必然。汉初董仲舒为了投合汉武帝神化皇位的需要,以阴阳灾异学说附会儒经,以至于儒学经典谶纬神学化,其说已与孔子"不语怪力乱神"之旨相谬千里了。为韩愈所称道的扬雄,其《太玄》所云充满道家思想色彩,"于庄、墨、申、韩皆有取焉"(柳宗元《送僧浩初序》)。而且扬氏本身就与道家学者严君平有着某种师承关系。为李翱所仰慕的王通,有感于儒学的泛滥而流失本真,乃以"文中子"自命,欲以救治儒学,醇化"圣道",然其所立学问在朱熹看来,多有夹杂抄袭:"其间有见处,也即是老氏。……论时事及文史处尽有可观。于文取陆机,史取陈寿。""王通也有好处,只是也无本原工夫,却要将秦汉以下文饰做个三代,他便自要比孔子,不知如何比得他那斤两轻重!"③即便是欲正本清源、继孔孟之绝学

①《新唐书》卷四四,"选举志上",第1159页。
② 皮锡瑞著,周予同注释:《经学历史》,第198页。
③〔宋〕黎靖德编,王景贤点校:《朱子语类》。

的李翱,其"情性"学说亦多被后人疑为承袭了佛学意趣。就儒家学派的构成来说,由于儒学成为官学,儒学经典被统治者定为必读书目,儒者成为读书人的代名词。如此,读书人当中除了李白、贺知章等明确称自己是道家学派,以及出家为道士、僧徒的学者,所有读书人皆可泛泛地归为儒者。其实许多人并不具有传统的儒家意识,像"随方立意"开释儒经、道经的陆德明,对时政充满"抗争和愤激之谈"(鲁迅语)的罗隐,皆具有很强的道家思想倾向。而《古今图书集成》也竟将张志和、魏徵等道家思想家列在"名儒"类。就儒学承传来说,在唐代除了尚能找出孔巢父这个孔子二十七世孙的世袭承传关系,其他所有儒学者都难爬梳出一个儒学承传宗脉。这些都表明,儒学的规定性已不那么显明,它已经泛化。要判定某人是否属于儒家,通常不能以其所读书目来确定,而要依据其思想的倾向性。当然,隋唐两代,具有儒学传统思想的亦不乏其人,他们完全可以称得上是儒家。这可以从以下方面得到说明。第一,他们都执着先秦儒家传统式的某种人格。姚崇、韩愈、李翱、李德裕等勇扛反佛大旗,韩愈以《论佛骨表》几乎丧命,也达到了"知其不可而为之"的地步。泗州开元寺僧慕李翱文词卓异,欲邀为词颂,翱严辞拒绝,云:"顺吾心以顺圣人尔,阿俗从时,则不忍为也。"(《答泗洲开元寺僧澄观书》)如此等等。第二,他们都有根深蒂固的进取意识和经世致用的观念。王通、韩愈有着以恢复孔孟之道为己任的宏大抱负,韩愈宣称:"己之道乃夫子、孟子、扬雄所传之道也。若不胜,则无以为道。"(《重答张籍书》)柳宗元以官为"器",把做官视为实现"道"的必要途径,反对道器分离,其云:"官也者,道之器也,离之非也。"(《守道论》)第三,他们都具有儒家的本位意识。韩愈、李翱标明自己所倡之"道"乃"孔孟之道";柳宗元援佛入儒,然其"所取者与《易》、《论语》合"(《送僧浩初序》);刘禹锡取佛之意在"阴助教化","曲为调柔"(《袁州萍乡县杨歧山故广禅师碑》)。不过,由于禀受儒学精神的程度不同,这些儒者呈现出不同的精神面貌:王通、姚崇、皮日休、韩愈、李翱等属于抱定"百代同道"观念,坚守儒学阵地的醇儒;陈子昂、白居易、柳宗元、刘禹锡、李德裕等则属于站在儒学立场,却走出儒学营垒、广泛涵纳道佛诸派思想的一般儒者。这两类学者虽则时常相互抵牾,但其心理意识在本来意义上是一致的,他们构成隋唐儒学的主体。

儒学的泛化带来两个直接的后果。一是儒学的危机。如同明代泰州学派将阳明心学泛化致使心学"渐失其传"一样,隋唐儒学危机必然地引起韩愈、李翱等寻儒之根,撰"古之文",做"古之人"。二是儒学理论的升华发展。如道佛两家每相融摄一次,其思辨水平就发展一次一样,柳宗元、刘禹锡融摄道佛思想就将天人关系问题的论证较荀况、董仲舒等大大提高了。

(二) 儒学的危机

皮锡瑞《经学历史》云:"经学盛于汉,汉亡而经学衰。"①经学中衰即是儒学的危机,不过汉末儒学的危机是在儒学取得独尊地位的情况下,它自身作为官方正统思想逐渐失去维护专制集权的"法力",自身沿着谶纬神学方向繁衍不下去所引起的。而在隋唐,儒学则要承受来自两个方面的压力:一是道佛等异派文化的压力,二是儒学泛化导致的内容贫乏。

首先,道佛二教在唐代的兴盛,严重地冲击了儒学的正宗地位。就佛教而言,"始于汉,浸淫于魏、晋、宋之间,而澜漫于梁萧氏,遵奉之以及于兹"(李翱《去佛斋论》),染流中国六百余年,"其植根固,其流波漫"(韩愈《重答张籍书》),寺院林立,教徒遍布朝野,仅武宗废佛时就曾拆舍46600余所,还俗僧尼并奴婢41万余人。佛教的膨胀带来了大量社会问题,如正税侵减,人力宁堪,生灵耗蠹,恰如白居易《两朱阁》所担心的:"渐恐人间尽为寺。"在这些现象的背后,更为严重的事实是,佛教这种异土文化带来的"异数殊俗","玷中夏之风",侵夺了君臣、父子、夫妻等世情,与儒家的纲常伦理格格不入,如李翱直斥的:"七岁童子,二十受戒,君王不朝,父母不拜,口称贫道,有钱放债。"(李翱《断僧通状判》)道教虽

---

① 皮锡瑞著,周予同注释:《经学历史》,第141页。

然势力不如佛教大，但其政治地位胜于佛教，《老子》几度被列为上经，同儒学经典一道同为取士的门径，如天宝年间的元载即以举明庄老列文四子而入选高第。唐玄宗时甚至立孔子等四真人像侍玄元皇帝侧，这实际上是对"大成至圣"的孔子圣灵的贬降。而且，道家笑傲山林的精神风貌又与儒家修齐治平的人生追求大相径庭。道佛两教在唐代的并盛，更重要地还体现在义理思辨上。佛教在将印度思辨哲学源源不断地介绍过来时，又持续不断地与中国传统的老庄思辨哲学结合起来，呈现出宗派林立、支流众多的局面；道教在将佛教外来思辨结构与老庄思辨结合起来时，实现了自身的思辨化。这种理性化的升华乃是对儒学正宗地位最为深刻的挑战。

其次，儒学的泛化致使许多读书人只把诵读儒经作为通向仕宦的手段，并不以孔孟之言为意，儒学缺乏有理论见解的大家。即便孔颖达等用力甚巨的《五经正义》，亦不过是"章句之学"，于儒学理论无甚独树处。梁启超在《新民说》中指出：唐代"儒者于词章外无所事"[1]。吕思勉在《隋唐五代史》中也肯定："此学至此时，其势已衰，朝廷虽事提倡，亦无效可期矣。"[2]儒学内容的贫乏，自然是儒学理论自身没有发展造成的，但尤其应当注意的是，由于儒学自身的封闭性，儒学体系缺乏一种促进发展的机制，在言必称三代、行必蹈周孔的原则下，累代儒学者的聪明睿智皆倾注在儒学典籍的诠释上，反复注疏，循环论证，始终难以跳出经学的圈子。稍有越出者，"离经叛道"的诽难便会如影随形。从上述意义上讲，"危机"乃是儒学自身的危机，因为它跟不上佛道所推动的认识的发展步伐和唐代开放的大潮。

（三）儒学的心态

在唐代三教并行的学术政策以及文化繁荣和儒学危机的情势下，具有儒家传统意识的儒学者持怎样的心态呢？

---

[1] 梁启超：《新民说》，《饮冰室合集》，北京：中华书局，1989。
[2] 吕思勉：《隋唐五代史》，第 1294 页，上海：上海古籍出版社，1984。

就韩愈这类"醇儒"①来说,首先,他们都有强烈的文化危机意识,力主循古之道,扬孔孟之学。韩愈以佛老之道为"小道",以佛老之言为"一人之私言",而以文武周孔之道为"大道",以孔孟之言为"天下之公言"(《原道》)。这是典型意义的"弘道"。同时,他也清醒地意识到"其道虽尊,其穷也亦甚矣"(《重答张籍书》)。李翱则宣称:"吾所以不协于时而学古文者,悦古人之行也。悦古人之行者,爱古人之道也。故学其言,不可以不行其行;行其行,不可以不重其道;重其道,不可以不循其礼。"(《答朱载言书》)韩、李还参照佛道的传教系统,也标立一个尧舜文武周孔孟扬的传法世系,欲以表明儒学源流一致、学脉一贯。这乃是具有正统儒家观念的儒学者的深沉的自我意识,是他们对文化交融及佛道文化胁迫的回应。因为他们担心在儒学泛化及文化潮流的冲击下失却自我。其次,他们都坚执文化保守主义。韩愈称:"夫佛本夷狄之人,与中国言语不通,衣服殊制。口不言先王之法言,身不服先王之法服。不知君臣之义,父子之情。"(《论佛骨表》)"今也举夷狄之法,而加之先王之教之上,几何其不胥而为夷也?"(《原道》)李翱则云:"向使天下之人,力足尽修身毒国之术,六七十岁之后,虽享百年者亦尽矣。天行乎上,地载乎下,其所以生育于其间者,畜兽、禽鸟、鱼鳖、蛇龙之类而止尔。……以夷狄之风而变乎诸夏,祸之大者也,其不为戎乎幸矣。"(《去佛斋论》)他们主张对佛教要"人其人,火其书,庐其居"(韩愈《原道》),"永绝根本,断天下之疑"(韩愈《论佛骨表》)。不过,他们对道教的态度要缓和得多。李翱承认佛教思想中有与华夏正统思想相通的地方,说佛教论心术"不异于中土",然而"佛法之所言者,列御寇、庄周所言详矣,其余则皆戎狄之道也"(《去佛斋论》),意即佛教虽有可取之处,但传统文化中的老庄思想

---

① "醇儒"这个说法,在剑桥大学 David McMullen 教授的著作 State and Scholars in T'ang China(Cambridge:Cambridge University Press, 1988)中也被用到:"The term 'pure Confucian(ch'un ju) was also used in the T'ang. It had positive connections, but was not a term of very strong commendation."但是,David McMullen 教授在他的著作中所用的"儒"是有些泛指的,几乎是所有知识分子身份的代名词,而不是持儒家立场的那些知识分子。

则早已具备，无须引佛进来。不过，老子的道德与韩愈、李翱所要追求的道德也还是不同的。韩愈认为，老子虽然没有对仁义采取诽毁的态度，却贬低了仁义："老子之小仁义，非毁之也，其见者小也。……其所谓道，道其所道，非吾所谓道也；其所谓德，德其所德，非吾所谓德也。凡吾所谓道德云者，合仁与义言之也，天下之公言也；老子之所谓道德云者，去仁与义言之也，一人之私言也。"（《原道》）所以，他们相信，"周公仲尼立一王制度"，其治化之道已枝叶详备，于其他思想派别无所取焉。为使儒家思想光大，免于"贰于人心"，"岂不欲发明化源，抑绝小道"。（李翱《再请停率修寺修寺观钱状》）正所谓"不塞不流，不止不行"（韩愈《原道》）。这种文化心态反映了正统儒学者对外来文化的拒斥和对本土多元文化思想的独断。其实韩愈、李翱对异派文化相互摄取、互补发展的事实并非毫无认识，韩愈《读墨子》即说："孔子必用墨子，墨子必用孔子，不相用，不足为孔、墨。"但是，守道的需要排斥了对事实的认同态度。自然，他们的独断态度明显不合于隋唐文化繁荣开放的形势，因此他们的文化主张得不到广泛的社会反应。但他们勇于"逆水行舟"，敢于扛儒学复兴的大旗，开创儒家的道统，宣示作为醇儒者的社会与文化责任，则开了宋明"道学"的先河。

就柳宗元、刘禹锡、白居易这类具有开放意识的儒者来说，他们不认为各种思想的交汇是一场儒学文化危机，而感到儒学有与道佛互补的必要。刘禹锡说："素王立中枢之教，懋见大中。慈氏起西方之教，习登正觉。至哉！乾坤定位，而圣人之道参行乎其中。亦犹水火异气，成味也同德。辕轮异象，至远也同功。"（《袁州萍乡县杨歧山故广禅师碑》）"正觉"与"大中"相益，收异曲同工之效。柳宗元说："浮屠诚有不可斥者，往往与《易》《论语》合，诚乐之，其于性情奭然，不与孔子异道。"（《送僧浩初序》）柳、刘二氏皆与佛徒交往甚密，由此招致韩愈的指责，云其"不斥浮屠"。柳氏反驳说："退之所罪者，其迹也。""退之忿其外而遗其中，是知石而不知韫玉也。"（《送僧浩初序》）其实这也只是表明他们对待外来文化的一种态度，他们与佛徒交游只不过是为了某种精神上超脱的需要，未见得从佛教那里学到了多少东西。恰如柳氏自己所说的："与其人游者，未必能通其言也。且凡为其道者，不爱官，不争能，乐山水而嗜闲安者为多。吾病世之逐逐者，唯印组为务以相轧也，则舍是其焉从？吾之好与浮屠游以此。"（《送僧浩初序》）颜真卿也表示过类似的经历："予不信佛法，而好居佛寺，喜与学佛者语。人视之，若酷信佛法者然，而实不然也。"（《泛爱寺重修记》）正是在这种心态的基础上，柳、刘二氏方能"不根师说"，广求博征，问难天人，从而写出《天说》《天对》这类有见树的文章。在所有儒者当中，性格最为复杂的是白居易。早年他在《议释教》文中，尚拘拘焉恪守"唯一无二之化"，力辟佛老，后来在"对御三教谈论"中，也充演儒者角色；而在他的实际生活经历中，则有"空门友""山水友""诗友""酒友"，"凡观、寺、丘、墅，有泉石花竹者，靡不游"（《醉吟先生传》）。除了保持儒学本位观念，他始终依违、周旋于佛道之间。论对佛道二教的了解程度，唐代儒者中少有甚于他的，如其所撰写的《六赞偈》《八渐偈》便能深切理解佛教大义。然而，他宏富的著述除了展现了高超的文学艺术成就，在思想内容上于儒学无所建树。以柳宗元、刘禹锡、白居易为代表的这派儒者，由于具上述文化心态，因而不求复古，不主张文化专断，这代表了儒学发展与三教融合的趋势——虽然他们在这方面并无显著成就，但重要的是他们做出了这种姿态。

（四）理论见度

隋唐儒学虽说是"贫困"的，但也不乏有思想闪光之处，尤其是中唐以后柳、刘、韩、李等人在许多方面翻新了儒学面貌。柳宗元以"本始之茫"，"忽黑晰眇，往来屯屯，庞昧革化"（《天对》）的元气本体论论证"天"无意识，不能赏功罚罪，坚持和发展了宇宙本原问题上的唯物主义一元论。刘禹锡以人天两分、天人"交相胜""还相用"的论证深化了天人关系理论，进而提出"由小推大""由人推天"的"数""理"概念，肯定自然界有"天理"，人类社会有"人理"，并由此揆度出"人诚务胜乎天者也"。（《天论》）柳宗元还力图从社会发展轨迹中找寻固有的必然性——"势"。韩愈改造了孔子"上智""下愚"说、孟子"性善"说、荀子"性恶"说及告子"性善恶"说,提出了"性三品"说和"情三品"说。李翱在此基础上进而论证了性情之间的依赖与呼应关系,其曰:"情不自情,因性而情;性不自性,由情以明。"(《复性书》)这是儒学"人性论"在唐代所取得的重大发展,由此开启了儒家性命学说,为宋明天理、人欲之辨提供了理论前提。

尽管如此,儒学所取得的理论成就远不够成为与佛道两家相抗衡的力量。柳、刘二氏的"天人"说远不及道教"道""气"相糅的宇宙本体论精深,而且"天人"说也还停留在对以往天道观的总结上,没能对深一层次的宇宙本体论形成系统的界说。韩、李二氏的"性情"说也远不及佛教佛性论那样富有思辨性。虽然可以肯定,这些儒者在许多方面(尤其是天人关系上)有着合乎真理的认识,但总的来说,他们的学说还不具备那种理论上的彻底性。

## 二、儒家有借于道教

道家与儒家同是本土文化,有着共同的文化土壤和思想源头。然而基于各自发端的区域性和思想派别性,逐渐形成两种不同的文化传统:一个主张无为出世,一个主张有为入世;一个主张兼容并包,一个主张著同黜异。随着社会历史的发展,两者又都有认同互补的需要,就是在这种相互对待的具体历史过程中,双方求得了各自的发展,又促进了对方的发展。

儒学有着对异派文化拒斥的方面,又有着自觉地吸纳异派文化思想成果的方面。隋唐儒学从道家那里吸收的东西主要有以下两个方面:

### (一) 出世超脱论

人们在积极入世、争取仕宦功名时,又有超脱尘世、寻找自我解脱的需要,这符合人的自性。尤其是在宦途失意或对官场相互倾轧感到厌倦时,更有这种出世的精神需要。无论是保守的儒者还是开放的儒者,在这个问题上通常是不由自主的。

就韩愈这派保守的儒者说来,他们一方面有意识地排斥佛道二派,另一方面又无意识地向超脱出世思想趋近;而在佛道两种不同特色的出

世论面前,他们又本能地选择了道家。韩愈《送张道士序》云:

> 张道士,嵩高之隐者,通古今学,有文武长材,寄迹老子法中,为道士以养其亲。九年,闻朝廷将治东方贡赋之不如法者,三献书,不报,长揖而去。京师士大夫多为诗以赠,而属愈为序。

又李翱《故处士侯君墓志》云:

> (侯)少为道士,学黄老练气保形之术,居庐山,号华阳居士。每激发则为文达意,其高处骎骎乎有汉魏之风。性刚劲,怀救物之略……视贵善宦者如粪溲。与平昌孟郊东野、昌黎韩愈退之、陇西李渤濬之、河南独孤朗用晦、陇西李翱习之相往来。

这既表现了他们对道士品行、学识、胆略的赞美,又表现了他们对道士隐逸风节的仰慕。皮日休一面"伏请命有司去庄列之书"(《请孟子为学科书》),一面又撰写了大量墓志诗文为道士树碑立传,其《七爱诗》序云:

> 傲大君者,必有真隐,以卢征君为真隐焉。

就白居易、柳宗元这派开放性的儒者说来,由于他们本能地意识到异派文化互补的必要,因而较自觉地接受了出世隐逸的思想。不过他们没有保守的儒者那样强的选择性,在他们看来,道佛二教在"泊焉而无求"的出世论上大同小异。柳宗元所交方外之友中,道佛参半,柳氏赞道门友说:"常有意乎古之'守雌'者。"(《送元十八山人南游序》)"其见人侃侃而肃。召之仕,怏然不喜;导之还中国,视其意,夷夏若均,莫取其是非。"(《送贾山人南游序》)赞佛门友说:"不爱官,不争能,乐山水而嗜闲安者为多。"(《送僧浩初序》)颜真卿一面著文赞颂道门人士"邈元真,超隐沦。齐得丧,甘贱贫。泛湖海,同光尘。宅渔舟,垂钓纶。辅明主,斯若人"(《浪迹先生元真子张志和碑铭》),一面又著文赞颂佛门人士"气概通疏,性灵豁畅"(《怀素上人草书歌序》)。颜氏与隐士张志和之间的友情为后人传为佳话。名相李德裕排佛,而趋向于道,他在《退身论》中曾表示对隐沦的鉴识与慕往,自号"大洞三景弟子",亲自督造茅山崇元观南老君殿院。杜佑也曾表示对道教徒"栖迟衡芽,秕糠爵禄"(《杜城郊居王处士凿山引泉记》)精神的向往。在此类儒者中,白居易最为充分地表示了他对出世隐逸的向往之情。其《自题》云:

> 功名宿昔人多许,宠辱斯须自不知。一旦失恩先左降,三年随例未量移。马头觅角生何日,石火敲光住几时。前事是身俱若此,空门不去欲何之?

《山中戏问韦侍御》云:

> 我抱栖云志,君怀济世才。常吟反招隐,那得入山来。

他在《自诲》中还长叹道:

> 乐天乐天归去来!

对唐玄宗所作《霓裳羽衣曲》的厚爱,同样表达了他对飘飘欲仙境界的神往,如云:

> 我爱霓裳君合知,发于歌咏形于诗。(《霓裳羽衣歌》)

但是,他在追想田园山林的隐逸生活时,又表现出了作为入世的儒者所固有的矛盾心理。如《忆梦得(梦得能唱竹枝,听者愁绝)》云:

> 年长风情少,官高俗虑多。

《中隐》云:

> 人生处一世,其道难两全。贱则苦冻馁,贵则多忧患。

尽管如此,他还是相信"归去诚已迟,犹胜不归去"(《自咏五首》)。在唐代,像白居易这样的士大夫不胜枚举,至于请度为道士,像卢照邻、卢藏用、李白、贺知章等,则已完全成为道家者流了。道教出世思想能够为儒者接受,除了上述儒者有出世的精神需要,还在于道教的神仙境界确为人们提供了可以寄托其心境的"无何有之乡",而道教允许"在家出家"的修炼方式,又为人们"身不出家心出家"提供了途径。

（二）元气论

论气说道本是道家的长处，从早期道家到后来的道教，无不以道与气的论证、建立哲学本体论作为自己的首要任务。儒学关注人伦、教育，因而其所讲求的理性并不投注于气的问题，即使以人为本的伦常关系涉及天人问题，其"天"通常亦只是个笼统无分、冥冥有志的天，没有深化到道与气的问题。孟子曾说出"养吾浩然之气"，其"气"似为人的某种精神性的"正气"，无天地自然之精气的意味。《易传》作者依循《周易》的思路，架构出乾坤—阴阳—万物的生成模式，甚至提出了"太虚"范畴，可惜并未做进一步界说。荀子对先秦哲学做了全面系统的总结，其所阐述的"天"亦还是个自然之"天"，不能不说有阙如之憾。

隋唐之世的儒者，真正在哲学宇宙观上最有建树的是吸收了道家元气思想的柳宗元。他的《天说》《天对》中，有论元气的：

> 彼上而玄者，世谓之天；下而黄者，世谓之地；浑然而中处者，世谓之元气。（《天说》）

有论阴阳的：

> 寒而暑者，世谓之阴阳。（《天说》）
> 阴阳三合，何本何化？（《天对》）

有论"无极""太虚"的：

> 翰维焉系，天极焉加？（《天对》）
> 无极之极，莽弥非垠。（《天对》）
> 规毁魄渊，太虚是属。（《天对》）

有论"三一之道"的：

> 合焉者三，一以统同。吁炎吹冷，交错而功。（《天对》）

有论"九重天"的：

> 九天之际，安放安属？（《天对》）

由于是在元气的基础上论天,因而就要深刻实在得多,而不再那么空疏。在上述意义上,他批判刘禹锡的《天论》"枝叶甚美,而根不直","姑务本之为得,不亦裕乎"(《答刘禹锡天论书》)。这样的批评不无道理,因为刘禹锡的《天论》没有以唯物的元气作为对天的论证的基础。借用道家、道教的气论(剔除气论中的心论特性)来建构儒学宇宙本体论,可谓借他山之石攻己之玉。

虽然儒家从道家拿来的东西没有道家从儒家那里拿走的东西多,但还是比从佛教那里拿来的东西多,这也是儒家思想在隋唐时期发展的历史必然性。

## 三、道家所借助于儒者

隋唐道家从儒家那里主要吸收了以下三方面的内容:

### (一)心性论

心、性本非两物,心通常可理解为"心官"及"心能"(思维活动),性可理解为心之所从来。按传统的体用观念来理解,性即是本体,心即是器用。孟子说:"尽其心者,知其性也;知其性,则知天矣。"在他看来,尽其心官能思的特点,就能知其本性,这个本性亦即从天所受的人的本性,其内涵为仁义礼智。人天在本来意义上是相通一致的,因此他强调"存其心,养其性"。(《孟子·尽心上》)董仲舒将这一思想扩而充之,形成天人感应学说。但儒家天人感应的思想恰好符合了道教性彻超越形神、心神感通道体的修持需要,因而道教修心家自觉接受了儒家自性本善的观点,赋予其自然之性以仁义礼智等意义,使道教的"明心见性"的内修理论带上了浓厚的伦理色彩。成玄英主张后己先人,忘我济物;吴筠强调至仁合天地之德,至义合天地之宜,至礼合天地之容,至智合天地之辩;杜光庭立三十八教义,其中充满了"崇善去恶""积德为本"的内容,主张德性双修,即以拯溺扶危、济生度死的道德修养作为自然之性修养的补充。至于宋以后出现的劝善书,则更把善性修养作为治心术的教条固定下来了。

（二）"性品"说

《老子》说过："上士闻道，勤而行之；中士闻道，若存若亡；下士闻道，大笑之。大笑不足以为道。"（第 41 章）这是说不同的人对于"道"的不同态度，其中已蕴含了人的品性的差异，只是语焉不详，且未道破人的品性与先天禀受的自然之性有何关系。对道教影响最为直接的还是儒家的"性品"说，特别是韩愈、李翱的"性情"说。吴筠以儒学"上智下愚"说为基础，着重发展了"中智"论，认为修道之人分为"不因修学而致""学而后成"和"学而不得"三等，上品禀异气，成仙有种；后二品除智识差别外，能否成仙在很大程度上取决于能否勤而有终地修炼，下智之人通常"不能自持"，故与仙无缘；真正有希望成仙的是专以修炼为务的"中智"之人。但单从品性差别上来说，神仙是可学的。唐末杜光庭吸收发展了韩愈的"性三品"说，说："就人之品识大判有三，谓上中下也。细而分之则有九品，上上品者即是圣人，圣人自知，不劳于教；下下品者即是愚人，愚人不移，教之不入。所可教者谓上中以下，下中以上，凡有七品之人可教之耳。……既有九品，则第五品为正中人也，其二、三、四为上，六、七、八为下。惟下下之士教而不移，闻道则笑矣。"①即是说，九品之中，上上品无须用教，自可悟道；下下品顽愚不化，无可施教；中间七品，为人的大多数，是施教的主要对象。这种改造乃是对韩愈"性三品"说的精深化、系统化，适应了道教循循善诱、因人施教及广泛布道以争取信徒的需要。如此，两种不同的思想派别又在相同的主题上相接通了。

（三）入世观

道家和道教主出世的人生观，但是这种出世观并非出而遁世而无即世之意，其无为亦并非一无所为，按其本来的意义来说，它是在出世的外在形式下实现即世，在无为的表象下实现无不为。老子注重守雌处弱，其用意在于"弱之胜强，柔之胜刚"（《老子》第 78 章）。将这种原则运用于治理国家则是："我无欲而民自朴""我无为而民自化""以无事取天下"

①《道德真经广圣义》卷三二，"上士闻道勤而行之"，《道藏》第 14 册，第 473 页。

（第57章）。这才是出世、无为的底蕴。汉初正是将"无为而无不为"的道家思想运用于治理国家社会，才出现了著名的文景之治，如《汉书·艺文志》所说："道家者流……秉要执本，清虚以自守，卑弱以自持，此君人南面之术也。"①道教以道家思想为理论基础，同样贯彻了"无为而无不为"的思想原则，《后汉书·襄楷传》说，《太平经》"专以奉天地顺五行为本，亦有兴国广嗣之术"②。可见道家、道教皆有根深蒂固的"大有所为"的思想基础，只是这种"大有所为"被"无为"的表象所掩饰，若人们果真以为道家思想便是无所作为的话，便是对道家思想的实质缺乏了解，如唐代吴筠所指出的："咸以道家轻仁义、薄礼智而专任清虚者，盖世儒不达玄圣之深旨也。"③

　　道家以无为追求无不为，有其认识上的深刻根源。在庄子看来，"道隐于小成，言隐于荣华"（《庄子·齐物论》），即满足于小的成就会忘了对"大道"的追求，注重浮夸之辞就不会深悉"至言"。而道家追求的不是个别的事物或单个方面的认识（"小成""荣华"），而是要把握道体的全面性，因此"终身役役"以求其所成，还不如逍遥自在无所为，无所为则无成与亏，故"大道不称，大辩不言，大仁不仁，大廉不嗛，大勇不忮，道昭而不道，言辩而不及"（《庄子·齐物论》）。唯其无名无大，故能成其大。这种认识观外化为治国之术或人生价值论，就是无为而无不为、出世以即世。像汉初的曹参佐国，日夜饮酒，"吏之言文刻深，欲务声名者，辄斥去之"，结果天下"载其清静，民以宁一"。④ 在同一思想原则支配下，魏晋六朝时期的道教人士皆不欲直接卷入政治事务中去，陶弘景虽被称为"山中宰相"，毕竟非其所愿，终归"固辞不就"；寇谦之兼修儒法，"辅助太平真君"，其实还只是在"不依国主，则法事难立"的支配下，借魏太武帝之威以兴道教之业。因而，在教理教义上也尚无入世与出世关系的明确

---

① 《汉书》卷三〇，"艺文志"，第1732页，北京：中华书局，1962。
② 《后汉书》卷三〇下，"郎顗襄楷列传"，第1081页。
③ 《玄纲论·明本末章第九》，《道藏》第23册，第676页。
④ 《史记》卷五四，"曹相国世家"，第2029、2031页，北京：中华书局，1963。

论证。

到了隋唐，上述情况有了很大变化。隋炀帝与王远知"执弟子礼"，王远知还扶持李世民夺取皇位；歧平定为李渊资助军粮，魏徵、韦渠牟等道士出为官，至宰相高位；吴筠不仅出入禁中，深受唐玄宗敬重，而且有向皇帝荐举贤才的人事权，李白就是因吴筠荐而得玄宗召见入朝；受唐僖宗、蜀王建敬重的杜光庭自由出入禁中；许多道士又与士大夫广泛交游，形成形形色色的方外之交。另一方面，李唐王朝认老子为宗祖，视道士女冠为本家，对著名道士的"紫金""银青"等显赫爵封屡授不绝，甚至几位公主执意要嫁给道士。道教理论家们如何看待道教徒入世有为这一既成事实？如何对统治者的亲善态度作出反应？又如何在三教对峙与竞争中获取优势？这在理论上是不能回避的。

成玄英说："用道而治，端拱玄默，天下太平，是以万国来朝，四方归附，化无不被，其德能普。"①即是说，以道家的思想来治理国家，不仅可以实现天下太平的政治理想，还可实现道教精神普照无遗的宗教理想。成氏进而把这种有为入世的思想统贯进重玄思想体系中："言教虽广，宗之者重玄；世事虽烦，统之者君主。"②吴筠说："夫仁义礼智者，帝王政治之大纲也，而道家独云遗仁义、薄礼智者，何也？道之所尚存乎本，故至仁合天地之德，至义合天地之宜，至礼合天地之容，至智合天地之辩，皆自然所禀，非企羡可及。"③意谓仁义礼智等世俗内容本来就包容在超世俗的道体当中，两者只是本末、隐显、内外的关系。只是在敦厚其本的意义上才说"遗仁义、薄礼智"，故云："内道德而外仁义，先素朴而后礼智，将敦其本以固其末。"本固而后末乃昌，"犹根深而条茂，源濬则流长"。④在此意义上，他批评了儒者的"独善其身"论："盖出而语者，所以佐时致理；处而默者，所以居静镇躁。故虽无言亦几于利物，岂独善其身而已哉？

---

① 《道德真经注疏》卷五，《道藏》第 13 册，第 329 页。
② 《道德真经注疏》卷七，《道藏》第 13 册，第 347 页。
③④ 《玄纲论·明本末章第九》，《道藏》第 23 册，第 676 页。

夫子曰：隐居以求其志，行义以达其道。所谓百虑一致，殊途同归者也。"①在"出而语"与"处而默"、"佐时致理"与"居静镇躁"相一致的论证下，儒家的入世论与道家的出世论统一了起来，从而"身居禄位之场，心游道德之乡"②。杜光庭将教化分为权、实二门，其中"权教者，帝王南面之术也"③。其实际意义在于把入世有为的政治内容教义化、合法化。而且杜氏自身就曾对唐末乱世发出这样的感叹："闷见戈铤匝四溟，恨无奇策救生灵。"（《景福中作》）可见进取有为的意识很强烈。

但是，若只讲有为，不讲无为，便与儒学无异了，如何既讲有为进取，又能体现道教无为超脱的本位意识？解决这一问题的方法是杜光庭提出的"重玄之则"。他认为俗人立功容易居功自傲，矜持自我，不知其所归；而"道与俗反"，道人既要有为进取，又要有无为的意识，善于从有为的功利中解脱出来，实现自身的超越，归心于道。其云："善功既积，不得自恃其功，矜伐于众。为而不有，旋立旋忘。功既旋忘，心不滞后，然谓之双遣，兼忘之至耳。"④如此一个"旋立旋忘"便把立功立德与无为超越统一起来了，以至于功为德之阶、权为实之渐，从而无为在某种意义上讲是有为而无为，儒家的有为便圆通无碍地融会在道家无为之中了。这即是道家"夫物芸芸，各复归其根"的思辨哲学的灵活运用与发展。

在文化碰撞与交融的两种作用驱动下，各思想派别都滋生两种力量：一是要守道，即增强自我意识，在文化潮流的激荡中不失却自我，儒不失之为儒，道不失之为道，佛不失之为佛；二是要发展，即增强更新意识，在文化交融中摄取他家的思想成果，以补充自身之不足，促成某种变异，如果不能变异发展，同样不能保全自我。从同是本土文化的儒道两家文化的走向来看，儒家吸收了道家趋向于理论的思辨化及学术的开放

①《高士咏》，《宗玄先生文集》卷下，《道藏》第 23 册，第 669 页。
②《神仙可学论》，《宗玄先生文集》卷中，《道藏》第 23 册，第 660 页。
③《道德真经广圣义》卷三二，"弱者道之用"义疏，《道藏》第 14 册，第 472 页。
④《道德真经广圣义》卷三六，"损之又损之以至于无为"义疏，《道藏》第 14 册，第 494 页。

性,北宋程朱广泛征取道佛思想,建立道、气的本体论论证便是这种趋向的结果,而韩愈、李翱的守道思想又注定程朱理学以"道学"的面目出现;道教吸收了儒家的思想,趋向于宗教的世俗化,即不仅要关心彼岸世界,完善神仙系统的修仙理论,还要更多地关注现实世界,弘扬道德教化,《太上感应篇》的出炉及全真教的兴起,不过是实现了在唐代道教中已经出现的趋向。由此可见,即使是本土文化,也是多元存在、互补发展的,如果某一思想派别垄断了学术局面,行"惟一无二之化",便遏制了思想文化发展的生机。

## 第四节　唐代道教与宋明理学的关系

关于宋明理学,一种具有共识性的看法是,其是宋明儒学家会通儒释道三家思想成果重建而成的。关于理学吸收了佛道哪些东西,一种具有代表性的看法是:理学家从道教那里摄取了"宇宙生成,万物化生"理论,从佛教那里吸纳了思辨哲学,来弥补儒家哲学的粗糙、浅陋和没有严密体系的缺陷。① 这种看法不够确切。首先,用以帮助建构理学思辨体系的道教宇宙生成论,本身即是一种精深的思辨哲学。因为任何一种严密完整的本体理论肯定都富有其思辨性,有其思想方法意义。其二,宋明理学从道教那里摄取的东西也不仅仅是"宇宙生成,万物化生"论,实际上要宽泛而深刻得多。

过去对于理学与道教关系的研究多限于北宋陈抟《先天图》《无极图》与周敦颐、邵雍等学脉一系,这是形成上述观点的基本原因。本书拟将宋代理学具特色的学术风格、本体论、性命原则等三个方面与唐五代道教思想做一比较研究,看看宋代理学从道教那里撷取了哪些东西。

---

① 参见张立文《理学的思想渊源和形成过程》,《中国哲学》编辑部:《中国哲学》第五辑,北京:生活·读书·新知三联书店,1981。

## 一、"博杂""遍求"学术风格之由来

二程曾评价张载的学术思想说:"子厚则高才,其学更先从博杂中来。"①《宋史·张载传》也说他"访诸释、老,累年究极其说"②。黄百家评论朱熹说:"博极群书,自经史著述而外,凡夫诸子、佛老、天文、地理之学,无不涉猎而讲求也。"③全祖望也说:"善谈朱子之书者,正当遍求诸家,以收去短集长之益。若墨守而屏弃一切焉,则非朱子之学也。"④张、朱的学术风格在理学诸派中具有广泛的代表性,这种以"博杂""遍求"为表征的学术风格用张载的话来表述就是:

> 博文以集义,集义以正经,正经然后一以贯天下之道。⑤

其实质是在"博杂""遍求"中"讲求""磨辩",集他家之所长,以补儒学之不足。

然而,这种开放的学术风格本非儒家从来就有的。孔子"不语怪力乱神",主张"思无邪""一以贯之",思、孟强调"思诚""求放心",尽管先秦时期百家之学盈天下,儒学者犹不屑曲己之道"以证其邪,故可引而不发以需其自得"⑥。先秦以降,世代儒学者皆信师是古,恪守"百代同道"观念,"合于道者著之,离于道者黜去之"(韩愈《读荀》),尤忌"杂佛老言"。儒学这种治学方式屡次使自身陷入困境与危机,如东汉谶纬神学的繁琐,隋唐章句之学的浅陋。隋唐时期,三教鼎立。佛教本身的思辨性很强,又大胆地融摄老庄哲学思想,进一步实现其中国化。道教也广泛地摄取佛教的佛性思想和儒家的心性、性品学说,实现了自身的思辨化,及其宗教哲学的系统化。唯有儒学,虽居正宗地位,思想内容却贫乏,拿不出理论性强的东西与佛道抗衡,大批儒林学士不免皈依佛道,用二程的

---

① 〔宋〕程颢、程颐著,王孝鱼点校:《二程集》。
② 《宋史》卷四二七,"张载传",第 12723 页,北京:中华书局,1977。
③④ 〔清〕黄宗羲原著,〔清〕全祖望补修:《宋元学案·晦翁学案》。
⑤ 〔宋〕张载:《正蒙·中正篇》。
⑥ 〔清〕王夫之:《张子正蒙注》。

话来说:"儒者而卒归异教者,只为于己道实无所得,其势自然如此。"①这对儒学来讲,乃是一场深刻的危机。就在这种危机中,儒学内部滋生出两种似乎相反的思想倾向,一是韩愈、李翱、姚崇这种醇儒的守道思想,一是柳宗元、刘禹锡、颜真卿等"不根师说""去名求实"的开放思想。前者力辟佛老,主张因循"道统",复兴正宗儒学,他们生怕后者在佛道思想交流中失却本真,于是指斥其"不斥浮屠"。后者则以佛学不与孔子异道、老子"亦孔氏之异流"为由予以回敬,指斥前者"是知石而不知韫玉"(柳宗元《送僧浩初序》)。实际上,相反相成,这两种思想倾向恰好反映了儒学发展的两种需要,前者突出了在文化融合中不可失却"自我"的本位意识,后者体现了异派思想文化合流补益的趋势。发展是自身的发展,而自身的发展囿于狭小的圈子亦不能实现。宋代理学实际上就是沿着这两种思想倾向又兼综两者发展而成的。

显然,无论就"守道"思想倾向还是"开放"思想倾向来说,佛道的思想影响是重要的,换句话来说,是佛道两者相互对立又相互摄取的文化交融刺激了儒学的这两种倾向。比较而言,道家、道教对儒家的影响要直接一些。在儒学者看来,佛学虽然"于性情爽然,不与孔子异道"(柳宗元《送僧浩初序》),能够起到"阴助教化""曲为调揉"(刘禹锡《袁州萍乡县杨歧山故广禅师碑》)的作用,但其"异数殊俗"毕竟"玷中夏之风"(李德裕《贺废毁诸寺德音表》),而道教则与儒家同为本土文化,道教"天地君亲师"的守德伦次也不与儒学纲常伦理相抵牾,因而,他们本能地认同了道家、道教的思维方式和治学态度。像柳宗元就曾试图借道家唯物的思维模式,建构自己的元气本体论学说。这种尝试与理学本体论的建构不无渊源。

隋唐文化交融中,一个更为重要的事实是,道家、道教思想家已经明确地提出"三教合流"的要求。陆希声认为孔子"文以治情",老子"质以

---

① 〔宋〕程颢、程颐著,王孝鱼点校:《二程集》。

复性"，①提出"学者能统会其旨，则孔老之术不相悖矣"②。杜光庭则更明确地提出："若悟真理，则不以西竺东土为名分别，六合之内，天上地下，道化一也。若悟解之者，亦不以至道为尊，亦不以象教为异，亦不以儒宗为别也。三教圣人所说各异，其理一也。"③这是在治学方法上开了宋明"三教合流"的先河。

北宋理学家既是沿着隋唐儒学家们开辟的学术路向和道佛励行的兼综杂取的特性发展开来的，又非简单地承袭。他们所实行的乃是兼综各家之长的重构。这种重构活动，大抵有以下三个方面：

一、"正其意"。即"以师道明正学"。在佛道二教风行，"天下之士往往自从其学，自难与之力争"④的情势下，特别是王安石之类貌以儒学而实非儒学的学说充盈政界、学术界时，尤其需要明确学术渊源，端正学术态度。张载为学"以《易》为宗，以《中庸》为的，以《礼》为体，以孔、孟为极"⑤，二程对此推崇备至，赞道："子厚［即张载］以礼教学者最善，使学者先有所据守。"⑥又说："世之信道笃而不惑异端者，洛之尧夫［即邵雍］、秦之子厚而已。"⑦本来邵雍、张载与二程在思想体系上差别很大，张子讲求元气唯物，邵子推崇数理，但他们在弘扬儒学道统上是一致不二的，故而在二程看来，差别是次要的，以礼正其学的这种纯极无杂的观念才是至关重要的。

二、"大其心"。即开阔胸襟，树立吞吐百家的博大学术气象。理学家们大都有"求诸佛老，返求诸六经"的学术经历。在六经的范围里兜圈子不能发展儒学思想，这已为以往经学史所证实。而实行三教融合、提高契思水准，已是唐代学术发展所表现出来的历史必然。之所以要求诸佛老，是因其有"究深极微"的理论；之所以要返求诸六经，则是儒学的本

---

① 《道德真经传序》，《道藏》第 12 册，第 115 页。
② 《道德真经传》，《道藏》第 12 册，第 122 页。
③ 《太上老君说常清静经注》，《道藏》第 17 册，第 187 页。
④⑥⑦ 〔宋〕程颢、程颐著，王孝鱼点校：《二程集》。
⑤ 〔清〕黄宗羲原著，〔清〕全祖望补修：《宋元学案·横渠学案序录》。

位决定的。正是在这种意义上,理学家们认为,需要"大其心,使开阔","规模窄狭"不能见得"道体"。① 二程说:

> 一物不该,非中也;一事不为,非中也;一息不存,非中也。何哉? 为其偏而已矣。②

该物、为事、存息等,都是要人们"大其心",在增长见识的基础上穷理,致中和。理穷,中和致,然后能"穷神知化",从而佛老之学"不得与矣",亦即超越佛老。

三、"研穷""深辨"而"独悟"。全祖望在《晦翁学案序录》中说朱子:"竭其精力以研穷圣贤之经训。其于百家之支、二氏之诞,不惮深辨而力辟之。"③"研穷"是为了体明圣经大义,不为旁门浅学歧义所惑,但不是泥于经言;"深辨"是在"大其心"的同时,与佛老等各种学术思想"较是非,计得失",在"讲磨""辨难"的过程中,去短集长,汲取所需养分,而非混同于佛老,失其所居。这乃是两种缺一不可的功夫,完备这两种功夫,方可实现"独悟",发明化源,立大本,"一以其归"。经过"研穷""深辨""独悟"的过程,自己的学术思想树立起来了,"道尽高,言尽醇",也就可以"独立不惧,精一自信",如张载所称:"吾道自足,何事旁求!"④显然,理学家于道佛并非无所取焉,他们在力辟佛老时,又自觉或不自觉地涵纳其思想。他们的言论中不时地表露出对道佛思想的认同,以二程为例,时而说"佛老其言近一"⑤,时而又说"佛庄之学,大抵略见道体"⑥。就其实际情形来说,宋代理学受道教的影响远深于佛教,其中道教经典《阴符经》就为二程、朱熹所赞同。但是,理学家们在涵纳道佛思想时,同时抱有很强的戒备心,二程说:"常戒到自家自信后,便不能乱得。"⑦这种戒备,一方面是因为"释氏无实"、庄子"无礼无本",另一方面也是儒学的学术传统所致。理学家们有勇气走出儒学营垒,"博杂""遍求"各种学术思想,也有

---

① ② ⑤ ⑥ ⑦〔宋〕程颢、程颐著,王孝鱼点校:《二程集》。
③〔清〕黄宗羲原著,〔清〕全祖望补修:《宋元学案·晦翁学案序录》。
④〔清〕黄宗羲原著,〔清〕全祖望补修:《宋元学案·横渠学案》。

勇气拿过来明辨之,涵纳之,却不愿意承认从异端那里得到了益处,周敦颐明明受益于道教,却"莫或知其师传之所自"①,邵雍"于佛老之学未尝言,知之而不言也"②。这即是理学家们特有的做法:阳拒阴纳。然而,理学家从道佛那里汲取了思想成果,尤其是从唐代道教那里禀受了开放的学术精神,毕竟是一个历史事实。

## 二、合"理"与"气"的本体论建构

儒学本来不注重本体论问题,如果说儒学也有自己的哲学的话,那只能是伦理哲学,这种只讲人伦关系的哲学在三教攻讦中,自然处于劣势,如佛教就认为"大道精微之理,儒家所不能谈"③。为扶正儒学正宗地位("为生民立命"),实现治国平天下的儒家政治理想("为万世开太平"),除了建立儒学系统完整、思辨性强的理论,没有更好的办法,其中营构儒学本体论是首要的("为天地立心")。本体论树立起来了,才能谈得上"正经",也才能够"一以其归",这是理学大师们清醒意识到了的。可是,要做到这一切,须将视角从"人之伦"转移到"物之理"上,这个过程实际上从唐代柳宗元就已开始。北宋诸子中,周敦颐、邵雍率先向道教学习"物之理",北宋时期,道教理论家陈抟的《先天图》《无极图》经过一些中间环节,分别为周、邵二人所继承,周子着重阐扬其中的"气化观",邵子着重阐扬其中的"数理观"。朱熹曾说:周子以太极图授程子,"程子言性与天道,多出于此"④。二程也曾说过:"邵尧夫于物理上尽说得,亦大段漏泄佗天机。"⑤理学家之所以要向道教学习"物之理",是因为道教重物理轻人伦,最善于建构宇宙本体论学说,对物之理、命之体的追究也最精微。佛教虽然析理达到纤悉精微,但认万物为幻相,只强调在

---

① 〔宋〕朱熹:《通书后记》。
② 〔宋〕邵伯温:《河南邵氏闻见前录》卷一九,北京:中华书局,1985。
③ 〔宋〕张载:《张载集》。
④ 〔宋〕周敦颐著,陈克明点校:《周敦颐集》,北京:中华书局,1990。
⑤ 〔宋〕程颢、程颐著,王孝鱼点校:《二程集》。

心上用功,不究物理。

　　理学成熟形态的本体论实际上经历了一个理论过程,先是北宋五子分途而趋地运思营构,后是南宋朱熹兼综条贯,"交底于极"。理学家虽然各有自己的本体论,其中有唯物与唯心、主观与客观等各种观点的分野,看似各不相容,但实质上皆服从于儒学本体论建构的需要,因而总的说来,是纳入了一个似规定的过程。在此过程中,可更清楚地看到理学本体论与道教思想的深刻联系。

　　我们知道,本体论不仅要解决物质与精神何者为第一的问题,还要解决最高本体的规定性问题、最高本体与具体万物的生化过程和方式、最高本体与具体的精神现象等关系问题。对这些问题的解决,虽然理学家们各不相同,各有独到之处,但这些独到之处正好都被作为成熟形态的理学本体论成分包含其中。周敦颐之对于理学有开山之功,在于他明确地提出了"无极而太极"的本体论问题,而且追究了"太极"衍生万物的"动静之机"。但是,本体论在他那里还只是个框架,虽说是能"立乎其大",却毕竟理未说得尽。邵雍从象数学方面解悟,"观夫天地之运化,阴阳之消长,远而古今之世变,微而走飞草木之性情,深造曲畅,庶几所谓不惑①。这就一方面探源万物运化之机,在"物理上尽说得",另一方面却以数理的形式提高了最高本体——"太极"的抽象性,避免了周敦颐流于气化实在的倾向。但其数理观又有流于道教术数化的倾向,故二程批评他的道论"偏驳""侮玩"。张载以王充式的"疾虚妄"精神,批判了佛教的"空"("四大皆空")和道教的"无"("有生于无"),以气本论"立标以明道",认定最高本体即是气,道只是其阴阳固有屈伸之必然,"由气化,有道之名"。② 同时,他又探究了气化流行的机理,以致"上达无穷而下学有实"③。张载还初步论证了道与万物之间表现出的"一与多"的关系问题,

---

①《宋史》卷四二七,"邵雍传",第 12727 页。
②〔宋〕张载:《正蒙·太和篇》。
③〔清〕王夫之:《张子正蒙注·神化篇》。

云:"循天下之理之谓道。"①张载气本论的长处是落得"实",其短处是不够超越,流于"形而下"的唯物主义,不符合儒家"天道"至上的要求,故朱熹说:"《正蒙》所论道体,觉得源头有未是处。"②二程鲜明地提出"天理"范畴,并论证了它的实在性、本原性、超越性,更首次将宇宙本体的"理"与儒家仁义礼智的道德规范合起来论证,云:"礼即是理也。"③二程还解决了本体与万象之间的一与多的关系问题,提出"理一分殊"的命题。二程的本体论论证近乎详备精微了,故为朱熹本体论的最直接理论来源。但二程轻视"气化论",以致其"理本论"有空泛的倾向,不合于"实"。朱熹融会以上各家所长,建立了完备系统而精深的儒学本体论,其做法是:首先,将道(理)抽象到无以复加的程度,"道无不包"④,从而避免了张载的唯物主义倾向。其次,它不是悬空之物,"有是理,便有是气"⑤,阴阳二气是形而下者,而"一阴一阳者,乃理也,形而上者也"⑥,亦即理不离于气,从而避免了二程的空泛倾向。其三,理既是一,又是多,"体用一源,显微无间",亦即"理一分殊"。其四,理不仅是人之理(以仁义礼智为内核),同时又是万物之理,"仁义礼智,物岂不有,但偏耳"⑦,从而避免了二程"理学本论"人伦化的狭窄性。经过这番功夫,理学本体论卓然自立了。

在理学本体论建构的诸要素中,有几个方面与道家有着密切的联系(这里着重分析与唐代道家、道教的内在联系):

一、气本论。儒家原本不以气立论,孟子虽说过"养吾浩然之气",其"气"亦不过表示人的某种精神状态,无自然之气的意蕴;董仲舒所讲的气主要是表现上帝意志的喜怒哀乐之情,同样无自然之气的意味;扬雄

①〔宋〕张载:《正蒙·至当篇》。
②〔宋〕黎靖德编,王景贤点校:《朱子语类》卷九九。
③〔宋〕程颢:《河南程氏遗书》。
④〔宋〕黎靖德编,王景贤点校:《朱子语类》卷六三。
⑤〔宋〕黎靖德编,王景贤点校:《朱子语类》卷一。
⑥〔宋〕朱熹:《晦庵先生朱文公文集》卷五九。
⑦〔宋〕朱熹:《论语或问》卷六二。

讲求自然之气,但在严格意义上讲,扬氏不算是一个儒学者。佛教讲法界缘起、诸法唯识、理事无碍,也不讲气。以气立论是道家开辟并为道教所承续的思想传统,道家、道教任何一部文献几乎都要谈到气。如前所述,儒学者中试以气建立宇宙本体论的当推唐代的柳宗元,柳氏依循屈原、荀况有关天人关系的思路和王充元气论的基本观点,吸取隋唐道教元气论中的有益成分,如无极、太虚、阴阳之合、三一为归等等,建立了元气自动、交错而功、无赏与罚的元气论证。这样的论证虽然不如道教元气论精深,但为儒家元气本体论开了端。北宋初,范仲淹、欧阳修以及王安石等顺着柳宗元的思路展开元气论证。张载之学虽说是"扩前圣所未发",但他与柳宗元一系受道教元气论影响的痕迹是抹不掉的,如张载乐于推求的"太虚"这一范畴,无论如何是儒经中所没有的。有一种观点认为,张载是"直接将当世自然科学的最高成果,同传统的《易传》思想融诸一途",创立了元气本体论的。[1] 这里有两点应该补正:第一,唐宋之世,道教中的科学处在自然科学的前列,因而所谓自然科学成果,在某种意义上讲,也是道教的思想成果;第二,易学在很长时间内主要为道教所承传、弘扬,易学流变中许多发明之义多为道家、道教人士所为。从这里也可窥见张载气本论与道教关系之一斑。

　　二、理本论。"理"也即"道"。程颢说"天理"二字是自家体贴而来,固然是有道理的,但是任何精神创造活动都是在前人创造而自己以为是出发点的基础上进行,因此,程子的"天理"有其"所自出"。我们知道,道家、道教在"论气"的同时,也无不"说道",自道教创始人根据宗教理论建设的需要抽取老子"道"论中的物质性内容后,后代羽冠循而宗之,一步一步地提高"道"的抽象性。到了隋唐,道教理论家们对道的规定与描述可谓至精至微,道不仅具有高度抽象性,还具有实在性、生化性、规律性、人格性等多种特性。而且唐代道教理论大师也试图用"理"来解释道,如

---

[1] 参见陈俊民《关学思想流变》,中国哲学史学会、浙江省社会科学研究所编《论宋明理学——宋明理学讨论会论文集》,杭州:浙江人民出版社,1983。

成玄英说:"道者,虚通之妙理,众生之正性也。"①成氏的弟子李荣也把"至真之道"看做"虚极之理"。吴筠也说:"夫道者,无为之理体,玄妙之本宗。"②在一定意义上,"道""理"已经通用。孔子曾讲过"朝闻道,夕死可矣",但儒家所讲的"道",只限于修齐治平的政治伦理的道理,尚无精神性本体之意蕴。可以肯定,程颢是把隋唐道教呼之欲出的"理"大胆地确立下来了,并把道教所论"道"的所有意蕴赋予理本体上。自然,程子确有"体贴"出来的新义,即以仁义礼智赋予理体,并以之作为"理"的最基本内核,其微妙的文字变化是在"理"之上加一个"天"字,于是儒家的"天道"便与道家的"自然之道"天衣无缝地对接上了。当然,程子"体贴"天理的过程中,也受到佛教华严宗"理事法界"说的重要影响,这里姑且不论。

与"理"相关的另一个问题是"太极",在朱熹看来,太极就是一个理:"太极图只是一个实理,一以贯之。""无极而太极,只是无形而有理。"③二程师从周敦颐,而周敦颐的师从渊源却不明了,前人多猜测他的《太极图》来自道教的陈抟,只是没有确凿的证据。不过,这可能在于周敦颐不愿明说而已,如果他的来源是某位儒家道统的学者,他便不必讳言了。④然而,这是一种割不断的联系,如果没有道家的思想渊源,在周敦颐那里不可能突然冒出来一个宇宙本体论的学说,因为他的理论框架、他的概念,都是道家所表达过的,只是周子有了自己的表述而已。

三、理气二元性。朱熹的"太极一理"本体论,一方面禀受了二程的"理",另一方面则又摭取了张载的"气",利用两者的互斥取得互补,从张载的"气"上穷究推出个"理",从程子的"理"下寻出个"气",即气"依傍"于理,理"挂搭"于气,气若无理则无"主宰",理若无气则不能"凝结造

---

① 《道德真经玄德纂疏》卷一六,《道藏》第 13 册,第 499 页。
② 《形神可固论·守道》,《宗玄先生文集》卷中,《道藏》第 23 册,第 663 页。
③ 〔宋〕黎靖德编,王景贤点校:《朱子语类》卷九四。
④ 吕思勉先生就认为宋儒不必讳言与道家的渊源关系,其曰:"周子之学,虽自成为一种哲学,然其源之出于道家,则似无可讳。"吕思勉:《理学纲要》,第 43 页,北京:东方出版社,1996。

作"。在逻辑上穷根究极，"须说先有是理"①；在实际流行运化中，则理气"不可先后言"，有理则有气，有气则有理，理气分而有二，却又合二而一，故谓"理与气决非二物"②。可见，朱熹的本体论实际上是带有二元倾向的客观唯心主义，他虽肯定理是最高本体，但同时又宣布理不离于气。这在他对"天命之性"与"气质之性"的辨正中更为显明，而陆王心学攻斥朱子之学"支离"，其中理气矛盾是一个重要方面。朱熹的此番"磨辩"功夫及其最终理论归宿与道教没有两样。道教的本体论是一种客观唯心论，而且是带有二元性质的客观唯心论。道教首先标立一个超言绝象的"道"作为最高本体，但是又担心这个"道"过于玄虚而丧失规定性，于是援气实道，甚至直接以气来界定道，道教史上的"道气"范畴就是在这种思路下产生的。至唐末杜光庭以"道通气生"的特点重新界定"道气"，其"道—气"便作为二元性质的本体确立下来。道教理论家们的困惑，后来也同样成为朱熹的困惑，如果说两者有区别的话，那就是：道教是典型的二元论唯心论，朱熹是带有二元倾向的唯心论。这之间的源流关系自毋庸细述。

### 三、"性命"原则下的认知方式

理学家们树立起合自然与伦理的本体——理，是要人们去体认躬行，这样才算落得实。全祖望评述朱熹说："其为学，大抵穷理以致其知，反躬以践其实，而以居敬为主。"③因而本体论与认识论贯通一致，乃是理学的一个基本特征。但是这种格物、穷理与性命问题相联系，并在性命的原则下讲求格物、穷理，则自有其故。原因大致有二：第一，在理学家看来，对本体——理的体认须上升到安身立命的高度，才能深入人心，自觉笃行。朱熹说得明白：

① 〔宋〕黎靖德编，王景贤点校：《朱子语类》卷一。
② 〔宋〕朱熹：《晦庵先生朱文公文集》卷四五。
③ 〔清〕黄宗羲原著，〔清〕全祖望补修：《宋元学案·晦翁学案序录》。

> 今而后,乃知浩浩大化之中,一家自有一个安宅,正是自家安身立命、主宰知觉处,所以立大本、行大道之枢要。……道迩远求,亦可笑矣![1]

第二,受道佛影响,尤其是受道教的影响。自然,孟子讲过"尽心知性知天",《易·系辞》说过"穷理尽性",《中庸》也强调"率性之谓道",但如纪昀所说:

> 王开祖以上诸儒,皆在濂洛未出以前,其学在于修己治人,无所谓理气心性之微妙也。[2]

儒家原来具有的粗浅的心性学说只能作为理学家吸纳道家性命说的内在根据,不能作为精微的"性命"说的直接来源。

理学家中,张载首先对性、命做了详细的分解,而差不多同时期,道教理论家张伯端著的《悟真篇》对性、命以及性命双修做过论证,从形式上难以分辨出谁受谁的影响,但这无关紧要。首先,《悟真篇》是道教内丹经典,其中关于性命的论述乃是对隋唐以来兴起的内丹学说的理论总结。一部成熟的经典,有作者自家的体会、发明,亦是前人长期探索的结果。《淮南子》中就有大量有关性命问题的论述,其《原道训》说:

> 夫性命者与形俱出其宗,形备而性命成,性命成而好憎生矣。

《诠言训》说:

> 性命可说,不待学问而合于道者,尧舜文王也。

隋唐时期正值内丹学说兴起之时,道教理论家对于古已有之的性命问题有着不同于前人的理解。如《云笈七签·元气论》说:

> 夫情性形命禀自元气。性则同包,命则异类。性不可离于元

---

[1] 〔清〕黄宗羲原著,〔清〕全祖望补修:《宋元学案·晦翁学案》。
[2] 《四库总目·儒家类案语》。

气,命随类而化生。①

《无能子·析惑》说:

夫性者神也,命者气也,相须于虚无,相生于自然。②

晚唐五代,已有《钟吕传道集》《入药镜》《灵宝毕法》等多种内丹书问世,其对性命实质的探索已近乎系统精深。张载不一定受张伯端的影响,却肯定受到道教内丹学说的影响。其次,周敦颐《通书》中有"理性命"章,而周子之学又根源于道教。程、朱不明言其性命学说与道教的关系,却一再称赞由中唐道士李筌注解的道教经典《阴符经》,性命问题正是其一个重要的论述方面。可见程、朱受道教性命学说的影响是确信无疑的。

不过,儒道两家对性命的理解,突出表现在对"命"的界定上有所不同。道教所理解的"命"通常指"命体"(人、物之体),也就是化生人物的元气。儒学所理解的"命"通常指"命数",亦即性的终极、归根处,张载说:"天所不能已者谓命。"③在一定层面上讲,命也就是性、理。道教主张以命合性,儒学主张复性归命,但是这种差别并不妨碍理学家们将两种源流的思想予以会通。

理学家们虽在性命观上见仁见智,但有一点是共同的,即认"理"为"性"。程颢说:

道即性也,若道外寻性,性外寻道,便不是。④

程颐说:

理也,性也,命也,三者未尝有异。⑤

朱熹也说:

_____

①《元气论并序》,《云笈七签》卷五六,《道藏》第 22 册,第 383 页。
②《无能子·析惑第三》,《道藏》第 21 册,第 709 页。
③〔宋〕张载:《正蒙·诚明篇》。
④⑤〔宋〕程颢、程颐著,王孝鱼点校:《二程集》。

> 夫性者,理而已矣。①

理学家将理等同于性的做法与唐代道教如出一辙:王玄览将"大道"与"正性"合而称之,甚而径直称做"道性",成玄英也称"道"为"妙理正性"。在道教,"性""心""神"是完全同质的,而"心""性""理"在理学中也是同质的。张载说:

> 所以妙万物而谓之神,通万物而谓之道,体万物而谓之性。②

程颢说:

> 理与心一,而人不能会之为一。③

朱熹说:

> 心、性、理,拈著一个……存则虽指理言,然心自在其中。④

道教与理学的共同点是既把客观精神的道(理)作为最高本体与人、物对置起来,又欲把这种本体移入人的内心,要人们通过某种认知方式去体认它。差别只在于,道教把修性体道的认知功夫称为"修炼",理学把穷理尽性的认知功夫称为"涵养"。前者是宗教的神秘直觉,后者是道德理性的自觉。

这里还有一个重要差别:道教认命为气,而气又与神、性相通,故有"神气"之说;理学以命与性理为同义语,故其性命学说似不涉及气,即理、性、命不杂于气。不杂至善的性—理却生出善恶相杂之性的事实来,这作何解释呢? 张载提出了"天地之性"与"气质之性"的区别,认为"气质之性"实际上是"未成之性","未成性则善恶混",而已成之性则本来是善的。⑤程颐附和张子的观点说:"气有善不善,性则无不善也。"⑥程颢相反,认为性与气不可分离:"性即气,气即性,生之谓也。……善固性也,

---

①④〔清〕黄宗羲原著,〔清〕全祖望补修:《宋元学案·晦翁学案》。
②〔宋〕张载:《正蒙·乾称篇下》。
③⑤⑥〔宋〕程颢、程颐著,王孝鱼点校:《二程集》。

然恶亦不可不谓之性也。"①朱熹在这一问题上左右徘徊,最后采取了兼取两者的做法,认为天地之性专指理言,故至善无杂;气质之性以理与气杂而言之,故善恶相混。天地之性是普遍的,气质之性是具体的,"人物并生于天地之间,本同一理,而禀气有异焉"②。因此,性(特别是具体的性)也是不能离开气而论的,"气不可谓之性命,而性命因此而立耳"③。可见朱熹在某种意义上恢复到程颢的观点上去了,他甚至说:"盖性即气,气即性也。"④这种说法却又与道教相混同了。

既然理、性同一,穷理与尽性语殊义同,那么如何穷得理、尽得性呢?张载认为人之性与物之理具有一致性,"尽其性,能尽人物之性;至于命者,亦能至人物之命"⑤。这种将物性、人性联结起来予以穷尽的观点为程、朱所接受,二程和朱熹皆主张以"格物致知"的方式来达到穷理尽性的目的。"物"指物事,特别是道德践履的物物事事;"知"指人心中固有的道德知识,也就是性理。"格物是指穷至事物之理","致知是推至心中固有之知"。⑥ 格物是致知的前提,致知是格物的目的,致知须经格物,格物须归落于致知。在程、朱看来,普遍的、至善的理溥散于人、物,若欲穷理尽性,则须经物事之理的认知积累,积之既久,一旦豁然贯通,"众物之表里精粗无不到,而吾心之全体大用无不明矣"⑦。在这一点上,程朱理学与陆王心学不同,也似与道教相异。但如进一步问性、理须穷尽到哪个地步时,就又会发现其与唐代道教有惊人的相似。二程说:"二气五行刚柔万殊,圣人所由惟一理,人须要复其初。"⑧朱熹在考虑心性功夫"究竟处"时也主张:"二夫多用在已发为未是,而专求之涵养一路,归之未发

---

① 原题"二先生语",蒙培元认定:"归程颢语似更恰当。"参见蒙培元《理学范畴系统》,北京:人民出版社,1989。

② 〔宋〕朱熹:《孟子或问》。

③ 〔宋〕朱熹:《晦庵先生朱文公文集》卷五六。

④ 〔宋〕黎靖德编,王景贤点校:《朱子语类》卷五九。

⑤ 〔宋〕张载:《正蒙·诚明篇》。

⑥ 蒙培元:《理学范畴系统》,第 345 页。

⑦ 〔宋〕朱熹:《大学章句·补传》。

⑧ 〔宋〕程颢、程颐著,王孝鱼点校:《二程集》。

之中去。"①即认为,经过事事物物上的格致,到反求诸己,达到本性的致知,乃是人役心用智的表现,是"已发"的功夫,要达到人欲灭尽与天理同一的境界,则须"复其初",将"已发"归于"未发之中去"。道教认为人生之初,其性清明纯一,随着命体的生长,其性逐渐为命所蔽,从而浑浊残杂,修道即是要返其胎全,复其纯阳之性。其性纯阳,即可感通道体。司马承祯提出的"以心合道"的修道方式及杜光庭提出的"安静心王"的修道方式都是这种观点的具体表现,如杜光庭所说:"穷极万物深妙之理,究尽生灵所禀之性。物理既穷,生性又尽,以至于一也。"②由此可见,理学与唐代道教的这种相似,绝非偶然。

---

① 〔清〕黄宗羲原著,〔清〕全祖望补修:《宋元学案·晦翁学案》。
② 《道德真经广圣义》卷四,"释御疏序下",《道藏》第14册,第332页。

# 主要参考书目

## 一、传统典籍

### 1. 儒家典籍

程颢,程颐. 二程集[M]. 王孝鱼,点校. 北京:中华书局,1981.

程颢,程颐. 二程遗书[M]. 影印本. 上海:上海古籍出版社,1992.

程颢,程颐. 二程遗书[M]. 潘富恩,导读. 上海:上海古籍出版社,2000.

黎靖德. 朱子语类[M]. 王星贤,点校. 北京:中华书局,1986.

阮元. 十三经注疏[M]. 影印本. 北京:中华书局,1980.

张载. 张载集[M]. 北京:中华书局,1978.

郑春颖. 文中子中说译注[M]. 哈尔滨:黑龙江人民出版社,2004.

郑玄,孔颖达. 礼记正义[M]. 吕友仁,整理. 上海:上海古籍出版社,2008.

周敦颐. 周敦颐集[M]. 陈克明,点校. 北京:中华书局,1990.

朱熹. 大学·中庸·论语[M]. 影印本. 上海:上海古籍出版社,1987.

### 2. 道家典籍

郭庆藩. 庄子集释[M]. 王孝鱼,点校. 北京:中华书局,1961.

郭象,成玄英. 南华真经注疏[M]. 曹础基,黄兰发,校点. 北京:中华书局,1998.

河上公,郭象,成玄英. 道德真经·南华真经[M]. 上海:上海古籍出版社,1993.

老子,王弼. 老子[M]. 影印本. 上海:上海古籍出版社,1989.

老子道德经河上公章句[M]. 王卡,点校. 北京:中华书局,1993.

列御寇,张湛. 列子[M]. 影印本. 上海:上海古籍出版社,1989.

列子[M]. 张湛,注. 卢重玄,解. 殷敬顺,陈景元,释文. 陈明,校点. 上海:上海古籍出版社,2014.

蒙文通.道书辑校十种[M].成都:巴蜀书社,2001.

上海书店出版社.道藏[M].影印本.上海:上海书店出版社,1988.

王明.抱朴子内篇校释[M].增订本.北京:中华书局,1985.

王明.太平经合校[M].北京:中华书局,1960.

王明.无能子校注[M].北京:中华书局,1981.

严灵峰.无求备斋老子集成初编[M].影印本.台北:台湾艺文印书馆,1965.

张伯端,仇兆鳌.悟真篇集注[M].上海:上海古籍出版社,1989.

朱森溥.玄珠录校释[M].成都:巴蜀书社,1989.

3. 佛教典籍

道宣.续高僧传[M].郭绍林,点校.北京:中华书局,2014.

高楠顺次郎,等.大正藏[M].影印本.东京:大藏出版株式会社,1988.

慧能,郭朋.坛经校释[M].北京:中华书局,2020.

吉藏,韩廷傑.三论玄义校释[M].北京:中华书局,1987.

鸠摩罗什.大智度论[M].上海:上海古籍出版社,1991.

蓝吉富.大藏经补编[M].台北:华宇出版社,1986.

普济.五灯会元[M].苏渊雷,点校.北京:中华书局,1984.

僧祐.出三藏记集[M].苏晋仁,萧鍊子,点校.北京:中华书局,1995.

僧祐,道宣.弘明集·广弘明集[M].影印本.上海:上海古籍出版社,1991.

僧肇,等.注维摩诘所说经[M].影印本.上海:上海古籍出版社,1990.

释慧皎.高僧传[M].汤用彤,校注.汤一玄,整理.北京:中华书局,1992.

释正受.楞伽经集注[M].影印本.上海:上海古籍出版社,1993.

苏渊雷,高振农.佛藏要籍选刊[M].影印本.上海:上海古籍出版社,1994.

坛经四古本[M].江泓,夏志前,点校.广州:羊城晚报出版社,2011.

杨曾文.敦煌新本六祖坛经[M].上海:上海古籍出版社,1993.

杨曾文.神会和尚禅话录[M].北京:中华书局,1996.

圆测.解深密经疏[M].刻本.南京:金陵刻经处,1922.

赞宁.宋高僧传[M].范祥雍,点校.北京:中华书局,1987.

藏经书院.卍续藏经[M].影印本.台北:新文丰出版公司,1983.

4. 其他

陈振孙.直斋书录解题[M].徐小蛮,顾美华,点校.上海:上海古籍出版社,1987.

董诰,等.全唐文[M].刻本.清嘉庆内府.

董诰,等.全唐文[M].影印本.北京:中华书局,1983.

董诰,等.全唐文[M].影印本.上海:上海古籍出版社,1990.

韩愈,马其昶.韩昌黎文集校注[M].马茂元,整理.上海:上海古籍出版社,1986.

黄宗羲,全祖望.宋元学案[M].陈金生,梁运华,点校.北京:中华书局,1986.

李翱.李文公集[M]//张元济,等辑.四部丛刊初编:第705册.影印本.上海:商务印书馆,1929.

李昉,等. 太平广记[M]. 北京:中华书局,1981.

李昉,等. 太平广记[M]//纪昀,永瑢,等. 景印文渊阁四库全书:第1043册. 影印本. 台北:台湾商务印书馆,1985.

李希泌,毛华轩,李成宁,等. 唐大诏令集补编[M]. 上海:上海古籍出版社,2003.

李延寿. 北史[M]. 北京:中华书局,1974.

李延寿. 南史[M]. 北京:中华书局,1975.

刘肃. 大唐新语[M]. 许德楠,李鼎霞,点校. 北京:中华书局,1985.

刘昫,等. 旧唐书[M]. 北京:中华书局,1975.

吕大防,等. 韩愈年谱[M]. 徐敏霞,校辑. 北京,中华书局,1991.

欧阳修,宋祁. 新唐书[M]. 北京:中华书局,1975.

彭定求,等. 全唐诗[M]. 中华书局编辑部,点校. 北京:中华书局,1960.

全唐诗[M]. 增订本. 中华书局编辑部,点校. 北京:中华书局,1999.

上海古籍出版社. 全唐诗[M]. 影印本. 上海:上海古籍出版社,1986.

司马光. 资治通鉴[M]. 胡三省,音注. "标点资治通鉴小组",校点. 北京:中华书局,1956.

宋敏求. 唐大诏令集[M]. 北京:中华书局,2008.

宋敏求. 唐大诏令集[M].//纪昀,永瑢,等. 景印文渊阁四库全书:第426册. 影印本. 台北:台湾商务印书馆,1985.

脱脱,等. 宋史[M]. 北京:中华书局,1977.

王弼,楼宇烈. 王弼集校释[M]. 北京:中华书局,1980.

王利器. 颜氏家训集解[M],增补本. 北京:中华书局,2002.

王钦若,等. 册府元龟[M]//纪昀,永瑢,等. 景印文渊阁四库全书:第902册. 影印本. 台北:台湾商务印书馆,1985.

魏徵,令狐德芬. 隋书[M]. 北京:中华书局,1973.

吴兢. 贞观政要[M]. 上海:上海古籍出版社,1978.

萧子显. 南齐书[M]. 北京:中华书局,1974.

颜氏家训[M]. 檀作文,译注. 北京:中华书局,2020.

姚思廉. 梁书[M]. 北京:中华书局,1973.

叶廷珪. 海录碎事[M]//纪昀,永瑢,等. 景印文渊阁四库全书:第921册. 影印本. 台北:台湾商务印书馆,1985.

赜藏主. 古尊宿语录[M]. 萧萐父,吕有祥,点校. 北京:中华书局,1994.

中国科学院图书馆. 续修四库全书总目提要稿本[M]. 影印本. 济南:齐鲁书社,1996.

## 二、近现代论著

1. 中国论著

卞孝萱,张清华,阎琦. 韩愈评传[M]. 南京:南京大学出版社,1998.

陈鼓应. 老庄新论[M]. 上海:上海古籍出版社,1992.

陈国符. 道藏源流考[M]. 北京:中华书局,1963.

陈弱水. 唐代文士与中国思想的转型[M]. 桂林:广西师范大学出版社,2009.

陈寅恪. 陈寅恪集:读书札记三集[M]. 北京:生活·读书·新知三联书店,2001.

陈寅恪. 陈寅恪文集之二:金明馆丛稿初编[M]. 上海:上海古籍出版社,1980.

陈垣. 陈垣集[M]. 北京:中国社会科学出版社,1995.

陈垣. 道家金石略[M]. 陈智超,曾庆瑛,校补. 北京:文物出版社,1988.

冯达文,郭齐勇. 新编中国哲学史[M]. 北京:人民出版社,2004.

傅新毅. 玄奘评传[M]. 南京:南京大学出版社,2006.

韩焕忠. 天台判教论[M]. 成都:巴蜀书社,2005.

韩廷杰. 三论宗通论[M]. 台北:文津出版社,1997.

胡孚琛. 魏晋神仙道教[M]. 北京:人民出版社,1989.

胡海牙,武国忠. 陈撄宁仙学精要[M]. 北京:宗教文化出版社,2008.

华方田. 吉藏评传[M]. 北京:京华出版社,1995.

黄忏华. 佛教各宗大意[M]. 台北:佛陀教育基金会,1988.

姜义华. 胡适学术文集:中国佛学史[M]. 北京:中华书局,1997.

金春峰. 汉代思想史[M]. 北京:中国社会科学出版社,1987.

赖永海. 中国佛教通史[M]. 南京:江苏人民出版社,2010.

梁方仲. 梁方仲文集:中国经济史讲稿[M]. 北京:中华书局,2008.

廖明活. 嘉祥吉藏学说[M]. 台北:台湾学生书局有限公司,1985.

林镇国. 空性与现代性:从京都学派、新儒家到多音的佛教诠释学[M]. 台北:立绪文化事业有限公司,1999.

刘放桐,等. 现代西方哲学[M]. 修订本. 北京:人民出版社,1990.

吕澂. 吕澂佛学论著选集[M]. 济南:齐鲁书社,1991.

吕澂. 中国佛学源流略讲[M]. 北京:中华书局,1979.

蒙文通. 蒙文通文集:第一卷:古学甄微[M]. 成都:巴蜀书社,1987.

潘桂明,吴忠伟. 中国天台宗通史[M]. 南京:江苏古籍出版社,2001.

庞朴. 稂莠集:中国文化与哲学论集[M]. 上海:上海人民出版社,1988.

皮锡瑞. 经学历史[M]. 周予同,注释. 北京:中华书局,1959.

全增嘏. 西方哲学史[M]. 上海:上海人民出版社,1983.

钱穆. 国史大纲[M]. 修订第3版. 北京:商务印书馆,1996.

钱锺书. 管锥编[M]. 第2版. 北京:中华书局,1991.

卿希泰.中国道教史[M].成都:四川人民出版社,1988.

饶宗颐.老子想尔注校笺[M].香港:苏记书庄,1956.

饶宗颐.老子想尔注校证[M].上海.上海古籍出版社,1991.

任继愈.汉唐佛教思想论集[M].北京:人民出版社,1994。

任继愈,等.中国哲学发展史:秦汉[M].北京:人民出版社,1985.

任继愈,等.中国哲学发展史:隋唐[M].北京:人民出版社,1994.

圣严法师.天台思想论集[M]//张曼涛.现代佛教学术丛刊:第57册.台北:大乘文化出版社,1979.

石峻,楼宇烈,方立天,等.中国佛教思想资料选编[M].北京:中华书局,1981.

释印顺.性空学探源[M].北京:中华书局,2011.

汤用彤.汉魏两晋南北朝佛教史[M].北京:中华书局,1983.

汤用彤.理学·佛学·玄学[M].北京:北京大学出版社,1991.

汤用彤.隋唐佛教史稿[M].北京:中华书局,1982.

汤用彤.隋唐佛教史稿[M].武汉:武汉大学出版社,2008.

汤用彤.汤用彤全集[M].石家庄:河北人民出版社,2000.

魏道儒.中国华严宗通史[M].南京:江苏古籍出版社,2001.

吴汝钧.游戏三昧:禅的实践与终极关怀[M].台北:学生书局,1993.

吴忠伟.体一智异:柏庭善月与南宋天台对山家山外之争的总结[M]//杭州佛学院.吴越佛教:第七卷.北京:九州出版社,2012.

辛冠洁,袁尔钜,马振铎,等.日本学者论中国哲学史[M].北京:中华书局,1986.

印顺.华雨集[M].台北:正闻出版社,1998.

印顺.中国禅宗史:从印度禅到中华禅[M].南昌:江西人民出版社,1990.

张岱年.中国哲学大纲[M].北京:中国社会科学出版社,1982.

张风雷.天台智者大师的世寿与生年[M].湛如.华林:第一卷.北京:中华书局,2001.

张文达,张莉.禅宗历史与文化[M].哈尔滨:黑龙江教育出版社,1998.

张跃.唐代后期儒学[M].上海:上海人民出版社,1994.

霍韬晦.一九七九年佛学研究论文集[C].高雄:佛光出版社,1994.

2. 外国论著

阿部肇一.中国禅宗史:南宗禅成立以后的政治社会史的考证[M].关世谦,译.台北:东大图书公司,1988.

包弼德.斯文:唐宋思想的转型[M].刘宁,译.南京:江苏人民出版社,2001.

保罗·L.史万森.天台哲学的基础:二谛论在中国佛教中的成熟[M].史文,罗同兵,译.上海:上海古籍出版社,2009.

北京大学哲学系外国哲学史教研室.西方哲学原著选读[M].北京:商务印书馆,1981.

Bernard Faure. *Ch'an Insights and Oversights：An Epistemological Critique of the Ch'an Tradition*[M]. Princeton：Princeton University Press,1993.

Bernard Faure. *The Rhetoric of Immediacy：A Cultural Critique of Ch'an/Zen Buddhism*[M]. Princeton：Princeton University Press,1991.

Bernard Faure. *The Will to Orthodoxy：A Critical Genealogy of Northern Ch'an Buddhism*[M]. California：Stanford University Press,1997.

池田鲁参. 湛然における五時八教論の展開[J]. 駒澤大学佛教学部論集,1975. 10(6).

冲本克己,菅野博史. 新亚洲佛教史 07：中国Ⅱ隋唐：兴盛开展的佛教[M]. 释果镜,译. 台北：法鼓文化,2016.

崔瑞德. 剑桥中国隋唐史：589—906 年[M]. 中国社会科学院历史研究所西方汉学研究课题组,译. 北京：中国社会科学出版社,1990.

David J. Kalupahana. *Buddhist Philosophy：A Historical Analysis*[M]. Honolulu：University of Hawaii Press,1967.

D. T. Suzuki. *Essays in Zen Buddhism：Third Series*[M]. London：Luzac and Company,1934.

D. T. Suzuki. *Essays in Zen Buddhism：First Series*[M]. New York：Grove Press,Inc. ,1949.

高崎直道,等. 唯识思想[M]. 李世杰,译. 台北：华宇出版社,1985.

関口真大. 達摩大師の研究[M]. 東京：春秋社. 1969.

郭良鋆. 经集：巴利语佛教经典[M]. 北京：中国社会科学出版社,1990.

汉斯-格奥尔格·加达默尔. 真理与方法：哲学诠释学的基本特征：上卷[M]. 洪汉鼎译,上海：上海译文出版社,1999.

Heinrich Dumoulin. *A History of Zen Buddhism*[M]. London：Faber and Faber, 1963.

胡伊青加. 人：游戏者：对文化中游戏因素的研究[M]. 成穷,译. 王作虹,陈维政,校. 贵阳：贵州人民出版社,1998.

John R. McRae. *Seeing Through Zen：Encounter, Transformation, and Genealogy in Chinese Ch'an Buddhism*[M]. Berkeley, CA：University of California Press,2003.

John R. McRae. *The Northern School and the Formation of Early Ch'an Buddhism*[M]. Honolulu：University of Hawaii Press,1986.

Leon Hurvitz. *Chih-I：538－597：An Introduction to the Life and Ideas of a Chinese Buddhist Monk*[M]. Bruxelles：Impr. Sainte-Catherine,1962.

铃木大拙. 禅学入门[M]. 谢思炜,译. 北京：生活·读书·新知三联书店,1988.

铃木大拙. 铃木大拙禅学入门[M]. 林宏涛,译. 海口：海南出版社,2012.

铃木大拙. 通向禅学之路[M]. 葛兆光,译. 上海:上海古籍出版社,1989.

鈴木哲雄. 唐五代禅宗史[M]. 東京:山喜房佛書林. 1985.

柳田聖山. 禅の語録 2:初期の禅史Ⅰ:楞伽師資記・伝法宝紀[M]. 東京:筑摩書房,1979.

柳田圣山. 禅与中国[M]. 毛丹青,译. 北京:生活・读书・新知三联书店,1988.

柳田聖山. 初期禅宗史書の研究[M]. 東京:法藏館,1966.

柳田圣山. 胡适禅学案[M]. 台北:正中书局,1990.

Mario Poceski. *Ordinary Mind as the Way:The Hongzhou School and the Grouth of Ch'an Buddhism*[M]. Oxford:Oxford University Press,2007.

木村清孝. 中国华严思想史[M]. 李惠英,译. 台北:东大图书公司,2011.

Peter N. Gregory. *Sudden and Gradual:Approaches to Enlightenment in Chinese Thought and Traditions of Meditation in Chinese Buddhism*[G]. Honolulu:University of Hawaii Press,1987.

Peter N. Gregory. *Traditions of Meditation in Chinese Buddhism*[G]. Honolulu:University of Hawaii Press,1986.

平井俊栄. 法華文句の成立に関する研究[M]. 東京:春秋社. 1985.

任博克. 善与恶:天台佛教思想中的遍中整体论、交互主体性与价值吊诡[M]. 吴忠伟,译. 上海:上海古籍出版社,2006.

田中良昭. 敦煌禅宗文献の研究[M]. 東京:大東出版社,1983.

窪德忠. 道教史[M]. 萧坤华,译. 上海:上海译文出版社,1987.

Whalen Lai, Lewis R. Lancaster. *Early Ch'an in China and Tibet*[M]. Berkely:Asian Humanities Press,1983.

篠原寿雄,田中良昭. 講座敦煌 8:敦煌仏典と禅[M]. 東京:大東出版社,1980.

宇井伯壽. 禪宗史研究[M]. 東京:岩波書店,1942.

宇井伯壽. 第二禪宗史研究[M]. 東京:岩波書店,1966.

佐藤哲英. 天台大师之研究:特以著作的考证研究为中心[M]. 释依观,译. 台北:中华佛教文献编撰社,2005.

佐藤哲英. 続・天台大師の研究[M]. 京都:百華苑,1981.

# 后　记

本卷为集体创作之产物,具体分工如下:

导论,龚隽(中山大学哲学系)、李大华(深圳大学哲学系)。

第一章,许晓晴(集美大学马克思主义学院)撰写第一、二节,李琪慧(中山大学历史学系)撰写第三、四节。

第二章,秦瑜(广东工业大学通识教育中心)。

第三章,蒋海怒(浙江理工大学宗教文化研究所)。

第四章,傅新毅(复旦大学哲学学院教授)。

第五章,李迎新(中山大学哲学系)。

第六、七章,龚隽、江泓(暨南大学港澳历史文化研究中心)合撰(江泓撰写第三节),其中大部分内容据龚隽《禅史钩沉:以问题为中心的思想史论述》(北京:生活·读书·新知三联书店,2006)相关章节修改而成。

第八至十七章,第十八章第二、三、四节,李大华、夏志前(华南师范大学历史文化学院)合撰,主要依据李大华、李刚、何建明《隋唐道家与道教》(北京:人民出版社,2011)。

第十八章第一节,龚隽。

全书由龚隽、李大华、夏志前统筹并抉择相关章节的安排,共同审读

762

定稿。

  编撰研究型的《中国哲学通史》是件难度很高的事业,一部有学术深度的通史绝非一人可以驾驭。这部有关隋唐断代部分的哲学史稿,由于涉及的方面很多,思想也极为复杂,我们在写作过程中颇费周章。作为研究型的通史,我们需要兼顾专题与一般通史书写两个方面,既要表现哲学史的专题深度,同时也要照顾到通史的一般叙述,这之间往往难以两全。虽然我们组织了一些学有专精的研究人员分头工作,撰写之前也就有关的体例与规范做过一些讨论,但是由于每位学者的书写风格与理解不尽相同,最终文稿所呈现出的样式还是无法整齐划一。统稿的时候,我们只做了部分调整,原则上都尊重第一作者的写作旨趣,因而除了体例与个别文句的修订,基本保留了不同作者的作品原貌。在这里,我们真诚地感谢各位作者的努力参与,也敬请读者提出宝贵的批评。

作者

2019 年 4 月于羊城